Springer-Lehrbuch

Springer
*Berlin
Heidelberg
New York
Barcelona
Budapest
Hongkong
London
Mailand
Paris
Santa Clara
Singapur
Tokio*

Horst Dilling   Christian Reimer

Psychiatrie und Psychotherapie

Unter Mitarbeit von
Ursula Pauli-Pott und Dörte Stolle

Dritte, komplett überarbeitete und aktualisierte Auflage
Mit 57 Fallbeispielen und 13 Tabellen

Springer

Professor Dr. HORST DILLING
Direktor der Klinik für Psychiatrie
Medizinische Universität zu Lübeck
Ratzeburger Allee 160, 23538 Lübeck

Professor Dr. CHRISTIAN REIMER
Gf. Direktor des Zentrums für Psychosomatische Medizin
Leiter der Klinik für Psychosomatik und Psychotherapie
Justus-Liebig-Universität Gießen
Friedrichstraße 33, 35385 Gießen

ISBN 3-540-63023-6 Springer Verlag Berlin Heidelberg New York
ISBN 3-540-57940-0 2. Auflage Springer Verlag Berlin Heidelberg New York

Die Deutsche Bibliothek – CIP-Einheitsaufnahme
Dilling, Horst:
Psychiatrie und Psychotherapie / Horst Dilling ; Christian Reimer. Unter Mitarb. von U. Pauli-Pott, D. Stolle. – 3., komplett überarb. und aktualisierte Aufl. – Berlin ; Heidelberg ; New York ; Barcelona ; Budapest ; Hongkong ; London ; Paris ; Santa Clara ; Singapur ; Tokio : Springer, 1997
(Springer-Lehrbuch)
ISBN 3-540-63023-6

Dieses Werk ist urheberrechtlich geschützt. Die dadurch begründeten Rechte, insbesondere die der Übersetzung, des Nachdrucks, des Vortrags, der Entnahme von Abbildungen und Tabellen, der Funksendung, der Mikroverfilmung oder der Vervielfältigung auf anderen Wegen und der Speicherung in Datenverarbeitungsanlagen, bleiben, auch bei nur auszugsweiser Verwertung, vorbehalten. Eine Vervielfältigung dieses Werkes oder von Teilen dieses Werkes ist auch im Einzelfall nur in den Grenzen der gesetzlichen Bestimmungen des Urheberrechtsgesetzes der Bundesrepublik Deutschland vom 9. September 1965 in der jeweils geltenden Fassung zulässig. Sie ist grundsätzlich vergütungspflichtig. Zuwiderhandlungen unterliegen den Strafbestimmungen des Urheberrechtsgesetzes.

© Springer-Verlag Berlin Heidelberg 1990, 1995, 1997
Printed in Germany

Die Wiedergabe von Gebrauchsnamen, Handelsnamen, Warenbezeichnungen usw. in diesem Werk berechtigt auch ohne besondere Kennzeichnung nicht zu der Annahme, daß solche Namen im Sinne der Warenzeichen- und Markenschutzgesetzgebung als frei zu betrachten wären und daher von jedermann benutzt werden dürften.

Produkthaftung: Für Angaben über Dosierungsanweisungen und Applikationsformen kann vom Verlag keine Gewähr übernommen werden. Derartige Angaben müssen vom jeweiligen Anwender im Einzelfall anhand anderer Literaturstellen auf ihre Richtigkeit überprüft werden.

Abbildung für Umschlag und Zwischentitel
aus der Gestaltungstherapie der psychosomatischen Universitätsklinik Gießen
Umschlaggestaltung: design & production, Heidelberg
Satzarbeiten: Appl, Wemding
Druck und Bindearbeiten: Clausen & Bosse, Leck

SPIN: 10541692/3135 – 5 4 3 2 1 0 – Gedruckt auf säurefreiem Papier

Vorwort

Seit vielen Jahren hatten wir für unsere Studenten in Lübeck Lernbögen in Stichworten entwickelt, die wir immer wieder ergänzten und zu denen in fast jedem Semester einige neue Bereiche kamen, so daß schließlich ein ganzes Heft derartiger Texte vorlag.

Als im Springer-Verlag das Buch „Psychosomatische Medizin" von Rudolf Klußmann nach etwa demselben Prinzip, das auch uns vorschwebte, publiziert wurde, entschlossen wir uns, unsere Stichwortsammlung zu vergrößern und zu vervollständigen und sodann als kleines Lehr- und Lernbuch zu publizieren. Wir fanden beim Springer-Verlag, insbesondere bei Herrn Dr. Thomas Thiekötter, eine freundliche Bereitschaft für dieses Unternehmen vor.

So kam dieses Buch zustande, das in vieler Hinsicht zum einen klassische psychiatrische deutsche Tradition vertritt, zum anderen aber auch – insbesondere im Teil über psychogene Störungen – auf psychoanalytischem Gedankengut aufbaut. Darüber hinaus wurde großer Wert darauf gelegt, daß auch die Frageninhalte des IMPP aus den Prüfungen der letzten Jahre berücksichtigt wurden.

In der jetzt vorliegenden dritten Auflage ist der Titel gegenüber der ersten um Psychotherapie erweitert, denn der Gebietsarzt für Psychiatrie ist laut Beschluß des Deutschen Ärztetages 1992 auch für den Bereich Psychotherapie zuständig, ebenso wie der Facharzt für Psychotherapeutische Medizin. Um die Kontinuität des Faches vom Studium bis in die Weiterbildung zu betonen, haben wir den Titel verändert.

Schon in der ersten Auflage wurde angedeutet, daß die 10. Version der Internationalen Klassifikation der Krankheiten (ICD-10) in Vorbereitung war, diese wird gegenwärtig international eingeführt, so daß sie in diesem Buch ausgiebig berücksichtigt wird.

Kapitel 6 und 21 wurden von beiden Autoren gemeinsam verfaßt. Ansonsten haben wir uns die Arbeit wie folgt aufgeteilt: Die Kapitel 1 bis 5, 8, 13 bis 15, 17, 18, 22 und 23 wurden von Horst Dilling, die Kapitel 7, 9 bis 12, 16, 19 und 20 wurden von Christian Reimer verfaßt.

Es ist unsere Hoffnung, daß unser für das Lernen und die praktische Orientierung geschaffenes Buch auch zukünftig viele Freunde findet. Sehr herzlichen Dank schulden wir Frau Dr. Dörte Stolle, Direktorin des Fachkrankenhauses für Kinder- und Jugendpsychiatrie Schleswig-Heesterberg, für die hilfreiche Durchsicht des Kapitels 14 und vor allem für die Kasuistiken aus ihrem Fachgebiet. Besonderer Dank gebührt auch der Redaktion des Springer-Verlages, insbesondere Frau Heike Berger, aber auch Frau Anne C. Repnow und Frau Susanne Schimmer. Herrn Dr. M. Rothermundt sei für die Erstellung des Sachverzeichnisses gedankt.

Lübeck/Gießen im Juli 1997   HORST DILLING
                                 CHRISTIAN REIMER

Inhaltsverzeichnis

Allgemeiner Teil

1	*Einleitung*	3
2	*Psychiatrische und psychotherapeutisch/psychosomatische Untersuchung und Befunddokumentation*	6
2.1	Exemplarische Untersuchungssituationen	6
2.2	Kennzeichnung des Patienten	9
2.3	Anamnese	9
2.4	Befund	16
2.5	Beurteilung und Diagnose	18
2.6	Dokumentation	21
3	*Psychopathologie*	24
3.1	Bewußtsein/Vigilanz	25
3.2	Aufmerksamkeit und Gedächtnis	28
3.3	Orientierung	31
3.4	Wahrnehmung	32
3.5	Denken	34
3.6	Affektivität	39
3.7	Antrieb	40
3.8	Ich-Erleben	42
3.9	Intelligenz	43

Krankheitslehre

4	*Körperlich begründbare psychische Störungen*	47
4.1	Allgemeiner Teil	47
4.1.1	Exogene Psychosen	48
4.1.2	Organische und andere körperlich begründbare Psychosyndrome	51
4.2	Spezieller Teil	54
4.2.1	Alzheimersche Erkrankung	54
4.2.2	Demenz bei zerebrovaskulärer Erkrankung	56

4.2.3	Morbus Pick	57
4.2.4	Chorea Huntington	57
4.2.5	Morbus Parkinson	59
4.2.6	Morbus Wilson	59
4.2.7	Morbus Creutzfeldt-Jakob	60
4.2.8	Progressive Paralyse	60
4.2.9	Enzephalitiden (Enzephalomeningitiden)	62
4.2.10	Traumatische Hirnschädigungen	63
4.2.11	Anfallsleiden	64
	Fallbeispiele	64
	Historische Fälle aus der klassischen Literatur	70
5	***Mißbrauch und Abhängigkeit***	72
5.1	Allgemeiner Teil	72
5.2	Spezieller Teil	74
5.2.1	Alkoholismus	74
5.2.2	Drogenabhängigkeit	84
	Fallbeispiele	91
6	***Schizophrene Psychosen***	97
6.1	Allgemeiner Teil	97
6.1.1	Definition	97
6.1.2	Historisches	97
6.2	Epidemiologie	97
6.3	Ätiologie	98
6.4	Symptome	99
6.5	Diagnose	101
6.6	Unterformen schizophrener Psychosen	102
6.7	Verlauf schizophrener Psychosen	105
6.8	Prognose	106
6.9	Therapie	107
6.9.1	Somatotherapie	107
6.9.2	Psychotherapie	108
6.9.3	Sozialtherapie/Rehabilitation	109
	Fallbeispiele	110
	Historische Fälle nach Kraepelin (1921)	112
7	***Affektive Psychosen***	114
7.1	Allgemeiner Teil	114
7.2	Spezieller Teil	116
7.2.1	Depression/Melancholie	116

7.2.2	Manie	120
7.2.3	Mischzustände	122
	Fallbeispiele	122

8	***Schizoaffektive Psychosen, akute vorübergehende Psychosen, Wahnentwicklungen***	**125**
8.1	Schizoaffektive Psychosen	125
8.2	Sondergruppe: Zykloide Psychosen	126
8.3	Akute vorübergehende Psychosen	126
8.4	Wahnentwicklungen	127
	Fallbeispiele	129
	Historischer Fall nach Gaupp (1914)	133

9	***Neurosen***	**135**
9.1	Allgemeiner Teil	135
9.1.1	Allgemeine Neurosenlehre	136
9.2	Spezieller Teil	140
9.2.1	Neurotische Depression	140
9.2.2	Zwangsneurose	140
9.2.3	Angstneurose	141
9.2.4	Phobien	142
9.2.5	Hysterische Neurose/Konversionsreaktion	143
9.2.6	Hypochondrische Neurose	144
9.2.7	Charakterneurosen	145
9.2.8	Neurotisches Depersonalisationssyndrom	146
	Fallbeispiele	146

10	***Reaktionen***	**150**
10.1	Allgemeiner Teil	150
10.2	Spezieller Teil	150
10.2.1	Akute Belastungsreaktion	150
10.2.2	Posttraumatische Belastungsstörung	151
10.2.3	Anpassungsstörungen	151
	Fallbeispiele	153

11	***Persönlichkeitsstörungen***	**155**
11.1	Allgemeiner Teil	155
11.2	Spezifische Persönlichkeitsstörungen	157
	Fallbeispiele	160

12	***Psychosomatische Störungen***	164
12.1	Eßstörungen	164
12.2	Nicht-organische Schlafstörungen	167
12.3	Somatisierungsstörung	169
12.4	Somatoforme autonome Funktionsstörung	170
13	***Sexualstörungen***	171
13.1	Allgemeiner Teil	171
13.2	Ungestörte Sexualität	172
13.3	Sexuelle Funktionsstörungen	173
13.4	Störungen der Geschlechtsrolle	174
13.4.1	Homosexualität	174
13.4.2	Heterosexualität	175
13.4.3	Transsexualismus (Transsexualität)	175
13.5	Sexuelle Abweichungen (Deviationen, Perversionen, Paraphilie)	176
	Fallbeispiele	178
14	***Störungen aus dem Bereich der Kinder- und Jugendpsychiatrie***	181
14.1	Intelligenzminderung (Oligophrenie)	183
14.2	Organisch bedingte psychische Störungen	186
14.3	Störungen der Motorik und Psychomotorik	188
14.4	Störungen des Sprechens und der Sprache	189
14.5	Teilleistungsschwächen	191
14.6	Sonstige Störungen im Zusammenhang mit der Schule	193
14.7	Psychosen im Kindes- und Jugendalter	194
14.8	Tiefgreifende Entwicklungsstörungen	196
14.9	Psychogene Störungen im Kindes- und Jugendalter	198
14.10	Emotionale Störungen im Kindes- und Jugendalter	200
14.11	Störungen des Sozialverhaltens	202
	Fallbeispiele	203

Therapie, Versorgung, Prävention

15 Somatische Behandlung 209
15.1 Psychopharmaka 209
15.1.1 Neuroleptika 210
15.1.2 Antidepressiva (Thymoleptika) 213
15.1.3 Lithiumsalze und Carbamazepin 219
15.1.4 Tranquilizer 222
15.1.5 Hypnotika 224
15.1.6 Psychostimulanzien 226
15.1.7 Psychotomimetika (Phantastika, Psychodysleptika) 227
15.2 Elektrokrampftherapie (EKT) 227
15.3 Sonstige Methoden 228

16 Psychotherapie 231
16.1 Definition 231
16.2 Diagnostik 232
16.2.1 Das ärztliche Gespräch 232
16.2.2 Spezielle Gesprächstechniken (Erstinterview, tiefenpsychologische Anamneseerhebung) 233
16.3 Grundlagen 234
16.4 Darstellung einzelner Psychotherapieverfahren 235
16.4.1 Verbal- und handlungsbezogene Therapieverfahren 236
16.4.2 Entspannungsverfahren 241
16.4.3 Körperorientierte Verfahren 242
16.5 Psychotherapie in der Psychiatrie 243
16.6 Aus-/Weiterbildung des Arztes in Psychotherapie 246
Fallbeispiele 248

17 Soziotherapie, Versorgung, Rehabilitation 251
17.1 Soziotherapie 251
17.2 Versorgung 253
17.3 Rehabilitation 258

18 Prävention 259

Besondere Bereiche

19   Suizidalität und Krisenintervention 265
19.1   Suizidalität 265
19.1.1 Definition 265
19.1.2 Epidemiologie 265
19.1.3 Ätiologie 267
19.1.4 Diagnostik, Differentialdiagnostik 268
19.1.5 Therapie 269
19.2   Krisenintervention 269
19.2.1 Definition der „Krise" 269
19.2.2 Allgemein 270
19.2.3 Ätiologie 270
19.2.4 Phasenablauf von Krisen 270
19.2.5 Therapie der Krise 270
19.2.6 Verlauf/Prognose von Krise und Suizidalität 273
       Fallbeispiele 273

20   Konsiliar- und Liaisonpsychiatrie 276
       Fallbeispiele 277

21   Forensische Psychiatrie/Rechtspsychiatrie 280
21.1   Strafrecht (StGB) 282
21.2   Bürgerliches Recht (Zivilrecht) 286
21.3   Betreuungsrecht 288
21.4   Unterbringungsrecht 289
21.5   Sozialrecht 290
       Fallbeispiele 291

**22   Ethik in der Psychiatrie
       und Psychotherapie/Psychosomatik** 297
22.1   Behandlung und Versorgung 297
22.2   Forschung 301
22.3   Psychiatrie und Gesellschaft 301

23   Historisches 303
23.1   Antike 303
23.2   Mittelalter und Renaissance 303
23.3   17. und 18. Jahrhundert 304
23.4   19. Jahrhundert 304
23.5   20. Jahrhundert 306

Anhang

Anhang A: Übersicht über das Kapitel F (V)
International Classification of Diseases 10. Revision 311

Anhang B: Auswahl psychologischer Testverfahren 320

Anhang C: Weiterführende Literatur 328

Sachverzeichnis 336

Beirat 351

Zur Didaktik

Das Symbol ⋯⋮ verweist auf ein „Fallbeispiel" zu dem jeweiligen Störungsbild.

Das Symbol ⋯⋮ verweist zur Position in Anhang A.

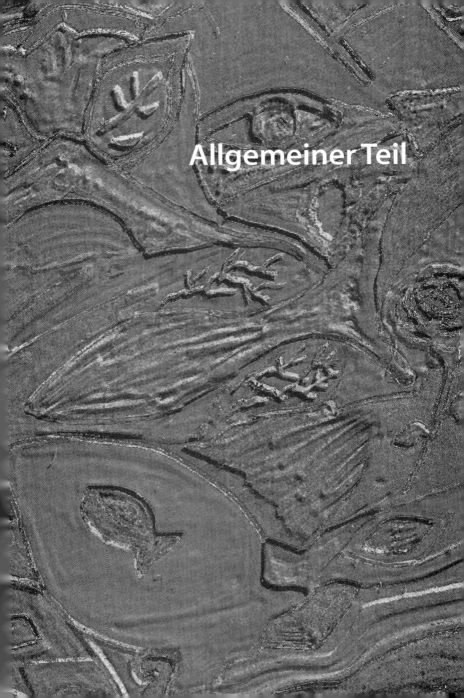

Allgemeiner Teil

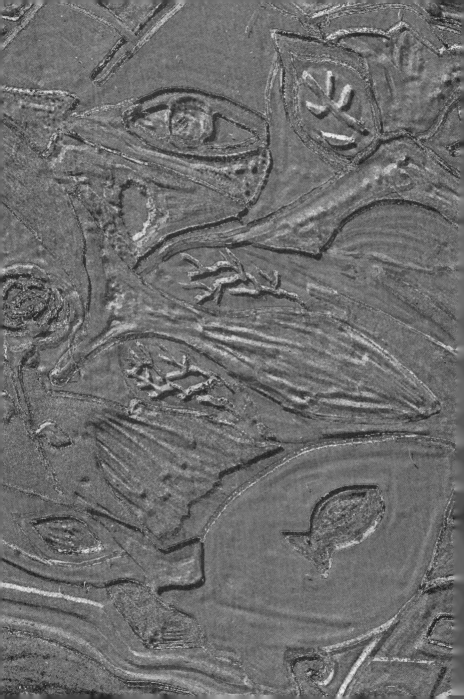

1 Einleitung

Das Fach „Psychiatrie" wird oft als Fremdkörper im Studium der Medizin erlebt: Der nicht-naturwissenschaftliche Aspekt des Faches ist ungewohnt, die Begegnung mit dem psychisch Kranken verunsichert, die Sprache der Psychopathologie fügt sich nicht in die allgemeine medizinische Terminologie ein. Die zentrale Position des Fachs zwischen Natur- und Geisteswissenschaften leitet sich aus den Beziehungen zu vielen Nachbardisziplinen wie Psychologie, Soziologie, Philologie, Rechtswissenschaft, Theologie und Philosophie einerseits, Morphologie, Biochemie, Physiologie, Pharmakologie und Genetik andererseits ab.

Bei Abfassung dieses Kompendiums, das sich besonders an MedizinstudentInnen richtet, verfolgten wir zwei Ziele: Einerseits sollten – in bezug auf den Inhalt – Grundlagen und Fakten des Fachs, d.h. ein Standardwissen vermittelt werden, das der Allgemeinarzt beherrschen sollte, wenn er mit Patienten zu tun hat, die unter psychischen Störungen und Erkrankungen leiden. Vergleichbar dem in der Allgemeinpraxis erforderlichen Wissen sollte auch das des Arztes im Allgemeinen Krankenhaus sein, der die Indikation zur psychiatrischen Konsiliaruntersuchung stellt. Andererseits sollte – in bezug auf die Form – dieses immer noch sehr umfangreiche Standardwissen strukturiert, im Stile eines guten Exzerpts, dargeboten werden.

Zu diesem Standardwissen gehören auch die Basiskenntnisse des Faches Psychosomatik/Psychotherapie, ein Gebiet, das mit der Neugliederung der Fächer – aufgrund der Beschlüsse des Deutschen Ärztetages 1992 – zunehmende Bedeutung erlangt hat.

Um bei aller Knappheit dennoch Typisches zu veranschaulichen und differentialdiagnostische Erwägungen anzuregen, sind die meisten der speziellen Kapitel des zweiten Teils „Krankheitslehre" sowie das Kapitel im ersten Teil „Psychiatrische und psychosomatisch/psychotherapeutische Untersuchung und Befunddokumentation" jeweils durch eine Auswahl von Kasuistiken (eigener und auch einiger historischer Krankengeschichten aus der Literatur) ergänzt.

Wir gehen davon aus, daß der Student Einführungsvorlesungen und Kasuistiken besucht und ein psychiatrisches Praktikum absolviert, in dem er selbst Patienten untersucht. Parallel zu diesen praktischen Erfahrungen und dem Lernen in der Klinik soll unser Buch hilfreich sein, das aus der Erfahrung des Unterrichts entstand.

LERNZIELE, DIE AM ENDE VON VORLESUNG, KURS UND LEKTÜRE ERREICHT SEIN SOLLTEN:

- Vertrautwerden mit der Psychiatrie als psychologischer Seite der Medizin, aber auch als biologisch-naturwissenschaftlichem Fach mit besonders nahen Beziehungen zu Neurologie und Innerer Medizin
- Beschäftigung mit den Begriffen des „psychisch Krankseins", der „psychischen Störung" und dem Problem der „Normalität"
- Erlernen der psychiatrischen Terminologie, insbesondere der Psychopathologie, sowie der Beschreibung krankhafter seelischer Phänomene
- Erlernen und erste Erfahrungen mit der psychodynamischen und der lerntheoretischen Betrachtungsweise der Genese psychischer und psychosomatischer Störungen
- Kenntnis der wichtigsten Krankheitsbilder, auch in bezug auf die verschiedenen Lebensalter
- Erkennen psychischer Störungen und Erkrankungen:
  - diagnostisches Gespräch
  - Niederlegung der Anamnese und des psychischen Befundes in der Krankengeschichte
  - syndromatische Einordnung
  - Versuch einer Diagnose, Gesamtbewertung der Befunde
- Aufstellen eines Therapieplans:
  - Kenntnisse über Psychopharmakotherapie
  - Indikation zur Psychotherapie und Grundkenntnisse der wichtigsten Formen der Psychotherapie
- Kenntnisse über die typischen Verlaufsformen und sozialen Konsequenzen psychischer Krankheit
- Kenntnisse über institutionelle Behandlungsmöglichkeiten, gegenwärtiges Versorgungssystem, sozialgesetzliche Zusammenhänge, Möglichkeiten der Rehabilitation
- Kenntnisse über die forensische Psychiatrie, einschließlich der Maßnahmen bei nichtfreiwilliger Behandlung
- Grundkenntnisse über die historische Entwicklung der Psychiatrie

Seit vielen Jahren gaben wir den Studenten Übersichten zu verschiedenen psychiatrischen Themenbereichen, die hier in erweiterter und ergänzter Form zusammengefaßt sind. Der Charakter stichwortartiger Übersichten blieb dabei erhalten; der Anspruch eines umfangreicheren Lehrbuchs wird von uns also nicht angestrebt. Dennoch ist das Wissen, das von den Studenten im zweiten Abschnitt der schriftlichen Prüfung erwartet wird, auf dem aktuellen Stand berücksichtigt.

2 Psychiatrische und psychotherapeutisch/psychosomatische Untersuchung und Befunddokumentation

2.1 Exemplarische Untersuchungssituationen

Zur Veranschaulichung unterschiedlicher Untersuchungssituationen werden zunächst modellhaft 3 Patienten vorgestellt:

Der motivierte Patient

Besuch in der Praxis des niedergelassenen Psychiaters oder Psychotherapeuten bzw. Aufnahme ins Krankenhaus, meist nach Voranmeldung und Terminvereinbarung für ein Gespräch

Beispiel: 53jährige Patientin, vom Allgemeinarzt überwiesen; leidet seit 2 Jahren unter Kopfschmerzen und Schlafstörungen; in den letzten Monaten zunehmende Verstimmungen, Selbstunsicherheit, Versagensgefühle, Antriebslosigkeit. Aufgrund des hohen Leidensdrucks zur Behandlung motivierte Patientin

Hinweise für die Untersuchung:
- günstige Ausgangssituation schaffen: dem Patienten bei der Begrüßung entgegengehen, Sitz anbieten; auf die richtige Distanz achten (günstig: übereck zu sitzen, mit der Möglichkeit, sich anzusehen, ohne sich zu konfrontieren; kein großer, trennender Schreibtisch)
- für Ruhe während des Gesprächs sorgen: keine Telefonate, nicht sofort mit Notizen beginnen (besser vom Patienten hierfür Einverständnis einholen), Patienten wissen lassen, wieviel Zeit zur Verfügung steht (bei Erstinterview möglichst mindestens 30 min bis etwa 1 h)
- Ablauf des Interviews: nicht schematisch, aber gegliedert; Versuch, dem Patienten während der ersten Hälfte der Untersuchung die Auswahl und Reihenfolge des Gesprächsinhalts zu überlassen; meist Beginn mit gegenwärtigen Beschwerden. Im weiteren Gespräch ergänzende Fragen und Ansprechen bisher nicht erwähnter Bereiche.
- Aufbau einer Gefühlsbeziehung zwischen Patient und Arzt: Verwenden von Umgangssprache, kein Fachjargon; Berücksichtigung der Verständnisfähigkeit und Bildungsstufe des Patienten; behutsame Steue-

rung bei weitschweifig-umständlichen Patienten, verstärktes Fragen bei ruhigen und verschlossenen Patienten
- Abschluß des Gesprächs: keinesfalls abrupt; Zusammenfassung des Gesprächs (gewonnener Eindruck des Untersuchers vom Krankheitsbild des Patienten); keinesfalls schockierende Eröffnungen zum Ende des Gesprächs ohne die Möglichkeit einer Besprechung; Andeutung weiterer Untersuchungsschritte (ggf. neue Terminabsprache) oder Schilderung eines möglichen Therapieplans; Empfehlungen zur Psychotherapie bzw. Verschreibung der Medikation

Der überwiegend abwehrende Patient

Kommt in der Regel auf Fremdveranlassung hin (Angehörige, Freunde, Arbeitgeber) zur Untersuchung; Gespräch mit dem Patienten ist möglich, jedoch besteht keine Motivation, Hilfe anzunehmen

Beispiel: 45jährige Patientin, psychiatrisches Konsil auf Veranlassung der Abteilung für Onkologie; Behandlung wegen Metastasen eines Mammakarzinoms; Lebermetastasen, Aszites; wiederholte Suizidäußerungen im Falle der Entlassung („niemand kann mir helfen"). – Patientin im Gespräch subdepressiv, resigniert, leugnet Suizidabsichten

Hinweise für die Untersuchung:
- Versuch, dem Patienten in wenigen Sätzen den Sinn der psychiatrischen Untersuchung zu vermitteln (keine Verschleierung der Identität des Untersuchers)
- kein abruptes Konfrontieren mit der psychiatrischen Symptomatik
- Versuch, den Leidensdruck des Patienten zu erfassen (alles aufnehmen, was vom Patienten kommt, Beachtung spontaner Äußerungen, Wahrnehmung von Fehlleistungen)
- ansonsten inhaltlich in vieler Hinsicht ähnlich dem Gespräch mit motivierten Patienten

Der psychisch schwerkranke Patient

Häufig Notfallaufnahmen von erregten, stuporösen, agitiert depressiven oder deliranten Patienten; Beobachtung und Untersuchung ohne Kooperation des Patienten; erste Informationen über Fremdanamnese.

Beispiel: 24jähriger Patient, Student der Philologie, wird von den Eltern mit Krankenwagen gebracht; Aufnahme in der Notfallambulanz. Nach Angaben der Eltern zunehmender Rückzug seit einigen Monaten; Verweigerung von Nahrung; sprach nicht mehr mit seiner Umgebung (bei Drängen der Eltern Auftreten von Aggressivität). Jetzt starr, reaktionslos, mutistisch; kein Gespräch möglich

Hinweise für die Untersuchung:
- Verhalten des Untersuchers: ruhig, sicheres Auftreten; ausreichende räumliche Distanz zum Patienten
- Vorsicht vor unerwarteten aggressiven Reaktionen: Untersuchung evtl. in Gegenwart Dritter, potentielle Wurfgeschosse außer Reichweite, keine Papierscheren und Brieföffner auf dem Schreibtisch
- einfache Fragen, die den Patienten nicht bedrängen. Da von den Patienten in der Regel wenig Informationen zu erhalten sind, gewinnen hier Fremdanamnese, Beobachtung und Prüfung der psychischen Elementarfunktionen (s. Kap. 3 Psychopathologie) stärkere Bedeutung

Die weitere Gliederung dieses Kapitels folgt der für die *Abfassung der Krankengeschichte* zu empfehlenden *Reihenfolge:*

Kurzcharakteristik des Patienten

Anamnese
- Familienanamnese
- Lebensgeschichte des Patienten
- Primärpersönlichkeit
- somatische Anamnese
- psychiatrische Anamnese

Befund
- psychischer Befund
- somatischer Befund
- weitere Befunde

Beurteilung und Diagnose

Dokumentation
- Krankengeschichte
- Arztbrief
- Basisdokumentation

2.2 Kurzcharakteristik des Patienten

Soziodemographische Kerndaten und Anlaß der Behandlung

Beispiel: Der 43jährige, verheiratete Schreinermeister, Herr S., wird von seiner Hausärztin, Frau Dr. E., wegen seit 3 Monaten bestehender Depressionen und Suizidalität stationär eingewiesen.

2.3 Anamnese

Zur Erleichterung der Anamneseerhebung bieten sich eine Reihe *praktischer Hilfsmittel* an.

Bei Anwendung des sog. *Anamnesenmosaiks* (Tabelle 2.1) werden Daten und Fakten nicht fortlaufend mitgeschrieben, sondern stichpunktartig an bestimmten Stellen eines DIN-A4-Schreibbogens eingetragen.

Aus der Lokalisation der Notizen geht hervor, um welchen inhaltlichen Bereich es sich handelt. (Das Niederschreiben oder Diktat von Krankengeschichte oder Arztbrief sollte relativ bald nach Ausfüllen des Anamnesemosaiks erfolgen!)

Vorteile des Verfahrens: Visualisieren („weiße Flecken" fallen auf); leichtere mnemotechnische Verankerung von Befunden im Gedächtnis; systematische Ordnung des Gehörten: stärkere Zuwendung zum Patienten während des Gesprächs

Nachteile des Verfahrens: keine Dokumentation der Reihenfolge der Äußerungen; beschränkter Platz für Notizen; Verwendung von Kürzeln

Ein weiteres Hilfsmittel bei der Anamneseerhebung ist die sog. *Biographische Leiter* (Tabelle 2.2), aus der die zeitliche Beziehung zwischen Lebensereignissen und dem Auftreten von körperlichen und psychischen Krankheiten hervorgeht.

Vorteile dieses Verfahrens: die gemeinsame Erarbeitung mit dem Patienten von vorher nicht bewußt gesehenen Zusammenhängen

Hilfreich und sehr aufschlußreich können auch handgeschriebene „Notizen" des Patienten zur Biographie unter Einbeziehung von Erlebnissen

		Familienanamnese
Datum der Untersuchung	Untersucher	(Psychiatrische Erkrankungen, Erbkrankheiten, Suizide, Sucht, psychische Belastungen, Kriminalität)
Name (Geburtsname), **Vorname** (Geschlecht)		Vater (Alter, Beruf)
Geburtstag (Alter)	Geburtsort	Mutter (Alter, Beruf)
Wohnung (Telefon)	Zwilling	Elternehe (Dominanz, Rollenverhalten)
Überwiesen von:	wegen:	Patient . . . . . Geschwisterstelle von . . . . . Kindern
gegebenenfalls Bezugspersonen (Telefon, etc.)		(als „Bruch", z. B. 3/4)
		(Halb-, Stief-)Geschwister (Alter, Beruf, Familienstand, Kinder)
Biographie		
Äußere	**Innere**	**Sexuelle Entwicklung** (Stellenwert der Sexualität, Aufklärung, Pubertät, Onanie, Menarche, erster Geschlechtsverkehr, Gravidität, Konzeptionsverhütung, Interruptio, Menopause, sexuelle Befriedigung, Dysfunktion, Perversion, Inzest)
Schwangerschaft	Erwünschtheit	
Geburt	frühkindliche Entwicklung	
Kindergarten	Primordialsymptome, Neurotizismen	
Schulen	Bezugspersonen, Erziehungsstil	
Studium/Lehre	Erleben von Zärtlichkeit	**Ehe**, Partnerschaft (Alter, Beruf, Beginn der Bekanntschaft, Jahr der Heirat, Qualität der Ehe)
Militär/Zivildienst	Pubertät, Geschlechtsrolle	
Berufswahl	Freunde, Sekundäre Gruppen	**Kinder**/Stiefkinder /Adoptivkinder (Vorname, Alter, Ausbildung, Beruf, Legitimität)
Beruf/Arbeit	Reaktionen auf Verluste/Kränkungen	
Arbeitslosigkeit	Umgang mit Besitz, Ehrgeiz, Ordnung	Sozialkontakte (Nachbarn, Freunde) **Wohnen** (mit wem? wie?)
	Allgemeines Lebensgefühl	
	Religiöse Bindung	Wirtschaftliche Verhältnisse (Schulden)
	Hobbies, Interessen	
		Kriminalität (Gefängnis, Bewährung)
Prämorbide Persönlichkeitseigenschaften		

Tabelle 2.1. Anamnesenmosaik (aus: Dilling H, 1986, Nervenarzt 57, 374–377)

Frühere somatische Erkrankungen

(Krankenhaus, Unfälle, venerische Erkrankungen, Name des Hausarztes)

Jetzige Erkrankung, Beschwerden

Beginn, Auslöser, Konflikte, Belastungen, **(Medikamente)**

Psychisch (Äußeres, Eindruck auf den Untersucher, psychopathologischer Befund, Abwehrmechanismen, Übertragung, Gegenübertragung)

Spezielle Vorgeschichte

(Auslöser)

Beginn (psychiatrische/psychotherapeutische Vorbehandlung, wo? wann? bei wem?)

Suizidversuche(-gedanken)

Sucht/Mißbrauch (Tabletten, Alkohol, Nikotin, Rauschdrogen etc., Spiel)

Diagnosen (Persönlichkeitsstruktur, psychiatrische Diagnosen evtl. mehrere Achsen, Suizidalität, somatische Diagnosen) Versuch der psychodynamischen Interpretation mit Darstellung des Zusammenhanges zwischen Biographie und Erkrankung und Einbeziehung von familiendynamischen Aspekten.

Therapieplan

Tabelle 2.1. (Fortsetzung)

Alter	Jahr	Lebensereignis	Körperliche Krankheit	Psychische Krankheit
	1940	Geburt 10. 9. 40		
1	1			
2	2			
3	3			
4	4			
5	5	Schulbeginn		
6	6			
7	7			
8	8	Vater gestorben Mutter hat Freund	Abdominelle Schmerzen	
9	9			
10	1950		Appendektomie	
11	1			
12	2			
13	3			
14	4			
15	5	Schulabgang		
16	6			
17	7			
18	8			
19	9			
20	1960	Erste Verlobung		
21	1	Trennung		Angstzustände
22	2	Zweite Verlobung		(Medikamente)
23	3	Heirat		
24				
25	5	Arbeit aufgegeben Tochter geboren		
26	6			
27	7		Hysterektomie	
28	8		(Menorrhagien)	
29	9			
30	1970			
31	1			
32	2			
33	3			

Tabelle 2.2. Biographische Leiter (nach Goldberg et al. 1987)

Alter	Jahr	Lebensereignis	Körperliche Krankheit	Psychische Krankheit
34	4			
35	5			
36	6			
37	7			
38	8			
39	9			
40	1980			
41	1			
42	2			
43	3	Tochter zur Universität		depressiv (Antidepressiva, vom Allgemeinarzt verordnet)
44	4			
45	5	Krankheit der Mutter		
46	6	Tod der Mutter 18. 2. 86		Beginn der jetzigen Erkrankung

Tabelle 2.2. Biographische Leiter (nach Goldberg et al. 1987)

und eindrucksvollen, u. U. sich wiederholenden Träumen sein. Ein rein formaler Lebenslauf sagt oft wenig aus. (Auch aufschlußreich: Aufbau, Gliederung, Handschrift, Schriftstil, Orthographie)

Die Anamneseerhebung sollte folgende Bereiche umfassen:

Familienanamnese

Zu erfragen sind:
- Soziale und berufliche Situation
- Charakterisierung der Eltern und Geschwister, evtl. sonstiger Angehöriger, vor allem der Großeltern
- Familienklima
- Erbkrankheiten, psychiatrische Erkrankungen und Behandlungen, Suizide, Suchtkrankheiten, Kriminalität, sonstige Besonderheiten

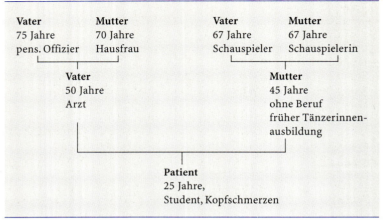

Tabelle 2.3. Stammbaum (nach Dührssen 1981)

Bei Erhebung der Familienanamnese erweist sich der **Stammbaum** (Tabelle 2.3) als hilfreich. Er vermittelt eine Übersicht über mehrere Generationen, insb. die Sozialgeschichte und u. U. auch Dynamik der Familie. Tabelle 2.3 zeigt ein Beispiel für eine konfliktträchtige Familienkonstellation bei sehr unterschiedlichen Herkunftsfamilien.

wichtig: Unterscheidung zwischen mütterlicher und väterlicher Familie, d. h. bei Erhebung der Familienanamnese nicht Großmutter, sondern Vatersmutter; nicht Großvater, sondern Vatersvater; nicht Onkel, sondern Vatersbruder usw.

Lebensgeschichte des Patienten

Hilfreich ist die Unterscheidung in äußere und innere Lebensgeschichte:
- Zur *äußeren Lebensgeschichte* sind, soweit möglich, konkrete Daten zu den folgenden Bereichen zu erfragen:
  – Geburtsort
  – Lebensraum in Kindheit und Jugend
  – Geschwisterstellung
  – Schwangerschafts- und Geburtsbesonderheiten
  – Kindergarten
  – Schulbesuch
  – Studium/Lehre
  – berufliche Entwicklung

- Partnerschaft
- Heirat
- Kinder
- wirtschaftliche Situation
- Wohnverhältnisse
- Bei der *inneren Lebensgeschichte* stehen dagegen weniger die konkreten Daten im Vordergrund, als mehr die beschreibende Schilderung folgender Bereiche:
  - frühkindliche Entwicklung, erste Erinnerungen, Neurotizismen in der Kindheit (Primordialsymptome), Bezugspersonen, Erziehungsstil der Eltern, Geschlechtsrolle etc., sexuelle Entwicklung
  - Ehe und Partnerschaften, Erleben der Sexualität, Kinder und deren Entwicklung, Sozialkontakte, Freunde
  - Religion und Weltanschauung
  - Freizeitaktivitäten, Hobbies, Steckenpferde, individuelle Interessen

Primärpersönlichkeit

Versuch, die prämorbiden *Persönlichkeitseigenschaften* (himmelhoch jauchzend – zu Tode betrübt; pedantisch, niedergestimmt; hypochondrisch etc.), möglicherweise auch die *Persönlichkeitsstruktur* (schizoid, zwanghaft, depressiv, hysterisch sive histrionisch) aus den Gesprächen mit Patienten und Angehörigen zu erschließen

Somatische Anamnese

Erhebung früherer und gegenwärtiger Erkrankungen und Behandlungen, Abgrenzung funktioneller Störungen

Psychiatrische /psychotherapeutisch psychosomatische Anamnese

Die spezifische Anamnese sollte mit folgenden Fragen die Vorgeschichte der gegenwärtigen Beschwerden (evtl. auch frühere psychiatrische/psychosomatische Erkrankungen und Behandlungen) klären:
- Weshalb hier?
- Seit wann bestehen die Probleme oder Beschwerden?
- Klärung der Auslösesituation?
- Ist der Patient von sich aus gekommen oder auf ärztliche Überweisung hin (Empfehlung durch wen)?
- Gegenwärtige Behandlung mit vollständigen Angaben zur Medikation?
- Frühere psychiatrische/psychotherapeutische Behandlung?

- Erleben der gegenwärtigen Krankheit?
- Einstellung zur Krankheit?
- Erwartungen an die Behandlung?

2.4 Befund

Psychischer Befund

- *Äußeres Erscheinungsbild, Sprechverhalten, Sprache:*
  - Kleidung und Schmuck, Frisur, Körperpflege (gepflegt/ungepflegt, verwahrlost, modisch/konventionell, ärmlich/protzig)
  - Körpergeruch (oft spezifisch; Alkoholfahne?)
  - Physiognomie, Hände und Fingernägel (abgekaute Nägel?)
  - Zähne (bei vielen Suchtkranken ungepflegtes Gebiß)
  - Gang (behindert oder frei?), Atmung
  - besondere Eigentümlichkeiten?
  - Gestik und Mimik (Tics, Dyskinesien, Verlegenheitsgesten?)
  - Sprechverhalten (Stimmklang, fehlende oder übertriebene Modulation der Stimme, manierierte, kindliche Sprechweise, natürliche Stimmhöhe, gepreßte Sprache etc.?)
  - Sprechstörungen wie Stammeln, Poltern, nichtartikulierte Laute?
  - Sprache (Niveau des Sprachverständnisses und Ausdrucksvermögens, Verbalisierung dem Bildungsstand entsprechend?), Sprachschwierigkeiten bei Ausländern berücksichtigen
- *Bewußtsein und Vigilanz (s. S. 25 ff.):*
  Voraussetzung für
  - Aufmerksamkeit
  - Konzentration
  - Merkfähigkeit
  - Gedächtnis und Orientierung
- *Empfindung und Wahrnehmung (s. S. 32 ff.):*
  - Mißempfindungen
  - Illusionen
  - Halluzinationen etc.
- *Denken und Vorstellen (s. S. 34 ff.):*
  - formale Denkstörungen
  - inhaltliche Denkstörungen wie Wahn- und Zwangsvorstellungen
- *Affektivität (s. S. 39 ff.):*
  - Depression
  - Euphorie etc.

- *Antrieb (s. S. 40ff.):*
  - Antriebsstörungen
  - psychomotorische Störungen etc.
- *Ich-Erleben (s. S. 42):*
  - Ich-Störungen wie Entfremdungserlebnisse
  - Gedankenausbreitung, Gedankenentzug etc.
  - Autismus
- *Intelligenz (s. S. 43):*
  - angeborene Intelligenzminderung
  - erworbene Intelligenzminderung
- **Sonstige Merkmale:**
  - Krankheitsgefühl (Empfindung des Schweregrades der Erkrankung)
  - Krankheitseinsicht (Akzeptanz der Krankheit und ihrer Behandlung, Bereitschaft zu Compliance, Arbeitsbündnis)
  - Simulation (Vortäuschung einer Krankheit)
  - Dissimulation (Vortäuschung von Gesundheit und Leugnung der Krankheit)
  - Selbstbeschädigung und Suizidalität
- **Verhalten in der Untersuchungssituation:**
  - Kontaktaufnahme (freiwillig oder erzwungen; zuhause, in der Arztpraxis oder auf der Intensivstation; Hilfesuchverhalten oder Ablehnung)
  - Reaktionsfähigkeit
  - Wechselbeziehung zwischen Patient und Untersucher

Somatischer Befund

- körperliche, insb. internistische, neurologische, klinische Untersuchungsbefunde
- Laborergebnisse, Röntgen, EKG, EEG, CCT, Kernspintomographie, PET usw.

Weitere Befunde

Neben den klinisch-psychologischen Testfragen kann der psychopathologische Befund z. B. durch Einsatz bzw. Ergebnisse *psychologischer Testverfahren* untermauert werden (s. Anhang B).

2.5 Beurteilung und Diagnose

Nicht sofort auf eine Diagnose zusteuern! Bei Beurteilung und Diagnose eines Falles sollte in folgender Reihenfolge vorgegangen werden:
- Feststellung des psychopathologischen Befundes (Querschnitt)
- Bildung von ätiologisch zunächst unspezifischen Symptomenkomplexen (psychiatrische Syndrome)
- Beschreibung der Syndrome nach psychopathologischen Kriterien wie Bewußtsein, Gedächtnis, Orientierung, Wahrnehmung, Denken, Stimmung
- Benennung der Syndrome nach meist kennzeichnenden und hervorstechenden Symptomen (Tabelle 2.4)
  Nach der Syndrombestimmung Versuch, die prämorbide Persönlichkeit, den Krankheitsverlauf und ätiologisch relevante Befunde einzuschließen, d.h. Interpretation mit ätiologischen Vermutungen
- erst jetzt Versuch einer diagnostischen Beurteilung

Es ist zu differenzieren zwischen der umfangreichen diagnostischen Beurteilung im Sinne einer individuell vorgehenden, umfänglichen nosologischen Beschreibung unter Verwendung diagnostischer Termini einerseits und andererseits der Diagnosenstellung im Sinne einer oder mehrerer Störungen, die sich in einer Klassifikation finden.

Als Orientierungshilfe gilt die *klassische Einteilung* der psychiatrischen Diagnosen nach dem triadischen (oder tetradischen) System:
- körperlich begründbare psychische Störungen (exogene Psychosen/ organische Psychosyndrome)
- endogene Psychosen (Schizophrenie und affektive Psychosen)
- psychogene Störungen.

Hinzu kommen als viertes
- sog. „Spielarten des Normalen": Persönlichkeitsstörung und Intelligenzminderung (Kurt Schneider 1992)[1]

Zwischen diesen Gruppen sind viele Überschneidungen möglich (z.B. bei den Abhängigkeitserkrankungen)
Bei Vorliegen mehrerer Störungen (Mehrfachdiagnosen, Komorbidität) kann man nach der sog. **Schichtenregel** nach Jaspers vorgehen: die

---

[1] Schneider K (1992) Klinische Psychopathologie, 14. Aufl. Thieme, Stuttgart

	Bewußtsein	Gedächtnis	Orientierung	Wahrnehmung	Denken	Stimmung	Antriebslage	Vorkommen
Manisches Syndrom	klar	erhalten	erhalten	normal	Ideenflucht (Größenideen)	gehoben (heiter)	Erregung	Manie, organische Hirnerkrankungen (z. B. Paralyse), Vergiftungen, Schizophrenie
Depressives Syndrom	klar	erhalten	erhalten	normal	Denkhemmung, depressive Ideen	gedrückt	Hemmung	Depression, Schizophrenie, organische Hirnerkrankungen
Angstsyndrom	mitunter getrübt	erhalten	mitunter gestört	illusionäre Verkennungen	Verfolgungsideen	ängstlich	Erregung	Depression, Schizophrenie, symptomatische und senile Psychosen
Paranoidhalluzinatorisches Syndrom	klar	erhalten	erhalten	akustische Halluzinationen	Beeinträchtigungsideen	mißtrauisch, ängstlich, gespannt	oft Erregung	Schizophrenie, organische Hirnerkrankungen, symptomatische und toxische Psychosen
Hyperkinetisches Syndrom (Erregungszustand)	oft getrübt	oft Erinnerungslücke	oft gestört	Sinnestäuschungen	oft gestört, (Zerfahrenheit, Inkohärenz) gehoben,	gehoben, ängstlich oder zornig	Erregung	Schizophrenie, symptomatische Psychosen, organische Hirnerkrankungen, Vergiftungen

Tabelle 2.4. Beispiele für Psychiatrische Syndrome (Symptomenkomplexe)

Tabelle 2.4. (Fortsetzung) Beispiele für Psychiatrische Syndrome (Symptomenkomplexe)

	Bewußtsein	Gedächtnis	Orientierung	Wahrnehmung	Denken	Stimmung	Antriebslage	Vorkommen
Akinetisches Syndrom (Stupor)	klar	erhalten	erhalten	normal	oft gehemmt	gleichgültig, gedrückt oder gespannt	Sperrung	Schizophrenie, Depression, psychogene Haftreaktion (Haftstupor)
Dämmerzustand	getrübt oder eingeengt	Erinnerungslücke	meist gestört	Sinnestäuschungen	Wahnideen	gespannt, ängstlich, zornig	Erregung	Epilepsie, Hirnverletzungen, pathologischer Rausch, psychogene Reaktion
Delirantes Syndrom	getrübt	Erinnerungslücke	meist gestört	optische Haluzinationen	Wahnideen	meist ängstlich	Erregung	Symptomatische Psychosen, Hirnverletzungen, organische Hirnerkrankungen, Vergiftungen, Alkoholismus
Amnestisches Syndrom (Korsakow)	(klar)	Merkschwäche, Erinnerungslücken, Konfabulationen	meist gestört	normal	normal	verschieden	oft Antriebsmangel	Alkoholismus, CO-Vergiftungen, organische Hirnerkrankungen, symptomatische Psychosen

schwerwiegendere Erkrankung bzw. die körperlich begründbare Störung hat Vorrang.

Neuerdings bürgert sich ein, die aktuell im Vordergrund stehende Störung als Hauptdiagnose an den Anfang zu stellen.

Aus wissenschaftlichen Gründen (Vergleichbarkeit) aber auch unter praktischen Gesichtspunkten, wurden eine Reihe von **Klassifikations- bzw. Diagnosensystemen** entwickelt:
- die von der Weltgesundheitsorganisation (WHO) entwickelte International Classification of Diseases (ICD); derzeit in Deutschland offiziell noch gültig ist die 9. Revision (ICD-9)
- die 10. Revision (ICD-10) international und national in Kürze für alle Krankheiten verbindlich; das Kapitel F (V) psychische Störungen; neu gegenüber der ICD-9 die Einführung der operationalisierten, d. h. auf Kriterien basierenden Diagnostik; neben Symptomen (Merkmalen) auch Zeit- und Verlaufskriterien, Ein- und Ausschlußdiagnosen. Eine Übersicht des Kapitels „Psychische Störungen" im Anhang C.
- das von der American Psychiatric Association (APA) entwickelte Diagnostic and Statistical Manual of Mental Disorders (DSM); derzeit gültig ist die 4. Fassung (DSM-IV)

Zu diesen Systemen gibt es eine Reihe von strukturierten oder standardisierten Interviews (z. B. Composite International Diagnostic Interview – CIDI, Schedules for Clinical Assessment in Neuropsychiatry – SCAN, International Personality Disorder Examination – IPDE):

Vorteile: gleichmäßige Erfragung des gesamten Befundes, vollständige Befunddokumentation, da keine Frage vergessen wird

Nachteile: wenig individualisiertes Vorgehen des Interviewers, auf das der Patient evtl. mit latenter Ablehnung reagiert; großer Zeitaufwand; Übersehen von ungewöhnlichen Befunden

2.6 Dokumentation

Krankengeschichte

Die Krankengeschichte sollte entsprechend dem diesem Kapitel vorangestellten Überblick (vgl. S. 8) gegliedert und durch Überschriften und Unterstreichungen auch optisch strukturiert sein.

Die Krankengeschichte ist der Versuch eines objektiven Berichts unter Einbeziehung der subjektiven Wahrnehmungen des Untersuchers: anschaulich konkrete Darstellung, möglichst auch mit charakteristischen wörtlichen Zitaten, große Bedeutung auch von Details!

Die *Fremdanamnese* ist stets getrennt von den Angaben des Patienten zu dokumentieren! Wird im Rahmen der Anamnese auf Fremdanamnese Bezug genommen, so sollten der Name des Referenten, möglichst mit Personalien (Adresse, Alter, Telefonnummer!), sowie die Dauer der Bekanntschaft des Referenten mit dem Patienten notiert werden.

Die Krankengeschichte schließt mit dem Behandlungsplan und evtl. den Rehabilitationsmaßnahmen.

Psychiatrischer Arztbrief

Der weiterbehandelnde Arzt sollte den Arztbrief *vor* dem ersten Termin mit dem Patienten erhalten (nach Wochen oder Monaten eintreffende Arztbriefe haben nur noch für den Absender dokumentarische Bedeutung)!
Formal sollte der Arztbrief folgende Kriterien erfüllen:
- klare Gliederung
- weniger ausführlich als die Krankengeschichte: maximal ein Briefbogen
- Der Inhalt dient dem Verständnis des Falles für die Weiterbehandlung, daher: möglichst keine Normalbefunde, eindeutige Diagnosen (ICD-Nummer), letzte bzw. empfohlene Medikation (Handelsnamen und Generika) und sonstige Behandlungsmaßnahmen
- vor Entlassung: Einverständnis des Patienten bezüglich Übersendung der Arztbriefe einholen und mit Namen der Ärzte dokumentieren!
- möglichst keine Mitteilung von intimen, vertraulichen Inhalten, vor allem keine Fakten über namentlich genannte Dritte (In der Praxis liest meist nicht nur der Arzt die Berichte! Trotz „Vertraulich"-Stempel werden Berichte oft weitergegeben: an Krankenkassen und Sozialämter etc., die zwar den Krankheitsbefund, nicht aber biographische, oft sehr persönliche Details benötigen, oder an die Patienten selbst, die die Berichte dann u. U. ohne Erklärung erhalten und mißverstehen können.)

Basisdokumentation

Systematische Kurzdokumentation auf Vordrucken, enthält soziodemographische und diagnostische Charakterisierung von Patienten bei Behandlung in stationären oder ambulanten Institutionen: ICD-Diagnose, Überweisungsquelle, Weiterbehandlung, Suizidversuch vor oder während der Behandlung, berufliche Stellung, Wohnsituation u. a. (von der Deutschen Gesellschaft für Psychiatrie, Psychotherapie und Nervenheilkunde DGPPN empfohlene Merkmale)

Sinn der Basisdokumentation: Dokumentation der Versorgungsleistung der jeweiligen Einrichtungen und soziodemographische Charakterisierung der Patienten einer Institution; dient als Planungsgrundlage

Man beachte die Auflagen des Datenschutzes: nur Weitergabe von aggregierten Daten!

3 Psychopathologie

Die Psychopathologie ist die Lehre von den psychischen Phänomenen und Symptomen der psychiatrischen Störungen und Krankheiten. – Psychopathologische Phänomene bestimmen zwar bei den meisten psychischen Störungen das klinische Erscheinungsbild, sie sagen jedoch nichts Verläßliches über Ätiologie und Pathogenese der zugrunde liegenden Störung aus. Die klinische Beobachtung kann keinesfalls durch apparative Untersuchungen oder Laboranalysen ersetzt werden.

Aufgabe der klinischen Psychopathologie ist die systematische Analyse und Dokumentation der beobachteten Symptome und Befunde, primär im Querschnitt, aber auch im Verlauf.

Das Kapitel „Psychopathologie ist nach Elementarfunktionen gegliedert: den Beschreibungen dieser (ungestörten) Elementarfunktionen folgen jeweils die möglichen Störungen.

ELEMENTARFUNKTIONEN UND IHRE STÖRUNGEN:

Bewußtsein/Vigilanz
- Quantitative Bewußtseinsstörung
- Qualitative Bewußtseinsstörung

Aufmerksamkeit/Gedächtnis
- Aufmerksamkeits- und Konzentrationsstörungen
- Auffassungsstörungen
- Merkfähigkeits- und Gedächtnisstörungen

Orientierung
- Orientierungsstörungen

Wahrnehmung
- Quantitative Wahrnehmungsstörungen
- Qualitative Wahrnehmungsstörungen

Denken
- Formale Denkstörungen
- Inhaltliche Denkstörungen

Affektivität
- Affektive Störungen

Antrieb
- Antriebsstörungen
- Psychomotorische Störungen

Ich-Erleben
- Ich-Störungen

Intelligenz
- Angeborene Intelligenzminderung
- Erworbene Intelligenzminderung

3.1 Bewußtsein/Vigilanz

3.1.1 Definition der Elementarfunktion

Bewußtsein ist durch zwei unterschiedliche Aspekte gekennzeichnet:
- Bewußtsein als Vigilanz im Sinne der *Schlaf-Wach-Schaltung,* auch bei Tieren vorhanden
- *Reflektierendes Bewußtsein* als das unmittelbar auf die Person selbst bezogene Wissen um geistige und seelische Zustände, d. h. Wissen um die Beziehung zwischen Bewußtseinsinhalt (Erleben, Erinnerung, Vorstellung, Denken) und dem Ich, dem etwas bewußt ist

Voraussetzung reflektierenden Bewußtseins ist *Vigilanz (Wachheit).* Nur dadurch sind Auffassen und Erkennen (in Verbindung mit dem persönlich-lebensgeschichtlichen Kontext) möglich. Die Prüfung des reflektierenden Bewußtseins ist nur indirekt über Beobachtung der Aufmerksamkeit, Konzentration, Merk- und Gedächtnisfähigkeit möglich.

3.1.2 Störungen der Elementarfunktion

Störungen des Bewußtseins können quantitativer oder qualitativer Art sein, häufig sind sie eine Kombination beider.

Quantitative Bewußtseinsstörung/Vigilanzstörung, Bewußtseinsminderung

Definition: durch Verminderung der Vigilanz bedingte Bewußtseinsstörung.

Vorkommen: bei hirnorganischen Störungen, Intoxikationen, schweren Allgemeinerkrankungen. Leichtere Formen auch bei körperlicher Erschöpfung, schwerere Formen nach Schädel-Hirn-Trauma, bei Stoffwechselstörung sowie präfinal. Vigilanzstörungen sind immer Hinweis auf organische Ätiologie!

Formen:
- *Benommenheit*
  Definition: leichtester Grad von Vigilanzstörung
  Erscheinungsbild: Auffassungsstörungen und Verlangsamung des Denkens
- *Somnolenz*
  Definition: abnorme (krankhafte) Schläfrigkeit
  Erscheinungsbild: schläfrig-benommen, stark verlangsamt, fehlende Spontanäußerungen,
  aber weckbar! Oft weitgehende Amnesie!
- *Sopor*
  Definition: ausgeprägter Grad von Vigilanzstörung, Betäubung
  Erscheinungsbild: nur stärkere Reize lösen noch Reaktionen aus: bei Schmerzreizen geordnete Abwehrbewegungen. Für kurze Zeit weckbar!
- *Koma*
  Definition: Bewußtlosigkeit
  Erscheinungsbild: Zustand tiefster, nicht zu unterbrechender Bewußtseinsstörung, d.h. nicht weckbar! Keine Reaktion auf Anrufen. Auf Schmerzreize evtl. unkoordinierte Abwehrbewegungen (Reflexverhalten je nach Tiefe des Komas unterschiedlich), u.U. fehlende Sehnen- und Hautreflexe

Qualitative Bewußtseinsstörung

Definition: Veränderung des Bewußtseins

Formen:
- *Bewußtseinstrübung*
  Definition: Verwirrtheit von Denken und Handeln

Der Begriff „Bewußtseinstrübung" wird in der Allgemeinmedizin häufig weit gefaßt und auf fast alle Störungen des Bewußtseins (mit Ausnahme vom Koma auch auf die quantitativen Störungen) angewandt. Auch wenn die Unterscheidung zwischen Bewußtseinstrübung und Benommenheit gelegentlich problematisch ist, sollte sie prinzipiell jedoch aufrechterhalten werden!
Erscheinungsbild:
- mangelnde Klarheit der Vergegenwärtigung des Erlebens in bezug auf Ich und Umwelt
- Fehlen von Zusammenhängen zwischen einzelnen Vorgängen (zerstückeltes Bewußtsein)
- Verlangsamung, Inkohärenz und Verwirrtheit des Denkens
- Merkfähigkeitsstörungen
- oft gepaart mit Desorientierung

Vorkommen: Delir, amentielles Syndrom z. B. bei zerebrovaskulären Erkrankungen, schwere paranoid-halluzinatorische Psychosen
- *Bewußtseinseinengung*
Definition: (traumhafte) Veränderung des Bewußtseins im Sinne einer Verkleinerung des Bewußtseinsfeldes
Erscheinungsbild:
- Einengung von Denkinhalten und Vorstellungen, Erlebnissen und Handlungsweisen
- verminderte Ansprechbarkeit auf Außenreize: Aufmerksamkeit erscheint nach innen gerichtet
- Handlungsfähigkeit bleibt im großen und ganzen erhalten, es können sogar komplizierte Handlungen möglich sein
- gelegentlich mit illusionärer Verkennung o. Halluzinationen gepaart
- für den Zustand der Bewußtseinseinengung besteht anschließend in der Regel Amnesie

Vorkommen: Dämmerzustand bei Epilepsie, pathologischem Rausch, Hirntraumen, Intoxikation, Enzephalitis; gelegentlich unter hohem Affektdruck (z. B. Panik, Schock) bei sog. hysterischem Dämmerzustand; im sog. besonnenen (geordneten, orientierten) Dämmerzustand zwar Einengung des Bewußtseins, aber äußerlich geordneter Handeln, später Amnesie
Differentialdiagnose: **Oneiroid** (=traumhafte Verworrenheit), Patient wirkt wie im Trancezustand. In der Regel zusätzlich illusionäre Verkennung und andere Sinnestäuschungen, evtl. auch wahnhafte Erlebnisse. Hier u. U. auch getrübtes Bewußtsein. Literarisches Beispiel: Käthchen von Heilbronn von Kleist
- *Bewußtseinsverschiebung/-erweiterung*
Definition: abnorme Helligkeit des Bewußtseinsfeldes

Erscheinungsbild: Veränderung gegenüber durchschnittlichem Tagesbewußtsein, Gefühl der Intensitäts- und Helligkeitssteigerung, Vergrößerung des Bewußtseinsraums, ungewöhnliche Wachheit. Diese Zustände können mit verkürzter Reaktionszeit, aber auch mit Einschränkung der Wahrnehmungs- und Koordinationsfähigkeit und Unruhe einhergehen.

Vorkommen:
- Intoxikation (insb. durch Psychostimulantien oder Halluzinogene)
- beginnende endogene Psychose, Manie
- Meditation, Ekstase

3.2 Aufmerksamkeit und Gedächtnis

3.2.1 Definition der Elementarfunktion

Die Aufmerksamkeit (das Ausrichten des Wahrnehmens, Vorstellens und Denkens auf bestimmte gegenwärtige oder erwartete Erlebnisinhalte), Konzentration und Auffassung sind eng mit Merkfähigkeit und Gedächtnis verknüpft. Diese Funktionen sind schwer isoliert zu prüfen! – Beachte die Bedeutung von Motivation und affektiver Beteiligung!

3.2.2 Störungen der Elementarfunktion

Aufmerksamkeits-/Konzentrationsstörungen

Definition: Unfähigkeit zur Ausrichtung, Sammlung und Hinordnung auf einen Gegenstand

Erscheinungsbild: Störung der Fähigkeit, „bei der Sache" zu bleiben, seine Aufmerksamkeit ausdauernd einer bestimmten Tätigkeit oder einem bestimmten Gegenstand zuzuwenden

Vorkommen: physiologische Müdigkeit, organisches Psychosyndrom

Prüfung:
- *Aufmerksamkeit:* im klinischen Gespräch
- *Konzentration:* Testaufgaben wie z. B. den Patienten von der Zahl 100 immer jeweils 7 subtrahieren lassen u. ä. Aufgaben oder Testverfahren wie z. B. Aufmerksamkeits-Belastungs-Test d2 (s. Anhang B)

Auffassungsstörungen

Definition: Störung der Fähigkeit, Wahrnehmungserlebnisse in ihrer Bedeutung zu begreifen, sie sinnvoll miteinander zu verbinden und mit früheren Erfahrungen zu verknüpfen. Auffassung kann falsch oder verlangsamt sein oder fehlen.

Erscheinungsbild: (nicht wahnhafte) Fehldeutung von Wahrgenommenem, Schwerbesinnlichkeit (bei organisch Verlangsamten)

Vorkommen: Aphasie, exogene Psychosen

Prüfung: Patient Fabeln oder kleine Geschichten nacherzählen lassen (= Prüfung der Merkfähigkeit)

Merkfähigkeits-/Gedächtnisstörungen

Definitionen:
- *Merkfähigkeitsstörungen:* Herabsetzung bis Aufhebung der Fähigkeit, sich neue Eindrücke über eine Zeit von ca. 10 min zu merken und ins Gedächtnis einzuprägen (Merkfähigkeit ist Voraussetzung für Gedächtnisfunktionen. Ein Teil des Gemerkten wird in Minuten wieder gelöscht, ein Teil wandert in den Gedächtnisspeicher.) Prüfung der Merkfähigkeit durch Reproduktion aus dem Immediat- und dem Kurzzeitgedächtnis (Erklärung s. Kasten S. 30/31)
- *Gedächtnisstörungen:* Störung der Erinnerungsfähigkeit, Herabsetzung oder Aufhebung der Fähigkeit, länger als ca. 10 min zurückliegende Eindrücke im Gedächtnis zu behalten bzw. abzurufen

Erscheinungsbild:
- *Amnesie:* (Erinnerungslosigkeit)
  - *total; lakunär:* bezogen auf Episoden körperlicher oder seelischer Störungen
  - *retrograd:* Erinnerungslosigkeit für die *vor* einem bestimmten Ereignis mit Bewußtlosigkeit liegende Zeit (z. B. Verkehrsunfall)
  - *anterograd:* Erinnerungslosigkeit für die *nach* einem Ereignis mit Bewußtlosigkeit liegende Zeit
- *Hypomnesie:* unterdurchschnittliches Gedächtnis
- *Hypermnesie:* übermäßiges Gedächtnis (z. B. manche Autisten)
- *Zeitgitterstörung:* mangelnde Zuordnung biographischer Ereignisse bei mnestisch gestörten Kranken
- *Konfabulation:* Erinnerungslücken werden mit Einfällen und Phantasien des Patienten aufgefüllt, die dieser für Erinnerungen hält (Patient ist von der Realität der Konfabulationen überzeugt)

- *Paramnesien:* Erinnerungstäuschungen bis Gedächtnisillusionen und -halluzinationen (Trugerinnerungen)
- *Déjà-vu:* meist kurzdauerndes Gefühl der Bekanntheit, des bereits einmal Erlebten ohne Gedächtnisbelege hierfür (häufig auch bei Nichterkrankten als flüchtiges Erleben)
- *Jamais-vu:* Gefühl der Fremdheit in einer bestimmten Situation
- *Ekmnesie:* Vergangenheit wird als Gegenwart erlebt; Störung von Zeiterleben und Zeitgitter
- *Transitorische globale Amnesie:* einige Stunden dauernde, meist einmalige, ätiologisch ungeklärte Episode von Merkfähigkeits- und Gedächtnisstörungen. Nach Remission bleibende Amnesie für diesen Zeitraum

PRÜFUNG:

In bezug auf die Funktionsprüfung sind zu unterscheiden:
- *Immediatgedächtnis (Ultrakurzzeit-, Arbeitsgedächtnis) (sec):* Rezeption und sofortige Wiedergabe von z. B. 6 vorgesprochenen Zahlen (1 Zahl/sec) vorwärts/-4 Zahlen rückwärts (z. B. dem Patienten unbekannte, dem Interviewer dagegen vertraute Telefonnummern); Addition von 2stelligen Zahlen mit Zwischenergebnis
- *Kurzzeitgedächtnis (min):* Prüfung der Behaltensleistung von Testwörtern (Segelschiff, Sonnenblume, Zimmermann, Kleiderschrank usw.), neugelernten Namen, zuvor gehörten Fabeln (Beispiel s. unten) nach ca. 10 min
- *Langzeitgedächtnis:* hierzu zählen Erinnerung von früher Gelerntem (Schulwissen), biographischen Inhalten (Altgedächtnis) und von in den letzten Tagen/Wochen neu Gelerntem wie aktuelle Tagesereignisse, Mahlzeiten vom Vortag usw. (Neugedächtnis). Prüfung durch Abfragen entsprechender Gedächtnisinhalte

Beispiel einer Fabel zur Prüfung des Kurzzeitgedächtnisses:
- *Biene und Taube* (nach Kloos[1]): Eine durstige Biene flog an einen Bach, um zu trinken; hierbei fiel sie ins Wasser. Das sah

---

[1] Kloos G (1965) Anleitung zur Intelligenzprüfung in der psychiatrischen Diagnostik. Gustav Fischer, Stuttgart

eine Taube, die am Ufer auf einem Baume saß. Sie brach mit dem Schnabel ein Blatt ab und warf es der Biene zu. Diese kletterte auf das schwimmende Blatt, trocknete an der Sonne ihre Flügel und flog davon. – Bald darauf sah die Biene, wie ein Jäger aus dem Hinterhalt seine Flinte auf die Taube anlegte. Da flog sie hinzu und stach den Jäger in die Hand, als er den Schuß auf die Taube abdrücken wollte. Da zuckte er vor Schmerz, und der Schuß ging daneben. (Welche Eigenschaft hatte die Taube – die Biene? Lehre?)

3.3 Orientierung

3.3.1 Definition der Elementarfunktion

Fähigkeit, sich zu Zeit, Ort, Gesamtsituation und auch bzgl. der eigenen Person zurechtzufinden und die entsprechenden Angaben zu machen
Voraussetzung: keine beträchtliche Störung der Vigilanz, keine ausgeprägte Auffassungs- oder Merkfähigkeitsstörung!

3.3.2 Störungen der Elementarfunktion

Orientierungsstörung

Definition: fehlende oder unzureichende Fähigkeit, sich aktuell zu Raum und Zeit und der eigenen Person zu äußern. Der Betroffene wirkt unsicher bis desorientiert

Formen:
- *Zeitliche Orientierungsstörung:* Prüfung auf Tageszeit, Wochentag, Jahreszeit, Monat, Jahr und Datum (Datum wird oft auch von zeitlich Orientierten nicht genau gewußt!)
- *Örtliche Orientierungsstörung:* Patient weiß nicht, wo er ist. Voraussetzung für die Prüfung ist, daß der Patient die Möglichkeit zur Orientierung hatte (evtl. fehlend bei Krankenhausaufnahme auf unbekannte Station)

- *Situative Orientierungsstörung:* Patient hat keinen Überblick über die Situation, in der er sich befindet (z. B. Untersuchung). *Vorkommen:* bei Demenz, wahnhafte Fehlorientierung z. B. beim Delir
- *Orientierungsstörung zur Person:* Wissen um die eigene Person und persönliche lebensgeschichtliche Gegebenheiten sind gestört. Prüfung über Fragen nach Namen, Geburtstag, Beruf, Familienstand usw. *Divide* dementielle vs. wahnhafte Störung: bei wahnhafter Störung u. U. doppelte Orientierung (Wahnwelt und Realwelt!).

Vorkommen: vor allem bei körperlich bedingten psychischen Störungen

3.4 Wahrnehmung

3.4.1 Definition der Elementarfunktion

Sinnliche Wahrnehmung von Objekten aufgrund von Erinnerungsbildern als Gestalt (Ganzheiten); rezeptorischer oder zentripetaler Bereich

Voraussetzung: ausreichende Funktion der Sinnesorgane

3.4.2 Störungen der Elementarfunktion

Quantitative Wahrnehmungsstörungen

Definition: falsche Wahrnehmungen meist im Sinne von lückenhafter oder verminderter Wahrnehmung

Erscheinungsbild: Ausweitung und Beschleunigung, Fragmentierung oder Einengung sowie Fehlen der Wahrnehmung aufgrund von Aufmerksamkeits-, Auffassungs- oder Konzentrationsstörungen

Vorkommen: körperlich bedingte psychische Störungen, zerebrovaskuläre Erkrankungen, visueller Hemineglect

Qualitative Wahrnehmungsstörungen

Definition: veränderte Wahrnehmungen bei verändertem Realitätserleben oder Wahrnehmungserleben ohne entsprechende Sinnesreize

Formen:
- *Illusionen*
  Definition: verfälschte wirkliche Wahrnehmungen; etwas wirklich gegenständlich Vorhandenes wird für etwas anderes gehalten, als es tatsächlich ist. Zum Beispiel Personenverkennung (Capgras Syndrom: eine dem Patienten bekannte Person wird für deren Doppelgänger gehalten)
  Affektillusion: Verkennung in Folge des vorherrschenden Affektes (z. B. Angst). Literarisches Beispiel: Goethes Ballade vom Erlkönig
  Differentialdiagnose: im Gegensatz zur Halluzination ist bei der illusionären Verkennung der Wahrnehmungsgegenstand tatsächlich vorhanden. Im Gegensatz zur Wahnwahrnehmung, wo der Gegenstand richtig erkannt, ihm jedoch eine abnorme Bedeutung beigemessen wird, hier Verkennung des Gegenstandes
- *Halluzinationen*
  Definition: Trugwahrnehmungen, d. h. Wahrnehmungserlebnisse ohne objektiv gegebenen Sinnesreiz, die für wirkliche Sinneseindrücke gehalten werden. Realitätsgewißheit (Störung bzw. Aufhebung des Realitätsurteils!). Erklärungswahn im Zusammenhang mit Halluzinationen. – Halluzinationen sind auf sämtlichen Sinnesgebieten möglich, so im Bereich des Hörens, Sehens, Riechens, Schmeckens, des Tastsinns, aber auch im Bereich von Temperatursinn und Schmerz sowie des Bewegungsgefühls (kinästhetische Halluzinationen):
  - *Akustische Halluzinationen:* Stimmenhören (grenzwertig als Gedankenlautwerden); sonstige elementare, unausgeformte (nonverbale) halluzinierte Geräusche (Akoasmen). Wichtig zu unterscheiden, ob Stimmen den Patienten direkt ansprechen (z. B. imperativ) oder (kommentierend) die Handlungen des Patienten begleiten, oder ob sie als Rede und Gegenrede von Drittpersonen empfunden werden (dialogische Stimmen). Halluzinationen manchmal aus der Mimik des Kranken zu vermuten (Blick in Richtung der Stimmen!). Zwischen Stimmenhören, Gedankenlautwerden und Gedankeneingebung (siehe Ich-Störungen!) ist gelegentlich schwer zu unterscheiden. Vorkommen: Schizophrenie, Alkoholhalluzinose
  - *Optische Halluzinationen:* szenische Halluzinationen oder Wahrnehmung kleiner Gegenstände, Figuren, Tiere („weiße Mäuse"). (Divide hypnagoge Halluzinationen: optische Sensationen beim Aufwachen oder Einschlafen.) Vorkommen: Alkoholdelir
  - *Olfaktorische und Geschmackshalluzinationen:* treten häufig gemeinsam auf oder gehen phänomenologisch ineinander über. Vorkommen: häufig während der epileptischen Aura; zuweilen auch Initialsymptom einer Schizophrenie

- *Haptische (taktile) Halluzinationen:* Wahrnehmung im Bereich der Haut oder Schleimhaut. Vorkommen: Dermatozoenwahn, Delir, Kokainpsychose
- *Leibhalluzinationen, koenästhetische Halluzinationen:* (Koenästhesie = Leibgefühl, in der Literatur unterschiedliche Schreibweise: auch Coenästhesie oder Zönästhesie) „abstruse Empfindungen, eigenartige Leib-(Körper)gefühlsstörungen; wenn Charakter des von außen „Gemachten erlebt wird, Vorliegen von Leibhalluzinationen. Vorkommen: koenästhetische Schizophrenie
- *Pseudohalluzinationen* entsprechen Halluzinationen mit dem Unterschied, daß das Realitätsurteil erhalten ist, Auftreten unabhängig vom Willen
- **Sonstige Wahrnehmungsstörungen**
  - *(nicht halluzinatorische) Leibgefühlsstörungen*
  - *Dysästhesien:* veränderte unangenehme Wahrnehmungen auf der Körperoberfläche, etwa bei Berührung
  - *pareidolie:* ähnlich der Illusion, jedoch nicht vom Affekt getragen
  - *Makropsie, Mikropsie, Metamorphopsie;* auch u. U. Hypakusis und Verschwommensehen als einfache Wahrnehmungsveränderungen (z. B. bei neurotischen Störungen, aber auch bei Überforderung)

3.5 Denken

3.5.1 Definition der Elementarfunktion

Zentrale Ich-Funktion im Zusammenhang mit Vorstellen und Urteilen. Denken manifestiert sich in Sprache und Schrift, wird gesteuert von Wahrnehmungen, Assoziationen und Denkzielen und setzt die Verfügung über Gedächtnisinhalte voraus

3.5.2 Störungen der Elementarfunktion

Störungen des Denkens sind in bezug auf formalen Denkvorgang (formale Denkstörung) und auf Gedankeninhalt (Wahn, Zwang) möglich

Formale Denkstörungen

Definition: Es handelt sich um subjektive und objektive Veränderungen und Abwandlungen des normalen Denkvorgangs. Bedeutungsveränderungen und unlogisches Denken werden als vorwiegend formal gestört angesehen, obwohl hier auch eine Störung des Denkinhalts vorliegt

Formen:
- *Hemmung des Denkens:* subjektiv empfundene Erschwerung des Denkablaufs hinsichtlich Tempo, Inhalt und Zielsetzung, die auch bei offensichtlichem Bemühen des Patienten nicht behoben werden kann; Einengung, Mangel an Einfällen
- *Verlangsamung:* objektiv wahrgenommene Verzögerung des Denkablaufs. Gedankengang ist mühsam und schleppend. (Gegenteil: Beschleunigung)
- *Perseveration*
  - *inhaltlich:* Haften, an einem Thema „kleben". Eingeengter Gedankengang, da Umstellung auf neue Denkziele kaum möglich
  - *verbal:* Verbigeration
- *Umständlichkeit:* mangelnde Abstraktionsfähigkeit; keine Trennung von Wesentlichem und Nebensächlichem. Der Patient verliert sich in Einzelheiten, ohne jedoch vom Ziel gänzlich abzukommen (weitschweifig!)
- *Vorbeireden:* trotz Verständnis der Frage (aus Antwort und/oder Situation ersichtlich) nicht beabsichtigtes (!) an der gestellten Frage „Vorbeiantworten"
- *Sperrung des Denkens/Gedankenabreißen:* plötzlicher Abbruch eines zunächst flüssigen Gedankenganges, zuweilen mitten im Satz, ohne erkennbaren Grund; u. U. Themawechsel; Sperrung „subjektiv" erlebt – Gedankenabreißen „objektiv" beobachtet
- *Begriffsverschiebung*
  - *Konkretismus:* Begriffe können nur noch wörtlich, nicht im übertragenen Sinne verstanden und eingesetzt werden (Prüfung z. B. durch Sprichwörter: „Der Apfel fällt nicht weit vom Stamm.")
  - *Symboldenken:* Begriffe werden nur im übertragenen (metaphorischen) Sinne verstanden; Denken in Symbolen, die für Erlebniskomplexe stehen, nicht in abstrakten Begriffen
- *Begriffszerfall:* Begriffe verlieren ihre exakte Bedeutung und ihre scharfe Abgrenzung gegenüber anderen Begriffen
- *Kontamination:* Unterschiedliche, z. T. logisch unvereinbare Bedeutungen werden miteinander verquickt. Das äußert sich sprachlich u. a. in Wortneubildungen (Neologismen)
- *Zerfahrenheit:* zusammenhangsloses und alogisches Denken; dissoziierter Gedankengang. Bei guter Kenntnis des Patienten ist der „tiefere Sinn" zerfahrener Äußerungen oft verstehbar. Im Extremfall bruchstückhafte, beziehungslose Sprache, unzusammenhängende Wörter oder Wortreste („Wortsalat")

- *Inkohärenz:* zerfahrenes Denken bei gleichzeitiger qualitativer Bewußtseinsstörung (exogene Psychosen vom amentiellen Typ). Das Denken absolut zusammenhanglos, d.h. die einzelnen Bruchstücke ohne Beziehung zueinander
- *Ideenflüchtiges/sprunghaftes Denken:* Unmöglichkeit, etwas längeren Gedankengang zu Ende zu führen, da ständig neue Assoziationen und Einfälle auftauchen. Das Denken wird nicht mehr von einer Zielvorstellung straff geführt. Patient „gerät vom Hundertsten" ins Tausendste. Gesamtzusammenhang gelockert, bleibt jedoch verständlich; leichte Ablenkbarkeit durch Außenreize
- *Gedankendrängen:* übermäßiger Druck vieler Einfälle oder auch ständig wiederkehrender Gedanken

Inhaltliche Denkstörung

Definition: Störung der Inhalte des Denkens, stets im Zusammenhang mit Störung des Realitätsurteils

Formen:
- *Wahn*
  Definition: aus krankhafter Ursache entstehende, (im Sinne der Umwelt) irrige, gegenwärtig nicht korrigierbare Überzeugung von unmittelbarer Gewißheit, meist im Sinne der Eigenbeziehung. Obwohl Widerspruch zur Realität, dennoch unmittelbare persönliche Evidenz (Wahngewißheit); kein Bedürfnis nach Begründung dieser Fehlbeurteilung
  - *Wahngedanken, -ideen und -vorstellungen* (synonym verwendet) gehören der Vorstellungswelt des Kranken an
  - *Bei der Wahnwahrnehmung* wird einer realen Sinneswahrnehmung abnorme Bedeutung beigemessen.

  Der Wahn im zeitlichen Verlauf:
  - *Wahnstimmung:* einleitende, unbestimmte Wahnstimmung mit Unheimlichkeit, Ratlosigkeit, Mißtrauen. Wahnwahrnehmungen oder -vorstellungen sind noch unbestimmt
  - *Manifester Wahn/Wahngewißheit:* entwickelt sich aus der Wahnspannung. Über sog. *Wahnarbeit* Ausgestaltung einzelner Wahnerlebnisse zu einem zusammenhängenden *Wahnsystem* möglich
  - *Residualwahn:* nach Abklingen einer akuten Manifestation weiterbestehender Wahn im Sinne eines Restwahns

  Wahn entsteht häufig in Verbindung mit Störungen der Affektivität als synthymer (kongruenter) Wahn z.B. als Verarmungs- oder Schuldwahn bei Depressionen. Tritt statt des zur Stimmung passenden In-

halts ein inadäquater, womöglich entgegengesetzter, so spricht man von parathymem (inkongruentem) Wahn.

Durch eine intensive *Wahndynamik* (Beteiligung der Affekte, des Antriebs, des inneren Interesses am Wahn) kann es zu Suizid(-versuch) oder auffälligen Verhaltensweisen (evtl. Schutz- und Hilfesuche bei der Polizei) kommen, um dem wahnhaft befürchteten Schicksal zu entgehen

Wahnthemen/-inhalte:
- *Beziehungswahn:* abnormes Bedeutungsbewußtsein, wahnhafte Eigenbeziehung. Patient ist davon überzeugt, daß bestimmte Ereignisse in seiner Umgebung nur seinetwegen geschehen bzw. daß ihm damit etwas bedeutet werden soll
- *Beeinträchtigungswahn:* Patient sieht Ereignisse nicht nur auf sich bezogen, sondern auch gegen sich gerichtet
- *Kontrollwahn:* Gefühl von Überwachung und allgegenwärtiger Kontrolle durch bestimmte Menschen, Institutionen, Organisationen (wie Beeinträchtigungswahn nach ICD-10 typisch für Schizophrenie)
- *Verfolgungswahn:* Steigerung des Beeinträchtigungswahns. Harmlose Ereignisse in der Umgebung werden als Anzeichen der Bedrohung und Verfolgung empfunden. Häufigster Wahn!
- *Querulantenwahn:* Aus einer oft tatsächlich erfolgten Kränkung und der zunächst überwertigen Idee, dieses Unrecht nicht auf sich beruhen lassen zu können, entwickelt sich der Querulantenwahn. Er ist gekennzeichnet durch einen absolut uneinsichtigen, selbstgerechten Kampf ums Recht, der sich allmählich vom ursprünglichen Gegner auf die ganze Gesellschaft ausweitet (klassisches Literaturbeispiel eines Rechtsparanoikers: „Michael Kohlhaas" von Heinrich v. Kleist)
- *Eifersuchtswahn:* „Wahn ehelicher Untreue", Wahn, vom Partner hintergangen zu werden. Mögliche Aggressionen richten sich vornehmlich auf den Partner, nicht auf den Nebenbuhler. Insb. im Zusammenhang mit Alkoholismus auftretend
- *Größenwahn:* expansives Erleben mit wahnhafter Selbstüberschätzung bis zu enormer Selbsterhöhung; verstiegenste Vorstellungen von ungeheurer Macht, revolutionärer Weltverbesserung und umwälzenden Erfindungen. Zum Größenwahn zählen der „Wahn hoher Abstammung", „Erfinderwahn", „religiöser Wahn" (Kommunikation mit Gott). – Vorkommen z. B. bei Schizophrenie und (synthym) bei Manie
- *Schuldwahn:* Patient wähnt, gegen Gott, höhere sittliche Instanzen oder Gesetze verstoßen, Vertrauen mißbraucht zu haben etc. Ebenso wie Verarmungs- und hypochondrischer Wahn oft sekundär bei affektiven Psychosen

- *Symbiontischer Wahn/Folie-à-deux:* Ein dem primär Erkrankten Nahestehender partizipiert an dessen Wahnerleben: Induzent und Induzierter entwickeln einen gemeinsamen Wahn (häufige Thematik: Verfolgungswahn)
- **Überwertige Ideen**
 Definition: nichtwahnhafte, aber inhaltlich als Komplex fest miteinander verbundene Gedanken, die in unangemessener Weise die Person beherrschen
- **Zwang**
 Definition: Auftreten von Vorstellungen und Handlungsimpulsen, die als der Person zugehörig, aber ich-fremd erlebt werden und nicht zu unterdrücken sind (trotz ihres als unsinnig erkannten Charakters). Keine willentliche Beeinflussung möglich. Quälendes Erleben, bei Unterdrückung des Zwangs tritt Angst auf. Wird wegen des Persistierens bestimmter Denkinhalte bzw. des Beharrens von Vorstellungen als „inhaltliche Denkstörung angesehen. – Auftreten ubiquitär
 Formen:
 - *Zwangsgedanken:* zwanghaft persistierende Denkinhalte, die nicht unsinnig sein müssen, deren Persistenz jedoch als unsinnig oder ungerechtfertigt empfunden wird. Charakteristisch ist das Sich-aufdrängen von abgelehnten Vorstellungen und Angst vor abgewehrten Fehlhandlungen. Zu Zwangsgedanken werden gerechnet: Zwangsgrübeln, Zwangsvorstellungen, Zwangserinnerungen, Zwangsbefürchtungen usw.
 - *Zwangshandlungen:* meist aufgrund von Zwangsgedanken oder -befürchtungen stereotyp wiederholte Handlungen (Zwangsrituale). Beispiele: Kontrollzwang, Waschzwang usw.
 - *Zwangsimpulse:* sich zwanghaft aufdrängende innere Antriebe, als sinnlos oder gefährlich empfundene Handlungen durchzuführen: jemanden umbringen, selbst aus dem Fenster springen, während eines Konzerts obszöne Worte rufen etc. Zwangsimpulse werden glücklicherweise fast nie realisiert!
- **Phobien**
 Definition: inhaltlich als affektive Denkstörung zu klassifizierende Angstgefühle, die sich auf bestimmte Situationen oder Objekte beziehen; häufig Vermeidungsverhalten. Beispiele: Agoraphobie, Klaustrophobie, Tierphobie etc. (s. auch affektive Störungen S. 41)

3.6 Affektivität

3.6.1 Definition der Elementarfunktion

Zusammenfassende Bezeichnung für Gefühle, Affekte und Stimmungen. Die Affektivität (das Gefühlsleben, die Emotionalität, das Gemüt) ist persönlichkeitsbestimmend. Spezielle Leibwahrnehmungen wie Hunger, Schmerz, sexuelle Erregung (lokal und auch ganzheitlich empfunden) sowie allgemeinere Leibwahrnehmungen (Gemeingefühle, Vitalgefühle) bestimmen die Befindlichkeit und tragen die Stimmung. Begriffsbestimmung:

- *Stimmung:* Gesamtlage des Gefühlszustandes über längere Zeitstrecken, welche Empfindungen, Denken und Handeln bestimmt, also langfristiger Gefühlszustand
- *Affekte:* kurzdauernde, umschriebene Gefühlsabläufe; Gefühlswallungen wie Wut, Ärger, Angst, Verzweiflung, Freude
- *Gefühle (Emotionen):* zahlreiche einzelne Gefühle elementarer und höherer Art wie Liebe, Freude, Trauer, Zuneigung, religiöse Verehrung, aber auch Vitalgefühle wie Spannkraft, Wohlbehagen, Abgespanntheit und Erschöpfungsgefühl

3.6.2 Störungen der Elementarfunktion

Affektivitätsstörungen

Definition: Störungen von Stimmung und Gefühlen (Emotionalität), einschließlich abnormer Affekte. In Verbindung mit Störungen der Affektivität treten häufig Insuffizienzgefühle und synthyme (zur Stimmung passende, kongruente) Wahninhalte wie Verarmungswahn, Schuldwahn oder auch Größenwahn auf

Formen:
- *Affektlabilität:* rascher Wechsel von Affekten, die meist von kurzer Dauer sind und vielfachen Schwankungen unterliegen
- *Affektinkontinenz:* fehlende Beherrschung von Affektäußerungen (bei zerebralen Abbauprozessen)
- *Stimmungslabilität:* Beeinflußbarkeit, Wechsel der Stimmung je nach Denkinhalt
- *Depressivität:* niedergeschlagene Stimmung

- *Euphorie, Hypomanie, Manie:* unterschiedliche Grade gehobener Stimmung, am stärksten ausgeprägt bei manischer Stimmung
- *Dysphorie:* gereizte Verstimmtheit
- *Affektverflachung:* mangelnde Ansprechbarkeit des Gefühls, fehlende Schwingungsfähigkeit, oft „läppisches" Verhalten; (häufig bei Hebephrenie)
- *Apathie:* Gefühllosigkeit, Teilnahmslosigkeit
- *Torpidität:* Stumpfheit, Unansprechbarkeit bei Schwachsinnigen (bei Personen mit Intelligenzminderung)
- *Ambivalenz:* Koexistenz gegensätzlicher Gefühle, meist als quälend empfunden
- *Parathymie:* Gefühlsverkehrung, paradoxer Affekt, Gefühlsausdruck und Erlebnis- bzw. Gedankeninhalt stimmen nicht überein (affektiv inadäquat)
- *Gefühl der Gefühllosigkeit:* Verlust von affektiver Schwingungsfähigkeit; stattdessen Gemütsleere und -öde; Gefühle wie abgestorben; qualvolles Erleben
- *Störung der Vitalgefühle (Vitalstörungen):* Daniederliegen der allgemeinen Leibgefühle (Gemeingefühle), fehlende körperlich-seelische Frische und Spannkraft; Niedergeschlagenheit, Müdigkeit, körperliches Unbehagen; oft begleitet von Druck auf der Brust etc.
- *Angst:* als frei flottierende, unbestimmte Angst und als anfallsartig auftretende Panik; verbunden mit vegetativen Symptomen
- *Phobie:* „unangemessene" Angst vor bestimmten Personen, Tieren, Gegenständen oder Situationen; aus Angst Vermeidungsreaktionen; Erythro- (Errötungsfurcht)/Aichmo- (spitze und scharfe Gegenstände) / Zoo- / Akro-(Höhenangst)/Agora-/Karzino-/Noso-/Phobophobie etc.

Cave: Dysmorphophobie ist eine überwertige oder eine wahnhafte Idee (z. B. mißgestaltete Nase, die „allen anderen" unangenehm auffällt)

3.7 Antrieb

3.7.1 Definition der Elementarfunktion

Im effektorischen oder zentrifugalen Funktionsbereich vom Willen weitgehend unabhängig wirkende Kraft, verantwortlich für die Bewegung aller seelischen Leistungen hinsichtlich Tempo, Intensität und Ausdauer. Der Antrieb unterhält Lebendigkeit, Initiative, Aufmerksamkeit, Tatkraft. Vor allem am Ausdrucksverhalten und an der Psychomotorik zu erkennen

Weitere **Definitionen** aus diesem Bereich:
- *Trieb:* vitale Lebensbedürfnisse wie Nahrungstrieb, Sexualtrieb etc. Kann nur indirekt aus Handlungen und Äußerungen erschlossen werden („Triebhandlung" ist die auf Erreichen eines bestimmten Triebziels gerichtete Handlung)
- *Drang:* unbestimmtes, ungerichtetes, nach Entladung drängendes Gefühl innerer Unruhe („blinde Dranghandlung," Impulshandlung: oft planlos aus dem Drang entstehende Handlungen wie Poriomanie (Fugue, Weglaufen), Pyromanie, Kleptomanie etc.; oft auch bei zerebral Geschädigten, z. B. Anfallskranken)

3.7.2 Störungen der Elementarfunktion

Antriebsstörungen

Definition: Steigerung oder Verminderung oder Veränderung der wirkenden Persönlichkeitskraft. Eine Veränderung, die vom Willen nicht zu steuern ist

Formen:
- *Antriebsschwäche/-mangel:* Fehlen von Spontanantrieb mit Trägheit, Mangel an Leistungen, oft auch Gleichgültigkeit bis hin zur Stumpfheit
- *Antriebshemmung:* Verringerung des vorbestehenden Antriebs, besonders bei Depressionen
- *Antriebssteigerung:* erhöhte Aktivität, starker Bewegungsdrang, unermüdliche Betriebsamkeit (z. B. Manie)
- *Beschäftigungsdrang:* motorische Unruhe mit scheinbar gerichteten, oft aber sinnlosen Tätigkeiten, z. B. im „Beschäftigungsdelir" Geld sammeln, Flocken wegwischen etc.
- *Mutismus:* Nichtsprechen über längere Zeit, bei intakten Sprechorganen und Sprachfähigkeit

Psychomotorische Störungen

Definition: Störung der durch psychische Vorgänge gesteuerten Bewegungen, Desintegration von psychischen und motorischen Funktionen

Formen:
- *Hyperkinese:* Bewegungsunruhe von impulsivem Charakter (oft bei Kindern mit Hirnschädigung), Steigerung der Motorik bei Psychosen

- *Akinese/Hypokinese:* Bewegungslosigkeit/Mangel an Bewegung
- *Katalepsie:* starres Verharren in einmal eingenommenen Körperhaltungen
- *Stupor:* relative Bewegungslosigkeit mit Einschränkung der Reizaufnahme und Reaktion. Vorkommen: psychogen, bei Depressionen, bei körperlich bedingten psychischen Störungen, als gespannter Stupor bei Katatonie; meist mit Mutismus, häufig mit Katalepsie verbunden
- *Stereotypien:* ständige Wiederholung der gleichen Bewegungen
- *Raptus:* ungeordneter Bewegungssturm; plötzliches Auftreten bei unterschiedlichen Störungen aus einem Zustand der Ruhe heraus (bei katatoner Erregung)

3.8 Ich-Erleben

3.8.1 Definition der Elementarfunktion

Erleben der personalen Identität (der Meinhaftigkeit) im Zeitverlauf und in der Abgrenzung zu den anderen Personen (Ich-Umwelt-Grenze)

3.8.2 Störungen der Elementarfunktion

Ich-Störungen

Definition: Störungen des Einheitserlebens des Ichs (der Meinhaftigkeit) im aktuellen Augenblick; Veränderung der Ich-Umwelt-Grenze: größere Durchlässigkeit bis hin zu Verlust oder (meist sekundär) Autismus (Abschottung)

Formen:
- *Entfremdungserlebnisse (ubiquitäres Erleben)*
  - *Depersonalisation* bezüglich der eigenen Person: abnorme Gefühle der Veränderung des Körpers oder einzelner Körperteile; Störung des Einheitserlebens oder des Vorhandenseins der Person im Augenblick oder der Identität im Zeitverlauf; die Gefühle werden als unlebendig, das Handeln als mechanisch oder automatenhaft erlebt
  - *Derealisation:* Erlebnis der abnorm veränderten Umwelt
- *Beeinflussungserlebnisse:* Gedankenentzug, Gedankenausbreitung, Gedankeneingebung; Willensbeeinflussung, leibliche Beeinflussungser-

lebnisse (Gefühl, daß das Erleben von außen „gemacht" wird); Gefühle des Gelenkt- und Beeinflußtwerdens, von Hypnose und Bestrahlung
- *Transitivismus:* Projektion eigenen Krankseins auf andere
- *Autismus:* Isolierung des Ichs, Sich-zurückziehen in eine eigene innere Welt
- *Doppelte Persönlichkeit* (doppeltes Bewußtsein): hintereinander auftretende Zustände unterschiedlichen Bewußtseins bei multipler Persönlichkeit, im allgemeinen ohne Kenntnis der einen Form von der anderen (literarisches Beispiel „Dr. Jekyll and Mr. Hyde" von R. L. Stevenson)

3.9 Intelligenz

3.9.1 Definition der Elementarfunktion

Komplexe Funktion mit zahlreichen unterschiedlichen Einzelleistungen, um die Aufgaben und Anforderungen der Umwelt durch Sammlung von Erfahrungen und deren sinnvolle Anwendung zu bewältigen

Unterscheidung von praktischer Intelligenz, d. h. Fähigkeit zur Lösung von Aufgaben des täglichen Lebens, und theoretischer Intelligenz mit Leistungen wie Begriffs- und Urteilsbildung

Messung der Intelligenz nach dem HAWIE (Hamburg-Wechsler-Intelligenztest für Erwachsene, s. Anhang B): Bestimmung des Intelligenzquotienten (IQ), Durchschnittswert 100

3.9.2 Störungen der Elementarfunktion

Angeborene Intelligenzminderung (Oligophrenie)

Definition: angeborener oder perinataler Intelligenztiefstand unterschiedlichen Schweregrads

Formen:
- *leichte Intelligenzminderung* (Debilität)   IQ 50–69
- *mittelgradige Intelligenzminderung* (Imbezillität)   IQ 20–49
- *schwerste Intelligenzminderung* (Idiotie)   IQ 20

Erworbene Intelligenzminderung

Definition: Verlust von im früheren Leben erworbenen intellektuellen Fähigkeiten durch organische Hirnerkrankungen; entspricht der *Demenz*

Divide:
- *Pseudodebilität:* Vortäuschung von Schwachsinn (ähnlich auch Ganser-Syndrom: bewußtseinsnahes Vortäuschen von intellektuellen Ausfällen)
- *Depressive Pseudodemenz:* scheinbare Verblödung bei schweren Depressionen im Alter (vor allem subjektiv erlebt); Hemmung der kognitiven Funktionen; gute Prognose (wenn nicht Übergang in Demenz)

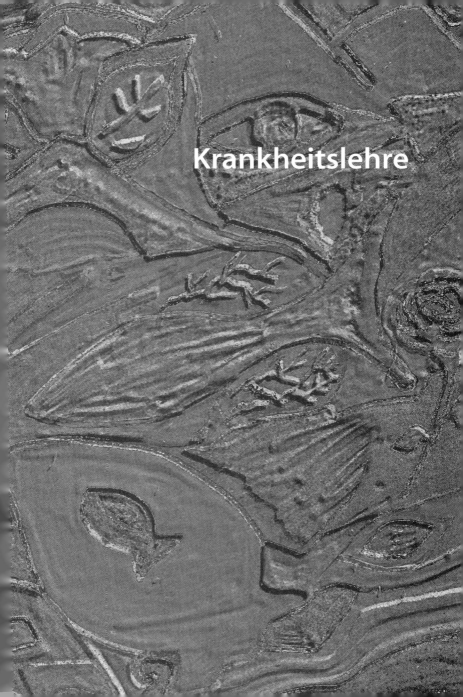
Krankheitslehre

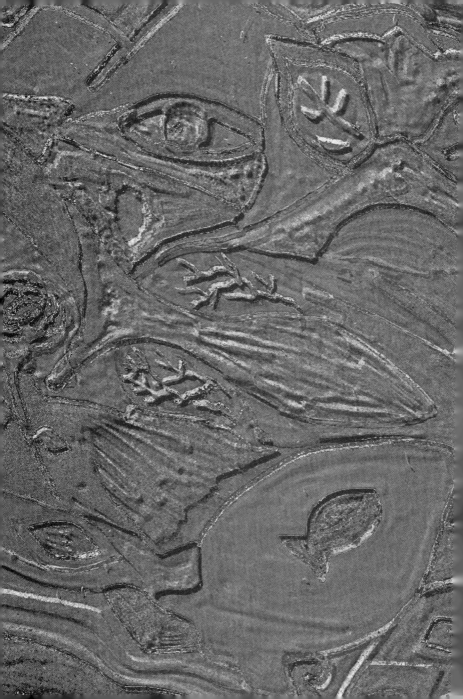

4 Körperlich begründbare psychische Störungen

4.1 Allgemeiner Teil

Definition: weitgefaßte Bezeichnung für Erkrankungen, deren Ätiologie körperlich zu begründen ist (diffuse oder lokale Schädigung des Gehirns). Psychopathologisch finden sich unterschiedlichste Syndrome mit (produktiven) Plussymptomen wie Halluzinationen oder Wahn und/oder Minussymptomen wie Gedächtnisstörungen oder Antriebsverlust. Diese Störungen entstehen im Zusammenhang mit 1. Gehirn- und somatischen Allgemeinkrankheiten, 2. exogenen Noxen (Traumen, toxische Substanzen), 3. Abbauprozessen des Gehirns. Der Verlauf kann akut oder chronisch, reversibel oder irreversibel sein.

Die entscheidenden Störungen in diesem Abschnitt sind Syndrome mit defizitären pathologischen Veränderungen der kognitiven Funktionen (Lernen, Gedächtnis) und des Sensoriums (Wahrnehmung, Bewußtsein, Aufmerksamkeit), es finden sich aber auch zahlreiche Syndrome mit produktiven Störungen der Wahrnehmung (Halluzinationen) und des Denkens (Wahn); ferner Störungen der Stimmung (Depressionen), sowie Persönlichkeits- und Verhaltensstörungen.

Es hat sich im Sprachgebrauch ergeben, bei den in der Regel nichtproduktiven, mehr chronisch verlaufenden Störungen von *organischen Psychosyndromen* (einschließlich der dementiellen Syndrome) zu sprechen, bei den akuten produktiven Störungen von *exogenen Psychosen.* Gleichwohl könnte man in einem weiteren Sinne bei all diesen Störungen von Psychosen sprechen, insbesondere auch, da sich vielfältige Übergänge und Zwischenformen finden. Aus didaktischen Gründen soll im allgemeinen Teil diese Zweiteilung beibehalten werden, im speziellen Teil dagegen wird versucht, die Darstellung mehr dem Abschnitt F o der ICD-10 anzupassen, in dem *organische* (das Hirn primär betreffende) und *symptomatische* (das Gehirn sekundär betreffende, z. B. bei Systemerkrankungen) *psychische Störungen* beschrieben werden.

Anmerkung zum Begriff: *Psychose* (Feuchtersleben 1845): in älterer Bedeutung alle körperlich begründbaren (exogenen) psychischen Störungen einschließlich der hypothetisch vorwiegend durch pathophysiologische Vorgänge verursachten endogenen Psychosen. Gegenwärtig insbesondere auch im englischsprachigen Bereich werden besonders schwere, produktive (wahnhaft-halluzinatorische) Syndrome als psychotisch bezeichnet; die frühere Dichotomie psychotischer versus neurotische Störungen findet sich in der ICD-10 nicht mehr.

Gesetz der Unspezifität: häufig keine Korrelation zwischen Morphologie und Psychopathologie, keine sicheren Rückschlüsse in eine der beiden Richtungen möglich

Epidemiologie: Stichtagsprävalenz (erfaßt in der Mehrzahl chronisch verlaufende Störungen) bezogen auf eine Erwachsenenbevölkerung: 3,0% behandlungsbedürftige Störungen, 1,5% Störungen mit leichten, nicht behandlungsbedürftigen Beschwerden. Wegen des raschen Abklingens der meisten Störungen relativ geringe Stichtagsprävalenz, trotz hoher Lebenszeitprävalenz: fast jeder Mensch erleidet im Zusammenhang mit körperlichen Erkrankungen (Unfall, Operation, Autointoxikation, Fieberdelir bei Infektionskrankheiten) im Laufe seines Lebens körperlich begründbare psychische Störungen, insbesondere im höheren Alter.

4.1.1 Exogene Psychosen

Allgemein: uneinheitliche Nomenklatur, zahlreiche Synonyma (z. B. akuter exogener Reaktionstypus Bonhoeffer). Vielfalt von Störungen, vor allem auch produktive Symptome und Bewußtseinsstörungen, häufig Amnesie für die psychotische Episode; ätiologische Unspezifität; Einteilung der exogenen Psychosen in organische Psychosen (Gehirn direkt betroffen) und symptomatische Psychosen (bei sonstigen körperlichen Krankheiten und Intoxikationen), auch synonym gebraucht für akute organische Psychosyndrome.

Symptome:
- *Vorstadium* uncharakteristisch: mit Unruhe, Ängstlichkeit, vegetativen Störungen
- *im Verlauf* unterschiedlich, jedoch typisch: produktive Symptome (Sinnestäuschungen, Wahn), häufig quantitative und qualitative **Bewußtseinsstörungen** (Vigilanzstörungen und Bewußtseinstrübung), Merkfähigkeits- und Gedächtnisstörungen (Konfabulationen), Aufmerksamkeits- und Orientierungsstörungen (am ehesten zu Ort, aber auch zu Zeit, schließlich zu Situation und Person), Antriebsstörungen (Antriebsminderung, psychomotorische Verlangsamung, Unruhe, Erregung), Störungen der Affektivität (Angst, Depressivität etc.)

Ätiologie: jegliche schwerere körperliche Schädigung, bei der das Gehirn direkt oder indirekt betroffen ist, häufig Koinzidenz mehrerer Faktoren:
- Hirntumor (z. B. Temporallappentumor: olfaktorisch-gustatorische Halluzinationen/schizophreniforme Psychosen)
- Hirnabszess, Hirnverletzung
- Infektionen wie Meningoenzephalitis, Typhus abdominalis etc.
- Herzerkrankungen
- Stoffwechselerkrankungen wie z. B. Leberzirrhose (portokavale Anastomosen, portokavaler Shunt – portokavale Enzephalopathie)
- akute intermittierende Porphyrie
- Vitamin-B-12-Mangel (funikuläre Myelose, Perniciosa)
- Thiamin/B1-Mangel (Beriberi, Wernicke-Enzephalopathie)
- Medikamente, die auf das ZNS wirken können, z. B. Komplikation bei Therapie mit Anti-Parkinson-Präparaten (L-Dopa)
- Intoxikation mit psychotropen Substanzen wie Meskalin, LSD, Psilocybin
- Endokrine Störungen: Hypothyreose (wenn angeboren: geistige Behinderung; Apathie, Depression, Kälteüberempfindlichkeit), Hyperthyreose (Unruhe, Agitiertheit, Reizbarkeit, Hitzeüberempfindlichkeit, auch Depression), Cushing-Syndrom (Überproduktion von ACTH oder Kortisol, z. B. bei basophilem Adenom des HVL, bei Kortisonbehandlung: Antriebsmangel, Verstimmung, Schlafstörung, endogeniforme Psychosen), Morbus Addison (Nebennierenrindenatrophie: Ermüdbarkeit, Depression)

Verlauf: bei exogenen Psychosen häufig kurzdauernder Verlauf, Reversibilität und günstige Prognose! In Abhängigkeit von der Grunderkrankung bei einem Teil der Fälle Chronifizierung und Übergang in irreversibles organisches Psychosyndrom

Syndromatische Erscheinungsformen:

- ***Delir***
  Definition: akute reversible Psychose mit Bewußtseinsstörung (zunächst qualitativ: Bewußtseinstrübung im engeren Sinne) und Sinnestäuschungen
  Symptomatik: Verwirrtheit, Desorientiertheit, Bewußtseinstrübung, Aufmerksamkeits-, Auffassungs- und Immediatgedächtnisstörung, inkohärentes Denken. Vegetative Störungen (adrenergsympathikotone Überregulation: Pulsbeschleunigung, Schwitzen, Tremor, allgemeine psychomotorische Unruhe, Schlafstörungen (z. B. Schlafumkehr)). Insb. optische und szenische, gelegentlich auch haptische und akustische Halluzinationen. Reversibel!

Vorkommen:
- bei Alkohol- und Medikamentenabhängigkeit (Prototyp: Alkoholentzugsdelir)
- bei Medikamentenintoxikation (als häufig unvorhergesehene Komplikation bei Neuroleptika- und Antidepressivagabe und/oder Anti-Parkinson-Mitteln (Anticholinergika), auch bei Benzodiazepinentzug)
- bei Infektionskrankheiten, Urämie etc.

- **Dämmerzustand**
Symptomatik: veränderter, verschobener Bewußtseinszustand, fehlende Klarheit des Bewußtseins, in Grenzen Handlungsfähigkeit. Dauer: Sekunden bis Tage mit nachfolgender Amnesie. Sog. „besonnener" Dämmerzustand äußerlich nicht auffällig: folgerichtiges Handeln. Übergänge zum Delir!
Vorkommen: bei Anfallsleiden, Intoxikationen, psychogenen Störungen (Hysterie; auch psychogen in der Hypnose!), als pathologischer Rausch

- **Halluzinose**
Symptomatik: akustische (Prototyp: Alkoholhalluzinose, s. S. 80), optische oder haptische Halluzinationen. Keine Bewußtseinsstörung! Inhaltliche Denkstörungen (Wahn).
Vorkommen:
- *optische* Halluzinose bei Intoxikation mit Halluzinogenen (LSD), Funktionsstörungen des Okzipitallappens
- *haptische* (taktile) Halluzinose bei Intoxikation mit Amphetaminen; chronische Verläufe bei Dermatozoenwahn
- *akustische* Halluzinose bei Alkoholabhängigkeit

- **Katatones Syndrom**
Symptomatik: Störung der Willkürmotorik (Stupor oder Erregung), Prototyp s. Katatone Schizophrenie, S. 103
Vorkommen: bei Infektionen (Typhus, Tuberkulose etc.), Intoxikationen, Hirntumoren; (auch psychogen in der Hypnose)

- **Paranoid-halluzinatorisches Syndrom**
Symptomatik: Prototyp s. paranoid-halluzinatorische Schizophrenie, S. 103
Vorkommen: bei Intoxikationen, Hirntumoren etc.; bei Morbus Wilson, als symptomatische Psychose bei Epilepsie

- **Paranoides Syndrom**
Symptomatik: subakut (oder chronisch rezidivierend), oft mit Verfolgungs- und Vergiftungswahn, dem Gefühl hintergangen oder bestohlen zu werden, gerade auch in Verbindung mit mnestischen Störungen; auf reale Anküpfungspunkte achten!
Vorkommen: vor allem bei dementiellen Entwicklungen

- *Amentielles Syndrom*
  Ratlosigkeit, verworrenes, inkohärentes Denken, Bewußtseinstrübung, keine eindeutige produktive Symptomatik
- *Depressives Syndrom*
  Symptomatik: bei exogenen Psychosen häufig mit depressivem Wahn und Symptomen wie Merkfähigkeits- und Gedächtnisstörungen kombiniert
  Vorkommen: ubiquitär, z. B. Zustand nach Schlaganfall, M. Parkinson, Hypothyreose, raumfordernde intrakranielle, frontale Prozesse, Pankreaskarzinom; Kortisontherapie etc.
- *Expansiv-maniformes Syndrom*
  Symptomatik: megaloman mit Selbstüberschätzung einhergehend, Größenideen, -wahn; oft mit Konfabulationen
  Vorkommen: bei progressiver Paralyse, fieberhaften Infekten, Fleckfieber nach der Entfieberung, nach Schädelhirntrauma, nach Einnahme von Weckaminen (z. B. Ecstasy)

4.1.2 Organische und andere körperlich begründbare Psychosyndrome

Allgemein: Bezeichnung für psychische Störungen aufgrund organischer Hirnveränderungen, die wegen im allgemeinen fehlender Produktivität nicht die „Wertigkeit" von Psychosen erlangen. Primär keine Bewußtseinstrübung; insbesondere keine Bewußtseinsminderung; oft chronische, irreversible Verläufe, aber auch als akutes Syndrom, dann reversibel

Diffuses organisches Psychosyndrom (E. Bleuler)

Synonyma: hirnorganisches Psychosyndrom (HOPS), psychoorganisches Syndrom (POS), amnestisches Psychosyndrom, hirndiffuses Psychosyndrom (M. Bleuler)

Symptomatik: psychische Störungen (Minussymptomatik) aufgrund allgemeiner, oft nicht näher lokalisierbarer Schädigungen
Im kognitiven Bereich:
- Hirnleistungsschwäche bis hin zur Demenz
- Gedächtnisstörungen (Merkschwäche, Konfabulationen, Zeitgitterstörungen)
- Störungen des Denkens (Verarmung des Denkens, Auffassungs- und Konzentrationsschwäche, Perseveration, Minderung des Abstraktions-

vermögens, Urteilsschwäche und Kritiklosigkeit, Umstellungserschwerung, Anosognosie = Unfähigheit, die eigene Krankheit zu erkennen)
- Störungen von Sprechen und Sprache (Wortfindungsstörungen; Aphasie, oft mit aprakischen Störungen verbunden)
- Störungen von Schrift und Schreiben (Lebenslauf schreiben lassen!)
- Orientierungsstörungen

Im Persönlichkeitsbereich:
- hirnorganische Wesensänderung in Richtung Entdifferenzierung (Defizienz- bzw. Minussymptomatik)
- Störungen des Antriebs (Antriebsminderung, rasche Erschöpfbarkeit, psychomotorische Verlangsamung)
- Störungen des Affekts (Affektschwäche, -labilität, -inkontinenz, Reizbarkeit, Euphorie/Depression)
- soziale Krisen, „Stilbrüche der Persönlichkeit" (Sexualdelikte, Kriminalität)

Diagnostik: im ärztlichen Gespräch oft noch lange Zeit gut erhaltene Fassade und guter affektiver Rapport. Deshalb gezielte Fragen (Orientierung, Merkfähigkeit, Rechenvermögen), klinische Testfragen (Sprichwörter erklären, Gemeinsamkeiten und Unterschiede finden, Oberbegriffe suchen) zusätzlich psychologische Tests (HAWIE, insb. Zahlensymbol- und Mosaiktest, Benton-Test, Kraepelins Rechentest, u. U. Aachener Aphasietest, s. Anhang B), neurologische Untersuchung, Computertomogramm, Kernspintomographie

Vorkommen: z. B. Morbus Alzheimer (präsenile/senile Demenz), vaskuläre Demenz (z. B. Multiinfarktdemenz), posttraumatisches Psychosyndrom, organisches Psychosyndrom bei Anfallsleiden

Formen des organischen Psychosyndroms:
- *leichte Formen:*
  - *leichte kognitive Störung:* Konzentrationsstörungen, Lernschwierigkeiten, Vergeßlichkeit, oft nur kurzdauernd
    Vorkommen: in Verbindung mit zahlreichen körperlichen Erkrankungen, besonders auch Infektionen, oft vorübergehend (z. B. Pneumonie, Meningitis)
  - *organische emotional labile Störung:* Affektlabilität, Ermüdbarkeit sowie zahlreiche körperliche Symptome (z. B. Schwindel)
    Vorkommen: z. B. nach Infektionskrankheiten (pseudoneurasthenisches Syndrom, chronisches Erschöpfungssyndrom nach viralen Infekten); nach Unfällen mit Schädel-Hirn-Trauma; im „pseudoneurasthenischen" Vorstadium der progressiven Paralyse

- *organische pseudoneurotische Syndrome*, z. B. im Sinne von Angststörungen oder dissoziativen Störungen
- *hirnorganische Wesensänderung:* infolge Hirnschädigung Veränderung von Persönlichkeitsanteilen, häufig irreversibel. Oft Zuspitzung gewisser Persönlichkeitszüge; betroffen z. B. Stimmung (Euphorie oder Reizbarkeit) oder Antrieb (Enthemmung oder Antriebsmangel). U. U. kombiniert mit psychogener Reaktion auf das Krankheitserleben
  Vorkommen: bei Suchtkranken, als epileptische Wesensänderung, bei Frühstadien der Demenz, nach Schädel-Hirn-Trauma
- *schwere Formen:*
  - *Korsakow-Syndrom:* ausgeprägte und charakteristische Form des amnestischen Syndroms (Orientierungsstörung zu Zeit und Raum, schwere Merkfähigkeitsstörung ohne Beeinträchtigung des Immediatgedächtnisses, Altgedächtnis ebenfalls betroffen, Konfabulationen). Hinzu kommen Auffassungsstörung, Kritiklosigkeit, Euphorie, Passivität. Reversibilität möglich.
    Vorkommen: bei chronischem Alkoholismus nach Wernicke-Enzephalopathie, nach CO-Vergiftung, nach schwerem Schädeltrauma
  - *Demenz:* meist im höheren Alter auftretender, aus organischer Ursache entstehender, progredienter, meist irreversibler, mnestischer und intellektueller Abbau der Persönlichkeit, verbunden mit Wesensänderungen und schwerer Behinderung sozialer Funktionen (erworbene „Verblödung"!) Im Unterschied zur primären Intelligenzminderung (Oligophrenie) bei mittlerem Schweregrad der Demenz noch Fragmente früheren Wissens.
    Vorkommen: bei vaskulären degenerativen Erkrankungen, bei Pickscher oder Alzheimerscher Erkrankung, bei Chorea Huntington etc.

Hirnlokales Psychosyndrom (nach Bleuler)

Symptomatik: Störungen des Antriebs, der Einzeltriebe und der Stimmung (plötzliches Einschießen von Trieben und Verstimmungen, unvermitteltes Abklingen). Im allgemeinen keine intellektuellen Ausfälle, jedoch Entdifferenzierung der Persönlichkeit (Störungen des Taktgefühls, Abnahme altruistischer Regungen). Keine produktiv-psychotischen Symptome! Keine Bewußtseinsstörungen!

Diagnostik: oft schwierige Differentialdiagnose gegenüber neurotischen Störungen. In vielen Fällen sind gewisse Zuordnungen von Symptomatik und Lokalisation der Schädigung möglich, gemäß Gesetz der Unspezifität sind eindeutige Korrelationen im Sinne der Lokalisationslehre jedoch zu relativieren!

Beispiele:
Stirnhirnkonvexitätssyndrom mit Abulie (Willenslähmung) und Antriebsmangel oder Orbitalhirnsyndrom mit Enthemmung und Euphorie

Vorkommen: Hirntumoren, Morbus Pick, Enzephalitis, Anfangsstadien von Chorea Huntington etc.

4.2 Spezieller Teil

Im folgenden werden einzelne Krankheitsbilder beschrieben, bei denen sich die Syndrome im Verlauf verändern können (z. B. im Längsschnitt nach einer akuten paranoid-halluzinatorischen symptomatischen Psychose Übergang in ein amnestisches Psychosyndrom).

4.2.1 Alzheimersche Erkrankung

Allgemein: Demenz aufgrund von Neuronendegeneration und diffuser Hirnatrophie, häufigste Demenzform im höheren Lebensalter (ca. 60–70 %). Wesentlich häufiger als vaskuläre Form. Ursprünglich Bezeichnung für *präsenile* Demenz zwischen dem 40. und 65. Lebensjahr, Ausweitung des Begriffs auch auf die viel häufigere *senile* Form der Demenz (senile Demenz vom Alzheimer Typ – SDAT)

Schleichender Beginn meist im Sinne eines organischen amnestischen Psychosyndroms. Merkfähigkeitsstörungen (Hippocampus, mediobasaler Temporallappen), Wortfindungsstörungen (kortikale Atrophie). Ätiologie noch unbekannt, bei der präsenilen Form oft familiäre Belastung (genetische Veränderungen lokalisiert z. B. an Chromosomen 14, 19, 21). Veränderungen des Amyloidvorläuferproteins

Neuropathologie: diffuse Hirnatrophie mit Betonung des frontalen Kortex und Hippocampus, Verschmälerung der Hirnwindungen, Verbreiterung der Furchen; keine genaue Entsprechung zwischen Ausmaß der Atrophie und Schwere des psychischen Befundes
Histologisch: Degeneration von Neuronenendigungen; Verminderung der Neuronenpopulation (Hippocampus, Substantia innominata, Locus

coeruleus, temporoparietaler und frontaler Kortex); Auftreten von neurofibrillären Knäueln (Alzheimerschen Fibrillen), senilen Plaques und Drusen aus Amyloid

Verminderung von Acetylcholin und Cholin-Acetyltransferase und anderer Neurotransmitter

Symptome:
- Einschränkungen bis Verlust von Alltagsaktivitäten und -fähigkeiten (Waschen, Anziehen)
- Einengung der Interessen, Erstarrung, ratloser Gesichtsausdruck
- Merkfähigkeits- und Gedächtnisstörungen (Immediatgedächtnis länger erhalten), Wort- und Namensfindungsstörungen
- Aphasie, Agnosie, Sprachzerfall, Apraxie
- Apathie/Gereiztheit, Unruhe (Erethismus)
- Affektivität lange gut erhalten
- u. U. Regression auf die Vorstellungswelt der Kindheit
- über lange Zeit keine Bewußtseinsstörungen, in späteren Stadien Störungen des reflektierenden Bewußtseins (qualitativ!)
- ferner meist episodisch im Verlauf: Delir, Wahn, paranoid-halluzinatorische Episoden, amentielles (ratloses) Syndrom
- Endstadium: Mutismus, Stupor

Neurologisch: extrapyramidale Störungen, Dyskinesien, Tremor, träge Pupillenreaktionen

CCT: Hirnatrophie (keine eindeutige Korrelation mit dem klinischen Befund)

Verlauf: gleichmäßig progredient; Tod durch Marasmus oder hinzukommende körperliche Krankheit (Infektion)

Therapie: körperliche Pflege; Aufklärung und Beratung der Angehörigen; sparsamer Umgang mit Sedativa; Beschäftigungstherapie, Physiotherapie, Vermeidung von Bettlägerigkeit! Schutz des Patienten vor sich selbst (z. B. im Umgang mit Feuer und Gashahn, Schutz vor Hinstürzen!)

Gutachten: wie bei allen übrigen Formen der Demenz häufig psychiatrisches Gutachten erforderlich zur Feststellung der Berufs- bzw. Erwerbsunfähigkeit, der Geschäftsunfähigkeit (§ 104.2 BGB) sowie der Testierfähigkeit (§ 2229 BGB), ferner zur Einrichtung des Instituts der Betreuung (vgl. Kap. Forensische Psychiatrie, S. 280 ff.). Das Gutachten wird nach dem Grundsatz erstellt, den Kranken und seine Interessen zu schützen – möglichst geringe Eingriffe in den noch verbleibenden Freiheitsraum des Patienten!

4.2.2 Demenz bei zerebrovaskulärer Erkrankung (vaskuläre Demenz)

Allgemein: in Schüben, unregelmäßig verlaufendes, vielgestaltiges Krankheitsbild mit wechselnder Progredienz und zwischenzeitlichen Besserungen; neurologische Symptome je nach Lokalisation; häufig verbunden mit Hypertonus

Formen:
- akuter Beginn nach größerem Schlaganfall;
- Multiinfarktdemenz vorwiegend kortikal mit zahlreichen kleineren ischämischen Episoden;
- subkortikal lokalisierte Demenz (Morbus Binswanger) mit Hyalinablagerungen in den Wänden der langen Markarterien (Hypertonus!), im CCT Dichteminderung im Marklager (Demyelinisierung)

Neuropathologie: Grunderkrankung an den Gefäßen zur Versorgung des Gehirns: A. carotis interna und ihre Äste, Aa. vertebralis und basilaris und Äste, Circulus arteriosus Willisii; Gefäßhyalinose; seltener Blutungen (Hämorrhagien), häufiger ischämische Insulte, lakunäre Defekte durch Mikroangiopathie; Demyelinisierung des Marks

Symptome: in der Vorgeschichte oft transitorisch-ischämische Attacken (TIA) mit Vigilanzstörungen, Visusverlust und flüchtigen Paresen. Beginn der Demenz nach mehreren ischämischen Episoden oder einem Schlaganfall, meist in höherem Alter, abrupt, aber auch schleichend; ungleiche Ausprägung der psychopathologischen Symptome (Wechsel von Besserungen und Verschlechterungen) sowie ungleiche Verteilung der Defizite
Psychische Symptomatik:
- Zuspitzung der Persönlichkeit
- Apathie oder Enthemmung
- Affektlabilität, Affektinkontinenz
- amnestisches Syndrom
- Episoden von Bewußtseinstrübung (Delir)
- nächtliche Verwirrtheitszustände

Differentialdiagnose: Morbus Alzheimer

Therapie: Herz- und Kreislaufbehandlung, Einstellung des Blutdrucks (Erfordernishochdruck!), evtl. Vasotherapeutika, aktivierende Behandlung mit Beschäftigungs- und Physiotherapie, falls möglich psychotherapeutische Gespräche, Einbeziehung der Familie

4.2.3 Morbus Pick

Allgemein: seltene, im Frontal- aber auch im Temporalhirn lokalisierte degenerative Erkrankung mit starker erblicher, autosomal-dominanter Komponente. Beginn ab 4. Lebensjahrzehnt, Verlauf über mehrere Jahre, Tod 2–10 Jahre nach Beginn; Persönlichkeitsabbau sowie Demenz

Neuropathologie: Atrophie vorwiegend von Frontal- und Temporallappen, aber auch Parietallappen, später auch diffuse Atrophie (Walnußrelief!). Nervenzelldegeneration, argentophile Einschlüsse

Symptome: frühzeitig progrediente Persönlichkeitsveränderungen: Verlust des Takts und der Distanz, Enthemmung, Triebhaftigkeit (kriminelle Delikte), Verlust sozialer Fähigkeiten und Funktionen. Leere, Erregung/Apathie, Euphorie; später Gedächtnisstörungen, Sprachstörungen, intellektueller Abbau, Stereotypien, sprachliche Verarmung; zunächst meist keine Orientierungsstörungen; öfter extrapyramidale Symptome

Differentialdiagnose: Morbus Alzheimer, Chorea Huntington

Therapie: nur symptomatisch, Pflege

4.2.4 Chorea Huntington

Allgemein: dominant autosomales, degeneratives Erbleiden mit Bewegungsstörungen und Demenz.
 Synonyma: Chorea major, Erb-Veitstanz
 Epidemiologie: Prävalenz 0,05‰, gleiche Häufigkeit für Männer und Frauen. Auftreten meist im 35.–50. Lebensjahr (auch Kindheit!). Autosomal dominanter Erbgang, Manifestation der Krankheit bei allen Genträgern bei Erreichung eines entsprechenden Alters; auch sporadische Fälle, der defekte Genort auf dem kurzen Arm von Chromosom 4 ist bekannt, der Defekt biochemisch weitgehend aufgeklärt.

Neuropathologie: progrediente Degeneration des Corpus striatum (Nucleus caudatus und Putamen), Claustrum sowie (Frontal)hirnrinde. GABA-Mangel und relativer Dopaminüberschuß

Symptome:
- *neurologisch:* arrhythmische, unkoordinierte Hyperkinesen, Bewegungen eingebaut in Willkürbewegungen oder Verlegenheitsgesten. Drehen und Schlenkern von Rumpf und Extremitäten, athetotische und dystone Elemente; Hyperkinesen im Gesicht (Grimassieren!); Gangstörungen; Sprechstörungen, Hyperkinesen der Zunge, verwaschene Sprache; herabgesetzter Muskeltonus, Poikilotonie (wechselnder Tonus); Rigidität, Akinese, Versteifung der Glieder; Parästhesien und Schmerzen (Thalamusreizung!); vegetative Störungen
- *psychisch:* affektlabil, reizbar; euphorisch/depressiv, ängstlich; Antriebsstörungen (Frontalhirnfunktionen!); Haltlosigkeit; Verwahrlosung (kriminelle Delikte); Wahnbildung, schizophreniforme Psychosen; Gedächtnisstörungen; Denkverlangsamung, Demenz (Choreophrenie)

Verlauf: progredient; Tod innerhalb von 10–15 Jahren

Differentialdiagnose:
- vaskuläre und postenzephalitische Chorea
- Chorea minor (im Kindesalter, besonders bei Mädchen vorausgegangener Streptokokkeninfekt, pararheumatisch; raschere Bewegungen!)
- Chorea gravidarum (öfter als Rezidiv der Chorea minor in den ersten Monaten der Gravidität)
- Athetosen und Myoklonien
- psychogene Bewegungsstörungen
- Persönlichkeitsstörungen (bei Beginn der Erkrankung mit psychischen Symptomen!)

Therapie: Tiaprid (Tiapridex®) 3mal 50 mg bis 3mal 200 mg. Neuroleptika: Haldol®; Perphenazin (Decentan®). Genetische Beratung (Manifestation meist nach dem Heiratsalter!). Genetische Untersuchung des familiären Umfeldes, dann evtl. Amniozentese (bei chromosomalem Nachweis u. U. Interruptio)

4.2.5 Morbus Parkinson (Paralysis agitans)

Allgemein: extrapyramidale Bewegungsstörungen und hirnlokales Psychosyndrom. Auftreten ab 40. Lebensjahr; etwa 1% der über 65jährigen. Unterschiedliche Schwere und Verlauf ! auch familiäre Häufung

Neuropathologie: Systematrophie (Stammganglien, besonders Substantia nigra) mit Nervenzelldegeneration; Dopaminmangel

Symptome:
- *neurologisch* (im Vordergrund stehend): Ruhetremor, Akinese, Rigor (Zahnradphänomen), kleinschrittiger Gang, monotone Sprache, Mikrographie, vegetative Störungen (Speichelfluß, Salbengesicht)
- *psychisch:* Depression, Antriebsminderung, Apathie/Erregung, Gedächtnisstörungen, Verlangsamung (Bradyphrenie), Halluzinosen, Delir (provoziert durch Behandlung mit L-Dopa, Dopa-Agonisten wie Bromocriptin oder Anticholinergika)

Therapie: L-Dopa (+Decarboxylasehemmer), Bromocriptin (Pravidel®), Amantadin (PK-Merz®, Symmetrel®), Anticholinergika wie Biperiden (Akineton®) und Metixen (Tremarit®), ggf. niedrigdosiert Antidepressiva, z. B. Amitriptylin (Saroten®). Selten stereotaktische Operation! Physiotherapie; psychotherapeutische Betreuung! *Cave:* in vielen Fällen wegen fortgeschrittener neurologischer Symtomatik Unterschätzung der noch vorhandenen intellektuellen Leistungsfähigkeit durch die Umgebung.

Guam-Parkinson-Demenz-Komplex: rasch progrediente Demenz mit extrapyramidalen Störungen und gelegentlich amyotropher Lateralsklerose; in Guam, Papua-Neuguinea und Japan, bei Männern doppelte Häufigkeit.

4.2.6 Morbus Wilson: hepatolentikuläre Degeneration (Westphal-Strümpel-Wilson)

Allgemein: in der Kindheit oder in jugendlichem Alter beginnende Störung des Kupferstoffwechsels mit extrapyramidalen und zerebellären neurologischen Symptomen; autosomal rezessiver Erbgang

Neuropathologie: pathologische Kupferablagerungen in Leber, Stammganglien (Nucleus lentiformis), Kornea (Kayser-Fleischerscher Kornealring), Coeruloplasminmangel (niedriger Kupferspiegel!)

Symptome: initial pseudoneurasthenisches Syndrom. Kriminelle Entgleisungen möglich! Depressives Psychosyndrom, Affektinkontinenz, Antriebsstörungen, sexuelle Enthemmung, pseudopsycho(sozio)pathische Züge, schizophreniforme Psychosen, amnestisches Syndrom, Demenz

Therapie: kupferarme Diät, D-Penizillaminhydrochlorid

4.2.7 Morbus Creutzfeldt-Jakob

Allgemein: seltene im Erwachsenenalter auftretende Infektionskrankheit mit Prionen. Gelegentlich auch familiäre Häufung. Rasche Progredienz in Monaten bis zu 2 Jahren bis zur Demenz und Exitus letalis; auch längere Verläufe

Neuropathologie: subakute spongiöse Enzephalopathie; Atrophie des 1. motorischen Neurons

Symptome: u. U. exogene Psychose, sodann rasch fortschreitende Demenz; Myoklonien, Muskelatrophien, extrapyramidale Symptome, Ataxie, spastische Lähmung, Muskelfibrillationen, Visusverlust, typisches EEG mit triphasischen Wellen; Endstadium akinetisch-mutistisch

Therapie: keine Therapie möglich. Pflege, Hygienemaßnahmen (Infektionsgefahr!)

4.2.8 Progressive Paralyse

Allgemein: Chronisch entzündliche Erkrankung (syphilitische Enzephalitis), im Spätstadium (Quartärstadium) der nicht ausreichend behandelten Lues auftretend (im Unterschied zur ebenfalls spät auftretenden Tabes dorsalis). Vorwiegend psychiatrische Symptome

Divide: Enzephalomeningitis im Sekundärstadium und Lues cerebrospinalis im Tertiärstadium

Epidemiologie: 10–20 Jahre nach Infektion, in seltenen Fällen 2 Jahre bis max. 30 Jahre. Beginn meist zwischen 30. und 60. Lebensjahr; Manifestation nur bei 5–10% der Infizierten; häufiger bei Männern

Neuropathologie: Polioenzephalitis des Großhirns mit Hirnatrophie; Stammganglienatrophie (Striatum und Claustrum). Nachweis der Treponemen, besonders in basalen Anteilen des Frontalhirns. Auch Pachymeningeosis haemorrhagica; Einlagerung von Lymphozyten und Plasmazellen mit Eisenpigment in die Gefäßwand (Adventitia)

Symptome:
- unruhige Mimik (periorales Beben, Gesichtsflattern)
- Zungentremor, unzureichende Sprechmuskelkoordination, Silbenstolpern (Zungenbrecher-Testsätze wie „Rotkraut bleibt Rotkraut und Brautkleid bleibt Brautkleid" etc.)
- Schrift und Gang ataktisch
- spastische Lähmung
- reflektorische Pupillenstarre (Argyll-Robertson-Phänomen: Lichtreaktion fehlend oder träge), anisokore, entrundete, enge Pupillen
- epileptische Anfälle
- Liquorveränderungen, erhöhte Zellzahl (10–200/3) und Eiweiß- (Gammaglobulin)Vermehrung, seropositive Liquorreaktionen!
- Luesserologie: TPHA, FTA-ABS, VDRL, Cardiolipin-Komplementbindungsreaktion

Stadien und Krankheitsformen:
- *Verlauf:* unbehandelt meist nur wenige Jahre bis zum letalen Ende; auch deletärer, kurzer Verlauf als galoppierende Paralyse! evtl. Kombination mit Tabes (Taboparalyse – fehlende Sehnenreflexe, Schmerzkrisen!). Juvenile Form meist aufgrund konnataler Syphilis (Hutchinsonsche Trias: Keratitis parenchymatosa, Innenohrtaubheit, Tonnenzähne)
- *pseudoneurasthenisches Vorstadium:* organisches Psychosyndrom mit Gedächtnisstörungen, Auffassungsschwäche, Reizbarkeit, Antriebslosigkeit etc.
- *Krankheitsformen während des Verlaufs:* klassisch (heute selten!) expansiv-maniform mit Größenwahn, Ideenflucht, Betätigungsdrang, Euphorie; depressiv-hypochondrisch; einfach dement; Lissauersche Paralyse mit Herdsymptomen (sensorische Aphasie oder Hemianopsie)
- *dementielles Endstadium* im Anschluß an die oben beschriebenen Verlaufsformen mit vollständigem intellektuellen Abbau

Therapie: Hochdosierte Penizillinbehandlung. Bereits eingetretene Schäden sind irreversibel. Somit Frühdiagnose entscheidend!

4.2.9 Enzephalitiden (Enzephalomeningitiden)

Allgemein: Gehirnentzündungen unterschiedlicher Ätiologie, rufen verschiedenste, akute oder chronische klinische Bilder bzw. psychische Syndrome hervor (Einzelheiten s. Lehrbücher der Neurologie!)

AIDS (Acquired Immune Deficiency Syndrome)

Aktuelles *Beispiel* einer chronischen Enzephalitis ist *AIDS,* erstmals 1981 beschrieben.

Neuropathologie: Infektion mit lymphotropem Retrovirus (Human Immunodeficiency Virus: HIV) mit Schädigung des zellulären Immunsystems

Symptome: Auftreten von Symptomen nach monate- bis jahrelanger Latenz (seropsitiv)
- im *Stadium der Lymphadenopathie:* mit Allgemeinsymptomen wie Müdigkeit, Leistungsabfall, Gewichtsverlust und Durchfällen; Exantheme und Lymphdrüsenbefall
- im *späteren Verlauf* (selten auch zu Beginn) in vielen Fällen Auftreten der progressiven multifokalen subakuten Leukenzephalopathie mit neurologischen Ausfällen, Lethargie, depressivem Syndrom, maniformen Episoden, produktiv psychotischen Episoden, deliranten Bildern, schwerem organischen Psychosyndrom (Gedächtnis-, Konzentrations- und Antriebsschwäche), Demenz. Pseudoneurasthenische Syndrome bzw. organische Persönlichkeitsveränderungen durch direkte Schädigung der Zellen können schon vor der klinisch manifesten AIDS-Erkrankung auftreten
- mit dem gesamten Verlauf verbundene zahlreiche reaktive Störungen bzw. Verarbeitungsprobleme der Lebensbedrohung

Divide: AIDS-Phobie, unter Umständen auch wahnhaft

Therapie: z. B. AZT (Virostatikum); Behandlung der Sekundärinfektionen z. B. Toxoplasmose des ZNS. Überragende Bedeutung der Prophylaxe

4.2.10 Traumatische Hirnschädigungen

Allgemein: Beurteilung der Schädigung durch Neurologen/Neurochirurgen und Psychiater. Schädel-Hirn-Trauma wird, da oft in Verbindung mit Alkoholintoxikation, leicht übersehen!

Commotio cerebri

Allgemein: traumatische Hirnschädigung ohne Hirnsubstanzschädigung oder neurologische Ausfälle; sog. Gehirnerschütterung; reversibel

Symptome: Bewußtlosigkeit bis zu 1 h, Erbrechen (Übelkeit). Nach dem Erwachen retrograde Amnesie (Zeit vor Unfall betreffend; partielle Rückbildung) und partiell auch anterograde Amnesie (Zeit nach der Bewußtlosigkeit betreffend). Vorübergehende Desorientiertheit, Gedächtnisstörungen etc. Kein Dauerschaden: Beschwerden (z. B. Kopfschmerzen) reversibel, längstens 1–2 Jahre!
Postkommotionelles Syndrom mit pseudoneurasthenischen Symptomen, speziell vegetativen Störungen

Therapie: nur kurze Zeit Bettruhe, baldige Belastung durch gestuftes Training

Contusio cerebri

Allgemein: Hirnquetschung mit Schädigung der Hirnsubstanz; Dauerfolgen möglich (Minderung der Erwerbsfähigkeit oft 30–50%)
Wegen späterer diesbezüglicher *Begutachtung* muß direkt nach dem Unfall nicht nur eine neurologische, sondern auch eine genaue psychiatrische Untersuchung mit vollständigem psychischen Befund durchgeführt werden. Wichtig ist auch die weitere Beobachtung des Verletzten (Vigilanzstörung bei Entwicklung eines epiduralen oder akuten subduralen Hämatoms!).

Symptome: länger dauerndes Koma (Tage), neurologische Symptome (Herdbefunde im EEG), gelegentlich Kontusionspsychosen (produktive Symptomatik jeglicher Art), zentralvegetative Störungen
- *Komplikationen:* epidurale oder subdurale Blutungen u. U. mit Compressio cerebri
- *Spätfolgen:* schwer objektivierbare pseudoneurasthenische Dauersymptome, Merkfähigkeits- und Gedächtnisstörungen im Rahmen eines

amnestischen organischen Psychosyndroms, posttraumatische Hirnleistungsschwäche, gelegentlich ausgeprägte Wesensänderung (z. B. Apathie und explosive Reizbarkeit), posttraumatische Epilepsie (u. U. erst nach Jahren manifest), psychogene Ausgestaltung

Therapie: symptomorientiert; in schweren Fällen länger dauernde Rehabilitation (u. U. in Spezialeinrichtungen)

4.2.11 Anfallsleiden

In Verbindung mit den unterschiedlichen Anfallsformen (generalisierte und fokale Anfälle, sowie Petit-mal-Anfälle) können Störungen verschiedener Art eintreten wie produktive Psychosen, Dämmerzustände, epileptische Wesensänderung und Demenz; häufig auch eine Kombination von hirnorganisch bedingten großen Anfällen und psychogenen Anfällen

Fallbeispiele

 Fallbeispiel 4.1

Der 57jährige, berentete Betonarbeiter, Herr S., lebt mit seiner Ehefrau im eigenen Haus. Er kommt über die Chirurgische Ambulanz zur stationären Aufnahme in die Psychiatrie, nachdem er zu Hause im Krampfanfall gestürzt war, sich dabei eine Kopfplatzwunde zugezogen hatte und anschließend unruhig und verwirrt erschien. Bei der Aufnahme war eine geordnete Unterhaltung nicht möglich, Herr S. war zwar wach, zu allen Qualitäten aber desorientiert.

Die Ehefrau berichtete, daß ihr Mann seit 5 Jahren zunehmend vergeßlich geworden, seit einer Nasennebenhöhlenoperation vor 3 Jahren auch häufig verwirrt gewesen sei.

Im CCT fand sich eine beträchtliche kortikale und subkortikale Atrophie, besonders links-temporal.

Noch am Aufnahmetag erlitt der Patient einen weiteren generalisierten Krampfanfall, woraufhin eine Therapie mit Phenytoin (Phenhydan®) eingeleitet wurde. Wir interpretierten die Krampfanfälle im Zusammenhang mit der dementiellen Erkrankung.

In den Tagen nach der Aufnahme schwankte die Stimmung des Patienten zwischen unangemessen euphorisch und ängstlich-depressiv. Deutlich ausgeprägt waren unspezifische aphasische Störungen: an einmal gefundenen Begriffen blieb er mit stereotypen Wiederholungen haften. Herr S. wirkte bei der Visite ratlos, etwas ängstlich, stets freundlich.

Die Entlassung erfolgte nach einigen Wochen, nachdem die Ehefrau häusliche Hilfe organisiert hatte. Sie wollte die weitere Pflege zunächst selbst übernehmen.

Präsenile Demenz, Alzheimersche Erkrankung (F00.0)

 Fallbeispiel 4.2

Die 75jährige Patientin, Frau P., wird aus der Pflegeabteilung eines Altersheims in die Klinik eingewiesen. Im Heim störte die Patientin durch mehrfach aufgetretene Unruhezustände mit lautem Hilferufen (sie solle ermordet werden). Häufig war sie verwirrt und verirrte sich in fremde Zimmer.

Bis zu ihrer Berentung vor 10 Jahren war Frau P. Bürovorsteherin in einem Anwaltsbüro gewesen und hatte daneben zahlreiche ehrenamtliche Tätigkeiten ausgeübt. Bis vor 1 Jahr, als sie wegen Verwirrtheitszuständen mit Verfolgungswahn in eine Innere Klinik eingewiesen wurde, war sie gesund gewesen. Kurze Zeit nach der Entlassung mußte sie erneut stationär aufgenommen werden, dieses Mal im Psychiatrischen Landeskrankenhaus. Von dort erfolgte die Verlegung in die Pflegeabteilung eines Altersheimes, nachdem eine Aufenthalts- und Vermögensbetreuung eingerichtet war.

Bei der Aufnahme wurden starke Merkfähigkeitsstörungen, wie auch Störungen des Altgedächtnisses festgestellt, daneben eine Neigung zu Konfabulationen. Verlangsamter und haftender Gedankengang, keine wahnhaften Gedanken. Subdepressive Stimmung, Antriebsverarmung. Auffallend war die inselartig recht gut erhaltene Rechenfähigkeit von Frau P.; Umgang mit Zahlen war wesentlicher Teil ihres Berufes und zugleich Hobby.

Im CCT zeigten sich Zeichen einer subkortikalen und vor allem kortikalen Hirnsubstanzminderung mit multiplen Infarkten im Sinne vaskulärer Demenz.

In den ersten Tagen litt die Patientin noch unter Schlafstörungen und nächtlichen Unruhezuständen. Unter Digitalisbehandlung, nach Gabe von Haloperidol (Haldol®) während des Tages und Prothipendyl (Dominal®) zur Nacht sowie unter einer Infusionsserie mit makromolekularen Dextranen kam es dann zwar zu einer Beruhigung, Frau P. wurde nach einigen Wochen in das Pflegeheim zurückverlegt, das amnestische Psychosyndrom konnte dagegen nicht nachhaltig beeinflußt werden.

Senile Demenz, vaskulärer Typ (F01.1)

Fallbeispiel 4.3

Ein 78jähriger Patient, Herr E., hatte sich einige Tage vor der Aufnahme in die Psychiatrische Klinik an die Intensivstation des Klinikums wegen Magenbeschwerden gewandt, die er auf Fremdeinflüsse zurückführte.

Bei der Aufnahme in unserer Klinik berichtete er, daß aus der unter ihm liegenden Wohnung einer attraktiven jungen Frau schädliche Gerüche in seine Wohnung drängen. Zunächst seien es harmlose Gerüche etwa nach Zwiebeln gewesen, jetzt Eisengeruch. Er fürchte Explosionsgefahr. Dabei könne nicht nur sein Haus zerstört werden, sondern auch Gebäude in der Nachbarschaft. Es müsse entgast werden, womöglich in einem NATO-Programm, das vom Bundeskanzler ins Leben gerufen werden müsse.

Herr E. hatte früher ein eigenes Lebensmittelgeschäft geführt, seit 16 Jahren ist er Rentner. Er war Zeit seines Lebens ein empfindlicher, einzelgängerischer Mensch und ging nie eine engere Partnerschaft ein. Seit 4 Jahren lebt der Patient in einer inzwischen völlig verwahrlosten Einzimmerwohnung, ohne ausreichende sanitäre Einrichtungen und mit ungenügender Heizmöglichkeit.

Bei der Aufnahme zeigten sich inhaltliche Denkstörungen im Sinne eines paranoiden Wahnsystems. Längere Zeit hatte sich Herr E. sexuell beeinträchtigt gefühlt; die gegenwärtigen Magenbeschwerden erklärte er damit, daß russische Spione sich in seinem Hause herumtrieben und vor einigen Tagen angefangen hätten, Gas in seine Wohnung zu leiten. Die seit Jahren bestehenden olfaktorischen Halluzinationen bilden offenbar den Kern seines Wahnsystems. – Keine Merkfähigkeits-, Konzentrations- oder Orientierungsstörungen!

Unter neuroleptischer Medikation trat Beruhigung ein, jedoch keine Distanzierung vom Wahn. Zwar läßt sich Herr E. zur Aufnahme in ein Altersheim überreden, er sieht jedoch nicht ein, daß er nicht mehr allein leben kann.

Herr E. wies keine neurologischen Störungen, keine über das Altersmaß hinausgehenden, auf eine Hirnatrophie hinweisenden Befunde im CCT auf, kein amnestisches organisches Psychosyndrom, so daß wir das Krankheitsbild als paranoid-halluzinatorische psychotische Entwicklung im Senium ansahen, wie bei entsprechend disponierten Persönlichkeiten als Kontaktmangelparanoid beschrieben. Die anfängliche Diagnose eines paranoiden Syndroms im Rahmen einer senilen Demenz wurde nicht bestätigt.

Nach ICD-10 ist differentialdiagnostisch neben F06.2 organische wahnhafte (schizophreniforme) Störung oder F22.0 anhaltende wahnhafte Störung zu erwägen.

Paranoide Psychose im Senium (Kontaktmangelparanoid) (F06.2)

Fallbeispiel 4.4

Die 43jährige Patientin, Frau K., wurde wegen unklarer Bewußtseinsstörung zunächst in die Neurologische Klinik aufgenommen, wegen depressiver Symptomatik jedoch einen Tag später in die Psychiatrische Klinik verlegt.

Frau K. ist verheiratet, hat zwei Töchter. Sie hat Verkäuferin gelernt, ihren Beruf aber seit der Eheschließung nicht ausgeübt.

Nach im übrigen unauffälliger somatischer Anamnese wurde bei ihr vor 2 Jahren ein Meningeom diagnostiziert. Seit der damaligen Operation mußte sie mehrfach in Verbindung mit dem seither aufgetretenen symptomatischen Anfallsleiden stationär behandelt werden.

Offenbar war es vor der jetzigen Aufnahme zu einem epileptischen Anfall mit verlängerter Aufwachphase gekommen. In der Klinik wurde ein kurzzeitiger fokalmotorischer Anfall mit Sopor beobachtet, nachfolgend geringgradige Somnolenz und Erbrechen sowie paroxysmale Tachykardien. Psychisch wirkte Frau K. verlangsamt, umständlich, am Einzelnen haftend; subdepressiv, gelegentlich gereizt. Keine Merkfähigkeits- oder Gedächtnisstörungen. Im CCT war kein Tumorrezidiv nachzuweisen, die Lumbalpunktion blieb ohne pathologischen Befund.

Nachdem auf Carbamazepin (Tegretal®) eine beträchtliche allergische Hautreaktion aufgetreten war, wurde auf Phenytoin (Zentropil®) eingestellt. Im Vordergrund der Behandlung standen Einzel- und Angehörigengespräche, die die nach der Operation in der Familie aufgetretenen Spannungen reduzierten. Eine wesentliche Besserung des Zustandes von Frau K. konnten wir allerdings nicht erreichen.

> ***Depressive Reaktion nach Meningeomoperation (F06.32, F07.0) einhergehend mit symptomatischer Epilepsie, rechtsseitiger Hemiparese und hirnorganischem Psychosyndrom***

Fallbeispiel 4.5

Die 36jährige Patientin, Frau S., eine berentete Bürokauffrau, wurde von ihrem Ehemann in die Klinik gebracht, da zu Hause mehrfach Erregungszustände aufgetreten waren.

Der Ehemann berichtete zur Familienanamnese und Lebensgeschichte: die Mutter der Patientin verstarb mit 38 Jahren im Landeskrankenhaus an einer Chorea Huntington, der Großvater mütterlicherseits war ebenfalls daran gestorben.

Frau S. ist das ältere von 2 Kindern eines Bauschlossers, die Scheidung der Eltern erfolgte, als die Patientin 8 Jahre alt war, wegen Alkoholismus des Vaters. Sie wuchs mit dem 3 Jahre jüngeren Bruder bei der Mutter auf, die 30jährig an einer Chorea Huntington erkrankte. Die Muttersmutter übernahm die Erziehung der Kinder. Nach der Hauptschule absolvierte Frau S. eine Lehre zur Bürokauffrau, einen Beruf, den sie nach der Heirat mit 21 Jahren noch weitere 4 Jahre ausübte.

Vor 10 Jahren traten die ersten Symptome der Krankheit auf: Kurz nach der Geburt ihres Sohnes kam es zu Gangunsicherheit. Die Patientin sei launisch und unberechenbar geworden. Zwei Jahre später wurde sie erstmals nervenärztlich untersucht, 5 Jahre nach Krankheitsbeginn stationär in einer Neurologischen Klinik behandelt. Sie reagierte depressiv, als man sie über ihre Diagnose und die Prognose aufklärte. In der Folgezeit kam es mehrfach zu stationären Behandlungen. Wegen der zunehmenden Bewegungsstörung und des hirnorganischen Psychosyndroms wurde sie 4 Jahre vor der jetzigen Aufnahme berentet. Anfang dieses Jahres war eine weitere Verschlechterung des Zustandes eingetreten. Mehrmals versuchte die Patientin, unrealistische Pläne mit allen Mitteln in die Tat umzusetzen. So wollte sie z. B. ein Haus und ein Pferd kaufen, ohne daß dafür genügend Geld zur Verfügung stand. Außerdem war sie wahnhaft davon überzeugt, daß ihr Mann sich von ihr scheiden lassen wolle; durch nichts ließ sie sich von dieser Meinung abbringen. Im Verlauf der damit verbundenen Auseinandersetzungen kam sie immer wieder in so heftige Erregung, daß sie vom Balkon klettern oder aus dem Fenster springen wollte.

Psychischer Befund bei der Aufnahme: bewußtseinsklar, zeitlich unsicher, im übrigen aber voll orientiert; Auffassung, Aufmerksamkeit und Gedächtnis ungestört. Affektiv erschien die Patientin inadäquat fröhlich. Sie äußerte wahnhafte Gedanken, bezogen auf die von ihr vermuteten Trennungsabsichten ihres Ehemannes.

Neurologisch: grimmassierender Gesichtsausdruck, kehlige dysarthrische, schwer verständliche Sprache. Streckung der Arme im Ellenbogengelenk nicht möglich; Daumen in Fehlstellung, Grundgelenk gebeugt, erhöhter Muskeltonus, MER beidseitig lebhaft, ASR kloniform, BSR beidseitig verbreiterte reflexogene Zonen. Ausfahrende, ataktische Bewegungen, insbesondere auch beim Finger-Nase-Versuch. Intentionstremor, keine Sensibilitätsstörungen

CCT: Erweiterung der inneren und äußeren Liquorräume: fortgeschrittene Hirnatrophie. Vorderhörner der Seitenventrikel zeltförmig erweitert im Sinne einer Substanzminderung des Nucleus caudatus beidseitig.

Die Behandlung erfolgte mit Tiaprid-HCl (Tiapridex®), und Lorazepam (Tavor®), wegen der zusätzlichen wahnhaften Symptomatik auch mit Haloperidol (Haldol®). Daneben krankengymnastische Behandlung.

Da die weitere häusliche Pflege nicht mehr möglich war, wurde die Patientin nach Einleitung einer Aufenthalts- und Vermögenspflegschaft in ein Krankenhaus für chronisch Kranke verlegt.

◆ *Hirnorganisches Psychosyndrom bei Chorea Huntington (F02.2)*

Fallbeispiel 4.6

Die 47jährige, verheiratete Patientin, Frau B., war bis kurz vor ihrer Krankenhausaufnahme als Altenpflegerin tätig. Die Einweisung erfolgte wegen Gangstörungen, Paresen und Bewegungsstörung mit Verdacht auf konversionsneurotische Entwicklung.

Frau B. wurde als Tochter eines Vulkaniseurmeisters und einer Hausfrau in der ehemaligen DDR geboren. Als junge Frau verlor sie ihre Eltern, die beide an einer Herzerkrankung verstarben. Nach dem Abitur absolvierte sie eine Lehre als Drogistin. In die Bundesrepublik gekommen, ging sie mit 27 Jahren ihre erste Ehe ein. Aus dieser Verbindung mit einem Marokkaner stammen 2 jetzt schon fast erwachsene Kinder. Nach der Scheidung, 7 Jahre später, heiratete sie ihren jetzigen Mann, einen 10 Jahre jüngeren Griechen, mit dem sie einen Sohn hat. Wegen Arbeitslosigkeit des Ehemannes lebt die Familie in schlechten finanziellen Verhältnissen.

Zur somatischen Anamnese: Mit 29 Jahren habe sie erstmals Augensymptome mit Schleiersehen und Verlust des Farbensehens bemerkt. Mit 40 Jahren trat Schwäche im linken Fuß auf, die sich vor 1 Jahr auf beide Beine und Arme ausbreitete. Seit 1 Jahr Doppelbilder. – Labiler Hypertonus.

Bei der Aufnahme zeigte Frau B. psychopathologisch keine produktive Symptomatik, sie war bewußtseinsklar und voll orientiert. Sie wirkte vital und zeigte sich kooperativ. Im Affekt erscheint sie geringfügig euphorisch, etwas inadäquat.

Neurologisch: endständiger unerschöpflicher Nystagmus beim Blick nach rechts; rhythmischer grobschlägiger Ja-Tremor des Kopfes. Unsicherer, schwankender Gang, Beugeschwäche des linken Unterschenkels, Hyperreflexie des rechten Armes; Hyperalgesie beider Beine, Hypalgesie am rechten Oberarm, Herabsetzung des Vibrationsempfindens in beiden Beinen.

Psychodynamisch fanden wir eine enge Beziehung zum Vater, eine konflikthafte Verarbeitung der Beziehung zu ihrer Mutter, die häufig Scheidungsabsichten äußerte. Mit 26 Jahren schwere Enttäuschung in einer intimen Liebesbeziehung, die dann von ihr beendet wurde. In der ersten Ehe mit einem Marokkaner häufiges Unglücklichsein. Weitere Beziehungen zu Ausländern aus den Mittelmeerländern in eher ungeordneten Lebensbedingungen. Der jetzige Mann plant, zur See zu fahren. Er hat wenig Verständnis für sie und möchte in ein romanisches Land umsiedeln. Sie erwartet, daß er sie demnächst verlassen wird.

Nach zahlreichen Gesprächen ließen sich die Symptome als konversionsneurotisch bedingt verstehen. Zusätzliche somatische Untersuchungen zwangen uns dann aber zu einer Korrektur der Diagnose: Im MRT fanden sich Demyelinisierungsherde. Bei der Untersuchung visuell evozierter Potentiale ergaben sich Hinweise auf rechtsbetonte Schädigung des visuellen Systems beidseits. Bei Ableitung der akustisch evozierten Potentiale: Verdacht auf Schädigung im Bereich des Colliculus inferior.

Im Liquor Veränderungen mit Pleozytose, Eiweißvermehrung, liquorelektrophoretisch Gammaglobulinvermehrung.

Nach eindeutiger Festlegung der Diagnose „Multiple Sklerose" wird eine Behandlung in der MS-Ambulanz des Klinikums vereinbart, Frau B. nimmt an einer Gruppentherapie für MS-Kranke teil.

Multiple Sklerose (pseudoneurotische Entwicklung) (F06.3)

Historische Fälle aus der klassischen Literatur

Fallbeispiel 4.7

„C. G., 21 Jahre alt, sehr kräftig, ist am 26. Febr. 1859 schnell mit starkem Frost, Nasenbluten, Schwindel erkrankt; wird am 28. Febr. in meine Clinic aufgenommen. Die Untersuchung ergibt Pneumonie des rechten unteren Lappens in geringer Ausdehnung, schweres Typhusähnliches Krankheitsbild mit Prostration, viel ruhigen Delirien, Respiration 32–42, Puls 100–104, Temperatur 40,3–41,0 C. Am dritten Krankheitstag erscheint ein Herpes labialis, der sich schlecht entwickelt. Am vierten Krankheitstag sinkt die Temperatur von morgens 40,3 Grad auf abends 39,9 Grad C., der Puls auf 92; der Pat. zeigt dabei mehr Verwirrtheit und Geistesabwesenheit. Am fünften Krankheitstag zeigen die physicalischen Zeichen den vollen Rückgang des örtlichen Processes, die Temperatur ist morgens und abends 38,1 und 38,2 C., Puls 66–72, zeitweise aussetzend. Das Aussehen ist bleich, Pat. total von Sinnen, er weiß gar nicht, wo er ist, erinnert sich an die einfachsten Dinge nicht, schwatzt anhaltend delirierend fort und wird nachts höchst unruhig und ungebärdig (Morphium). Nach der heftigsten Unruhe kam gegen Morgen ein ruhiger langer Schlaf bei blassem, zuweilen leise zuckendem Gesichte, langsamem Athem, irregulärem, 60–66mal schlagendem Puls, Temperatur 37,3 C."

Der Autor dieser Kasuistik, Wilhelm Griesinger, weist darauf hin, daß die psychische Störung sich erst mit der Abnahme des Fiebers entwickelt habe, daß er darum den Fall nicht als Fieberdelir betrachte. Er berichtet darüber, daß sich das psychische Verhalten des Patienten bereits nach 2 Tagen normalisierte.

Symptomatische Psychose bei Pneumonie (nach Griesinger) (F05.0)

Fallbeispiel 4.8

Es wird die Krankengeschichte einer 44jährigen, bis dahin besonders tüchtigen Röntgenschwester dargestellt.

„Man erfuhr, daß die Pat. etwa ein Jahr vor der Aufnahme in dem Krankenhaus in einem immer stärker werdenden Eigensinn mit zunehmender Reizbarkeit auffiel. Ein halbes Jahr zurück erlitt sie während der Arbeit auf der Röntgenstation einen apoplektiformen Insult. Sie konnte nicht mehr sprechen. Als nach einigen Stunden das Sprechvermögen zurückgekehrt war, klagte sie über ein Gefühl von Pelzigsein in der Zunge, der rechten Gesichtshälfte sowie im rechten Arm. Eine motorische Lähmung war nicht vorhanden, auch war kein Bewußtseinsverlust festgestellt worden. Man schickte die Schwester daraufhin in ein Erholungsheim, von wo man sie ihres immer auffälliger werdenden Benehmens wegen nach sechs Wochen wieder in das Mutterhaus zurückholte. Nun wurde im Blutserum eine stark positive Wassermannsche Reaktion festgestellt. Ohne an eine Liquoruntersuchung zu denken, hielt man sie dort noch mehrere Monate lang und machte eine „vorsichtige Neosalvarsankur", die in drei Injektionen zu 0,15 Neosalvarsan bestand. Wegen einer darauffolgenden rasch zunehmenden psychischen Verschlechterung wurde diese Behandlung wieder abgebrochen. Einmal bejahte die Pat. auf Befragen in völlig vager und unklarer Weise die Möglichkeit einer luetischen Infektion. Eine Mitschwester erzählte, daß die Pat., sonst sehr zurückhaltend, schon seit Monaten begonnen habe, ihr gegenüber viel und hemmungslos über sexuelle Dinge zu sprechen. Auf der Krankenstation des Mutterhauses habe sie phantastische Geschichten berichtet, z. B. daß die Frau des Chefs geschlechtskrank sei und sie selbst die Lues, die sie angeblich haben solle, dann wohl von ihrem Chef erworben habe. Pat. drängte wiederholt aus dem Bett, um abzureisen, weil sie in den nächsten Tagen mit einem Arzt Hochzeit feiern werde, den sie in den letzten Jahren gelegentlich in seiner Sprechstunde konsultiert hatte. Dann fing sie an, zunehmend expansiv zu werden. Sie besitze 5 Millionen und einen prachtvollen schwarzen „Mercedes", in Luxusausführung. Wenn Ref. auch so einen haben wolle, könne sie jederzeit dafür sorgen. Auch von ihren Millionen gebe sie ihm sofort eine ab, später bei Bedarf noch mehr. Sie habe 10 oder 20 Kinder, prächtig, gescheit, gesund, jedes habe bei der Geburt 10 oder 12 oder 15 Pfund gewogen. Meist habe sie sich selbst durch Kaiserschnitt entbunden, denn ihr Mann Dr. X. habe sie zu einer erstklassigen Operateurin ausgebildet usw. Pat. wirkt in ihrer strahlenden, kritiklosen Euphorie schon sehr dement. Sie war auf der Abteilung Tag und Nacht unsauber in Stuhl und Urin. Zeitlich und örtlich war sie höchst mangelhaft orientiert und glitt mit Gehobenheit über ihr Versagen hinweg."

Neurologisch bestand eine reflektorische Pupillenstarre, ferner fand sich eine erhebliche artikulatorische Sprachstörung mit Silbenstolpern und Schmieren bereits beim spontanen Sprechen sowie ein unkoordiniertes Flattern der mimischen Gesichtsmuskulatur. Der Liquorbefund bestätigte die Diagnose der Progressiven Paralyse.

Unter einer Fieberbehandlung mit Impfmalaria sowie der dann folgenden Neosalvarsanbehandlung kam es zu einer klinischen und serologischen Besserung. Es gelang, die Patientin wieder voll herzustellen. Bei Erhebung der genaueren Anamnese stellte sich heraus, daß die Infektion der Patientin 18 Jahre zurücklag und unbemerkt geblieben war.

Expansive Form der Progressiven Paralyse (nach Weitbrecht) (F06.30)

5 Mißbrauch und Abhängigkeit

5.1 Allgemeiner Teil

Zahlreiche psychotrope Substanzen werden verwendet, um in mißbräuchlicher oder abhängiger Weise Effekte hervorzurufen, die die Betreffenden gefährden oder schädigen. Gebrauch, Mißbrauch und Abhängigkeit stehen in Interaktion mit Persönlichkeit (Disposition und Entwicklung), Umwelt (Sozialfeld und Gesellschaft) und Droge (Angebot, Erreichbarkeit, Wirkung).

Der Terminus „Abhängigkeit" als körperliche und/oder psychische Abhängigkeit wird synonym mit „Sucht" verwendet. Der Begriff „süchtige Fehlhaltung" beinhaltet auch süchtige Verhaltensweisen (nicht stoffgebundene Süchte) wie Spielsucht etc.

Definitionen:

- *Mißbrauch* (schädlicher Gebrauch): körperlicher und seelischer Schaden aufgrund des Gebrauchs in übermäßiger Menge oder (bei Medikamenten) in nichtzwecksentsprechender Weise
  Diagnose „Mißbrauch" nur, wenn nicht bereits Abhängigkeit vorliegt: Mißbrauch als Vorstufe!
- *Abhängigkeit:* übermächtiges Verlangen nach Einnahme von Drogen oder Alkohol, überwertig gegenüber anderen, früher höher bewerteten Verhaltensweisen
  Gekennzeichnet durch Kontrollverlust, körperliche Entzugserscheinungen (Entzugssyndrom, Besserung durch Zufuhr des Suchtmittels), eingeengtes Verhaltensmuster im Umgang mit der Substanz (z. B. Außerachtlassung gesellschaftlich üblichen Trinkverhaltens), Toleranzentwicklung (Dosissteigerung), Konsum trotz nachweislicher Schädigung, evtl. Beschaffung der Droge mit allen Mitteln (Beschaffungskriminalität), Abhängigkeit von einem einzelnen Stoff, einer Gruppe oder einem weiten Spektrum von Substanzen (Polytoxikomanie).

Mißbrauchs-/Abhängigkeitstypen lt. Weltgesundheitsorganisation (WHO):

- Alkohol
- Opioide (Morphin, Heroin)
- Cannabinoide (Haschisch, Marihuana)
- Sedativa und Hypnotika
- Kokain
- Stimulantien (Amphetamine, Ecstasy, auch Koffein)
- Halluzinogene (LSD, Psilocybin)
- Flüchtige Lösungsmittel (Schnüffelsucht)
- Tabak

sowie polyvalenter Mißbrauch/Abhängigkeit. Früher auch Khattyp und Morphiumantagonisten.

Syndrome im Zusammenhang mit Substanzeinnahme

- *Akute Intoxikation*
  Vorübergehender Zustand aufgrund der Einnahme einer hohen Dosis von Drogen oder Alkohol mit körperlichen und psychischen Störungen bzw. Auswirkungen auf das Verhalten
  Symptome:
  - Sedierung oder Erregungszustände
  - delirante Zustandsbilder
  - sonstige produktiv-psychotische Syndrome
  - Anfälle
  - u. U. Bewußtseinsverlust, Koma
- *Entzugssyndrom*
  Auftreten bei Abhängigkeit. Rascher Entzug anzustreben!
  Symptome:
  - vegetativ: Schlafstörungen, Tremor, Schwitzen
  - Unruhe, Angst, Depression
  - Besserung durch Zufuhr des Suchtmittels
  im Rahmen des Entzugssyndroms auch:
  - Delirium tremens (Provokation durch Entzug, Trauma, Infekt)
  - häufig symptomatische Anfälle
- *Exogene Psychosen*
  Produktive Symptome (Wahrnehmungsstörungen und Wahn) sowie affektive und psychomotorische Störungen, u. U. qualitative Bewußtseinsstörung

Formen:
- Halluzinose (unterschiedlich je nach Drogentyp)
- schizophreniforme paranoid-halluzinatorische Psychosen sowie organische Psychosyndrome
- vorwiegend wahnhafte Psychose
- Korsakow-Syndrom/amnestisches Syndrom mit Merkfähigkeits-, Gedächtnis-, Orientierungs- und Zeitgitterstörungen sowie Konfabulationen
- Nachhallzustände (flashback) von Psychosen und Intoxikationen
- affektive Zustandsbilder (chronische Angstzustände)

5.2 Spezieller Teil

5.2.1 Alkoholismus (F 10)

Allgemein: Bei einem Konsum von Alkohol, der über das sozial tolerierte, für Individuum oder Gesellschaft ungefährliche und unschädliche Maß hinausgeht, kann es sich handeln um:
- einmaligen Mißbrauch (Intoxikation)
- gewohnheitsmäßigen schädlichen Gebrauch (Mißbrauch)
- Abhängigkeit/Sucht (Alkoholismus im engeren Sinne)

Seit 1968 ist Alkoholismus in der BRD vom Bundessozialgericht als Krankheit anerkannt.

Epidemiologie: Neben neurotischen (psychogenen) Störungen in Europa verbreitetste psychische Störung!
Prävalenz: in der BRD etwa 3% der Erwachsenenpopulation.
Schätzung: 2–3 Millionen Alkoholiker, dazu etwa ebensoviele Gefährdete sowie betroffene Angehörige, d. h. 6–10 Millionen indirekt oder direkt Betroffene. Nicht gerechnet ist kurzdauernder Mißbrauch! „Alkohol – das durchgesetzte Recht auf Rausch!"
Erhebliche sozialmedizinische Bedeutung:
- 30% der psychiatrischen Krankenhausaufnahmen (50% der Männeraufnahmen, 20% der Frauenaufnahmen)
- 10–20% der Patienten im Allgemeinkrankenhaus
- 10–15% der Patienten in der Allgemeinpraxis
- Beteiligung von Alkohol an ca. 50% aller Straftaten sowie an 50% der Selbstmordversuche

- Anstieg des Frauenalkoholismus (oft heimliches Trinken!) Nach dem 2. Weltkrieg Verhältnis Männer : Frauen 8 : 1, seither ständig steigender Frauenanteil

Angaben zu Alkoholverbrauch und -toleranz:
- Seit dem Zweiten Weltkrieg bis ca. 1975 in der BRD ständiger Anstieg des Alkoholverbrauchs, seit 1991/2 geringfügiger Rückgang
- BRD international an 1. Stelle vor Frankreich, Portugal, Schweiz, Spanien. Verbrauch von 11–13 l reinen Alkohols pro Kopf/Jahr (1950: 3 l, 1994 (gesamte BRD): 11,4 l)
- 1994 pro Kopf Verbrauch in der BRD: Bier: 139,6 l, Wein: 17,5 l, Sekt: 5,0 l, Spirituosen 6,7 l
- Ausgaben für Alkohol in der BRD im Jahr 1987: 32,4 Mrd. DM. Steuereinnahmen im Jahr 1987: 6,1 Mrd. DM. 1994: 7,8 Mrd. DM
- hohe volkswirtschaftliche Verluste durch Alkoholfolgen (Schätzung über 40 Milliarden/Jahr)
- hohe Zahl von Alkoholtoten, meist unterschätzt im Vergleich zu Drogentoten, da vorwiegend indirekt: Unfälle, körperliche Folgekrankheiten (Schätzung: mindestens 40 000/Jahr in der BRD gegenüber ca. 2000 Drogentoten)
- ungleicher Konsum: 10 % der Erwachsenen verbrauchen 50 % des getrunkenen Alkohols, 10 % sind abstinent
- Schädliche Werte für Männer: über 60 g/die, für Frauen: über 40 g/die
- Toleranz unterschiedlich: herabgesetzt bei Epilepsie, Ermüdung, Hepatopathie, Hirngefäßsklerose, nach Hirntraumen, unter neuroleptischer Therapie und bei Alkoholikern in der chronischen Phase (s. S. 76 f.). Verstärkung (Potenzierung) der Alkoholwirkung durch Barbiturate, Tranquilizer, Neuroleptika, Antidepressiva etc.
- Hoher Alkoholverbrauch ist individuell meist mit hohem Nikotinmißbrauch verbunden (Raucherquote BRD: 42 % der Männer, 26 % der Frauen)

Ätiologie: multikausale Entstehung aus dem Zusammenwirken von genetischer Disposition, Persönlichkeitsstruktur, Droge und sozialem Umfeld (Familie, Sozialschicht, Beruf, kulturelle Einflüsse). Psychoanalyse nimmt starke orale Anteile in der Persönlichkeit an (geringe Frustrationstoleranz)

In der BRD wie z. B. auch in Frankreich permissive Haltung gegenüber Alkohol. Demgegenüber Abstinenzkulturen (Islam, Hindu) sowie Ambivalenzkulturen (USA, Großbritannien, Norwegen)

PHASEN NACH JELLINEK
(Symptome je nach Stadium der Abhängigkeit)

Präalkoholische Phase
- Spannungsreduktion durch Alkohol
- häufiges Trinken
- leichte Toleranzerhöhung

Prodromalphase
- Erleichterungstrinken (gierig!)
- Toleranzerhöhung
- Gedächtnislücken (Palimpsest = Verblassen alter Erinnerungen, Erinnerungslücken, Black-out, „Filmriß")
- heimliches Trinken mit Schuldgefühlen
- dauerndes Denken an Alkohol, aber Vermeidung von Gesprächen über Alkohol

Kritische Phase
- nach Trinkbeginn: Kontrollverlust
- Ausreden, Alibis, Rationalisierung
- Aggression und Schuldgefühle (Zerknirschung)
- nach Perioden von Abstinenz stets Rückfälle
- Trinksystem (nicht vor bestimmten Stunden!) gelockert
- Interesseneinengung, Verlust von Sozialbezügen
- Toleranzverminderung
- Zittern und morgendliches Trinken
- mangelhafte Ernährung
- Libido- und Potenzverlust (evtl. Eifersucht)

Chronische Phase
- verlängerte Räusche
- ethischer Abbau
- Fehlbeurteilung der eigenen Lage
- Trinken mit Alkoholikern („unter Stand")
- Trinken als Besessenheit
- Angstzustände, Zittern
- Auftreten von Psychosen
- Toleranzverlust
- Erklärungssystem versagt – Niederlage zugegeben – Behandlungsansatz!

Jellinek EM (1952) Phases of alcohol addiction. Quart J Stud Alc 13: 673

Bild des chronischen Alkoholikers

Gesichtshaut rötlich, gedunsen; Tränensäcke; Teleangiektasien; belegte Zunge; Foetor ex ore

- *Psychisches Bild:*
  - passiv abhängige Persönlichkeit
  - depressive Verstimmung (Suizidalität)
  - affektlabil
  - distanzlos (Wesensänderung)
  - Gefälligkeitshaltung, latente Gereiztheit
  - psychoorganisches Syndrom
- *Körperliche Erkrankungen:*
  - Gastritis mit Erbrechen und Übelkeit
  - Leberschädigung (Fettleber, Leberzirrhose): Gamma-GT, GOT, GPT, alkalische Phosphatase, CDT (Carbohydrat defizientes Transferrin) erhöht
  - Erhöhung der MCV (Makrozyten)
  - Pankreatitis
  - Herzmuskel-Erkrankungen
  - neurologische Störungen, vor allem Polyneuropathie (Gangstörungen, Sensibilitätsstörungen)
  - Krampfanfälle

Folgende spezifische, durch Alkohol bedingte, psychiatrische Krankheitsbilder können als akute Intoxikationen oder als metalkoholische Psychosen auftreten:

Einfacher Rausch (F 10.0)

Alkoholvergiftung = Alkoholpsychose im weiteren Sinne
Bestimmung von Blutspiegel und/oder Atemalkohol (bis 1,5‰ leichter, bis 2,5‰ mittelschwerer Rausch)

Symptome:

- zerebelläre Symptomatik mit Ataxie, Dysarthrie, Koordinationsstörungen beim Sprechen, Gehen, Schreiben; Blickrichtungsnystagmus
- vegetativ: erweiterte Hautgefäße, Mydriasis, Pulsbeschleunigung
- psychisch: Enthemmung, Euphorisierung oder depressive Regression (Suizidalität!), Urteilsschwäche, Selbstüberschätzung
- Konzentrations-, Merkfähigkeits- und Orientierungsstörungen
- Bewußtseinsstörungen
- für den Rausch oft (partielle) Amnesie (Black-out)

Therapie: meist keine Therapie; bei Erregung u. U. Neuroleptika

Art des Alkoholismus	Versuch einer Typisierung	Abhängigkeit	Suchtkennzeichen
Alphatypus	Problem-, Erleichterungs-, Konflikttrinker	episodenweise psychisch	kein Kontrollverlust, aber undiszipliniertes Trinken, Fähigkeit der Abstinenz
Betatypus	Gelegenheitstrinker (übermäßig, unregelmäßig)	keine, außer soziokulturelle	kein Kontrollverlust; Organschäden möglich
Gammatypus	süchtiger Trinker	zuerst psychische Abhängigkeit, später physische Abhängigkeit	Kontrollverlust, jedoch Phasen von Abstinenzfähigkeit (!)
Deltatypus	Gewohnheitstrinker (rauscharmer kontinuierlicher Alkoholkonsum)	physische Abhängigkeit	Unfähigkeit zur Abstinenz, aber kein Kontrollverlust
Epsilontypus	episodischer Trinker („Quartalssäufer", Dipsomanie)	psychische Abhängigkeit	Kontrollverlust, jedoch Fähigkeit zur Abstinenz; Tendenz zum Übergang in Gammatypus

Gamma-, Delta- und Epsilontyp: Alkoholkrankheit im engeren Sinne mit seelischen, körperlichen und sozialen Schädigungen und Abhängigkeit

Jellinek EM (1960) The disease of alcoholism. Yale Univ. Press, New Haven

Tabelle 5.1. Formen des Alkoholismus nach Jellinek

Komplizierter Rausch

Symptome: stärkere Ausprägung des „einfachen" Rausches, mit Erregung und Bewußtseinstrübung. Öfter Amnesie, besonders bei Oligophrenen und hirnorganisch Kranken

Therapie: Sedierung mit Neuroleptika wie Haloperidol (Haldol®), Chlorprothixen (Truxal®), Promethazin (Atosil®), evtl. Diazepam (Valium®) langsam i. v.

Pathologischer Rausch (F 10.07)

Alkoholbedingte symptomatische Psychose (Dämmerzustand). Eintreten nach u. U. nur geringer Alkoholmenge (Alkoholunverträglichkeit)

Vorkommen: bei Hirntraumatikern, Epileptikern, chronischen Alkoholikern; psychoreaktiv bei abnormen Persönlichkeiten. Öfter als Ausflucht nach normalem Rausch, um vor Gericht Exkulpierung (§ 20 StGB) zu erreichen

Symptome:
- Desorientiertheit
- Personenverkennung, Wahrnehmungsstörung (Halluzinationen)
- schwere Erregung, sinnlose Gewalttaten
- Terminalschlaf
- Erinnerungslücke, meist nur kurze Dauer (15 min – mehrere Stunden)

Therapie: wie bei kompliziertem Rausch

Entzugssyndrom (F 10.3) (s. S. 78)

Bei Abhängigen nach längeren Trinkphasen meist zunächst vegetative Symptome (feuchte Hände!). Protrahierter Entzug prognostisch ungünstig.

Therapie: Carabamazepin 200–800 mg/die

Delirium tremens (F 10.4)

Vorkommen: Auftreten einige Tage nach Entzug als Entzugsdelir oder (selten) als Kontinuitätsdelir; provoziert auch durch Anticholinergika (Anti-Parkinson-Mittel, Antidepressiva), Neuroleptika, Spasmolytika etc.
Dauer: unbehandelt 3 bis maximal 20 Tage; früher oft letaler Ausgang

Symptome:
- *Prodromi:*
  (subdelirantes Syndrom): Schlafstörungen; Aufmerksamkeitsstörungen; Angst, Unruhe (nächtliche Verwirrtheit); Zittern, Schwitzen, Tachykardie, Fieber, Durchfall, (vegetatives Entzugssyndrom); Muskelwogen (besonders mimisches Beben)
- *Vollbild:* Bewußtseinstrübung; Störung von Aufmerksamkeit, Auffassung und Immediatgedächtnis; Desorientiertheit; Beschäftigungsdrang, motorische Unruhe, Schreckhaftigkeit, Nesteln; gesteigerte Suggestibilität (z. B. Ablesen von einem weißen Blatt); inkohärentes Denken; Konfabulationen; Personenverkennungen; optische und szenische Halluzinationen, Akoasmen

Therapie:
- Clomethiazol (Distraneurin®) (möglichst oral, bereits im beginnenden Delir), nur unter Intensivbeobachtung Infusionen (vermehrte Bronchialsekretion! cave: Atemdepression!) langsam abbauen! Nach etwa 10 Tagen absetzen, Gefahr der Distraneurinabhängigkeit! s. auch S. 83!
- Clonidin (Catapresan®): nur stationär unter Intensivbedingungen
- bei starker paranoider Symptomatik Kombination mit Neuroleptika (z. B. Haloperidol®)
  Nachteil: Erniedrigung der Krampfschwelle
- Carbamazepin zur Anfallsprophylaxe und im Subdelir (schweres Entzugssyndrom; u. U. Vermeidung des Volldelirs)
- Herz- und Kreislaufstützung
- Vitamin B1-Gaben
- genaue Beobachtung (Intensivkurve!)
- *keine* Alkoholinfusionen (auch aus ethischen Erwägungen) alternativ zu Distraneurin®!

Alkoholhalluzinose (F 10.52)

Paranoid-halluzinatorische Psychose, relativ selten; Auftreten während chronischen Trinkens, öfter nach Trinkexzessen; Vorherrschen akustischer Halluzinationen; syndromatisch alle Übergänge zu Delir und Schizophrenie möglich

Dauer: Stunden bis maximal 6 Monate (bei längerer Dauer Zweifel an der Diagnose! Schizophrenie?)

Symptome:
- Stimmenhören in dialogischer und kommentierender Form (bedrohlich, Beschimpfungen; Sprechchöre, „Über-Ich")

- (Verfolgungs-)wahn
- Angst
- durch das Erleben der Kranken erklärbare Handlungen (z. B. Aggressivität gegen vermeintliche Personen)
- keine Bewußtseinsstörung, Orientierung erhalten
- zeitweilige Krankheitseinsicht

Therapie: Neuroleptika, Abstinenz (!)

Alkoholischer Eifersuchtswahn (F 10.51)

Psychologisch meist verstehbare, durch die Impotenz des Alkoholikers und Ablehnung der Ehefrau/Partnerin bedingte seltene Wahnentwicklung; häufiger bei Männern

Symptome:
- groteske Beschuldigungen (z. B. wahnhaft interpretierte „Spermaflecken im Bettlaken!")
- keine Krankheitseinsicht

Therapie: Alkoholabstinenz und (danach) Partnertherapie

Alkoholisches Korsakow-Syndrom (Psychose) (F 10.6)

Vorkommen: häufig im Anschluß an Alkoholdelir, an Wernicke-Enzephalopathie oder chronisch-progredient auftretend; bei 3–5% der Alkoholiker; auch nach Monaten noch Besserung möglich, aber auch ungünstige, irreversible Verläufe

Symptome:
- Merkfähigkeitsstörungen ⎫
- Desorientiertheit   ⎬ *Symptomentrias*
- Konfabulationen   ⎭
- oft flach euphorische Stimmung
- Passivität
- Auffassungsstörungen
- Kurzzeitgedächtnis am stärksten betroffen, Immediatgedächtnis erhalten

Therapie: Versuch mit Vitamin-B-Komplex, insb. Vitamin B_1

Wernicke-Enzephalopathie (Polioencephalopathia haemorrhagica superior Wernicke) (G 31.2)

Lebensbedrohliches Syndrom, klinisch oft schwer von Korsakow-Psychose zu trennen, oft auch Übergang ins Korsakow-Syndrom. Letalität 10–20% trotz Therapie; neurologische Symptomatik nicht durchgehend nachweisbar, bei jedem Alkoholiker an Wernicke-Enzephalopathie denken!

Vorkommen: infolge Thiaminmangels bei Alkoholismus, aber auch bei Magenerkrankungen, Mangelernährung, schweren Infektionskrankheiten etc. Neuropathologisch: Blutungen und Gefäßläsionen im Thalamus, den Corpora mamillaria, der Gegend des Aquädukts und des 3. und 4. Ventrikels sowie im Zerebellum

Symptome:
- Auffassungs- und Gedächtnisstörungen
- Desorientiertheit
- Bewußtseinsstörungen (Delir), Vigilanzstörung
- Erregungszustände

neurologisch:
- Augenmuskellähmungen
- Pupillenstörungen (Miosis)
- horizontaler Blickrichtungsnystagmus
- zerebelläre Ataxie (Gangataxie)
- zentralvegetative Störungen (Hypersomnie)

Therapie: Vitamin B_1 (sofort hohe Dosen, dann 100 mg i. v./die) (keine Glukosegabe **vor** der Vitaminverabreichung; Gefahr der Laktatazidose!)

Weitere vorwiegend neurologische Erkrankungen

- alkoholische Kleinhirnatrophie
- Alkoholepilepsie: symptomatische, generalisierte Anfälle (oft im beginnenden Delir) oder durch Alkohol provozierte genuine Epilepsie
- Pachymeningeosis haemorrhagica interna (akute oder chronische subdurale Blutung)
- zentrale pontine Myelinolyse (schwerste neurologische Ausfälle; sehr hohe Mortalität)
- Marchiafava – Bignami-Syndrom: Degeneration des Corpus callosum mit Demenz, Sprachstörungen und Anfällen

Therapie des Alkoholismus

Allgemein gilt: möglichst Früherkennung in voralkoholischer und Prodromalphase, bereits Primär- und Sekundärprävention

Entzug und Entwöhnung sind 2 voneinander abgrenzbare Phasen
- *Entzug:* Körperlicher Entzug (I) mit Carbamazepin, evtl. Distraneurin® (10 Tage, maximal 2 Wochen – cave: Suchtgefahr! Anwendung nur stationär); ambulant Carbamazepin (keine Tranquilizer!). Clonidin unter klinischer Überwachung. Unmittelbar anschließend Motivations-(gruppen)behandlung (Entzug II) als Vorbereitung zur Entwöhnung; Dauer: 2–3 Wochen
- *Entwöhnung:* Ziel ist die Abstinenz! D. h. kein Schluck Alkohol, auch kein „alkoholfreies" Bier, keine Likörbonbons etc., keine mit Alkohol zubereiteten Soßen! *Cave:* auch Arzneimittel in alkoholischer Lösung! Kontrolliertes Trinken ist bei Abhängigen unmöglich! Bei Mißbrauch (schädlichem Trinken) kann evtl. kontrolliertes Trinken versucht werden. Entwöhnung meist zunächst stationär, dann ambulant

- *Psychotherapeutische (stationäre) Behandlung:* In der Regel intensive Gruppenbehandlung nach psychoanalytischen oder verhaltenstherapeutischen Prinzipien mit den Zielen: Erlernen von Frustrationstoleranz, Aufgabe der Ersatzbefriedigungsfunktion der Droge, Unterstützung von Autonomiebestrebungen, Festlegung einer genauen Zeitstruktur des Tages und der Woche; Dauer der Behandlung in Spezialkliniken etwa 3 Monate; Empfehlung der langfristigen Teilnahme an Selbsthilfegruppen (Guttempler, Blaukreuz, Anonyme Alkoholiker), später auch Einbeziehung von Angehörigen; „Al-Anon" Selbsthilfegruppe von Angehörigen Alkoholkranker
- *Medikamentöse Behandlung:* Noch im Stadium der Erprobung: Mittel zur Reduktion des Trinkverlangens (Anticraving), z. B. Acamprosat (Campral®; Campral® (Nebenwirkungen: Hauterscheinungen, gastrointestinale Symptome (Diarrhoe). – Demgegenüber: Prinzip der Alkoholmeidung durch „Angst" vor der Unverträglichkeitsreaktion durch Dauermedikation mit Disulfiram (Antabus®); nur bei motivierten Patienten als psychologische Unterstützung, unter ständiger ärztlicher Kontrolle (cave: bei Überdosierung Leberschädigung, Psychosegefahr, Krampfanfälle, deshalb: kein Trinkversuch; Dosierung 0,1 g/die)
- Problematisch: Fragen der Kostenübernahme. Krankenkassen bezahlen nur Entzug sowie Medikamente, sodann Rentenversicherungsträger (LVA; BfA) zuständig

Prognose

Abhängig von Ausgangspopulation. Behandlungserfolg mit Dauerabstinenz bei ca. 30–60%, aber starke Selektion: von den alkoholismusbedingten Aufnahmen kommt es nach dem körperlichen Entzug nur bei etwa 10% zu stationärer Kurztherapie, bei einem noch geringeren Anteil zu langfristiger Entwöhnung

Unbehandelt beträchtliche Verkürzung der Lebenserwartung, hohe Suizidrate

Rezidivgefährdung besteht lebenslang, Rückfallrisiko in den ersten Wochen, aber auch im ganzen 1. Jahr am höchsten

5.2.2. Drogenabhängigkeit

Opioide (Morphintyp) (F 11)

- *Opium* (getrockneter Saft des Schlafmohns): seit Jahrtausenden in Verwendung; schmerzstillend, euphorisierend, hypnogen
- *Morphinum hydrochloricum* (Morphium): ein Alkaloid des Opiums
- *Synthetische Suchtmittel* (austauschbar, Kreuztoleranz): Diacetylmorphin (Heroin), Hydromorphon (Dilaudid®), Hydrocodon (Dicodid®), Oxicodon (Eukodal®), Codein (in Hustenmitteln), Dihydrocodein (Paracodin®, Tiamon®), Pethidin (Dolantin®), Methadon (Polamidon®), Dextromoramid (Jetrium®), Tilidin (Valoron®), Pentazocin (Fortral®), Buprenorphin (Temgesic®) etc., Tramadol (Tramal®)

Symptome/Wirkungen:

- *kurz nach der Einnahme:*
  Stimulation, Euphorisierung, Sistieren von Mißbefinden, Reaktionsverlangsamung, Rückzug auf das innere Erleben, Abkapselung, Analgesie
- *oft bereits nach wenigen Tagen:*
  Gewöhnung mit Toleranzsteigerung/Dosissteigerung und Abhängigkeit mit chronischer Intoxikation:
  - Tonuserhöhung des Parasympathicus: Bradykardie, Blutdruckabfall, Müdigkeit, Miosis, Inappetenz, Gewichtsverlust, Obstipation, Impotenz, Frösteln, Zittern
  - fahle Haut (Injektionsstellen! Abszesse! Thrombophlebitiden!)
  - Haarausfall
  - Stimmungslabilität, Leistungsabfall

- soziale Depravation (Wesensänderung mit Verfall von sittlichen und moralischen Werten und Normen)
- Beschaffungskriminalität, Prostitution, Erschleichen von Kleinkrediten etc.
• *Intoxikation:* Enthemmung, Apathie, Ataxie, undeutliche Sprache, Miosis (Ausnahme: Mydriasis bei Anoxie nach schwerer Überdosierung), Vigilanzstörung

Diagnostische Hilfsmittel:
- Trunkenheit ohne Alkohol!
- vegetative Stigmata: gerötete Augen, trockener Mund, Herzklopfen, Durst, enge Pupillen
- Einstiche (Hautläsionen)
- psychische Auffälligkeit (moros-gereizt-vernachlässigt)

Entzugserscheinungen (sympathikotone Reaktion):
- weite Pupillen (Mydriasis)
- Schwitzen, Tränenfluß, Nasenlaufen
- Zittern, Gliederschmerzen, Muskelkrämpfe (Krampfanfälle)
- Tachykardie, Anstieg von Blutdruck und Temperatur
- Übelkeit, Erbrechen, Durchfälle
- Schlaflosigkeit
- psychisch erregt, verzweifelt, Angstzustände
- Drogenhunger (craving)
- symptomatische Psychosen (selten)
- neonatales Abstinenzsyndrom bei Neugeborenen opiatabhängiger Mütter

Schwere des Entzugs entsprechend der Schwere der Abhängigkeit und Konzentration des Mittels (Reinheitsgrad). Dauer 2 Wochen und länger, Maximum nach 1–2 Tagen

Provokation von Entzugssyndromen durch Morphinantagonisten (Daptazile, Lorfan, Nalorphin, Naloxon)

Komplikationen: Intoxikation (als psychogene Fehlreaktion, als Suizidversuch, als Überdosierung aus Unwissenheit), Spritzeninfektion mit Hepatitis-B oder HIV

Therapie:
- *akute Morphiumvergiftung* mit Bewußtlosigkeit und Atemdepression: keine Magenspülung, keine Flüssigkeit! Atemwege freihalten. Morphinantagonisten Naloxon (Narcanti®) i. v. 0,2 mg bis Wirkungseintritt. Bei Verwendung Beachtung möglicher Suchtpotenz! Ferner Gabe von Tierkohle und Natriumsulfat

- *im Entzug:* niedrigpotente Neuroleptika; Antidepressiva z. B. Doxepin (Aponal®); Clonidin (Paracepan®) 0,6–1,8 mg/die (internistische Überwachung!)
- *zur Entwöhnung:* möglichst drogenfreie Entwöhnung in Behandlungsketten mehrerer Einrichtungen im Verbund mit Psycho- und Soziotherapie; Langzeitbehandlung erforderlich. Methadon-Ersatzbehandlung von Entzugserscheinungen der Opiatabhängigen; zwar Gefahr der Suchtstabilisierung sowie der Weitergabe des Ersatzpräparates; aber: z. B. bei HIV-Infizierten Verringerung des Infektionsrisikos! Überbrückungsbehandlung! Entkriminalisierung! Zunehmend häufigere Anwendung! – Plasmahalbwertzeit von L-Methadon länger als Morphin

Cannabis, Marihuana (F 12)

Aktive Substanz: Tetrahydrocannabinol (THC). Haschisch kann wie z. B. Alkohol „Einstiegsdroge" sein, aber nur in einem Teil der Fälle; wesentlich geringere Gefährlichkeit als Opioide; geringere Suchtpotenz! In Europa kulturfremd, in anderen Kulturen ähnliche Funktion wie hier Alkohol

Symptome/Wirkungen:
- gehobene Stimmung, euphorisch, albern, friedlich
- Wahrnehmungsstörungen (Farbwahrnehmung intensiver etc., illusionäre Verkennungen)
- Veränderung der Realität, Gefühl der Irrealität, Denkstörungen, Verschiebung der Zeit-/Raumdimension
bei Intoxikation:
- paranoide Gedanken
- optische (Pseudo)Halluzinationen (Formen und Farben)
- vegetative Störungen (Schwindel, Tränenfluß, Schwitzen, Erbrechen, Übelkeit, Tachykardie, Pupillenerweiterung)
- Horrortrip mit Angst (sehr selten!)
Nachhallzustände (Echophänomene, flashback):
- nach Tagen bis Wochen Wiederkehr der Cannabiserlebnisse ohne erneute Einnahme
Haschischpsychosen (selten):
- andauernde Intoxikationswirkung über Tage und Wochen (bei Anhalten: Differentialdiagnose Schizophrenie)
Wesensänderung bei chronischer Einnahme:
- adynames Syndrom mit Apathie, Rückzug, evtl. Verwahrlosung

Therapie: Neuroleptika

Halluzinogene (Phantastika, Dysleptika) (F 16)

LSD (Lysergsäurediäthylamid), Psilocybin, Meskalin.
Wirkung ähnlich wie Haschisch, jedoch massivere Intoxikationspsychosen. Keine körperliche Abhängigkeit. LSD (Albert Hoffmann 1942) wurde auch für psychedelische Behandlung verwendet: Erzeugung von Modellpsychosen, die Seele offenlegend (dälos griech. = offenbar). Phencyclidin (Angel Dust, Crystal) sehr riskantes synthetisches Halluzinogen (Aggressioner., Selbstbeschädigung)

Symptome/Wirkungen:
- vegetative Symptome
- illusionäre Verkennungen, (Pseudo)Halluzinationen, vor allem Formen und Farben, Depersonalisation/Derealisation
- im Horrortrip (Angstreise): Angst, Panik, Erregung, produktive psychotische Symptome, Realitätsverlust; mögliche Selbst- oder Fremdgefährdung

Therapie:
- *im Horrortrip:* Diazepam, dämpfende Neuroleptika, ruhiges Gespräch
- *bei prolongiertem Verlauf von LSD-Psychosen:* Neuroleptika. Vor allem bei schizophreniformen Bildern und längerem Verlauf u. U. differentialdiagnostische Schwierigkeiten; gelegentlich späterer Übergang in Schizophrenie; bei Komplikationen (Krampfanfälle, Atemdepression) nach Phencyclidin: Physostigmin
- *bei Nachhallzuständen:* Schwerpunkt auf psychotherapeutischem Gespräch

Kokain (F 14)

Im Jargon: C, Koks, Crack, Charley, Schnee oder White stuff. Anbau des Kokastrauches in Südamerika. Indianer in den Anden kauen Kokablätter gegen Ermüdung;
Bereits um die Jahrhundertwende und gegenwärtig wieder Suchtmittel: Schnupfen (Nasenscheidewandulzera!), Injizieren, Rauchen des Kokainpulvers. Keine Toleranzsteigerung, fehlender körperlicher Entzug, nur psychische Abhängigkeit, prolongierter Entzug möglich mit Müdigkeit, Unruhe, Angst, Traurigkeit

Symptome/Wirkungen:
- maniforme Erregung, Rededrang, sexuelle Enthemmung, euphorische (oder ängstliche) Verstimmung (Kokainschwips)

- anschließend Apathie, Depression
- Sympathikusreaktion

Kokainpsychosen:
- Delir mit euphorisch/ängstlicher Verstimmung
- „Kokainwahnsinn": fahrige Betriebsamkeit, Angst, (Verfolgungs-)Wahn und Halluzinationen
- möglicher Ausgang: Wesensänderung (organisches Psychosyndrom); Impotenz; Dermatozoenwahn; sonstige chronische Psychosen

Therapie:
- *bei Intoxikation:* Diazepam, Neuroleptika
- *bei Blutdrucksteigerung:* Betablocker

Khat (F 19)

Ähnlich wie Kokain; in Ostafrika und Jemen als Stimulans verwendet; nur frische Blätter wirksam

Stimulanzien (Psychotonika) (F 15)

Weckamine, Amphetamine („speed"): Methamphetamin (Pervitin®), Methylphenidat (Ritalin®), Amfetaminil (AN 1®), Pemolin (Tradon®), Fenetyllin (Captagon®), Ephedrin (Ephedrin Knoll®)

Zunehmende Bedeutung in der Technoszene MDMA (3,4-Methylendioxymetamphetamin, Ecstasy). Weitverbreitet, insb. als Appetitzügler, z. T. rezeptfrei; in der Kinderpsychiatrie bei hyperkinetischem Syndrom. Ferner bei Narkolepsie

Symptome/Wirkungen:
- sympathikomimetische und zentralstimulierende Wirkung
- psychische, keine körperliche Abhängigkeit, rasche Gewöhnung, Dosissteigerung; wenig körperliche Entzugssymptome
- geringeres Schlafbedürfnis
- Antriebssteigerung, Anregung
- Enthemmung

im (prolongierten) Entzug:
- Müdigkeit, Abgeschlagenheit, Verstimmung, Angst

Komplikationen:
- akute paranoid-halluzinatorische Psychosen: Angst, Verfolgungswahn, haptische Halluzinationen (Mikrohalluzinationen, ähnlich wie bei Kokainpsychosen)

- Schlafstörungen (REM-Deprivation): als Folge abends Hypnotika, morgens Stimulanzien
- bei Mißbrauch von MDMA z. B. in Discos Flüssigkeitsverlust, Kreislaufversagen (Todesfälle!)

Therapie: bei Psychosen hochpotente Neuroleptika, bei Schlafstörungen niedrigpotente Neuroleptika

Schnüffelstoffe (F 18.0)

Einatmung von Lösungs- und Reinigungsmitteln (Äther, Chloroform, Aceton, Pattexverdünner etc.), auch Holzleim.

Führt zu Intoxikationen mit Rauschzustand und Euphorie: u. U. Ataxie, verwaschene Sprache, Tremor, Bewußtseinsstörungen, Apathie, Aggressivität, Verwirrtheit.

Ebenso wie bei Halluzinogenen zwar Mißbrauch, aber keine Abhängigkeit – somit kein Entzugssyndrom. Bei chronischem Mißbrauch irreversible zerebrale Schäden.

Barbiturate (F 13)

Symptome/Wirkung:
- Intoxikations- und Entzugssyndrome ähnlich wie bei Alkoholabhängigkeit: Barbiturat-Alkoholtyp, Kreuztoleranz zwischen Alkohol, Barbituraten, Benzodiazepinen
- sedierend, euphorisierend, anästhetisch
  Chronische Intoxikationen:
- körperliche Symptome: Abmagerung, Tremor, Dysarthrie, Ataxie, Nystagmus, fehlende Bauchhautreflexe
- psychische Symptome: Euphorie, Dysphorie, Verlangsamung, Abstumpfung, Wesensänderung, Gedächtnisstörungen
- Entzugserscheinungen (prolongiert: Wochen bis Monate): Unruhe, Tremor, Erbrechen, Delir, Halluzinosen, Anfälle

Therapie: meistens fraktionierter Entzug wegen Gefahr von Anfällen und Delir; u. U. auch abrupter Entzug unter antiepileptischer Medikation möglich; evtl. in der Klinik wenige Tage Gabe von Distraneurin® (erhöht Krampfschwelle!)

Tranquilizer (Benzodiazepine) (F 13)

Symptome/Wirkungen: anxiolytische, sedierende und euphorisierende Wirkung; während der Einnahme Störungen des Schlafrhythmus. Psychische, körperliche Abhängigkeit häufiger, als früher vermutet! Während längerfristiger Einnahme u. U. Dysphorie, Muskelschwäche, Mundtrockenheit, mnestische Störungen

Nicht in jedem Fall Dosissteigerung: Niedrig-Dosis-Abhängigkeit (Low-dose-dependency); Wirkungsverlust besonders bei Tranquilizern mit kurzer Halbwertzeit! Verschreibung als Schlafmittel nur kurze Zeit (längstens 3 Wochen! Iatrogene Abhängigkeit!).

Oft (psychologische) Schwierigkeiten beim Absetzen; bei Auftreten körperlicher Entzugserscheinungen u. U. fraktionierter Entzug!

Schlaflosigkeit als Rebound-Effekt.

Symptome im Entzug:
- Angstzustände, depressive Verstimmung, Suizidimpulse
- Zittern, motorische Unruhe
- Schlafstörungen
- selten Delir und Anfälle
- öfter prolongierte Entzüge über viele Wochen!

Therapie: *im Entzug:* Carbamazepin: ambulant fraktionierter, klinisch auch abrupter Entzug; u. U. Gabe von niedrigpotenten Neuroleptika

Analgetika (F 55.2)

Häufig Dosissteigerung wegen Wirkungslosigkeit der Analgetika bei längerem Gebrauch; Steigerung der Schmerzen unter Analgetikamißbrauch, z. B. Kopfschmerzen unter Phenacetin, Paracetamol oder Dihydroergotamintartrat, Auftreten von Nierenschäden, Anämie etc.

Symptome: *im Entzug:* Kopfschmerzen, Unruhe, Angstzustände, Depression

Therapie: u. U. Antidepressiva

Nikotinabhängigkeit (F 17.2)

Mißbrauch und Abhängigkeit von großer volkswirtschaftlicher Bedeutung; Folgeerkrankungen überwiegend somatisch. Entzugssyndrom: Angst, Reizbarkeit, Insomnie, Appetitsteigerung, Verlangen nach Tabak

Therapie: Entwöhnung mit Verhaltenstherapie; Kombination mit Nikotinpflaster (transdermale Nikotinsubstitution)

Fallbeispiele

 Fallbeispiel 5.1

Der 52jährige Patient, Herr P., wurde vom Hausarzt ins Psychiatrische Krankenhaus eingewiesen, nachdem er während eines „Absetzversuches" zunehmend delirant geworden war.

Herr P. war bei der Aufnahme zu Zeit und Raum nicht, zur Person mangelhaft orientiert. Es fielen deutliche Merkfähigkeits- und Konzentrationsstörungen auf. Der Patient war hochgradig suggestibel und las von einem leeren Blatt Sätze ab. Er berichtete über optische Halluzinationen, so über weiße Hunde und Elefanten. Er wirkte deutlich schreckhaft. Es bestanden vegetative Entzugszeichen mit Tremor und Schweißigkeit.

Internistisch: Bei Aufnahme Blutdruck RR 180/90, Pulsfrequenz 120/min.
Neurologisch: Ataktischer Gang; Sensibilitätsstörungen und Schmerzen in den Beinen mit Ausfall der Beineigenreflexe im Sinne einer Polyneuropathie.
Laborbefunde: Erniedrigung des Kaliums auf 3,22 mmol/l (normal: 3,7–5,4); erhöhte Werte: GOT auf 44 U/l (normal: < 18), Gamma-GT auf 53 U/l (normal:< 24).

Zur Vorgeschichte erfuhren wir, daß Herr P. früher als Hilfsarbeiter im Baugewerbe tätig war; vor 1 Jahr wurde er frühberentet. Herr P. ist geschieden, lebt jetzt alleine, hat keinen Kontakt mehr zu seinen 3 erwachsenen Kindern.

Der Alkoholismus soll seit 15–20 Jahren bestehen. Mehrfach war Herr P. zu Entzugsbehandlungen in psychiatrischen Krankenhäusern, wo es zweimal zum Delir, begleitet von symptomatischen Krampfanfällen kam. Vor 4 Jahren nahm Herr P. an einer halbjährigen Entwöhnungsbehandlung teil, er wurde jedoch bald wieder rückfällig. In den Wochen vor der Aufnahme trank er täglich mehrere Liter Bier und bis zu $1/2$ l Korn pro Tag, aß in letzter Zeit fast nicht mehr, „ernährte mich von Alkohol". Unter hochdosierter oraler Distraneurin®-Behandlung klang das Delir bereits nach 1 Tag ab. Nach Abschluß des Entzuges erklärte sich Herr P. dazu bereit, an der von uns angebotenen stationären Motivationsgruppe teilzunehmen.

 Delir bei chronischem Alkoholismus (F 10.40)

 Fallbeispiel 5.2

Der 25jährige ledige Kellner wurde in die Psychiatrische Klinik mit einem Alkoholdelir eingewiesen. Er hatte am frühen Morgen zu Hause 2 große Anfälle erlitten, so daß er von den Angehörigen gebracht wurde. Bei der Aufnahmeuntersuchung war er wach, verlangsamt, desorientiert; er halluzinierte und nestelte. Fingertremor und Schweißigkeit, Zungenbißwunde, mehrere Hämatome an Rücken und Extremitäten. RR 165/60, Systolikum über allen Ostien. Leber handbreit vergrößert, derb, druckschmerzhaft. Mehrere markstückgroße Ulzera am linken Unterschenkel. Labor: Erhöhung der Transaminasen, Gamma-GT 299 U/l.

Wegen Adams-Stokes-Anfällen wurde der Patient auf die Intensivstation verlegt; AV-Block III. Grades; einige Tage später erfolgte die Implantation eines Herzschrittmachers, der wegen eines angeborenen Septumdefektes seit langer Zeit geplant war.

Auch nach der Schrittmacherimplantation war der Patient nicht bereit, eine längerdauernde Entwöhnungsbehandlung mitzumachen, sondern ließ sich vorzeitig entlassen. Er begann wieder, Alkohol zu trinken, und wurde noch einmal kurzfristig in die Psychiatrische Klinik aufgenommen. Trotz der immer wieder auftretenden symptomatischen Krampfanfälle war Herr R. nicht in der Lage, sein Leben umzustellen, und nicht motiviert, an einer Behandlung mitzuwirken, sondern verhielt sich bezüglich seiner schwierigen Situation uneinsichtig.

Delir bei chronischem Alkoholismus mit Krampfanfällen (F 10.41)

 Fallbeispiel 5.3

Der 57jährige Patient, Herr L., hatte von sich aus in den frühen Morgenstunden die Polizei benachrichtigt mit der Bitte, ihn ins Krankenhaus zu bringen. Die Nacht vor der Aufnahme hatte Herr L. in großer Angst zu Hause verbracht, da er sich von Nachbarn sowie auch besonders von seiner Cousine bedroht fühlte; man könne ihn über Funkverbindungen ausmachen und Zwiegespräche über ihn führen. Die Stimmen bezeichnen ihn als Mörder, Zuhälter und Säufer. Zeitweise habe er auch die Stimme seiner Cousine gehört, die in Kanada wohne; sie habe ihm über drahtlosen Sprechverkehr Vorwürfe gemacht, daß er schon wieder schlafe. In dieser Nacht habe er sie in seine Wohnung, seinen Keller und Garten eindringen sehen und ihre Stimme gehört, was den akuten Anlaß zu seiner Angst darstellte.

Der seit 9 Jahren geschiedene Patient ist von Beruf Elektrotechniker und wurde vor 6 Jahren nach einem Herzinfarkt berentet. Er lebt allein in seinem Haus und versorgt sich selbst. Zu seinen 4 Söhnen besteht so gut wie kein Kontakt.

Der Alkoholismus besteht seit der Militärzeit während des Zweiten Weltkrieges bei der Marine. Stationäre psychiatrische Behandlungen wurden vor 3 Jahren 5 Monate lang, vor 1 Jahr mehr als 2 Monate lang durchgeführt. Nur kurzzeitig blieb Herr L. anschließend trocken.

Die Alkoholhalluzinose besteht seit 3 Monaten. Sie war einer ambulanten nervenärztlichen Behandlung nicht zugänglich, da er immer wieder trank und die Medikamente nur unregelmäßig einnahm.

In den letzten Monaten vor der Aufnahme habe er immer mehr Gewißheit über die Herkunft der Stimmen erlangt, die ihn im Tagesverlauf verfolgen, bedrohen und nach seinem Leben trachten. Er sei sich sicher, daß sie ihren Ursprung in Kanada hätten. Zusätzlich habe er eine Überwachung durch Strahlen gespürt. Alles habe bei ihm solche Angst ausgelöst, daß er vermehrt, in den letzten Wochen bis zu ¹/₂ Flasche Schnaps pro Tag, getrunken habe.

Bei der Aufnahme war der freundliche, zugewandte und lebhafte Patient voll orientiert. Veränderungen der Bewußtseinslage und formale Denkstörungen waren nicht zu beobachten. Während des stationären Aufenthaltes berichtete er anfänglich über akustische Halluzinationen im Bereich der Station, während der Untersuchung richtete er sich einmal entschieden an seine Stimmen: „Ruhe, ich spreche jetzt mit dem Doktor!"

Während des stationären Aufenthaltes wurde Herr B. mit Haldol® behandelt. Bei 2maliger Übernachtung zu Hause traten die Halluzinationen zwar nicht auf, er konnte sich jedoch trotz der Besserung zunächst noch nicht von seinem Wahn distanzieren, denn er meinte, seine Verfolger hätten nur eine Funkpause eingelegt. Den Zusammenhang zwischen seinem jahrelangen Trinken und den akustischen Halluzinationen begann er erst zum Entlassungszeitpunkt langsam zu realisieren. Entlassungsempfehlung: Neuroleptische Weiterbehandlung und Alkoholabstinenz.

 Alkoholhalluzinose (F10.52)

 Fallbeispiel 5.4

Die 42jährige Patientin, Frau H., wird von ihrem Verlobten wegen Angst- und Unruhezuständen in die stationäre Behandlung gebracht.

Sie berichtet, daß sie sich von allen Seiten beobachtet fühle, zu niemandem mehr Vertrauen habe, drohende Stimmen höre, daß sie und ihre Kinder umgebracht werden sollten. Die ganze Familie könnte an einem Komplott gegen sie beteiligt sein. Alles sei „so komisch" geworden, alle Menschen seien „hinter ihr her".

Sie habe Angst um ihr Leben und müsse wohl bald sterben. Es verwirre sie, daß die Stimmen ihr sagten, sie sei Erbin des großen Industriewerkes, in dem sie arbeite. Das alles sei ihr unheimlich.

Bei der Untersuchung ist Frau H. bewußtseinsklar, voll orientiert, dabei erregt, ängstlich, spricht ununterbrochen über ihre Befürchtungen, verfolgt und umgebracht zu werden. Sie berichtet über akustische Halluzinationen, Wahnideen, Wahnwahrnehmungen und körperliche Beeinflussungsstörungen.

Frau H. hat 1 Sohn von 17 Jahren und 1 Tochter von 16 Jahren und ist geschieden. Gegenwärtig ist Frau H. verlobt; diese Partnerschaft bringe viele Probleme mit sich, denn ihr Partner trinke gelegentlich größere Mengen Alkohol und zeige dann ein sehr temperamentvoll-aggressives und uneinsichtiges Verhalten.

Zur unmittelbaren Vorgeschichte erfahren wir von Frau H., daß sie, (wie so viele andere ihrer Kolleginnen, die von wachmachender Wirkung berichten) um leistungsfähiger zu sein, gerade auch bei ihrer großen Belastung zu Hause, seit 3 Monaten täglich 6–8 Tabletten Recatol® (Appetitzügler mit stimulierender Wirkung) genommen habe. Diese Menge habe sie allmählich noch gesteigert.

Unter Behandlung mit Haldol® kam es in der Klinik rasch zu einem Rückgang der Symptomatik. Nach wenigen Tagen konnte Frau H. in gutem Zustand entlassen werden.

Symptomatische Psychose nach Appetitzüglerabusus (F 15.50)

Fallbeispiel 5.5

Der 25jährige ledige Patient, Herr Z., war bereits mehrfach stationär in unserer Klinik aufgenommen, jetzt kam er von sich aus auf die Station, ohne jedoch seinen Aufnahmewunsch begründen zu können.

Herr Z. ist Sinti. Besuch der Sonderschule, keine Lehre, statt dessen habe er verschiedene Jobs gemacht, nie längere Berufstätigkeit. Die Mutter ist Hausfrau; Herr Z. hat 3 Brüder. Er habe bis vor einem Jahr bei seiner Mutter gewohnt, damals sei sie mit ihrem zweiten Mann, dem Stiefvater, aus der Stadt in einen Vorort umgezogen und habe ihn nicht mitnehmen wollen; seither habe er versucht, alleine zu leben, fühle sich aber nicht wohl.

Bei Herrn Z. besteht seit dem 15. Lebensjahr ein polyvalenter Abusus. Einnahme von Haschisch, LSD und Opiaten, hinzu kommt ein beträchtlicher Alkoholabusus. Unter Drogeneinnahme auch Selbstverstümmelung. Seit 7 Jahren immer wieder längere und kürzere Aufenthalte im psychiatrischen Krankenhaus wegen paranoid-halluzinatorischer Syndrome. Seit einigen Jahren wurde die Diagnose einer Schizophrenie gestellt. Nur gelegentlich akzeptierte Herr Z. Medikamente der Nervenärzte. Drogen nahm er, soweit er sie bekommen konnte. – Ein Versuch, in einer therapeutischen Wohngemeinschaft zu leben, scheiterte an den Anpassungsschwierigkeiten des Patienten, dessen Verhalten zunehmend bizarr und für die Umwelt immer belastender wurde.

Nachdem das Gesundheitsamt eine Zwangseinweisung verweigert hatte, stellte die Mutter 3 Monate vor der jetzigen Aufnahme in unsere Klinik den Antrag auf Betreuung.

Bei der jetzigen Aufnahme reagierte er zunächst nicht auf Ansprache, äußerte gelegentlich Satzfetzen, die aber unverständlich blieben. Er lief in einer bunten Karnevalsuniformjacke hin und her, prüfte mit ritualisiert wirkenden Handbewegungen zahlreiche Gegenstände, murmelte etwas vor sich hin und lehnte jegliche körperliche Untersuchung ab.

Nur sehr langsam konnte Herr Z. aus seiner Phantasiewelt heraustreten. Ein erstes Gespräch war schließlich nach 10 Tagen möglich. Er konnte dann Gedanken über seine Krankheit formulieren. So leide er unter dem Gefühl, keine „Milch zu haben", etwas versäumt zu haben beim Tod verschiedener Angehöriger, von denen er jetzt negativ beeinflußt werde. Zu diesen Personen müsse er Kontakt aufnehmen. Er kämpfe damit, nichts Böses zu tun. So mußte er viele Rituale entwickeln, beispielsweise „pusten" oder Reinigungsgesten ausführen. Oft meint er, er müsse gewisse Körperteile abtrennen oder einschneiden, dann werde das alles aufhören. Über den Inhalt seiner Stimmen wollte er nicht sprechen, er berichtete aber, daß er verstorbene Verwandte gesehen habe, für ihn eine Aufforderung, sich zu überlegen, auf welche Weise er wieder etwas richtigstellen könne.

Unter Behandlung mit Haldol® und Atosil® besserte sich die starke Denkzerfahrenheit im Verlauf von etwa 2 Monaten. Langsam nahm er Kontakt zu den Mitpatienten auf. Leider blieb Herr Z. recht sprunghaft in seinen Plänen, so daß die Erarbeitung von Zukunftsperspektiven nicht durchführbar war.

Nach einigen Wochen entwich der Patient aus stationärer Behandlung, kehrte einige Tage später wieder zurück, um dann allerdings wiederum nach einigen Tagen nicht mehr vom Stadtausgang zurückzukommen.

Polyvalente Drogenabhängigkeit (F 19.24)
Paranoid-halluzinatorische Schizophrenie (F 20.0)

 Fallbeispiel 5.6

Der 22jährige Patient, Herr R., wurde in alkoholisiertem Zustand nach Schnitten am linken Handgelenk stationär aufgenommen. Er war von sich aus zur Polizei gegangen und hatte sich in die Chirurgische Ambulanz bringen lassen. Die suizidale Handlung war durch den Verlust von 600,- DM beim Spielen ausgelöst worden.

Herr R. stammt aus Berlin. Seine Eltern ließen sich scheiden, als er 7 Jahre alt war. Er ist der 2. von 3 Brüdern. Wie seine Brüder ist er größtenteils, vom 6.–8. Lebensjahr im Heim aufgewachsen. Ohne Hauptschulabschluß begann er eine Malerlehre, die er nach kurzer Zeit abbrach. Danach besuchte er eine Abendschule bis zum Hauptschulabschluß. Er hat nur gelegentlich in unterschiedlichen Jobs gearbeitet. Im letzten $1/2$ Jahr war er in einem Kaufhaus als Aushilfsarbeiter tätig. Herr R. hat gegenwärtig keine feste Partnerin, bereits mit 15 Jahren wurde er nach einer flüchtigen Bekanntschaft Vater.

Seit dem 9. Lebensjahr Nikotinabusus, seit dem 12. Lebensjahr Alkoholabusus, vom 15.–17. Lebensjahr trocken. Damals habe er auch häufig Haschisch geraucht. Einmal habe er auch Heroin gespritzt. Seit 2 Jahren nehme er keine Drogen mehr. Gelegentlich nehme er Demetrin® zur Beruhigung. Raucht 1–2 Schachteln Zigaretten pro Tag. Trinkt täglich 2–3 Gläser Bier, es komme aber immer wieder auch zu Alkoholexzessen. – Seit der Bundeswehrzeit vor 2 Jahren habe er oft an Automaten gespielt, nach großen Verlusten auch schon manchmal Selbstmordgedanken gehabt.

Bei der Aufnahme war der Patient deutlich alkoholisiert, er war wach und voll orientiert; wechselndes Kontaktverhalten, zeitweilig ablehnend, zeitweilig depressiv verstimmt und suizidal.

Er erschien affektiv inadäquat, fühlte sich besonders dadurch belastet, daß er seiner Mutter immer wieder Geld entwendet hatte, das er für das Spiel mit den Automaten verbrauchte.

Wenn er spiele, könne er nicht mehr aufhören, immer wieder sei er von der Hoffnung gebannt, mehr zu gewinnen, doch noch Glück zu haben. Er spreche geradezu innerlich mit dem jeweiligen Automaten, schüttele ihn, kose ihn und strafe ihn. Vielleicht habe der Automat doch etwas mit Ersatz für eine Freundin zu tun; er habe seit einem Jahr keine feste Freundin mehr.

Während des stationären Aufenthaltes nahm Herr R. an einer Motivationsgruppe für Abhängige teil. Bereits von der Klinik aus besuchte er Treffen der Anonymen Spieler, die er auch weiterhin aufzusuchen gedenkt.

Polyvalenter Mißbrauch und Spielsucht (F 19.24; F 63.0)

6 Schizophrene Psychosen

6.1 Allgemeiner Teil

6.1.1 Definition

Schizophrenien sind psychische Erkrankungen aus der Gruppe der sogenannten endogenen Psychosen; sie sind durch psychopathologisch beschreibbare Auffälligkeiten des Denkens, der Wahrnehmung und der Affektivität gekennzeichnet und können in unterschiedlichen syndromatischen Erscheinungsformen auftreten; sie betreffen somit die gesamte Persönlichkeit. Die Verursachung der schizophrenen Psychosen ist bisher ungeklärt; wahrscheinlich wirken zahlreiche ursächliche und auslösende Faktoren zusammen.

6.1.2 Historisches

Bereits im Altertum Beschreibung dessen, was heute „Schizophrenie" genannt wird; im 19. Jahrhundert „Démence précoce" (Benedict Augustine Morel 1856); „Katatonie" (Kahlbaum 1868); „Hebephrenie" (Hecker 1870); klassische Bescheibung durch Kraepelin mit Gegenüberstellung von „Dementia praecox" und „manisch-depressivem Irresein" (Emil Kraepelin 1896); Einführung des Begriffs „Schizophrenie" (Spaltungsirresein) mit Denk-, Affekt- und Ich-Störungen, Autismus und Ambivalenz als Grundsymptomen (Eugen Bleuler 1911); nach 1945 durch Kurt Schneider wesentliche Beiträge zur Psychopathologie und besonders zum Wahn (Symptome 1. und 2. Ranges)

6.2 Epidemiologie

- Jahresinzidenz 0,03–0,06% der Bevölkerung; Punktprävalenz 0,3–0,5%, Lebenszeitrisiko 1–(2)% der Bevölkerung
- häufigstes Auftreten zwischen dem 20. und 40. Lebensjahr, Häufigkeitsgipfel bei Männern: 15.–24. Lebensjahr, bei Frauen: 25.–34. Lebens-

jahr (Auftreten im Kindesalter bei ca. 2% der Fälle, Auftreten nach dem 40. Lebensjahr bei ca. 20% der Fälle als sog. „Spätschizophrenie")
- Frauen etwas häufiger betroffen als Männer; sie erkranken durchschnittlich später als Männer (östrogene als protektiver Faktor diskutiert)
- Häufigkeit schizophrener Psychosen in den Familien von schizophren Erkrankten: Eltern 5–15%, Geschwister 8–15%, Kinder 10–20% (bei schizophrenem Partner 50%), Enkel 3% (bei Verwandten 1. Grades ca. 10% Belastung, dagegen Allgemeinbevölkerung: ca. 1%!)
- Transkulturell: vergleichbare Häufigkeit in allen Teilen der Welt

6.3 Ätiologie

Polyätiologischer Ansatz, d.h. nicht *ein* ursächlicher Faktor. Unterscheidung zwischen Verursachung und Anlaß bzw. Auslösung der Erkrankung! Erhöhte Vulnerabilität für die Erkrankung u. U. auch durch unspezifische z. B. entwicklungspsychologische/familiendynamische Faktoren!

Biologische Faktoren

- *Erbliche Komponente:* genetische Disposition, eher Polygenie und schwache Penetranz (vgl. die Ergebnisse der Adoptionsstudien an Zwillingen mit schizophrener Familienbelastung: keine Unterschiede zwischen getrennt und gemeinsam aufgewachsenen Zwillingen); Konkordanz bei Zwillingen: zweieiig 10–15%, eineiig 25–85%, d. h. bei eineiigen 3–6 mal größer
- *Morphologische Befunde:* abnorme Befunde im CCT und MRT: erweiterte Seitenventrikel und 3. Ventrikel sowie frontale Atrophie und Substanzminderung im limbischen System (vorwiegend bei Langzeitpatienten in psychiatrischen Krankenhäusern). Relativ häufig prä-/perinatale Hirnschädigungen mit Teilleistungsschwächen
- *Neuroopthalmologischer Befund:* Störungen der langsamen Augenfolgebewegungen bei etwa 50% der Schizophrenen und Angehörigen 1. Grades gegenüber 6 % in der Normalbevölkerung (phänotypischer Schizophreniemarker?)
- *Biochemische Befunde:* entsprechend der Dopaminhypothese erhöhte Dopaminkonzentration an zentralen Synapsen (postsynaptische Rezeptorblockade durch antidopaminerg wirkende Neuroleptika); Erhöhung der Serotonin-Aktivität im limbischen System; Dysregulation mehrerer Transmittersysteme

Psychogene Faktoren

- *Ich-Entwicklungsdefizit,* Ich-Schwäche, Trennungs- und Individuationsprobleme in den ersten Lebensjahren, Persistieren der Mutter-Kind-Symbiose, „broken home"
- *Inkonsequente Erziehung,* Kommunikationsstörungen, Pseudomutualität. Überprotektion und Entwertung
- *„double bind":* gestörte Metakommunikation, Diskordanz zwischen geäußerter Mitteilung und gegenseitiger verdeckter Botschaft
- *Rollenprobleme*: Kind als Ersatzpartner; elterliches Schisma

Sonstige Faktoren

- *Jahreszeitliche Schwankungen:* auf der Nordhalbkugel sind mehr Kranke in den Wintermonaten (Januar – März) geboren, auf der Südhalbkugel mehr in den Sommermonaten (Juli – September)
- *Einfluß der Sozialschicht:* eher gering, Drifttheorie vs. soziale Kausalitätshypothese: krankheitsbedingter sozialer Abstieg vs. schicht- bzw. milieubedingte Krankheitsentstehung

Prämorbide Persönlichkeit

Zum Beispiel asthenisch-schizoider Typus mit Distanz, Reserviertheit, geringem emotionalen Kontakt, hoher Sensibilität und Verdrängung von Emotionen

Auslösend sind oft belastende und entlastende (!) Lebensereignisse („life events") verschiedener Art: Todesfälle, Verlust- und Trennungssituationen, sexuelle Begegnungen, Prüfungen etc.

6.4 Symptome

Einteilung der Symptome nach **Eugen Bleuler** (1911[1]): dieser sah die Grundsymptome der Schizophrenie als charakteristischer und grundlegender für das Erleben und den Verlauf der Krankheit im Vergleich zu den akzessorischen Symptomen, die meist mehr passager auftreten.

---

[1] Bleuler E (1911) Dementia praecox oder Gruppe der Schizophrenien. In: Aschaffenburg G (Hrsg) Handbuch der Psychiatrie. Deuticke, Leipzig

Grundsymptome

- *Formale Denkstörungen:* Störung der Assoziationen, Zerfahrenheit (Denkdissoziation, zusammenhanglos, alogisch, primärprozeßhaftes Denken), Begriffszerfall, Kontamination, Begriffsverschiebung, (Konkretismus, Symbolismus), Sperrung des Denkens oder Gedankenabreißen
- *Störungen der Affektivität:* inadäquate Affektivität (Parathymie: inadäquater Affekt in bezug auf den Gedankeninhalt; Affekt bzw. Erleben entsprechen nicht dem Affektausdruck), Ambivalenz (beziehungsloses Nebeneinanderbestehen, unvereinbare Erlebnisqualitäten, Entscheidungsunfähigkeit), Instabilität der Stimmungslage, mangelnder Kontakt, affektive Steifigkeit, Verflachung, Gefühlseinbrüche, Verlust der emotionalen Schwingungsfähigkeit, aber auch ekstatische Stimmung mit Glücksgefühl und Entrücktheit, Ratlosigkeit, erlebte Gefühlsverarmung, depressive Verstimmungen
- *Ich-Störungen:* Desintegration von Denken, Fühlen, Wollen, Handeln. Autismus (Rückzug aus der Wirklichkeit, überwiegendes Binnenleben; auch sekundär nach negativen Umwelterfahrungen), Entfremdungserlebnisse (Depersonalisation, Derealisation – eher unspezifisch!), Verlust der Meinhaftigkeit, häufig verbunden mit dem Erleben des von außen Gemachten und der Beeinflußung von Fühlen, Wollen und Denken

Merke: 4 große A's: Assoziationen, Affekte, Ambivalenz, Autismus

Akzessorische Symptome
- *Wahn* (Verfolgung, Beeinträchtigung, Kontrolle, Vergiftung, aber auch Berufung und Größe)
- *Halluzinationen* (Stimmen)
- *katatone Symptome* (Störungen der Motorik und des Antriebs: Stupor, Mutismus, Katalepsie, psychomotorische Unruhe und katatone Erregungszustände, Haltungs- und Bewegungsstereotypien, Negativismus und Befehlsautomatie)

Nach **Kurt Schneider** (1967)[2] liegt bei Vorhandensein von *Symptomen 1. Ranges* und nach Ausschluß einer körperlichen Grundkrankheit eine Schizophrenie vor. Ein gehäuftes Auftreten von *Symptomen 2. Ranges* erlaubt ebenfalls diese Diagnose (s. Tabelle 6.1). Für die Diagnose sind Symptome 1. Ranges nicht obligat, sind jedoch besonders bedeutsam.

---

[2] Schneider K (1967) Klinische Psychopathologie. Thieme, Stuttgart

Abnorme Erlebnisweisen	Symptome 1. Ranges	Symptome 2. Ranges
Akustische Halluzinationen	Dialogische Stimmen, kommentierende Stimmen (imperative Stimmen), Gedankenlautwerden	Sonstige akustische Halluzinationen
Leibhalluzinationen	Leibliche Beeinflussungserlebnisse	Koenästhesien im engeren Sinne
Halluzinationen auf anderen Sinnesgebieten	–	Optische, olfaktorische, gustatorische Halluzinationen
Schizophrene Ich-Störungen	Gedankeneingebung, Gedankenentzug, Gedankenausbreitung, Willensbeeinflussung	–
Wahn	Wahnwahrnehmung	Einfache Eigenbeziehung, Wahneinfall

Tabelle 6.1. Symptome 1. und 2. Ranges nach Kurt Schneider

Bei akuten schizophrenen Psychosen u. U. vegetative Symptome wie vermehrte Schweißsekretion, Veränderung der Pulsfrequenz und Störungen der Schlaf-Wach-Regulation, besonders im Sinne des raschen Wechsels von Über- zu Unterfunktion und umgekehrt.

Äußere Erscheinung der Patienten oft hölzern, gespreizt, starr und verschroben

6.5 Diagnose

Nach Ausschluß von körperlich begründbaren psychischen Störungen wird die Diagnose aufgrund der Symptome und des Verlaufs (s. S. 102) gestellt. Bisher keine eindeutigen biologischen Marker, keine spezifischen psychologischen Tests!

In Weiterführung der Diagnostik nach Schneider fordert die ICD 10 für die Diagnose Schizophrenie (F 20) von der folgenden Liste mindestens ein eindeutiges Symptom der Symptomgruppen 1–4 oder mindestens zwei Symptome der Symptomgruppen 5–8. Diese Symptome müssen mindestens einen Monat bestanden haben.
1. Gedankenlautwerden, -eingebung, -entzug, -ausbreitung
2. Kontroll- und Beeinflussungswahn; Gefühl des Gemachten; Wahnwahrnehmungen
3. Dialogische oder kommentierende Stimmen; Stimmen aus einem Körperteil
4. Bizarrer, völlig „unrealistischer Wahn" (Divide: Wahn der möglich sein „könnte" wie Verfolgung, Verarmung etc. von „Unmöglichem" wie nächtliche Implantation eines Senders in die Gebärmutter)
5. Sonstige anhaltende Halluzinationen jeder Sinnesmodalität begleitet von Wahn oder überwertigen Ideen
6. Gedankenabreißen, Zerfahrenheit, Danebenreden, Neologismen
7. Katatone Symptome
8. „Negative" Symptome wie Apathie, Sprachverarmung, verflachte oder inadäquate Affekte gefolgt von sozialem Rückzug

6.6 Unterformen schizophrener Psychosen

Keine strenge Trennung der einzelnen Syndrome: vielfache Übergänge und Auftreten mehrerer Unterformen im Krankheitsverlauf der Betroffenen möglich. Uncharakteristische akute Syndrome werden in der ICD 10 als „undifferenzierte Schizophrenie" bezeichnet.

Hebephrenie (F 20.1)

Allgemein: Typisch ist Beginn in der Adoleszenz bzw. im frühen Erwachsenenalter mit Leistungsknick. Oft in den Vorstadien in inadäquater Weise Beschäftigung mit Bereichen wie Religion, Philosophie, Esoterik, Parapsychologie.

Symptome:
- affektive Störungen: läppische Gestimmtheit, Affektindolenz, Grimmassieren, Faxen, Manierismen
- *Kontaktstörungen:* Rückzug, Beziehungslosigkeit, auch Enthemmung
- *Denkstörung:* abschweifend, zerfahren, konfus: häufig Wahnvorstellungen

Paranoid-halluzinatorische Schizophrenie (F 20.0)

Allgemein: Beginn eher später, Erkrankungsgipfel im 4. Lebensjahrzehnt; Persönlichkeit bleibt bei spätem Beginn überwiegend intakt; häufigste Form der Schizophrenie, oft schizoide, sensitive Persönlichkeiten

Symptome:
- Wahnwahrnehmungen
- Beziehungswahn, Verfolgungswahn, Abstammungswahn, Koenästhetischer Wahn, (seltener Sendungs- oder Größenwahn), manchmal systematisierter Wahn
- akustische Halluzinationen in Form von bedrohenden und imperativen Stimmen (gelegentlich einmal Ausführung von akustisch halluzinierten Befehlen), auch Akoasmen
- Sonstige Halluzinationen: Geruchs-, Geschmacks-, sexuelle oder andere Körperhalluzinationen; seltener optische Halluzinationen
- *Ich-Störungen* (Gefühl des Gemachten)

Bei abklingendem Schub allmähliche Distanzierung von den Wahninhalten, häufig erhebliche Ambivalenz gegenüber dem Wahn

Katatone Formen (F 20.2)

Allgemein: Beginn häufiger im jüngeren Erwachsenenalter; oft plötzliche Manifestation der Erkrankung

Erscheinungsbilder/Symptome:
- *Katatoner Stupor:* Erstarren mit Katalepsie (Haltungsverharren), Haltungsstereotypien, Mutismus. *Untersuchung:* Feststellung der wächsernen Biegsamkeit (Flexibilitas cerea) und der kataleptischen Starre bei Hochheben einer Extremität oder auch des Kopfes („oreiller psychique" – psychisches Kissen) mit anschließender Beibehaltung dieser Stellung
- *Katatone Erregung:* Toben, Schreien, Bewegungssturm mit starker motorischer Aktivität, Aggressivität, Selbst- und Fremdgefährdung
- *Unspezifische Form:* Auftreten von Manierismen, Bewegungsstereotypien und Echopraxie (spiegelbildhafte Wiederholungen von Handlungen des Gegenübers und Echolalie (lalein gr. sprechen); Sprachstereotypien; aktiver und passiver Negativismus (Patient tut bei Aufforderungen das Gegenteil vom Verlangten oder tut nichts)
- *Febrile (perniziöse) Katatonie* (seltene, lebensbedrohliche Sonderform): neben der katatonen Symptomatik mit Erregung oder öfter Stu-

por hohes Fieber, Kreislaufstörungen und Exsikkose; bei erfolgloser Behandlung mit Neuroleptikainfusion Indikation für Elektrokrampftherapie! Flüssigkeitszufuhr!

Deutung des *katatonen Stupors* als Erstarren, Angst, Schrecken und Ratlosigkeit etwa infolge halluzinatorischer bzw. wahnhafter Erlebnisse; die motorische Aktivität bei der *katatonen Erregung* als Möglichkeit, sich selbst zu spüren

Dauer: Stunden bis Wochen, unbehandelt auch Monate bis Jahre. Der Katatone nimmt wahr und hat oft keine Amnesie!

Unter Umständen schwierige Differentialdiagnose gegenüber Enzephalitis (Lumbalpunktion!) oder malignem neuroleptischen Syndrom (s. S. 212 f.)

Schizophrenia simplex (F 20.6)

Allgemein/Symptome: ohne auffällige produktive Symptome. Vorwiegend Antriebsdefizit, Initiativeverlust, Mangel an Aktivität und an Vitalität. Knick in der Lebensentwicklung, öfter Übergang in Residualzustände, ungünstiger Verlauf. Selten zu stellende Diagnose! Die Existenz dieser Form wird von manchen Experten angezweifelt

Koenästhetische Form (Huber 1957) (F 20.8)

Im Vordergrund stehen vielfältige Koenästhesien (abstruse Leibgefühlsstörungen z. B. Nichtvorhandensein von Organen, motorische Bannungszustände, Gefühl der Organschrumpfung, Levitation usw.) und Körperhalluzinationen (z. B. Gefühl, innerlich zu verbrennen, Spüren einzelner Blutgefäße im Gehirn, Verfaulen der Leber, Elektrisiertwerden am Genitale etc.) mit dem Kriterium des von außen Gemachten (durch Menschen, fremde Mächte etc.)

An die Bleuler'sche Einteilung erinnert die gegenwärtig besonders in den USA benutzte Einteilung in negative und positive (= produktive) Symptome (Nancy Andreasen) mit den weitverbreiteten Assessmentskalen SANS (**n**egativ) und SAPS (**p**ositiv) zur Erfassung schizophrener Symptomatik.

Schizophrenes Residuum (F 20.5)

Chronisches Stadium nach früherer akuter schizophrener Episode, charakterisiert durch negative Symptome wie verminderte Aktivität, Affektverflachung, Antriebslosigkeit, Kommunikationsmangel, sozialen Rückzug und mangelnde Körperpflege; subjektiv Basisstörungen (nach Huber) wie erlebte Denkstörungen, Ordnungsverlust, Einfallsverarmung, Verständnisbeeinträchtigung und Blockierungen

6.7 Verlauf schizophrener Psychosen

Beginn: *akut oder schleichend;* bei schleichendem Beginn im Vorfeld der manifesten Psychose bestimmte Prodromi wie Wahnstimmung, Gefühl des Nichtfaßbaren, Unheimlichen, Vermutung diffuser Veränderungen der Außenwelt, Schlafstörungen. In uncharakteristischen präpsychotischen Basisstadien finden sich Konzentrationsstörungen, Antriebsminderung und Verstimmungen

STADIEN DER BEGINNENDEN SCHIZOPHRENIE NACH CONRAD (1958)

1. **Trema** („Lampenfieber"): mit Überanspannung, Unruhe, Angst, Mißtrauen, unbestimmtem Schuld- und Versündigungsgefühl, gehobener Stimmung oder gehemmt-mutloser Verstimmung
2. **Apophänie** (Offenbarung): im *Außen*raum abnormes Bedeutungsbewußtsein, Wahnwahrnehmungen, Bekanntheits- und Entfremdungserlebnisse, Verlust des Überstiegs von der Wahnwelt in die Realität; im *Innen*raum Gedankenlautwerden, Gedankenausbreitung, Erleben von wahnhaften Körpersensationen, Ich-Erleben im Mittelpunkt der Welt
3. **Apokalyptik** (Weltuntergang): mit Lockerung der Wahrnehmungszusammenhänge, Überflutung durch fremde Wesenseigenschaften, Gestaltzerfall von Sprache und Denken, Wahnchaos und Halluzinationen
4. **Terminales Stadium:** mit katatoner Symptomatik
5. **Konsolidierung,** ggf. gefolgt von einem *Residualzustand* mit Reduktion des energetischen Potentials und Verlust der Spannkraft; Wiedererlangung des Überstiegs in die Realität, Selbstwertsteigerung, Gewinn an innerer Freiheit und schließlich Möglichkeit sozialer Anpassung, u. U. Weiterbestehen eines Residualwahns

> Die genannten Stadien können sämtlich durchlaufen werden, viele Manifestationen sind aber auf eines oder wenige Stadien beschränkt, die mit den Unterformen in Beziehung gesetzt werden können
>
> ---
>
> Conrad K (1992) Die beginnende Schizophrenie, 6. Aufl. Thieme, Stuttgart

Verlauf: kontinuierlich oder episodisch (schub- oder wellenförmig)

Kraepelins klassische Beschreibung eines stets sehr ungünstigen chronischen Verlaufs (Dementia praecox) beschränkt sich nach aktueller Auffassung auf einen geringen Teil der schizophren Erkrankten

Ausgang: vollständige Remission, episodisch remittierend, stabiles oder zunehmendes Residuum
 Residuen nach Huber: uncharakteristische asthenische Residualzustände (Antriebspotential verkürzt) und charakteristische Residuen mit Minussymptomatik und typischen Symptomen; große Variabilität mit Strukturverformung oder einer Defizienz

Langzeitstudien ergaben Tendenz zur „Drittelregel" ($1/3$ folgenlose Abheilung, $1/3$ mit Rückfällen und leichtem Residuum, $1/3$ mit beträchtlichen bis schweren Dauerdefekten)
 Im Alter Tendenz zur Abschwächung und Milderung der Erkrankung

6.8 Prognose

Günstigere Prognose: bei akutem Einsetzen der Psychose, bei stärkerer Beteiligung affektiver Anteile, bei Nachweis von auslösenden Lebensereignissen bzw. Stress, bei vorheriger guter sozialer Integration, abgeschlossener Ausbildung und Vorhandensein eines Arbeitsplatzes; bei frühzeitig einsetzender adäquater Therapie

Ungünstigere Prognose: bei langsam schleichendem Beginn, fehlendem Nachweis eines auslösenden Ereignisses und mangelnder sozialer Integration. Unter- und Überstimulation im sozialen Bereich sind schädlich für den remittierten Patienten. Ungünstig: hohe EE-Werte (expressed emotions – geäußerte Emotionen) in der Familie des Patienten: zu große Nähe und Intimität, aber auch zu starke kontroverse Emotionen begünstigen Rezidive

Suizidrate im gesamten Verlauf: 5%

6.9 Therapie

6.9.1 Somatotherapie

Neuroleptika

(s. Kap. „Somatische Behandlung", S. 209ff.)

Zielsymptome:
- Erregung
- Wahn, Halluzinationen (produktive Symptomatik)
- Minussymptomatik (Defektsyndrom)

Wichtigste Gruppen:
- *Phenothiazine*
  - niederpotent: sedierend, starke vegetative Begleiterscheinungen: Levomepromazin (Neurocil®)
  - höher- bis hochpotent: antipsychotisch; extrapyramidale Nebenwirkungen: Chlorperphenazin (Decentan®), Fluphenazin (Lyogen®, Dapotum®)
- *Butyrophenonderivate*
  - hochpotent: antipsychotisch; beträchtliche extrapyramidale Nebenwirkungen; Haloperidol (Haldol®), Benperidol (Glianimon®)
- *Andere trizyklische Neuroleptika*
  - nieder- bis mittelpotent, kaum extrapyramidale Nebenwirkungen; bei therapieresistenten Psychosen: Clozapin (Leponex®) – wegen Agranulozytosegefahr nur kontrollierte Anwendung!
  - höher- bis hochpotent: wenig extrapyramidale Nebenwirkungen: Zotepin (Nipolept®), Olanzapin (Zyprexa®)

Anwendung:
- in der akuten Psychose vorrangig hochpotente Neuroleptika, u. U. Kombination mit niedrigpotenten, sedierenden Neuroleptika, bei Spannungs- und Erregungszuständen auch vorübergehend Benzodiazepine (Tranquilizer)

- bei katatonem Stupor Infusion mit hochpotenten Neuroleptika
- nach Abklingen der akuten Symptomatik bei Erstmanifestationen in der Regel noch mehrere Monate ein (Depot-)Neuroleptikum, nach der zweiten Manifestation 1–2 Jahre neuroleptische Medikation, nach mehreren Rezidiven Dauermedikation mit einem Depotneuroleptikum wie Fluphenazin (Dapotum®, Lyogen®) oder Flupentixol (Fluanxol® oder bei zuverlässigen Patienten orale (stark- oder mittel-) potente Medikation

Spätdyskinesien seltener bei schwachpotenten Neuroleptika; keine Langzeitgabe von Anti-Parkinson-Mitteln als Routine! Keine Tranquilizergabe (Benzodiazepine) als Langzeitbasismedikation! Problem der Behandlungsbereitschaft (Compliance)! Erstrebenswertes Ziel: Management der Medikation durch den Patienten selbst, insbesondere der Dosierung!

Erfolgversprechendste Rezidivprophylaxe: Kombination der medikamentösen Behandlung mit Psycho- und Sozialtherapie

Nebenwirkungen und Komplikationen: s. somatische Behandlung S. 211 ff.

Elektrokrampftherapie

Bei febriler Katatonie, ferner bei medikamentenresistenten Zuständen von hochgradiger Unruhe und Verwirrtheit („Delirium acutum"): u. U. lebensrettend (in Narkose nach Gabe von Muskelrelaxans und mit O_2-Beatmung); Risiko entspricht dem einer Kurznarkose.

6.9.2 Psychotherapie

Therapieformen:
- *stützende, psychotherapeutische Gespräche* mit einfühlendem Verständnis sind zur Bearbeitung gegenwärtiger Konflikte notwendig und grundsätzlich indiziert. Ich-stützende Gesprächsführung, besonders bei starker Angst, Ich-Verlust-Ängsten bzw. Ich-Grenzverlust. Nach Abklingen der akuten Symptomatik Fokussierung der Psychotherapie auf den Umgang mit der Krankheit, Konsequenzen für mitmenschliche Beziehungen und Überlegungen zur Rehabilitation. Aktivierung und Anregung des Patienten; isolatorischen Tendenzen entgegenwirken!
- *Verhaltenstherapie:* positive Verstärker (token economy), Aktivierung
- *kognitives Training,* computergesteuerte Lernprogramme

- *psychodynamische Therapie:* in Modifikation der analytischen Neurosenbehandlung, sehr aufwendiges Verfahren mit unsicherer Prognose
- *Musiktherapie* mit der Möglichkeit, Eigenerleben und Gefühle auszudrücken und Grenzen zu erfahren
- *Ergotherapie:* in der künstlerischen Beschäftigungstherapie Möglichkeit, Konflikte und innere Bilder gestalterisch auszudrücken und eigene kreative Potentiale zu entdecken
- *Familientherapie* mit Einbezug der Angehörigen in den therapeutischen Prozeß bei vorhandener Motivation
- *Angehörigenarbeit* in Gruppen zur Information der Angehörigen und Austausch von Problemen, die die Angehörigen belasten

Umgang mit schizophrenen Patienten

- *wahnhafte Patienten:* Zuhören, wenige Fragen stellen (den Wahn heraus- nicht hineinfragen). Den Patienten mit seinem Wahn akzeptieren, nicht so tun, als ob man die Wahninhalte für Realität hielte. Erst später Prüfung, inwieweit Distanzierung vom Wahn möglich ist. Halluzinatorisches Verhalten kann angesprochen werden („Was hören Sie gerade?")
- *unruhige, aggressive Patienten:* Versuchen, mit ruhigem Gespräch und Zureden den Patienten langsam aus seiner Erregung zurückholen. Wenn Gefahr droht, Hilfe holen. Nur im Notfall, dann aber entschieden und mit zahlreichem Personal (stets als ärztliche Anordnung) sollten Patienten mit Gewalt mediziert oder auf dem Bett mit Bauchgurt bzw. an Händen und Füßen fixiert werden. Dem Patienten ist zu erklären, weshalb man so vorgehen mußte (in England werden psychiatrische Patienten nicht fixiert!)
- *Allgemein:* Wichtig ist der Aufbau einer vertrauensvollen therapeutischen Beziehung, die dem Patienten die Möglichkeit läßt, Nähe und Distanz selbst zu bestimmen, und die es ihm ermöglicht, sich in depressiven, suizidalen oder erneuten akuten psychotischen Manifestationen an seinen Therapeuten zu wenden.

6.9.3 Sozialtherapie/Rehabilitation

- Schaffung eines möglichst *natürlichen Behandlungsmilieus:* Orientierung am aktuellen psychopathologischen Querschnitt, Vermeiden des Auftretens von Hospitalismus (bedingt durch langdauernde Hospitalisierung in reizarmer Umgebung) mit Anstaltsartefakten wie Autismus, regressivem Verhalten, Stereotypien, Verstärkung der Minussymptomatik. Sicherung allgemeiner Grundbedingungen des Lebens auf Station, Kommunikationsverbesserung. Keine Rollendiffusion von Personal und Patienten, Aufnahme von spezifischen Rollen, Strukturierung des Tagesablaufs. Gespräche in Gruppen (therapeutische Gesprächsgruppen, Stationsplenum, Diskussionsrunden zu aktuellen Themen, Märchengruppen (gestalterisches Rollenspiel) etc.), Beteiligung des Patienten an Hausarbeiten auf Station

- *Realitätstraining:* Besprechung aktueller Situationen, Copingverhalten; Rückzugstendenzen entgegenwirken
- *Spezielle therapeutische Aktivitäten:* Beschäftigungstherapie, Arbeitstherapie, Werktherapie, Gartentherapie, Gymnastik und Sport, Musiktherapie, Soziodrama, Entspannungsübungen, Entspannungsgymnastik; stufenweise Heranführung an Selbstverantwortlichkeit, Selbstbewußtsein
- sog. Psychoedukation unter Einbeziehung der Angehörigen
- wichtig für die Wiedereingliederung in die Familie ist der Grad der ausgedrückten Gefühle (expressed emotions) zwischen den Familienangehörigen: zuviel Emotionalität in spannungsreichen Familien wie auch zu wenig bedingen ein erhöhtes Rückfallrisiko
- *Behandlungsinstitutionen* (möglichst gemeindenah): Tageskliniken, therapeutische Wohngemeinschaften, Werkstätten für Behinderte, beschützte Arbeitsplätze, Patientenklubs, Angehörigengruppen, Heime zum Dauerwohnen

Prinzip aller genannten Aktivitäten: Belastung des Patienten nur bis zu einer von Patient und Therapeut gemeinsam auszulotenden Grenze, die im Laufe der Zeit mehr Spielraum zuläßt

Fallbeispiele

 Fallbeispiel 6.1

Ein 32jähriger Mann entwickelte etwa 6 Wochen vor der Aufnahme in die Klinik Schlaflosigkeit und zunehmende Unruhe. Kurz zuvor war die Firma, in der er 14 Jahre lang als Schweißer gearbeitet hatte, in Konkurs gegangen, und er war arbeitslos geworden. Weitere Symptome kamen hinzu: Das Gefühl, von anderen Menschen „komisch" angesehen zu werden, die Überzeugung, man spreche z.B. im Bus oder auch auf der Straße über ihn bis hin zu Wahrnehmungen, daß Radio-

und Fernsehsendungen Botschaften an ihn enthielten, deren genaue inhaltliche Bedeutung er nicht erfassen konnte. Schließlich verbarrikadierte er seine Wohnungstür aus Angst vor Verfolgern, die er auch sprechen hörte („den greifen wir uns jetzt, den machen wir fertig!") und die ihn von der gegenüberliegenden Wohnung aus beobachten, abhören und bestrahlen würden. Zuletzt verweigerte der Patient das Essen von seiner Ehefrau, die er verdächtigte, ihn vergiften zu wollen, weil sie mit den Verfolgern unter einer Decke stecke. Ein Erregungszustand bei Eintreffen der Polizei, die er selbst um Hilfe gebeten hatte, führte dann zu seiner Einweisung.

Bei der Aufnahme erschien der Patient ängstlich erregt, offensichtlich unter dem Einfluß akustischer Halluzinationen stehend. Im Untersuchungszimmer antwortete er laut den Stimmen und wähnte, wir wüßten ja ohnehin alles über ihn, weil wir – wie andere Menschen auch – seine Gedanken lesen könnten. Die Einbeziehung in den akuten Verfolgungswahn des Patienten gestaltete die Arzt-Patient-Beziehung in den ersten Tagen äußerst schwierig, bis die neuroleptische Behandlung deutliche Wirkungen zeigte.

Zur Vorgeschichte ist erwähnenswert, daß der Großvater mütterlicherseits in einem psychotischen (vermutlich schizophrenen) Schub Selbstmord begangen hatte. Unser Patient selbst hatte vor allem während der Pubertät, in der er sich als zu dick und wenig männlich empfand, deutlich sensitiv-paranoide Beziehungsideen und hatte auch danach eine Neigung zu sensitivem Erleben und Verhalten behalten.

 Paranoid-halluzinatorische Schizophrenie (F 20.0)

 Fallbeispiel 6.2

Eine 62jährige Frau wird von ihrem Mann in die Psychiatrische Poliklinik gebracht. Er berichtet, daß seine Frau seit einigen Jahren zunehmend unfähiger geworden sei, den Haushalt zu versehen. Sie habe keine Energie mehr, könne sich nicht konzentrieren, sei rasch erschöpfbar und könne sich in Gesprächen an vieles aus der gemeinsam verbrachten Ehezeit nicht mehr erinnern. Abends werde sie rasch müde und verbringe dann etwa 10–12 Stunden im Bett. Vorgängen im täglichen Leben gegenüber sei sie abgestumpft und uninteressiert, auch den eigenen Kindern gegenüber. Sie habe sich zunehmend isoliert und habe dadurch kaum noch Beziehung zum Kreis der Freunde und Verwandten. Wahngedanken oder Stimmenhören werden vom Mann verneint, ebenso Schwankungen der Stimmung während des Tages.

Zur Anamnese war zu erfahren, daß die Patientin zwischen ihrem 45. und 58. Lebensjahr 3mal wegen „Nervenzusammenbruch" in Psychiatrischen Kliniken behandelt werden mußte. Den angeforderten Arztbriefen war zu entnehmen, daß es sich um schizophrene Schübe gehandelt hatte. Eine Behandlung mit Depotneuroleptika war 3 Jahre vor der jetzigen Konsultation, 1 Jahr nach dem letzten Klinikaufenthalt eingestellt worden.

Schizophrenes Residuum (F 20.5)

Historische Fälle nach Kraepelin (1921)[3]

 Fallbeispiel 6.3

„Das 24jährige Mädchen, das im Bette liegend hereingefahren wird, befindet sich in halb sitzender Stellung. Die Augen sind geschlossen, die Arme bis zur Kopfhöhe erhoben, die Finger wie Krallen gekrümmt; der Mund ist weit geöffnet. Auf Anreden läßt sich kein Zeichen des Aufmerkens oder des Verständnisses erkennen; Aufforderungen werden nicht ausgeführt. Ergreift man die Hand der Kranken, so fühlt man, daß alle Muskeln straff gespannt sind; jedem Versuch, die merkwürdige Haltung des Körpers irgendwie zu verändern, stellt sich ein starrer Widerstand entgegen. Will man die Augenlider heben, so pressen sie sich fest zusammen; die Augäpfel fliehen dabei nach oben. Drückt man den Oberkörper nach hinten, so behalten die leicht angezogenen und abgekreuzten Beine ihre Stellung bei und heben sich von der Unterlage ab. Stechen in die Stirn oder das obere Augenlid löst weder ein Zusammenzucken noch eine Abwehrbewegung aus; selbst wenn man mit der Nadel tief in die Nase hineinfährt, verrät nur ein leichtes Blinzeln und eine Rötung des Gesichts, daß die Kranke nicht völlig unempfindlich ist. Ganz unvermittelt sehen wir sie dann sich strecken und längere Zeit mit dem Körper kontaktmäßig, wippende Bewegungen machen, die ebenso plötzlich wieder unterbrochen werden. Hinzufügen will ich noch, daß die Kranke ihre Entleerungen meist ins Bett gehen läßt, ferner, daß sie seit mehreren Wochen keine Nahrung zu sich nimmt, sondern mit dem Schlundrohr genährt werden muß".

Katatonie (F 20.2)

 Fallbeispiel 6.4

„21jähriger Mann, der vor einigen Wochen in die Klinik eingetreten ist. Sitzt ruhig da, sieht vor sich hin, blickt nicht auf, wenn man ihn anredet, versteht aber offenbar alle Fragen sehr gut, da er, wenn auch langsam und oft erst auf wiederholtes Drängen, so doch durchaus sinngemäß antwortet. Aus seinen kurzen, mit leiser

---

[3] Kraepelin E (1921) Psychiatrische Klinik. Bd II. Barth, Leipzig

Stimme gemachten Angaben, entnehmen wir, daß er sich für krank hält, ohne daß wir über die Art und die Zeichen der Störung nähere Auskunft erhielten. Der Kranke schiebt sein Leiden auf die von ihm seit dem 10. Lebensjahr betriebene Onanie. Dadurch habe er sich einer Sünde gegen das 6. Gebot schuldig gemacht, sei in seiner Leistungsfähigkeit sehr heruntergekommen, habe sich schlaff und elend gefühlt und sei zum Hypochonder geworden. So habe er sich im Anschluß an die Lektüre gewisser Bücher eingebildet, daß er einen Bruch bekomme, an Rückenmarksschwindsucht leide, obgleich beides nicht der Fall sei. Mit seinen Kameraden habe er nicht mehr verkehrt, weil er gemeint habe, daß sie ihm die Folgen seines Lasters ansehen und sich über ihn lustig machten. Alle diese Angaben bringt der Kranke in gleichgültigem Ton vor, ohne aufzusehen oder sich um seine Umgebung zu kümmern. Sein Gesichtsausdruck verrät dabei keine gemütliche Regung; nur ein flüchtiges Lachen zeigt sich hier und da. Außerdem fällt gelegentliches Stirnrunzeln und Verziehen des Gesichts auf; um Mund und Nase beobachtet man ständig ein feines, wechselndes Zucken. Über seine früheren Erlebnisse gibt der Kranke zutreffende Auskunft. Seine Kenntnisse entsprechen seinem hohen Bildungsgrade; er hat vor einem Jahr die Reife für die Universität erworben. Er weiß, wo er sich befindet und wie lange er hier ist, kennt aber die Namen der ihn umgebenden Personen nur sehr mangelhaft, danach habe er noch nicht gefragt. Auch über die allgemeinen Ereignisse des letzten Jahres weiß er nur sehr spärliche Angaben zu machen. Auf Befragen erklärt er sich bereit, zunächst in der Klinik zu bleiben; lieber sei ihm allerdings, wenn er einen Beruf ergreifen könnte, doch vermag er nicht anzugeben, was er etwa anfangen wolle."

····❖ *Hebephrenie (F 20.1)*

7 Affektive Psychosen

7.1 Allgemeiner Teil

Definition

Psychotische Erkrankungen mit Störungen der Affektivität (Verstimmung), die sich in zwei entgegengesetzte Richtungen äußern können: Manie und endogene Depression/Melancholie. Verlauf meist in abgesetzten Phasen, vollständige Remission und gesunde Intervalle; in der Regel keine Residualzustände
Synonyma: manisch-depressive Krankheiten, Affektpsychosen, Zyklothymien, affektive Störungen (ICD 10: F 3) (dagegen Zyklothymia = längere, über 2 Jahre andauernde leichte Stimmungsinstabilität (F 34.0))

Verlauf affektiver Psychosen

- *monopolar vs. bipolar: nur* depressive bzw. manische Phasen vs. depressive *und* manische Phasen im Wechsel
- **monophasisch vs. polyphasisch:** einmalige Depression bzw. Manie vs. mehrmalige Depressionen und/oder Manien

Am häufigsten sind polyphasisch-monopolare Depressionen. Ebenfalls relativ häufig sind einmalige depressive Phasen (ca. 25 % der affektiven Psychosen). Das Verhältnis depressive : manische Phasen ist 3 : 1; Nachschwankungen (subdepressiv bzw. hypomanisch) möglich. *Phasendauer* zwischen 4 und 6 Monaten, max. bis zu 1 Jahr; manische Phasen häufig kürzer als depressive

Epidemiologie

Morbiditätsrisiko: etwa 0,6–0,9 % für monopolare und bipolare Erkrankungen (für Depressionen aller Art wesentlich höher). Keine erhöhte Morbidität in Kriegs- und Notzeiten. Ca. $1/3$ bipolare, affektive Psychosen, ca. $2/3$ monopolare Depressionen; monopolare Manien sehr selten. Häufigkeit affektiver Psychosen in Familien: Eltern, Geschwister, Kinder 10–15%, beide Eltern krank: 30–40%. Konkordanz bei Zwillingen: zweieiig 20%, eineiig 70%.

Geschlecht: Erkrankungshäufigkeit monopolar depressiv Männer : Frauen etwa 1 : 2; bipolar: etwa gleich; Fehlerquellen durch geschlechtsrollenspezifisches Verhalten (Frauen geben Symptome leichter zu)

Alter: häufigste Erstmanifestation *bipolarer* affektiver Psychosen um das 4. Lebensjahrzehnt. Bei *monopolaren* affektiven Psychosen 2 Gipfel bzgl. Erstmanifestation: zwischen 20 und 29 sowie zwischen 50 und 59 Jahren (vgl. Angst 1987)[1]; kein Prävalenzanstieg im höheren Lebensalter

Ätiologie und Pathogenese

Biochemische Befunde: Mitverursachung von Depressionen durch Balancestörung der biogenen Amine im ZNS. Führende Hypothesen: *Noradrenalinhypothese* (bei Depressionen Mangel, bei Manien Überschuß an Noradrenalin an den Rezeptoren im Gehirn) und *Serotoninhypothese* (Serotoninmangel an den Rezeptoren); Übertragung beider Neurotransmittersubstanzen selektiv gestört, Rezeptorsensibilität an der postsynaptischen Membran gestört

Eine neurobiologische Störung, die Ätiologie und Pathogenese affektiver Psychosen erklären könnte, ist noch nicht gefunden. Antidepressiva hemmen u. a. die präsynaptische Wiederaufnahme von biogenen Aminen an der Nervenendigung.

Chronobiologische Faktoren (Rhythmusforschung). Bedeutsamkeit des zirkadianen Systems bei affektiven Erkrankungen; Desynchronisation rhythmischer Funktionen, z. B. Störung des Schlaf-Wach-Rhythmus bei Depressiven und Manikern, und Tagesschwankungen bei Depressiven; REM-Schlaflatenz verkürzt.

Antidepressive Therapie, z. B. mit Schlafentzug, kann die zirkadiane Rhythmik regulierend beeinflussen.

Prämorbide Persönlichkeit: von *der* zu Depression prädisponierenden Persönlichkeit kann nicht gesprochen werden. Insgesamt sind Patienten mit bipolaren Psychosen bzgl. ihrer prämorbiden Persönlichkeitsstruktur weniger auffällig als Patienten mit monopolarer Depression; bei diesen öfter Typus melancholicus (Tellenbach) mit depressiven und zwanghaften Zügen, hohe Leistungsanforderung, starke Ordnungsliebe

---

[1] Angst J (1987) Epidemiologie der affektiven Psychosen. In: Psychiatrie der Gegenwart, Bd 5, S 51–66. Springer, Berlin Heidelberg New York Tokyo

Auslösende Faktoren: Werden immer wieder diskutiert, jedoch nicht immer nachweisbar:
- *somatische Faktoren:* z. B. Grippe, hormonelle Störungen, Operationen, Abmagerungskuren, Wochenbett
- *psychische Faktoren:* unspezifische Auslöser privater und beruflicher Art (z. B. Trennungs- und Verlusterlebnisse, chronische Konflikte, Einsamkeit/Vereinsamung, Umzug, schwere Kränkungen, Entlastung nach anhaltender Belastung, kritische Lebensereignisse etc.), dem Patienten häufig nicht bewußt

Prognose

Der Ausgang affektiver Psychosen reicht von Vollremission über – seltener – leichtere Residualzustände, Chronifizierung bis zu Tod während einer Phase bzw. durch Suizid; Prognose wird durch allgemein erhöhte Mortalität, Suizidrisiko, Rückfallgefährdung und Chronifizierung verschlechtert. Rückfallgefährdung z. B. durch mangelnde Compliance (Medikamenteneinnahme) oder durch chronische Stressoren, mangelhaftes soziales Netz, soziale Unterstützung

7.2 Spezieller Teil

7.2.1 Depression/Melancholie (depressive Episode F 32, F 33)

Symptome

- *Affektivität:* traurige Verstimmung im Sinne von „Herabgestimmtsein"; Gefühle innerer Leere, Verlust der affektiven Schwingungsfähigkeit („Gefühl der Gefühllosigkeit", d. h. Unfähigkeit zu positiven Gefühlen ebenso wie zu Traurigkeit, Weinen, Sympathiegefühlen gegenüber Bezugspersonen); Gefühle von Sinn- und Hoffnungslosigkeit, Verzweiflung, Pessimismus/Zweifel/Resignation („Es wird nie besser werden!"); Insuffizienzgefühle, Selbstentwertung und Selbstaggressivität (Suizidgefahr!), schwere Schuldgefühle; Tagesschwankungen (häufiger mit Morgentief und gebesserter Stimmung am Abend); Ängste (Alltag, irreale Ängste, existentielle Angst)
- *Antrieb:*
  - *Antriebshemmung* (gehemmte Depression): noch kürzlich bewältigte Alltagsaktivitäten werden zum Problem, Arbeitsunfähigkeit, Ini-

tiativelosigkeit; schwerste Form der Antriebshemmung: depressiver Stupor (kaum Reaktionen auf Ansprache, kaum Bewegung, insgesamt eher selten)
- *Antriebssteigerung* (agitierte Depression): Depression mit starker innerer und/oder motorisch geäußerter Unruhe, deutlich geäußerte Verzweiflung, stereotyp wiederholte Klagen
- *Vitalstörungen und vegetative Symptome:* Druckgefühl auf Brust- oder Bauchraum, Mißempfindungen mit verschiedener Lokalisation; Durchschlafstörungen (mit zerhacktem Schlaf und Früherwachen); Appetitverlust bzw. -mangel (Konsequenz: Gewichtsabnahme); Obstipation; Verlust von Libido und Potenz, evtl. mit sekundärer Amenorrhoe; allgemeines Abgeschlagensein, ständige Müdigkeit
- *Denken:*
  - *formal: Denkhemmung.* Das Denken ist verlangsamt, einförmig, unproduktiv, reduziert auf wenige Inhalte (Schlaf, Stuhlgang, negative Kognitionen), geringe Aufnahmefähigkeit für neue Gedanken und Anregungen; intellektuelle Funktionen erhalten, aber krankheitsbedingt nicht voll verfügbar. Bei älteren Depressiven u. U. Pseudodemenz, nach Remission auch Normalisierung der kognitiven Funktionen.
  - *inhaltlich: Depressiver Wahn* mit folgender Thematik: *Schuld und Versündigung:* extreme Selbstvorwürfe, z. T. wegen lange zurückliegender, harmloser Verfehlungen; entsprechend irrationale Angst vor den Folgen
  Verarmung: Krankenkasse wird die Behandlung nicht bezahlen, die eigene Existenz und die der Familie wird durch die Kosten vernichtet usw.
  hypochondrischer/Krankheitswahn: unkorrigierbare Gewißheit, eine schwere, evtl. zum Tode führende Krankheit zu haben (z. B. Krebs, Syphilis, AIDS); leichtere Form: extreme Sorge um die eigene Gesundheit
  nihilistischer Wahn (Cotard-Syndrom): Existenzvernichtung, bezogen auf die eigene Existenz, die Familie, die ganze Welt
  - *Zwangsgedanken:* können führende Rolle spielen (anankastische Depression), z. B. Tötungsimpulse gegen den Partner, die eigenen Kinder oder sich selbst

Diagnose

Weniger ein Symptom allein, als vielmehr ein charakteristischer, für endogene Depression/Melancholie spezifischer Symptomenkomplex. In der Regel mehrere Vitalsymptome und Verlust von Aktivität/Energie;

typisch auch Tagesschwankungen mit Morgentief, schwere Schlafstörungen

Ferner typische Verlaufskriterien: Frage nach früheren depressiven Phasen, früheren manischen Phasen, manischen oder hypomanischen Nachschwankungen

Differentialdiagnose

Depressive Verstimmungen bei Schizophrenien, depressiv-organisches Psychosyndrom (andersartiger Verstimmungstyp). Depressive Reaktionen, neurotische Depressionen (kein Wahn, keine Phasen!); Depressionen bei diversen somatischen Grunderkrankungen, pharmakogene Depression

Besondere Formen der schweren Depression

- *Depressive Syndrome in Schwangerschaft und Wochenbett:* postpartale Depression etwa 10mal häufiger als in der Schwangerschaft. Auftreten: während der ersten 8 Wochen post partum, besonders in den ersten beiden Wochen. Häufigkeit: 0,4–2%. Symptomatik: psychopathologisch unspezifisch; Rezidive auch ohne erneute Schwangerschaft/Wochenbett möglich; bei postpartalen Depressionen häufig Suizidgefahr, auch im Sinne von erweitertem Suizid (Mutter und Kind)
- *Depressive Syndrome im Klimakterium:* biologische und psychologische Auslöser denkbar; Ausprägung des depressiven Syndroms unterschiedlich; Spektrum von depressiver Reaktion bis zu endogener Depression
- *Erschöpfungsdepression:* insbesondere nach Dauerbelastungen; häufig bei neurotischen Grundkonflikten bzw. bestimmter Persönlichkeitsstruktur. Symptomatik: Reizbarkeit und Nervosität, affektive und vegetative Labilität, Schlafstörungen, rasche Ermüdbarkeit, Konzentrationsschwäche, diverse psychosomatische Beschwerden
- *Larvierte Depression:* depressive Verstimmung als Hintergrundsymptom, leibliche Mißempfindungen, z. B. Herzrhythmusstörungen, über typische depressive Symptome wird nicht geklagt, sie verbergen sich aber „maskiert" hinter den vorgebrachten Körperbeschwerden. Patienten mit larviert depressiver Symptomatik verlangen oft besonders intensive organmedizinische Untersuchungen.
- *Involutionsdepression:* depressive Syndrome mit Erstmanifestation zwischen dem 45.–65. Lebensjahr; häufig psycho- oder auch somatogene Auslösung; psychogene Auslöser: z. B. Bilanzierungsfragen, Trennung vom Lebenspartner, Bewältigung von Schwierigkeiten mit Krän-

kungen (u. a. Altern als Kränkung!) und somatischen Erkrankungen, bevorstehendes Ausscheiden aus dem Berufsleben
- *Depression im Senium:* depressive Syndrome nach dem 65. Lebensjahr, häufig in Verbindung mit somatischen Erkrankungen bzw. hirnorganischen Abbauprozessen, aber auch Einsamkeit und sozialer Isolierung; Suizidgefahr besonders groß – in höherem Alter auch Bilanzsuizid.
- *Hirnorganische Depression:* z. B. bei Hirnerkrankungen und dadurch bedingten Psychosyndromen; auch bei Epilepsie
- *Symptomatische Depression:* Depressionen als Begleiterscheinungen körperlicher Erkrankungen (z. B. Infekte, Vergiftungen, endokrine Erkrankungen wie Morbus Cushing, Morbus Addison); Depressivität häufig auch in biologischen Umbruchzeiten (Pubertät, Schwangerschaft, Prämenstruum, Klimakterium)

Therapie

Vorrangiges Behandlungsziel ist allgemein die Therapie der depressiven (bzw. manischen) Symptomatik. Vor Therapiebeginn Diagnosesicherung! Bei körperlich begründbaren affektiven Störungen Therapie der Grunderkrankung; bei gesicherter Diagnose ist psychopharmakologische Behandlung wichtigstes Behandlungsprinzip. Zusätzliche therapeutische Wirkprinzipien: modifizierte Form von Psychotherapie, Beschäftigungstherapie, Musiktherapie, Krankengymnastik. Bei schwerer Ausprägung depressiver oder manischer Symptomatik: stationäre Therapie (u. a. wegen Suizidgefahr)

Bei der *somatischen Therapie* bestehen folgende Therapiemöglichkeiten:
- *Antidepressiva:* bei depressiven Phasen affektiver Psychosen; evtl. Kombination mit Neuroleptika bei depressiven Wahnbildungen; zusätzlich Lithiumsalze, u. U. auch Carbamazepin zur Rezidivprophylaxe (s. Kapitel 15.1.3)
- *MAO-Hemmer:* Monoaminooxidasehemmer, eher Mittel der 2. Wahl; Einsatz insbesondere bei therapieresistenter Depression (s. auch Kap. Somatische Behandlung, S. 219)
- *Schlafentzug* (Wachtherapie): durch totalen (ganze Nacht) oder partiellen (2. Nachthälfte) Schlafentzug Milderung von depressiven Beschwerden, evtl. auch Rückgang der depressiven Tagesschwankungen; Effekt hält meist nur kurze Zeit an
- *Elektrokrampftherapie (EKT):* eingeschränkte Indikation (nur bei Versagen der Psychopharmakotherapie); bzgl. Indikation, Durchführung und Nebenwirkungen/Komplikationen der EKT s. Kap. Somatische Behandlung, S. 227

- *Lichttherapie:* Applikation von hellem Licht (z. B. aus Fluoreszenzlampen), bevorzugt morgens; häufig rascher Eintritt von Besserung (bereits nach 3–4 Tagen), Behandlungsdauer 1–3 Wochen bei ca. 1–2 h/Tag; keine gravierenden Nebenwirkungen; anfänglich gelegentlich Übelkeit, Kopfweh, Reizbarkeit, insgesamt aber selten; Indikation zur Anwendung von Lichttherapie bei saisonalen Depressionen, speziell bei Winterdepression

Die **Psychotherapie** besteht aus kontinuierlicher Zuwendung im Gespräch, Vermittlung von Geduld, Betonung des Krankheitscharakters der Depression und ihrer Heilbarkeit, Ansprechen möglicher Suizidgedanken. Verschiedene spezielle Methoden zur Depressionsbehandlung, z. B. analytische Psychotherapie nach Benedetti; verhaltenstherapeutische Konzepte, insbesondere die kognitive Psychotherapie nach Beck als strukturierte Methode zum Abbau negativer Einstellungen und Kognitionen (Kognitive Triade: negative Sicht von sich selbst, der Umwelt und der Zukunft). Interpersonale Psychotherapie nach Klerman und Weissman (IPT) als fokussierte Form der Kurztherapie, in der die gegenwärtigen zwischenmenschlichen Probleme, die mit der depressiven Episode verknüpft sind, bevorzugt bearbeitet werden.

7.2.2 Manie (manische Episode F 30)

„Manie" von griech. *mania:* Begeisterung, Besessenheit, Raserei! Patienten mit manischer Psychose fehlt meist subjektives Krankheitsgefühl

Symptome

- **Affektivität:** *gehobene Stimmung* (Hochgefühl, beste Laune, Tendenz zu anhaltender, mitreißender, grundloser Heiterkeit), Selbstüberschätzung („grandioses Selbst"), aber auch Gereiztheit mit Aggressivität (gereizte Manie), Distanzlosigkeit und Kritiklosigkeit im Verhalten anderen gegenüber, Leistungsfähigkeit häufig gesteigert
  Immer Überschuß an Affektivität!
- **Antrieb:** starke *Antriebssteigerung* (erhöhte Aktivität, Tatendrang, Rededrang, unermüdliche Betriebsamkeit), evtl. starke (psychomotorische) Erregung, Enthemmung, Umsetzung der sich selbstüberschätzenden Größenideen in Taten (sinnlose Käufe mit hohen Geldausgaben, wahlloses Verschenken von Gegenständen aus dem Privatbesitz,

mit z. T. schädigenden Folgen für den Patienten und seine Familie); auch Aggressivität, aggressive Handlungen
- *Vitalsymptome:* Schlafstörungen (Schlafdefizit wird subjektiv häufig nicht als quälend empfunden); gesteigerte Libido/Potenz; evtl. Gewichtsabnahme (ohne Appetitstörung)
- *Denken:*
  - *formal: Ideenflucht* (Denken beschleunigt, häufig auch das Sprechen, Gedankenjagen, ständig neue Einfälle, dabei leichte Ablenkbarkeit und Sprunghaftigkeit); gelockerter Zusammenhang zwischen Gedanken und sprachlichen Äußerungen; extrem: verworrene Manie
  - *inhaltlich:* Wahnformen (z. B. *Größenwahn* als Ausdruck von Selbstüberschätzung und Hochstimmung)

Diagnose

Aufgrund eindrucksvoller Psychopathologie in der Regel wenig problematisch (vor allem bezogen auf die Stimmung); auch hier entscheidend: charakteristischer Symptomenkomplex, typischer Verlauf

Differentialdiagnose

Hyperthyme Persönlichkeit (Steigerung von Affektivität und Stimmung als Persönlichkeitsmerkmal; keine Phasen), manische Syndrome bei somatischen Erkrankungen (psychische Begleitsymptomatik bei organischen Grundstörungen), maniforme Syndrome bei Schizophrenien (kein phasenhafter Verlauf, häufig durchsetzt mit anderen Schizophreniesymptomen), schizomanische Störung

Therapie

- *Somatische Therapie* mit *Neuroleptika:* bei manischen Phasen hochpotente Neuroleptika, bei länger anhaltenden maniformen Symptomen evtl. auch depotneuroleptische Medikation. Auch Versuch mit Lithiumsalzen möglich. – Phasenprophylaxe s. Kapitel 15.1.3!
- *Psychotherapie:* psychotherapeutische Führung bei manischen Patienten symptombedingt äußerst schwierig.
  Aufgrund häufig fehlender Krankheitseinsicht u. U. Frage der Geschäfts- und Schuldunfähigkeit. Gelegentlich Zwangseinweisung und stationäre Therapie unumgänglich

7.2.3 Mischzustände (bipolare affektive Störung, gegenwärtig gemischte Episode, F 31)

Im psychopathologischen Querschnitt sowohl manische als auch depressive Symptome (nicht zu verwechseln mit rasch alternierenden depressiven und manischen Schwankungen im Verlauf einer bipolaren affektiven Psychose (Kurzzykler – rapid cycler) sowie bei schizoaffektiven Psychosen)

Symptome

Rascher Wechsel von Stimmungsgehobenheit und tiefer Verzweiflung

Diagnose

Häufig *rascher* Wechsel depressiver und manischer Symptome. Eine klare Zuordnung zu Depression oder Manie kann schwierig sein. Tritt häufig im Übergang von depressiven zu manischen Phasen und umgekehrt auf

Differentialdiagnose

Manische Phase, depressive Phase, Affektlabilität bei Hirnorganik, affektive Syndrome bei anderen organischen Erkrankungen

Therapie

Eventuell Kombination von Antidepressiva und Neuroleptika

Fallbeispiele

 Fallbeispiel 7.1

Eine 64jährige, verwitwete Frau kommt nach einem Suizidversuch in klinische Behandlung. Bei der Aufnahme wirkt die Patientin stark antriebsgemindert, gehemmt, deutlich depressiv. Sie ist erheblich abgemagert, da sie in den letzten 4 Monaten keinen Appetit hatte. Ferner berichtet sie über Schlafstörungen und Tagesschwankungen. Zu Belastungen in ihrem derzeitigen Leben war zu erfahren, daß ihr Ehemann 6 Monate vor der Aufnahme nach längerem Krebsleiden verstorben war.

Die gezieltere psychiatrische Exploration zeigte, daß die Patientin den Tod ihres Mannes in besonderer Weise wahnhaft verarbeitete hatte: Sie wähnte, ihren Mann mit einer Dosis eines Schmerzmittels umgebracht zu haben, was nun auch in den Zeitungen stünde und sogar über die Nachrichten verbreitet würde: Sie sei eine Mörderin! Diese Wahngewißheit war eng mit der depressiven Symptomatik verknüpft und hatte in diesem Fall auch einen ganz spezifischen lebensgeschichtlichen Hintergrund: Die Mutter der Patientin hatte ihren Ehemann (den Vater der Patientin) mit Tabletten vergiftet, nachdem dieser sie mehrfach betrogen und mit einer Geschlechtskrankheit angesteckt hatte. Die Mutter war daraufhin für viele Jahre ins Zuchthaus gekommen, und die Patientin war bei Verwandten aufgewachsen. Die Erkrankung und der dann folgende Tod des Ehemannes hatten möglicherweise diese frühe Szene wiederbelebt und zu einer wahnhaften Verarbeitung durch eine Identifizierung mit einer „mörderischen Mutter" geführt. Nach einer längeren antidepressiven Pharmakotherapie und einer vorsichtig aufdeckenden Psychotherapie, die genau dieses eine biographische Detail schwerpunktartig beinhaltete, löste sich die depressiv-wahnhafte Symptomatik nach einer Behandlungsdauer von 3 Monaten allmählich auf.

Endogene Depression mit Wahninhalten (F 32.3)

 Fallbeispiel 7.2

Ein 52jähriger, in zweiter Ehe verheirateter kaufmännischer Angestellter kommt mit einer schweren depressiven Symptomatik und Suizidalität zur stationären Aufnahme. Die jetzige Depression besteht seit 2 Monaten, zuvor war der Patient 1 Jahr lang gesund. Zur Vorgeschichte war zu erfahren, daß der Patient seit seinem 38.Lebensjahr an einer manisch-depressiven Erkrankung leidet, die durch die Trennung von seiner ersten Ehefrau ausgelöst worden war. Er hatte bisher 5 depressive und 2 manische Phasen gehabt und war deshalb mehrfach in stationärer Behandlung. Im Laufe dieser Vorbehandlung war der Patient auch auf Lithium eingestellt worden, was er aber einige Zeit vor der Phase in der Meinung abgesetzt hatte, daß diese Medikation nicht mehr notwendig sei.

Der stark gehemmt wirkende, mimisch erstarrte Patient leidet während des ganzen Tages unter seiner schweren depressiven Verstimmung: er kann sich zu nichts aufraffen, nichts, auch nicht sein geliebter Garten, interessiert ihn. Er schläft schwer ein, wacht gegen 4 Uhr auf, ohne danach noch Schlaf zu finden. Seit Wochen hat er keinen Appetit, und er hat 9 kg Gewicht verloren. Er macht sich Vorwürfe, den Kunden gegenüber versagt zu haben und befürchtet die Kündigung, die zu recht käme, da er nichts mehr wert sei, zu nichts mehr tauge. Er habe seine Firma in große Schwierigkeiten gebracht. Sein Haus werde man demnächst pfänden; seine Familie stünde dann vor dem finanziellen Ruin. Am besten bringe er sich um. Alle diese Befürchtungen sind nach Angaben der Ehefrau völlig ungerechtfertigt.

Die klinisch-stationäre Behandlung mit Antidepressiva brachte im Laufe von 8 Wochen eine deutliche Besserung. Der Patient konnte sich von seinem Schuld- und Verarmungswahn distanzieren. Gegen Ende der stationären Behandlung bekam er eine hypomanische Nachschwankung, die jedoch nicht weiter exazerbierte. Die Lithiumprophylaxe wurde schon während der klinischen Behandlung wieder aufgenommen.

Die Ehefrau des Patienten nahm an einer Angehörigengruppe teil und konnte dadurch mehr Verständnis für die Erkrankung ihres Mannes und den Umgang damit entwickeln.

Bipolare affektive Psychose (F 31.5)

8 Schizoaffektive Psychosen, akute vorübergehende Psychosen, Wahnentwicklungen

In diesem Kapitel sind Psychosen zusammengefaßt, die *nicht* körperlich begründbar sind und die weder schizophrenen noch affektiven Störungen eindeutig zugeordnet werden können

8.1 Schizoaffektive Psychosen (F 25)

Allgemein: Endogene Psychosen mit Symptomen aus dem Überschneidungsbereich des schizophrenen und manisch-depressiven Formenkreises. Diagnostisches Problem: Abgrenzung gegen Schizophrenie und affektive Psychosen; keine scharfe Definition, deshalb unterschiedliche Häufigkeit bei verschiedenen Diagnostikern. Nach ICD 10 affektive und schizophrene Symptome in ein und derselben Phase erforderlich.

Synonyma: Mischpsychosen, atypische endogene Psychosen; zu diesem Bereich gehörig: zykloide Psychosen

Symptome:
- gehobene euphorische oder expansiv gereizte Stimmung mit Größenideen, Erregung, Gereiztheit, Antriebssteigerung, Distanzlosigkeit (vgl. Symptomatik bei „Manie", S. 120) oder
- depressive Verstimmung mit Verlangsamung, Schlafstörungen, Konzentrationsstörungen, Schuldgefühlen, Suizidgedanken (vgl. Symptomatik bei „Depression/Melancholie", S. 116) sowie
- schizophrene Symptome wie Ich-Störungen, parathymer Wahn, akustische Halluzinationen, Gedankenausbreitung (vgl. Symptomatik bei „Schizophrenen Psychosen", S. 97)

Verlauf:
- phasenhafter Verlauf, ähnlich bipolaren Psychosen
- im Intervall restitutio ad integrum, kein Residuum
- langfristig günstige Prognose, kein Persönlichkeitsdefekt

Therapie
- bei *schizomanischen* Phasen: Neuroleptika
- bei *schizodepressiven* Phasen: Neuroleptika und Antidepressiva, bei Therapieresistenz evtl. EKT; stützende Psychotherapie
- *Phasenprophylaxe* mit Carbamazepin oder Lithium; u. U. zweigleisig mit (Depot-)Neuroleptika

8.2 Sondergruppe: Zykloide Psychosen

Nach Leonhard (1986)[1] kann man diese Sondergruppe, die mit schizoaffektiven Psychosen Ähnlichkeit aufweist, mit Unterformen abtrennen. Typisch: kurze, rasch wechselnde Phasen von bipolarer Verlaufsform. Diese Gruppe weist auch Überschneidungen mit der folgenden auf, den akuten vorübergehenden Psychosen nach ICD 10.
- *Angst-Glücks-Psychose:* Leitsymptom *Angst,* auch in Kombination mit Verfolgungswahn und Stimmen bei synthymem Affekt. Rascher Wechsel in ekstatisch (paranoiden) psychotischen Glückszustand; Eingebungswahn
- *Erregt-gehemmte Verwirrtheitspsychose:* Leitsymptom *Denkstörung,* Stimmung labil. Gehemmter Pol: Beziehungs- und Bedeutungswahn, kein Stupor, aber Aspontanität. Erregter Pol: Ideenflucht und Zerfahrenheit, Personenverkennungen und Halluzinationen
- *Hyperkinetisch-akinetische Motilitätspsychose:* Leitsymptom *Störungen der Motorik.* Hyperkinetisch: ähnlich katatoner Erregung. Akinetisch: ähnlich katatonem Stupor; kurze psychotische Episoden

8.3 Akute vorübergehende Psychosen (F 23)

Allgemein: Nach ICD 10 Sammelbezeichnung für unterschiedliche, akut innerhalb von Tagen auftretende, kurzdauernde psychotische Syndrome unterschiedlicher Genese (insbesondere nach aktueller Belastung). Vorkommen besonders häufig in den Ländern der Dritten Welt. Viele dieser Störungen wurden früher als psychogene oder reaktive Psychosen klassifiziert.

---

[1] Leonhard K (1986) Aufteilung der endogenen Psychosen und ihre differenzierte Ätiologie, 6. Aufl. Akademie-Verlag, Berlin

Formen:
- polymorphe Störungen mit oder ohne typisch schizophrene Symptome: wechselnde produktive Symptomatik, starke affektive Schwankungen von Glücksgefühlen und Ekstase bis zu Angst und Reizbarkeit
- akute schizophreniforme Störungen
- vorwiegend wahnhafte Störungen

Darüber hinaus finden sich akute depressive und katatone Syndrome, sowie solche, bei denen Bewußtseinsstörungen im Vordergrund stehen.

Verlauf: akuter Beginn, Verlauf im allgemeinen günstig, in einem Teil der Fälle Übergang in Schizophrenie

Therapie: psychopharmakologisch mit Neuroleptika, dann psychotherapeutisch

8.4 Wahnentwicklungen (F 22)

Allgemein: Entwicklung eines anhaltenden Wahns, in der Regel ohne sonstige produktive Symptome wie Halluzinationen sowie ohne tiefgreifende Persönlichkeitsveränderung. Oft finden sich psychogen erklärbare Entstehungsbedingungen bei angenommener Disposition. Therapeutisch schwer beeinflußbare Krankheitsbilder

Nosologische Zuordnung der Wahnentwicklungen: kontrovers diskutiert; Übergänge zu neurotischen Störungen, zu Schizophrenie; nosologische Eigenständigkeit immer wieder in Frage gestellt, aus klinischer Evidenz ist „Wahnentwicklung" jedoch ein erforderlicher Krankheitsbegriff!

Diagnostisch in diesem Bereich auch chronische, nichtschizophrene paranoide Psychosen mit Paramnesien und Sinnestäuschungen, im übrigen aber gut erhaltener Persönlichkeit; Ursprung der Wahnentwicklung oft nicht gut nachzuweisen!

Differentialdiagnose zur spät auftretenden, rein wahnhaften, chronisch verlaufenden Schizophrenie (Paraphrenie) kaum möglich

Verlauf: über Jahre, eher ungünstig. Verlauf günstiger, wenn als Grunderkrankung eine endogene Psychose vorliegt

Therapie: Versuche mit Neuroleptika und/oder Antidepressiva. Häufig Therapieresistenz, häufig keine Behandlungsbereitschaft. Ärztliche psychotherapeutische Gespräche sind zu versuchen, u. U. auch sozialtherapeutische Betreuung

Formen von Wahnentwicklung

- **_Paranoia/sensitiver Beziehungswahn._** Historisch mehrfach wechselnde Bedeutung von Paranoia. Vorbild für die heutige Bedeutung ist der von Gaupp (1914) beschriebene Fall des Hauptlehrers Wagner (s. Fallbeispiel, S. 133): ein sich aus dem Charakter entwickelnder, nichtschizophrener chronischer systematischer Wahn, der sich auf Beeinträchtigung, Verfolgung, Eifersucht etc. bezieht.

  Definitorisch schwer von diesem Paranoiabegriff zu unterscheiden ist der _sensitive Beziehungswahn_ (Kretschmer): Entwicklung aus dem Zusammentreffen von Charakter (sensitiver Persönlichkeitsstruktur), Erlebnis (persönliche Niederlage) und sozialem Milieu. Umschlag des Primärerlebens der peinlichen Kränkung, der Minderwertigkeit in die Gewißheit, von allen betrachtet, gekannt, verachtet zu werden; Negativvariante eines Größenwahns!

  Verlauf: Beginn häufig ab 4. Lebensjahrzehnt, öfter bei Frauen; ein Teil der Fälle geht in Schizophrenie über; Prognose ungünstig

- **_Querulantenwahn (Paranoia querulans):_** Psychopathologisch: Übergang von einer überwertigen Idee zum systematisierten Wahn. Wahnhafte Überzeugung, immer wieder Rechtskränkungen zu erleiden

  Prämorbide Persönlichkeit: starrsinnig, rechthaberisch, oft nachdrücklich, auch kampfeslustig

  Beginn mit wirklicher oder vermeintlicher Ungerechtigkeit; daraufhin häufig jahrelanges Prozessieren durch alle Instanzen, ohne die geringste Kompromißbereitschaft, Beschuldigungen gegen alle übrigen Beteiligten, schließlich gegen die ganze Gesellschaft

  In der _Gutachtenpraxis_ ist die Frage nach Geschäftsfähigkeit relevant (typisch: großer Umfang der Akte mit zahlreichen Schriftsätzen, engbeschriebene endlose Seiten mit weitschweifigen, zwar von falschen Voraussetzungen ausgehenden, aber in sich meist schlüssigen Ausführungen)

  Mögliche Interpretation: Projektion eigenen Unrechts auf die anderen

- **_Eigengeruchsparanoia._** Gelegentlich als isolierter Wahn mit eingebildeter Wahrnehmung von unangenehmem Eigengeruch. Beginn als überwertige Idee, z. B. nach Äußerungen aus der Umwelt; auch als Symptom im Rahmen von schizophrenen Psychosen

- **_Dysmorphophobie._** Wahnhafte Entwicklung des Inhalts, von der Umwelt wegen eines vermeintlichen oder tatsächlichen Körperfehlers (häufig Form der Nase, Form der weiblichen Brust oder Größe des Penis) abschätzig beurteilt zu werden. Konsiliarische Hinzuziehung des Psychiaters durch den Plastischen Chirurgen; häufig Frage der Kostenübernahme durch Krankenkassen

Folge der Wahnentwicklung: depressive Verstimmungen, auch suizidale Handlungen, u. U. psychotische Dekompensation. Gelegentlich auch bei beginnender Schizophrenie. Übergang von überwertiger Idee zu Wahn
- *Dermatozoenwahn.* Gewißheit, daß am Körper kleine Tierchen, Parasiten, Würmer etc. vorhanden sind (Taktile Halluzinationen). Häufiger in der Dermatologie oder Hygiene; diese Kranken wollen meist nicht zum Psychiater. Vorwiegend ältere Frauen, öfter im Zusammenhang mit organischen Entwicklungen
- *(Prä)seniler Beeinträchtigungswahn/Kontaktmangelparanoid.* Im Alter auftretender Wahn, häufig im Zusammenhang mit hirnorganischem Abbau, aber auch bei vereinsamten Personen, nach Verlust des Kontakts zur Umgebung. Oft jahrelang anhaltendes, der Umgebung verborgen bleibendes Syndrom (s. a. Fall 4.3)
- *Wahnentwicklung bei Schwerhörigen.* Auftreten von wahnhaften Projektionen bei Verlust des Kontakts zur Umgebung durch Hörverlust, ähnlich dem Kontaktmangelparanoid. Vergleichbare Störungen auch in sprachfremder Umgebung sowie nach langer Isolation in sensorisch-deprivierender Situation
- *Induzierte wahnhafte Störung (symbiontischer Wahn, Folie à deux).* (F 24) Übernahme der Wahnsymptomatik eines Kranken durch einen nicht wahnkranken Partner oder auch eine ganze Gruppe (Familie); der Primärerkrankte suggeriert dem Partner seine Wahninhalte (z. B. Verfolgungswahn, Dermatozoenwahn etc.). Erkrankung der Primärperson häufig an paranoid-halluzinatorischer Schizophrenie
Differentialdiagnose: *konformer Wahn* als gemeinsame Entwicklung eines sich zusammenfügenden Wahns bei zwei kranken, zusammenlebenden Personen. Unabhängige Entstehung bei jedem der beiden, sodann Zusammenwachsen in der Art der Ausformung

Fallbeispiele

 Fallbeispiel 8.1

Die 22jährige, ledige, in der Ausbildung zur Schneiderin befindliche Frau I. kommt mit 2 Mitgliedern ihrer Wohngemeinschaft am frühen Morgen zur Aufnahme. Sie sei seit dem Vorabend auffällig verändert. Zunächst sei sie zornig gereizt gewesen, dann sei sie in den letzten Stunden in einen immer stärkeren Erregungszustand geraten.

Frau I. stammt aus einer kinderreichen Familie. Der Vater ist wegen politisch linksgerichteter Tätigkeit als Eisenbahnbeamter entlassen worden. Beide Eltern waren politisch stets sehr aktiv, und die Patientin hatte sich wegen häufiger Abwesenheit der Eltern schon als Kind sehr an Selbständigkeit gewöhnen müssen. Die Elternehe war schlecht und sie habe „der Sonnenschein der Familie" sein müssen. Gutes Verhältnis zum Vater, von der Mutter wurde sie häufig herabgesetzt; im Gegensatz zu ihren erfolgreicheren Geschwistern habe diese sie als „höchstens handwerklich begabt" bezeichnet. Immerhin machte sie nach der Trennung von zu Hause ihr Abitur mit einem guten Abschluß und begann danach eine Schneiderlehre. Seit der Trennung von den Eltern lebt sie in einer Wohngemeinschaft.

Zur Vorgeschichte hörten wir, daß sie bereits vor einem Jahr einen Suizidversuch mit Tollkirschen machte; es folgten im selben Jahr mehrere parasuizidale Handlungen bei zunehmender Depressivität und Versagensängsten. Stationäre Behandlung wegen eines depressiven Erscheinungsbildes und einer Eßstörung mit Gewichtszunahme von 10 kg. Sie habe die Klinik mehrfach ohne Verabredung mit den behandelnden Ärzten verlassen. Nach der Entlassung wohnte sie zunächst etwa 1 Jahr wieder bei den Eltern. Es fand eine Familientherapie statt. Nach Abklingen der Depression wurde Frau I. sehr umtriebig, sie kaufte sich Kleidung für mehrere Tausend Mark, eine Summe, die sie den Eltern entwendete.

Vor der jetzigen Aufnahme hatte sie sich von ihrem Freund getrennt und war anschließend sehr „aufgedreht" gewesen. In der letzten Nacht demolierte sie ihr Zimmer und warf Gegenstände die Treppe hinunter oder aus dem Fenster. Sie äußerte, sie sei die „heilige Johanna".

Die Patientin wird neuroleptisch mit Haloperidol (Haldol®) behandelt. Es ist zunehmend möglich, mit ihr Kontakt aufzunehmen, und sie kann über ihre Erlebnisse berichten. Sie habe im Anschluß an eine Teufelsaustreibung in ihrem Zimmer „einen Ausraster" gehabt; in ihrem Freund, der sich jetzt von ihr trennte, habe sie eine Art Gott gesehen. Sie habe, um für seine Liebe rein zu sein, alles Böse aus ihrem näheren Bereich entfernen müssen, alles aus ihrem Zimmer gesammelt und ins Treppenhaus hinuntergeworfen. Sie sei dann im leichten Kleid nach draußen gegangen, um die Sonne zu begrüßen. Daraufhin habe die Polizei sie aufgegriffen. Dieses Geschehnis habe eine bestimmte Bedeutung für sie gehabt, um sie herum seien überall verschlüsselte Botschaften gewesen.

Psychisch: bewußtseinsklar, orientiert, distanzlos; logorrhoeisch, im formalen Denken beschleunigt, assoziativ gelockert, ideenflüchtig; Größenideen, Bedeutungserleben, Beziehungswahn, Eindruck des Gemachten, Symboldenken, Derealisation; gehobene Stimmung, starke Ambivalenz, Mißtrauen, depressive Einbrüche.

Die Diagnose ergibt sich aus der Mischung von starken affektiven Anteilen mit sowohl manischen und depressiven Verstimmungen als auch den produktiven psychotischen Symptomen im Sinne eines parathymen Wahnerlebens. – Differentialdiagnostisch ist eine Manie mit parathymer psychotischer Symptomatik zu diskutieren.

Schizoaffektive Psychose (F 25.0)

 Fallbeispiel 8.2

Der 27jährige Patient, Herr M., ist Fernfahrer, verheiratet. Seine Frau ist jetzt mit dem 1. Kind im 6. Monat schwanger. Er berichtet über eine unglückliche Kindheit. Der Vater habe sich herumgetrieben, viel getrunken, die Mutter mußte viel arbeiten und hatte kaum Zeit für den Patienten. Nach der Volksschule konnte er keine Lehre beginnen, sondern mußte früh Geld verdienen. Mit 25 Jahren heiratete er.

Seit Beginn der Schwangerschaft der Ehefrau veränderte sich der Patient in seinem Verhalten. Nachdem er zuvor areligiös gewesen war, sprach er häufig von Gott, der ihm zu spirituellen Erkenntnissen verhelfe. Die Ehefrau erlebte ihn in solchen Momenten innerlich aufgewühlt. Intensiv erlebte er eine platonische Beziehung zu einer Freundin, und er stand in einer „schrecklichen Zerreißprobe" zwischen dieser neuen Liebe und seiner Frau, war zutiefst verzweifelt. Neben diesen Phasen von Verzweiflung erlebte er, wenn auch seltener, intensivste Glücksgefühle, ihn durchfahrende Energieströme, worauf er vor Glück habe weinen müssen. In visionären Erlebnissen erblickte er Gott von Angesicht zu Angesicht. Er hatte Angst, mit sich selbst zu verschmelzen, wahnsinnig zu werden.

Zwei Monate vor der Aufnahme kehrte er nach zeitweiliger Trennung zu seiner Frau zurück und arbeitete weiter als Fernfahrer. Auf einer seiner Fernfahrten in Frankreich flehte er Menschen auf der Straße an, ihm zuzuhören. Er meinte, innerlich zu explodieren, sei geradezu zusammengebrochen. Unter ambulanter nervenärztlicher Behandlung besserte sich zwar zunächst sein Befinden, er beging dann aber einen Suizidversuch mit 20 Tabletten Prothipendyl (Dominal 40®) und 10 Tabletten Diazepam (Valium 10®). Von der Intensivstation wurde er in die Psychiatrische Klinik verlegt.

Bei der Aufnahme zeigte er großen Rededrang und monologisierte in gestelzter Ausdrucksweise über seine Empfindungen tiefster Trauer und visionärer Erlebnisse. Er war jetzt nicht depressiv, vom Suizidversuch distanziert, beschreibt diesen als impulsartig. Er arbeitete auf der Station an seinem in der letzten Zeit geschriebenen Buch weiter, in dem er auf über 350 Seiten Themen wie Liebe, Verzweiflung, Seele, Kosmos u.ä. in theoretisierender Form abhandelte. Bei aller Distanz den Mitpatienten gegenüber, versuchte er doch, ihre Nöte zu verstehen. Er bemühte sich dann auch wieder um Integration in das Leben zu Hause, obwohl er sich von der Ehefrau kaum verstanden fühlte. Trotz unserer Warnungen vor zu großer Belastung nahm er kurz nach der Entlassung aus 4wöchiger stationärer Behandlung wieder eine Anstellung als Fernfahrer an. Wir empfahlen, noch über längere Zeit eine niedrige Dosis Pimozid (Orap®) einzunehmen.

Zykloide Psychose (F 23.0)

 Fallbeispiel 8.3

Die 60jährige Patientin, Frau J., wurde von einem internistischen Kollegen zur Konsiliaruntersuchung überwiesen. Er behandelte sie bisher wegen einer seit 20 Jahren bestehenden primär-chronischen Polyarthritis.

Frau J. ist die 2. von 3 Geschwistern. Sie habe stets unter ihrer 3 Jahre älteren Schwester gelitten, die sie als Rivalin schikaniert habe. Zum jüngeren Bruder bestehe ein besseres Verhältnis. Frau J. lernte Kindergärtnerin und war später Lehrerin für Kinderpflegerinnen. Danach war sie als Sozialpädagogin bis zu ihrer Berentung lange Zeit an einer Berufsfachschule tätig.

Sieben Jahre vor der jetzigen Untersuchung begannen Belästigungen durch einen Rauschgifthändlerring. Sie habe damals im Hause eines Dealers gewohnt, der ihr Schwierigkeiten bereitete. In ihrer Abwesenheit betrat man ihre Wohnung, benutzte ihr Telefon, bestaubte ihre Möbel, vergiftete die Wohnung mit Tetrachlorkohlenstoff und entwendete Gegenstände. Beispielsweise war ein roséfarbener Sessel plötzlich, nachdem sie kurz abwesend gewesen war, weiß wie Rauhreif. Die Polizei habe ihr nicht helfen können. Die Beamten meinten, Nachweis eines Einbruches könne nicht geführt werden und insofern sei die Sache gegenstandslos. Auch nach einem Umzug in eine andere Wohnung, wo sie hoffte, Ruhe zu haben, wurde sie weiterhin belästigt.

Wegen ihrer Frühberentung wurde sie zu einem Neurologen geschickt, der einen Verfolgungswahn bei ihr festgestellt habe. Sie fühlte sich aus ihrer Tätigkeit in der Schule herausgedrängt, sei ungern in Pension gegangen. Nach der Pensionierung habe sie dann zunächst zusammen mit ihrer Schwester im Heimatort gewohnt, diese aber zunehmend als schwierig empfunden, so daß sie beide dann auseinanderzogen.

Ihre Schwester habe von den Rauschgifthändlern alles übernommen, um sie weiter zu quälen. Immer noch werde sie von den Rauschgifthändlern beschattet. Ihre Schwester habe sie belogen, betrogen und bestohlen. Bis vor 1 Jahr habe sie die Schwester in ihrer Wohnung gespürt. Überall habe sie gelbe Schmiere festgestellt; es habe gestunken, die Gardinen seien braun und ölig gewesen. Ständig habe sie hohe Rechnungen bei der Reinigung gehabt, oft auch selbst gewaschen, wobei sie dann ihre Hände verdorben habe. Das Gift sei in ihren Körper eingedrungen und habe alle Gelenke befallen, besonders die Handgelenke, Schultern und Knie. Sie müsse also ihrer Schwester die Schuld daran geben, daß sich ihre Krankheit verschlechtert habe.

Psychisch steht Frau J. in den Gesprächen unter starker Spannung. Sie will ständig selbst sprechen, ohne auf Einwände oder Dialogangebote des Gegenübers einzugehen, so daß kein echter Kontakt zustande kommt. Sie spricht weitschweifig und unpräzise über ihre Biographie und den „Psychoterror" der letzten Jahre. Bei äußerer Liebenswürdigkeit ist sie weder bereit, bezüglich des Wahns Konzessionen zu machen, noch bei mangelnder Krankheitseinsicht eine Behandlung zu akzeptieren. Ein Dreiergespräch mit ihrer Schwester kommt für sie nicht in Frage. Keine Hinweise auf akustische Halluzinationen, keine Ich-Störungen. Eine Psychogenese zu klären ist wegen ihrer Abwehr nicht möglich, da sie über Einzelheiten ihres Lebens nicht weiter sprechen möchte.

Bei Frau J. liegt eine therapeutisch schwer zugängliche, langjährige paranoide Psychose vor mit einem zunehmend systematisierten, präsenilen Beeinträchtigungswahn. Die illusionären Verkennungen könnten auf einen beginnenden hirnorganischen Prozeß hinweisen. Für eine Schizophrenie fanden sich keine ausreichenden Anhaltspunkte, wie Stimmenhören oder Ich-Störungen.

 Paranoide Psychose (chronifizierter Beeinträchtigungswahn) (F 22.0)

Historischer Fall nach Gaupp (1914)[2]

Fallbeispiel 8.4

„Der 1874 in Eglosheim geborene, aus kleinbäuerlicher Familie stammende Lehrer Ernst Wagner, der seit 1903 verheiratet und Vater von 4 gesunden Kindern war, in geordneten Verhältnissen lebte, hatte in der Nacht vom 3./4. September 1913 zuerst seine Frau und dann seine sämtlichen Kinder durch tiefe Zerschneidung der Halsschlagadern getötet, während sie ahnungslos schliefen. Er war dann mit Eisenbahn und Fahrrad von Stuttgart nach Ludwigsburg, Bietigheim und Mühlhausen gefahren und hatte dort in der folgenden Nacht das in tiefem Schlaf liegende Dorf an 4 verschiedenen Stellen in Brand gesteckt, dann, als die durch den Brand aus ihrer Ruhe aufgescheuchten Bewohner ihre Wohnungen verließen, um sich und ihr Vieh zu retten, mit 2 langen Mauserpistolen auf alle männlichen Einwohner, die er zu Gesicht bekam, geschossen, 8 Personen sofort getötet, 12 andere sowie 2 Stück Vieh schwer verletzt." Er wurde daran gehindert, seinen ursprünglichen Plan ganz durchzuführen, nämlich weitere Personen zu töten, sein Geburtshaus durch Feuer zu vernichten und dann schließlich auch das Schloß Ludwigsburg anzustecken.

---
[2] Gaupp R (1914) Die wissenschaftliche Bedeutung des Falles Wagner. Münchner Medizinische Wochenschrift, 61: 633–637

Wagner wurde psychiatrisch von R. Gaupp untersucht. Dabei stellte sich heraus, daß er einen seit Jahren gehegten und genau vorbereiteten Mordplan ausgeführt hatte. Bei vorhandener Familienbelastung war seine Kindheit offenbar unglücklich. Der Vater war wohl Alkoholiker, die Mutter eine pessimistische Frau mit „Neigung zu Verfolgungsgedanken" und querulatorischen Zügen; von seinen 9 Geschwistern war ein Bruder Trinker, eine Schwester „sehr nervös". Seit der Kindheit litt er unter angstvollen Träumen, fühlte sich verfolgt, lebte in seiner Phantasie in Räuberromanen.

Im Laufe seiner Jugendentwicklung trat ein Pessimismus immer mehr in den Vordergrund. Er erlebte sich als der Onanie ausgeliefert. Trotz eines verständnisvollen Arztes kann er sich nicht von Schuldgefühlen frei machen. „Er ist überzeugt, daß auch andere ihm seine geheimen Sünden anmerken; er glaubt das aus allerhand Andeutungen herauszumerken." In den Jahren darauf litt Wagner unter ständigen Onanieskrupeln und Kämpfen gegen die Onanie. Sodann soll er sich einige Male unter Wirkung von Alkohol an Tieren vergriffen haben, Sodomie begangen haben, ohne daß diese Handlungen etwa von anderen beobachtet wurden. „Unmittelbar nach den Verirrungen war seine Verzweiflung darüber, seine Angst vor Entdeckung und seine Scham, daß er sich mit seiner Sodomie an der ganzen Menschheit vergangen habe, ungeheuer. In qualvoller Unruhe geht er umher, schon am Tage darauf glaubt er, in gespannter ängstlicher Erwartung wahrzunehmen, daß andere ihm seine schändliche Handlung ansehen."

Hier ist der Ausgang seiner Wahnentwicklung, in die er immer mehr Personen um sich herum einbezieht. Wagner lebt in der sicheren Überzeugung, daß die Bewohner von Mühlhausen seine Verfehlungen kennen, sich über ihn lustig machen, ihn verhöhnen. Hier setzt eine Entwicklung ein, die sich schließlich gegen die Verfolgung durch die Bürger von Mühlhausen richtet. Er steigert seinen Haß gegen die Urheber seiner Qual und „beschließt den Untergang seiner Familie und aller männlichen erwachsenen Einwohner von Mühlhausen." Den Plan hat er schließlich weitgehend durchgeführt.

Bei Wagner handelt es sich „um die psychologische Weiterentwicklung einer von Haus aus abnormen Persönlichkeit, die unter dem Einfluß einer schweren Schuld einen unheilbaren inneren Riß erlebte". Bei einem selbstunsicheren, sensitiven und zugleich hochbegabten Menschen entwickelte sich in Projektion eigener Schuld ein Beziehungs- und Verfolgungswahn, der sich schließlich in schweren Aggressionen entlud.

Paranoia: „Der Fall Wagner" (F 22.0)

9 Neurosen

9.1 Allgemeiner Teil

Definition

Krankhafte Störung der Erlebnisverarbeitung; Erklärung der Symptomatik (abnormes Erleben und Verhalten, evtl. auch mit funktionellen Störungen):
- *aus psychoanalytischer Sicht:* Fehlentwicklung/-haltung mit Symptomcharakter durch Reaktivierung in Adoleszenz/jungem Erwachsenenalter von ätiologisch und pathogenetisch bis in die Kindheit zurückreichenden, unbewußten, nicht gelösten infantilen Konflikten; intrapsychische Konflikte zwischen psychischen Substrukturen (s. „Allgemeine Neurosenlehre", S. 136 ff.)
- *aus lerntheoretischer Sicht:* erlerntes (klassisch wie auch operant konditioniertes) Fehlverhalten

Klassifikation

Während die Einteilung der Neurosen in der ICD 9 noch in traditionell klarer Trennung von der der Psychosen erfolgte, wurde in der ICD 10 diese Dichotomisierung nicht beibehalten. „Neurotische, Belastungs- und somatoforme Störungen" finden sich in der ICD 10 im Abschnitt F 4, versehen mit dem Hinweis, daß das Neurosenkonzept nicht als Organisationsprinzip beibehalten worden sei.

Weitere Störungen, insbesondere depressive Neurosen (Dysthymia) finden sich im Abschnitt F 3.

Epidemiologie

Psychogene Störungen insgesamt (Reaktionen, Neurosen, Persönlichkeits-, Sexual- und psychosomatische Störungen) 10–20% in der Bevölkerung, 10–30% in der Praxis des Allgemeinarztes, 40–50% beim Internisten. Lebenszeitprävalenz für psychogene Symptome bei Erwachsenen 80–95% (Schepank 1986)[1]

---

[1] Schepank H (1986) Epidemiologie psychogener Störungen. In: Psychiatrie der Gegenwart, Bd 1, S 1–27. Springer, Berlin Heidelberg New York Tokyo

Vorkommen psychogener Störungen *transkulturell,* Symptommanifestationen (Erscheinungsformen) jedoch durch kulturelle Unterschiede geprägt

- **Geschlecht:** bei Frauen Überwiegen von Neurosen und psychosomatischen Störungen, bei Männern Überwiegen von Persönlichkeitsstörungen, Sucht, Suizid, Delinquenz
- **Alter:** Manifestationsalter von Neurosen zwischen 20. und 50. Lebensjahr, Gipfel in der 3. Lebensdekade
- **Sozialschicht:** keine sichere Beurteilung möglich
- **Genetik:** erbliche Komponenten nachgewiesen (Zwillingsforschung, Adoptivstudien)

Verlauf und Prognose

Bei unbehandelten Neurosen sind nach 20 und mehr Jahren 10–20% der Patienten geheilt (Kriterium: soziale Anpassung), 50–60% gebessert, 20–30% verschlechtert bzw. ungebessert, ca. 50% der Patienten weisen neurotische Residualsymptomatik auf (z. B. Resignation, Stagnation, emotionale Einengung, Verlust an Lebensgefühl). Im Alter häufig Milderung neurotischer Symptome.

Prognoseregel: Prognose günstiger, wenn Störung akut beginnt, mit starken Emotionen einhergeht und prämorbide Persönlichkeit relativ gesund ist. Eher günstiger Verlauf bei neurotischer Depression, hysterischer Neurose, nicht chronifizierter Angstneurose. Eher ungünstiger Verlauf bei Zwangsneurosen, hypochondrischen Neurosen

Die *Chronifizierung* neurotischer Symptome ist u. U. abhängig von frühzeitiger Erkennung der Psychogenese und rechtzeitiger Vermittlung adäquater Therapie. Häufiger Schwachpunkt: Erstbehandlung nach organisch-naturwissenschaftlichem Krankheitskonzept, „Marsch des Neurotikers durch die ärztlichen Institutionen" häufig 5–10 Jahre, bis adäquate Therapie beginnt!

9.1.1 Allgemeine Neurosenlehre

Psychoanalytisches Phasenmodell (Neurosenentwicklung)

Orale Phase (bis 2. Lebensjahr): libidinöse Erfahrung oral fokussiert. Im Mittelpunkt des Erlebens steht Nahrungsaufnahme, Triebbefriedigung und Lustgewinn am Saugen. Vermittlung von Gefühlen der Nähe, Wärme, Geborgenheit, Sicherheit; „Urvertrauen". Frühestes Erleben von Bindung, Abhängigkeit, Angenommenwerden

Mögliche Manifestationen infolge Störungen während oraler Phase:
- mangelndes Vertrauen in sich selbst und andere (Selbstwertproblematik)
- Nähe-Distanz-Probleme, starke Abhängigkeit von Anderen
- Identitätsstörungen, Ich-Schwäche
- Sexualstörungen (Hingabestörung)
- psychosomatische Störungen
- depressive Charakterstruktur
- süchtiges Verhalten

Anale Phase (2.–3. Lebensjahr): libidinöse Erfahrung anal fokussiert. Lustempfindung an Ausscheidungsorgane und -prozesse gebunden; Erleben von Hergeben und Zurückhalten des eigenen „Produkts". Weiterentwicklung von Autonomie, Beherrschung von Körperfunktionen, Entwicklung von Selbstwertgefühl

Mögliche Manifestationen infolge Störungen während analer Phase (z. B. durch inadäquate Reinlichkeitserziehung):
- zwanghafter Charakter mit Pedanterie und Ordnungsliebe
- starke Autonomie- und Machtwünsche
- Sparsamkeit/Geiz
- Rigidität im Denken und Handeln
- Querulanz
- Zwangsneurose

Ödipale (phallische) Phase (ca. 4.–6. Lebensjahr): libidinöse Erfahrung genital fokussiert. Zunehmende Aufmerksamkeit/Interesse an Miktion und Genitale, Erleben der sexuellen Unterschiede, Akzeptieren des eigenen Geschlechts und der Geschlechtsrolle als Basis für Geschlechtsidentität (damit weitere Sicherung des Selbstwertgefühls). Lösung der ödipalen Konstellation durch Relativierung der Liebe zum gegengeschlechtlichen Elternteil und Identifizierung mit dem gleichgeschlechtlichen Elternteil

Mögliche Manifestationen infolge Störungen während ödipaler Phase:
- Störungen der Geschlechtsidentität
- Sexualstörungen und Sexualängste
- Partnerprobleme
- Konversionssymptome
- Phobien

Latenzphase (ca. 6.–10. Lebensjahr): Erleben und Erfahrungen primär auf Weiterentwicklung von Ich-Fähigkeiten (z. B. Wissenserwerb, soziale

Fertigkeiten, Auseinandersetzung und Behauptung in Gruppen) gerichtet, Orientierung an Leitbildern

Störungsmöglichkeiten insb. dann, wenn die früheren Phasen konflikthaft durchlaufen wurden:
- Verhaltensstörungen (z. B. Autismus, Aggressivität)
- autoaggressive Tendenzen
- Enuresis
- Konzentrationsmangel
- Leistungsschwächen
- überstarke Fixierung an das Elternhaus
- Schulängste/Schulverweigerung
- Angst vor Auseinandersetzungen mit anderen (z. B. Klassenkameraden)

Genitale Phase/Pubertät (ca. 11.–16. Lebensjahr): verstärktes Erleben des eigenen Selbst, der Triebwünsche, der Geschlechtsidentität. Autonomiebedürfnis vs. Abhängigkeit von den Eltern; Austesten eigener Fähigkeiten und ihrer Grenzen; neue Idealbildungen

Störungsmöglichkeiten, insb. bei vorbestehenden früheren Traumatisierungen:
- schwere Selbstwertprobleme (Unsicherheit, Verlegenheit, Scham)
- Sexualängste und Onanieskrupel (Scham-/Schuldgefühle)
- Flucht in Phantasiewelten (Tagträume)
- Störungen der Geschlechtsidentität (z. B. Homosexualität, sadomasochistische Neigungen)
- Isolierungstendenzen
- triebfeindliche Einstellungen
- Regressionstendenzen (z. B. erste Suchtmanifestation)
- Suizidalität

Psychoanalytische Instanzenlehre, Ich-Psychologie und Abwehrmechanismen

Instanzenlehre: aus der ursprünglichen Einteilung in Unbewußtes, Vorbewußtes, Bewußtes wurde die spätere Formulierung der Strukturhypothese (psychischer Apparat), bestehend aus den drei, das Selbst bildenden Instanzen: Es, Ich, Über-Ich.
- *Es* umfaßt Gesamtheit der Triebe (Lust-Unlust-Prinzip)
- *Ich* umfaßt koordinierende Funktionen zur Regelung der Beziehung des Individuums zu seiner Umgebung nach dem Realitätsprinzip
- *Über-Ich* enthält die moralischen Maßstäbe des Selbst sowie Idealbildungen

Ich-Psychologie: zentrale Bedeutung des Ichs ist Regelung und Bewältigung der z. T. divergierenden Wünsche/Bestrebungen/Forderungen von Es und Über-Ich. Konfliktanfälligkeit z. B. durch Triebwünsche vs. Verbote (Es vs. Über-Ich) unter Berücksichtigung der Realität (Realitätsprüfung). Das Ich verfügt über eine Reihe von Abwehrmechanismen, die bei Angst (Signal bei drohender Reizüberflutung) einsetzen.

Abwehrmechanismen:
- *Verdrängung* der mit dem Gesamtleben nicht zu vereinbarenden eigenen Impulse oder auch äußerer Erfahrungen/Erlebnisse in den Bereich des Unbewußten. Eine Form von Nichtwahrhabenwollen („was ich nicht weiß, macht mich nicht heiß"). Das Verdrängte bleibt aber aus dem Unterbewußtsein heraus wirksam
- *Verleugnung* schmerzhafter bzw. schamhafter, unangenehmer Teile der Realität („es kann nicht sein, was nicht sein darf")
- *Projektion:* Eigene Konflikte/Wünsche/Triebregungen werden nach außen verschoben (projiziert) und dort häufig bekämpft, d. h. Verlagerung eigener Vorstellungen auf einen anderen Menschen, an dem diese Regungen (tatsächlich oder vermeintlich) wahrgenommen und möglicherweise kritisiert werden, während sie im eigenen Erleben nicht ertragen werden können
- *Identifikation:* Bestrebungen, Ziele, Persönlichkeitscharakteristika anderer werden in das eigene Selbst integriert und damit sich zu eigen gemacht
- *Reaktionsbildung:* Verkehrung ins Gegenteil (z. B. besonders freundliche Behandlung eines ungeliebten, verachteten Gegenübers)
- *Regression:* Rückzug (phantasiert und/oder im manifesten Verhalten) in frühere Entwicklungszeiten („harmonischer Primärzustand"). Häufiger Abwehrmechanismus bei starken Kränkungen/Versagungen und dadurch bedingter Frustration
- *Verschiebung:* Konflikthaft erlebte Impulse/Gefühle gegenüber einer Person werden auf andere (Personen oder Sachen) verschoben
- *Rationalisierung:* Versuch, einem abgewehrten Motiv eine moralisch akzeptable Lösung zu geben
- *Wendung gegen das Selbst:* Wendung eines Triebimpulses (z. B. Wut) gegen die eigene Person
- *Sublimierung:* sozial bzw. kulturell akzeptierte und gratifizierte Ersatzbetätigungen für das Ausleben von Triebimpulsen
- *Isolierung:* Gedanken werden von anderen Gedankenverknüpfungen isoliert und damit „unschädlich" gemacht
- *Ungeschehenmachen:* Beseitigung vorangegangener Gedanken oder Handlungen durch neue Gedanken/Handlungen, die häufig gegen-

teilige Bedeutung haben. Häufiger Mechanismus bei Zwangssyndromen
- *sog. psychosoziale Abwehr:* belastende Manipulation anderer zur eigenen Konflikt- und Leidensentlastung

9.2 Spezieller Teil

9.2.1 Neurotische Depression (Dysthymia F 34.1)

Definition: Überwiegen nichtpsychotischen depressiven Erlebens (Verstimmung) und Verhaltens (Gehemmtheit)

Epidemiologie: häufigste Neurosenform; ca. 10–20% in der psychotherapeutischen Sprechstunde; 5–7% in der Allgemeinbevölkerung; häufiger bei Frauen

Symptomatik: depressive Verstimmung, Selbstwertproblematik, Hemmungen, Gefühl von Hilf- und Hoffnungslosigkeit, Angst (z. B. vor Ablehnung, Trennung, Verlassenwerden, Verlust), Arbeitsstörungen, vegetative Symptome (chronische Abgeschlagenheit, Müdigkeit), Suizidalität (zumindest latent), Tendenz zur Abhängigkeit von und Anlehnung an als stark erlebte Objekte (dominante Bezugspersonen)

Verlauf und Prognose: Tendenz zu wellenförmiger Chronifizierung mit Neigung zu Rezidiven, verkürzte Lebenserwartung durch erhöhtes Suizidrisiko

Therapie: prinzipiell verschiedene Formen der Psychotherapie, evtl. zeitweilig unterstützt von antidepressiver medikamentöser Behandlung

9.2.2 Zwangsneurose (Zwangsstörung F 42)

Definition: Patient leidet unter verschiedenen, sich ihm aufdrängenden Zwängen bzw. Zwangsimpulsen, gegen die er sich nicht oder nur mit großer Anstrengung wehren kann. Auftreten zwangsneurotischer Symptome häufig bei Patienten mit zwanghafter Persönlichkeitsstruktur (Neigung zu Kontrolle, Perfektionismus; Streben nach Dauer und Sicherheit, Absicherungstendenzen, Angst vor Wandlung)

Zwangskrankheit: maligne Ausprägungs- und Verlaufsform der Zwangsneurose

Epidemiologie: keine häufige Neuroseform, in der Bevölkerung unter 1%, in Psychiatrischen Kliniken ca. 1%; innerhalb der Neurosen ca. 4–5%; kein geschlechtsbedingter Häufigkeitsunterschied

Symptomatik: Zwangsgedanken/-vorstellungen (z. B. Verbindung von Buchstaben oder Zahlen mit Unglück oder Bedrohung), Zwangshandlungen (z. B. Kontroll- oder Waschzwang), bei deren Unterlassung heftige Angst auftritt. Meist vergeblicher Widerstand gegen die Zwänge. Zwangsimpulse (z. B. sich oder andere umbringen zu müssen, Drang zu obszönen Handlungen); zwanghafte Charakterzüge (Pedanterie usw.), Arbeitsstörungen, sexuelle Funktionsstörungen (Hingabestörung). Psychosomatische Störungen (z. B. Asthma, Obstipation, Schreibkrampf)

Verlauf und Prognose: insgesamt wenig günstig, da Tendenz zu Chronifizierung; häufig Beginn bereits in der Kindheit, sekundärer Krankheitsgewinn

Therapie: sofern Indikationskriterien erfüllt, analytische Psychotherapie oder Verhaltenstherapie (Exposition mit Reaktionsverhinderung), ansonsten stützende Psychotherapie; auch Versuch mit Antidepressiva (z. B. Clomipramin, Fluoxetin oder Fluvoxamin)

9.2.3 Angstneurose (Angststörung/Panikstörung F 41, s. a. Fall 13.2)

Definition: Vorherrschen von Angstsymptomatik (frei flottierende Angst, zunächst nicht objekt- oder situationsgebunden, vgl. „Phobien"; auch als plötzlich anfallsartig einsetzende Angstanfälle/Panikattacken) verbunden mit Vermeidungsverhalten. Häufig begleitet von verschiedenen Somatisierungen (Angstäquivalente). Trennungsempfindlichkeit oder Trennungskonflikt

Epidemiologie: relativ häufig, bei bis zu 5% der Bevölkerung; Geschlechtsspezifität nicht eindeutig; unterschiedliche Angaben je nach Diagnostiker (Kombination von Angst und Depression unterschiedlich bewertet)

Symptomatik: erhöhte Angsterwartung (z. B. vor Atemnot, Ohnmacht, weiteren Angstanfällen etc.), Angstanfälle (mit vegetativen Begleiterscheinungen), vegetative Symptome (z. B. Schweißausbrüche, Zittern, Parästhesien, Magen-Darm-Irritationen, Schwindel, Schlafstörungen)

Verlauf und Prognose: Erstmanifestation meist im 3. Lebensjahrzehnt, Neigung zu Chronifizierung. Gefahr sekundärer Suchtentwicklung (Alkohol und/oder Medikamente) zur Angstbekämpfung (häufig iatrogen unterstützt!). Depressive Begleitverstimmungen relativ häufig

Therapie: sofern Indikationskriterien erfüllt, spezielle Psychotherapie (z. B. Psychoanalyse, Verhaltenstherapie); evtl. psychopharmakologische Begleittherapie, insbesondere bei akuten Angstanfällen (Antidepressiva; keine abhängigkeitsgenerierenden Tranquilizer)

Panikstörung (episodisch paroxysmale Angst F 41.0)

Definition: Wiederkehrende, schwere Angstattacken (Panik), nicht vorhersehbar und nicht spezifisch ausgelöst

Symptomatik: Plötzlicher Beginn mit Herzklopfen, Brustschmerz, Erstickungsgefühlen, Schwindel und Entfremdungsgefühlen (Depersonalisation oder Derealisation). Konsekutiv häufig Angst zu sterben. Angst vor Kontrollverlust, Angst, wahnsinnig zu werden. Anfallsdauer meist kurz (einige Minuten), gelegentlich auch länger

Verlauf und Prognose: Unterschiedlich; häufig Herausbildung eines Circulus vitiosus im Sinne der Angst vor der Angst (Angst vor der nächsten Panikattacke)

Therapie: wie bei Angststörung

9.2.4 Phobien (Phobische Störung F 40)

Definition: Vorherrschen stark ausgeprägter, an bestimmte Objekte bzw. Situationen gebundener Angstsymptomatik, auch im Sinne von Erwartungshaltung (einhergehend mit Vermeidungsverhalten). Einengung des Lebensraums

Formen: Agoraphobie F 40.0, Soziale Phobien F 40.1, spezifische (isolierte) Phobien F 40.2 (Tierarten, Naturgewalten, Blut und Verletzungen, situativer Typ)

Epidemiologie: häufige Neuroseform: leichte Phobien bei bis zu etwa 7% der Bevölkerung (schwere phobische Störungen: 0,2%). Frauen erkranken häufiger als Männer. Kein spezifisches Erkrankungsalter, Beginn schon in früher Kindheit möglich (z. B. Tierphobien). Öfter Verknüpfung mit Panikstörung und/oder mit Depression.

Symptomatik: Leitsymptom ist eine situations- bzw. objektbezogene Angst (z. B. Agoraphobie: Angst vor weiten Plätzen, Menschenansammlungen, somit Angst vor öffentlichen Verkehrsmitteln, Kaufhäusern etc.); Begleitsymptome wie bei Angstneurose

Verlauf und Prognose: spontane Rückbildungen möglich, im übrigen Tendenz zu Chronifizierung mit Ausweitung der Ängste und des Vermeidungsverhaltens

Therapie: Psychotherapie mit differentieller Indikation. Guter Indikationsbereich für verhaltenstherapeutische Verfahren

9.2.5 Hysterische Neurose/Konversionsreaktion (Dissoziative Störung F 44)

Definition: Störungen des Erlebens verbunden mit Störungen körperlicher Funktionen (Konversionssymptome). Auftreten häufig bei ausgeprägter, hysterischer Persönlichkeitsstruktur, als Gruppenphänomen in Schulen, Sekten etc. in Identifikation mit einer „Führungsperson".

Epidemiologie: in Nervenarztpraxen etwa 2,5%. Abnahme der klassischen hysterischen Konversionssymptome (z. B. Schüttellähmungen im Ersten Weltkrieg, Ohnmachten, „Arc-de-cercle" = „Kreisbogen", hysterisches Phänomen mit anfallsartigem Aufbäumen des Körpers), Zunahme somatisierter Formen der hysterischen Neurose. Kulturelle Einflüsse (häufiger bei südländischen und östlichen Völkern). Frauen erkranken häufiger als Männer

Symptomatik: Konversionssymptome (unbewußte symbolische „Körpersprache" der Affekte): z. B. Lähmungen, psychogene Anfälle, Parästhesien, Sehstörungen, Schmerzsyndrome; dissoziative Störungen

(psychogene Bewußtseinsveränderungen): z. B. Amnesien, Dämmerzustände, Trancen; insgesamt eher selten; sexuelle Funktionsstörungen und Sexualängste (z. B. Anorgasmie, Vaginismus, Dyspareunie, Kastrationsangst); Verhaltensstörungen (z. B. übertriebenes, künstlich wirkendes, teilweise bis ins Dramatische gesteigertes Auftreten, starker Drang nach Anerkennung und Bestätigung, z. B. durch sexuelle Eroberungen)
   Zu den dissoziativen Störungen zählt auch:
   – multiple Persönlichkeit (in den USA häufig, in der BRD sehr selten); zwei und mehr „abgetrennte" Persönlichkeiten in einer Person
   – Ganser Syndrom (meist psychogen bedingtes Vorbeiantworten/ Vorbeihandeln; Zweckreaktion)

Verlauf und Prognose: häufig Symptomwandel (z. B. innerhalb der hysterischen Symptomatik selbst). Häufig ungünstiger Verlauf

Therapie: sofern Indikationskriterien erfüllt, psychoanalytische Behandlung (ursprünglich eine der klassischen Indikationen zur Psychoanalyse), evtl. auch Indikation für Hypnose. Entzug sozialer Verstärker (z. B. bei Gruppenphänomenen)

9.2.6 Hypochondrische Neurose (Hypochondrische Störung F 45.2)

Definition: Vorherrschen einer ängstlichen, körperbezogenen Selbstbeobachtung des Patienten

Epidemiologie: schwer abschätzbar; generelle Krankheitsbefürchtungen sind häufig, hypochondrische Neurosen im engeren Sinne selten (unter 0,5 %)

Symptomatik: verstärkte, häufig ängstliche Selbstbeobachtung in bezug auf die eigene Gesundheit; unrealistische Krankheitsbefürchtungen (z. B. Herztod, Karzinom, unzureichende Darmtätigkeit, Geschlechtskrankheit)

Verlauf und Prognose: häufig Chronifizierung

Therapie: psychotherapeutische Maßnahmen häufig wenig erfolgreich. Supportive Psychotherapie, vorübergehend pharmakologische Therapie (leichte Sedierung, z. B. niederpotente Neuroleptika)

9.2.7 Charakterneurose
(nicht näher bezeichnete Störung F 48.9 und: Persönlichkeits- und Verhaltensstörungen F 60)

Definition: keine umschriebene Symptomatik, sondern umfassende Störung des gesamten Erlebens und Verhaltens; „Charakterpanzer" nach Reich (1989)[2].

Epidemiologie: schwer abschätzbar, auch wegen differentialdiagnostischer Probleme (Persönlichkeitsstörungen); fließender Übergang zu „Normal"-Persönlichkeiten, häufig Mischstrukturen

Symptomatik: im einzelnen nicht festlegbar, Neurotisierung der ganzen Person je nach neurotischer Charakterstruktur (Riemann 1993)[3]:
- *schizoide Struktur:* Individualisten mit starkem Autarkiestreben, distanziert bis kühl; gesteigerter Narzißmus, Verletzlichkeit, Mißtrauen; Scharfsicht, intuitive Begabung, ungenügende Ich-Grenzen, schizoides Unsicherheitserleben. Bezüge zur präoralen sensorischen Phase (nach Riemann)
- *depressive Struktur:* Suche nach Nähe, Wärme und Geborgenheit, nach Anerkennung; Anklammerungs- und Abhängigkeitstendenzen; Gefügigkeit, Vermeidung von Aggression; Angst vor Ich-Werdung und Autonomie; Bezüge zur oralen Phase
- *zwanghafte Struktur:* Tendenz zum Perfektionismus, Risikofurcht, Skrupelhaftigkeit, Schuldgefühle; Rechthaberei, Dogmatismus, Orthodoxie; Liebesleben häufig emotional gestört, systematisiert; Bezüge zur analen Phase
- *hysterische Struktur:* labiles Selbstwertgefühl, Ich-Schwäche, Selbstbezogenheit, Geltungsbedürfnis; Sich-nicht-festlegen-wollen; illusorische Wunschwelt; Bezüge zur ödipalen Phase

Verlauf und Prognose: Neigung zu chronischem Verlauf, ähnlich wie bei Persönlichkeitsstörungen (s. S. 156)

Therapie: aufdeckende Psychotherapie nur bei starkem Leidensdruck, ansonsten psychotherapeutische Hilfestellungen bei aktuellen Konflikten

---

[2] Reich W (1989) Charakteranalyse. Kiepenheuer & Witsch, Köln

[3] Riemann F (1993) Grundformen der Angst. Reinhardt, München

9.2.8 Neurotisches Depersonalisationssyndrom (Depersonalisations-/Derealisationssyndrom F 48.1)

Definition: Entfremdungserlebnisse (Depersonalisation, Derealisation) im Vordergrund des Erlebens; kein spezifisches Syndrom im Sinne einer eigenen Neuroseform, sondern – häufig transitorisches – *Begleitsyndrom* bei bestimmten Neurosen (z. B. Angstneurose, neurotische Depression, Zwangsneurose)

Epidemiologie: ubiquitär, häufig bei jüngeren Menschen (Adoleszenz); außer bei Neurosen auch bei Psychosen, Epilepsie und Hirntumoren

Therapie: keine spezifische Therapie, sondern Behandlung der Grundkrankheit

Fallbeispiele

 Fallbeispiel 9.1

Eine 34jährige Verkäuferin kommt mit einer ausgeprägten Angstsymptomatik in klinische Behandlung.

Die Symptomatik hatte 1/2 Jahr zuvor begonnen, nachdem die Patientin erlebt hatte, daß ein Kunde in dem Kaufhaus, in dem sie arbeitete, zusammengebrochen und dort auch verstorben war (Herztod). Wenige Tage später verspürte die Patientin Angst, das Haus, in dem sie wohnte, zu verlassen. Sie mochte auch nicht mehr einkaufen gehen, ließ sich krankschreiben und wartete täglich angstvoll auf die Heimkehr ihres Mannes von der Arbeit, in dessen Gegenwart die Angst weniger stark war. Hinzu kamen Herzsensationen, die von der Patientin ängstlich als Hinweis auf einen möglichen eigenen plötzlichen Herztod gedeutet wurden. Innerhalb kurzer Zeit war die zuvor vitale Patientin in ihrem Erleben und ihrer Bewegungsfreiheit derart eingeengt, daß sie depressiv und suizidal wurde und deshalb zur Aufnahme kam. Die akute Symptomatik wurde zunächst niedrigdosiert antidepressiv und schwach neuroleptisch behandelt.

In der Psychotherapie wurde bald deutlich, daß die Patientin in den letzten 3 Jahren 3 für sie bedeutsame Menschen durch Tod verloren hatte (Mutter, Schwiegermutter, eine Freundin). Diese Verluste waren in der inneren Verarbeitung der Patientin nicht abgeschlossen. Ebensowenig der frühe Verlust des Vaters, der – die Patientin war damals 3 Jahre alt – an den Folgen eines Verkehrsunfalls plötzlich verstorben war. In der tiefenpsychologisch orientierten Psychotherapie ging es daher themenzentriert um die Bedeutung und Bearbeitung von Verlusten. Die Angstsymptomatik besserte sich im Verlauf der stationären Behandlung soweit, daß die Patientin nach 6 Wochen in ambulante psychotherapeutische Weiterbehandlung entlassen werden konnte.

 Angstneurose (Agoraphobie) (F40.0)

 Fallbeispiel 9.2

Ein 24jähriger Student der Elektrotechnik sucht die Poliklinik auf, weil er seit einigen Monaten unter massiven Arbeitsstörungen leidet. Mehrere Examina hatte er deshalb bereits aufschieben müssen. Der Vater droht jetzt mit Beendigung seiner finanziellen Unterstützung.

In den diagnostischen Erstgesprächen wirkt der Patient depressiv verstimmt, eher passiv-abwartend, was der Untersucher ihn wohl fragen und was er ihm an Hilfe anbieten werde. Neben der Arbeitsstörung wird eine Beziehungsproblematik deutlich: Die letzte Freundin hatte den Patienten kurz zuvor verlassen, weil sie ihn als zu anklammernd und zu wenig aktiv empfand. Gemeinsame Aktivitäten hätten immer von ihr ausgehen müssen.

Der Patient war als einziges, spätes Kind seiner Eltern sehr verwöhnt aufgewachsen, ihm waren viele Schwierigkeiten aus dem Weg geräumt worden. Die Mutter wurde vom Patienten als weiche, stille Hausfrau beschrieben, die nur wenig Kontakte gepflegt habe und in der Sorge um Haus, Haushalt und ihre kleine Familie ganz aufgegangen sei. Der Vater wurde als eher distanziert beschrieben („kein Gefühlsmensch"), der sich leistungsorientiert in einer Firma hochgearbeitet und mit 48 Jahren einen Herzinfarkt bekommen hatte. Die Ehe der Eltern wurde als symbiotisch beschrieben, mit wenigen Außenkontakten und gemeinsamen Unternehmungen. Das Leben der Familie spielte sich weitgehend abgekapselt im eigenen Haus ab.

Dem Patienten wurde eine tiefenpsychologisch orientierte Einzelpsychotherapie vermittelt, nachdem der Leidensdruck und ein, wenn auch ambivalentes, Interesse an einer Bearbeitung der bisherigen Lebensgeschichte deutlich waren. Als längerfristige Perspektive wurde auch an eine Gruppentherapie gedacht.

 Neurotische Depression (F32.0)

 Fallbeispiel 9.3

Ein 28jähriger Rechtsreferendar sucht wegen seit 2 Jahren bestehender Zwangssymptome psychotherapeutische Hilfe auf. Er berichtet u.|a., daß er bei bestimmten Buchstabenkombinationen an den eigenen Tod denken müsse. So bedeuten z.B. CA oder KA Karzinom, und das bedeute für ihn Tod. Wenn er solche Kombinationen sehe, müsse er Zwangshandlungen ausführen (z.B. laut Zahlenreihen herunterbeten), um nicht mehr daran denken zu müssen. Für dieses „Wegdrücken" benötige er häufig viel Zeit. Durch die Zwangshandlungen sei es auch zu einer Arbeitsstörung gekommen, die an seinem Arbeitsplatz auch schon bemerkt worden sei. Der Patient berichtet ferner diverse, ebenfalls zeitraubende Kontrollzwänge und einen, wenn auch nicht stark ausgeprägten Waschzwang.

Der Patient stammt aus einem ordnungsliebenden und rigiden Elternhaus, in dem die Mutter viel putzte und ihrem Sohn im Laufe der Jahre mehrfach stolz erzählt hatte, daß er bereits mit 10 Monaten „trocken" gewesen sei. Der Vater des Patienten ist ein zwanghaft strukturierter Archivar, der im Haus auf Sauberkeit und von ihm peinlich kontrollierte Ordnung wert legte. Politisch setzte er sich für Parteigruppierungen ein, die gegen Ausländer und Asylanten eingestellt und denen „law and order" oberstes Prinzip war.

Der Patient wurde zunächst, um eine Entlastung von den akuten Symptomen zu erreichen, in eine Ambulanz für Verhaltenstherapie überwiesen, die auf die Behandlung von Zwangsneurosen spezialisiert ist. Eine daran evtl. anschließende tiefenpsychologisch orientierte Psychotherapie wurde mit dem Patienten besprochen.

 Zwangsneurose (F42.1)

 Fallbeispiel 9.4

Die Patientin, eine 28jährige Verkäuferin, kommt mit einer Lähmung zu uns, nachdem sie zuvor in der neurologischen Klinik aufgenommen war. Frau N. ist als letztes von 7 Geschwistern geboren. Mit all diesen Geschwistern wie auch mit den Eltern hatte sie sich im Laufe der letzten Jahre überworfen. Nur mit einer Schwester bestand bis vor kurzem noch Kontakt.

Im Alter von 9 und 12 Jahren sei sie von Nachbarn sexuell mißbraucht worden. Mit 25 Jahren wurde die Patientin unehelich schwanger. Ihr damaliger Freund, ein Alkoholiker, trennte sich während der Schwangerschaft von ihr. Um ihre Aversion gegen das ungeborene Kind zu verringern, behandelte ihr Nervenarzt sie mit Hypnose. Nach der Geburt ihrer Tochter, zum Zeitpunkt, als sie zum ersten Mal ihr Kind anblickte, kam es zu einer rechtsseitigen Armlähmung und anschließender zweimonatiger Behandlung in der neurologischen Klinik mit Verdacht auf PRIND. Dies ließ sich jedoch nicht objektivieren und die Abschlußdiagnose lautete psychogene Lähmung.

8 Wochen vor der jetzigen Aufnahme kam es bei einem Besuch ihres Schwagers in ihrer Wohnung im Rahmen einer Verführungssituation zu Geschlechtsverkehr. Kurz nach diesem Ereignis verspürte sie Pelzigkeit, Ungeschicklichkeit und

Schwäche in der rechten Hand. In den darauffolgenden Wochen stellten sich Kribbelparästhesien und eine Lähmung der rechten Hand und des rechten Armes ein. Etwa einen Monat vor der jetzigen Krankenhausaufnahme kam es zu einer Scheinschwangerschaft, die innerhalb weniger Tage zu einer deutlichen Wölbung des Unterleibes führte (ein ähnliches Ereignis war bei ihr vor mehreren Jahren bereits einmal aufgetreten). Bei der Untersuchung in der Klinik findet sich eine unvollständige schlaffe Lähmung der rechten oberen Extremität ohne Differenz der Eigenreflexe, die Ausprägung der Parese wechselt während des Tages.

Wir erfuhren von Frau N., daß sie als Jüngste wohl sehr verwöhnt wurde. Stets idealisierte sie den Vater und ging mit der eher schwachen Mutter in Konkurrenz, aber auch mit den Geschwistern, was oft zu verbalen Aggressionen, aber auch zu Tätlichkeiten führte. Die alte Rivalität gegenüber ihrer nächstältesten Schwester verstärkte sich, als diese einen älteren erfolgreichen Mann heiratete; dessen „Inbesitznahme" bedeutete für sie einen Triumph, von dem sie jedoch schnell wieder Abstand nahm, zunächst in eine Schweinschwangerschaft flüchtete und zugleich regredierend die Symptome einer Armlähmung ausbildete, symbolisch das Glied, mit dem sie Aggressionen, aber auch intime Berührungen erlebt hatte.

Bei mangelnder Verbalisierung fanden wir eine starke Regressionstendenz bei der Patientin, die jegliche Schuldgefühle stark abwehrte und sich der Abwehrmechanismen Verleugnung und Ungeschehenmachen bediente. Die Aggression ihrem eigenen Kind gegenüber wurde überkompensiert und erschien als Angst vor dem plötzlichen Kindstod.

Mit dieser Patientin wird neben Gesprächen, die an ihrer Aktualität orientiert sind, mit gutem Erfolg ein übendes Programm einschließlich Krankengymnastik durchgeführt. Für eine konfliktorientierte Psychotherapie erscheint sie nicht ausreichend introspektiv und zu stark abwehrend.

Dissoziative Bewegungsstörung (Konversionsstörung) (F44.4)

10 Reaktionen (Reaktionen auf schwere Belastungen und Anpassungsstörungen F 43)

10.1 Allgemeiner Teil

Definition: akute, meist kurzdauernde Fehlverarbeitung eines Traumas. Unterscheidet sich von normalen Erlebnisreaktionen in Stärke und Dauer. In jeder Altersstufe möglich, keine Geschlechtspräferenz

Diagnostik: Vorhandensein eines Traumas bzw. Auslösers (enge Verbindung zwischen Reaktion und Situation). In der Regel Einzelvorgang (der jedoch wiederholt auftreten kann), keine weiteren psychischen Grunderkrankungen vorhanden. Diagnosestellung nach gründlicher Anamnese (da häufig Neurosen Grundlage für abnorme Reaktionen bilden)

10.2 Spezieller Teil

10.2.1 Akute Belastungsreaktion (F 43.0)

Definition: vorübergehende Störung von beträchtlichem Schweregrad, die sich bei einem psychisch nicht manifest gestörten Menschen als Reaktion auf eine außergewöhnliche körperliche und/oder seelische Belastung entwickelt und im allgemeinen innerhalb von Stunden oder Tagen abklingt.

Mögliche Auslöser: überwältigendes traumatisches Erlebnis mit einer ernsthaften Bedrohung für die Sicherheit oder körperliche Unversehrtheit des Betroffenen oder einer geliebten Person (z. B. Naturkatastrophe, Unfall, Verbrechen, Vergewaltigung); ungewöhnliche plötzliche und bedrohliche Veränderung der sozialen Stellung und/oder des Beziehungsnetzes (z. B. Verluste, Arbeitslosigkeit)

Symptome: Beginn mit „Betäubung", evtl. Bewußtseinseinengung und eingeschränkte Aufmerksamkeit; Unfähigkeit, Reize zu verarbeiten, möglicherweise Desorientiertheit. Mögliche Folgen: Rückzug aus der Umwelt, aber auch Unruhezustände und/oder Fluchtreaktionen. Vegetative Begleitsymptome sind häufig. Symptomatik tritt unmittelbar nach dem belastenden Ereignis auf und geht meist innerhalb kurzer Zeit (bis zu 3 Tagen) zurück

Therapie: ärztliches Gespräch mit Elementen der Krisenintervention, evtl. begleitende Psychopharmakotherapie

10.2.2 Posttraumatische Belastungsstörung (F 43.1)

Definition: verzögerte oder protrahierte Reaktion (innerhalb von 6 Monaten) auf ein belastendes Ereignis oder eine Situation außergewöhnlicher Bedrohung oder katastrophenartigen Ausmaßes (z. B. Katastrophen durch Naturereignisse oder von Menschen verursacht, Kampfhandlungen, schwerer Unfall, Vergewaltigung, Terrorismus etc.)

Symptome: wiederholtes Erleben des Traumas in sich aufdrängenden Erinnerungen, Träumen oder Alpträumen; Gefühl von Betäubtsein und emotionaler Stumpfheit, Gleichgültigkeit gegenüber anderen Menschen, Teilnahmslosigkeit der Umgebung gegenüber, Lustlosigkeit sowie Vermeidung von Aktivitäten und Situationen, die Erinnerungen an das Trauma wachrufen könnten, ferner Zustand vegetativer Übererregtheit mit Vigilanzsteigerung, übermäßiger Schreckhaftigkeit und Schlaflosigkeit, häufig assoziiert mit Angst und Depression sowie auch Suizidgedanken.

Therapie: konfliktzentrierte Psychotherapie (Kurzpsychotherapie, Fokalpsychotherapie), ggf. mit psychopharmakologischer Unterstützung

10.2.3 Anpassungsstörungen (F 43.2)

Definition: Zustände von subjektivem Leiden und emotionaler Beeinträchtigung, die soziale Funktionen und Leistungen behindern und während des Anpassungsprozesses nach einer entscheidenden Lebensveränderung oder nach belastenden Lebensereignissen (auch schwerer körperlicher Erkrankung) auftreten.

Symptome: depressive Stimmung, Angst, Besorgnis, Sorge, mit der gegenwärtigen Situation nicht zurechtzukommen, evtl. auch Probleme bei der Bewältigung der alltäglichen Routine. Bei Jugendlichen können

Störungen des Sozialverhaltens (z. B. aggressives oder dissoziales Verhalten) zu dieser Störung gehören. Beginn der Störung meist innerhalb eines Monats nach dem belastenden Ereignis. Dauer der Symptomatik meist nicht mehr als 6 Monate.

- *Kurze depressive Reaktion* (F 43.20): vorübergehender leichter depressiver Zustand, der nicht länger als einen Monat dauert
- *Längere depressive Reaktion* (F 43.21): leichterer depressiver Zustand als Reaktion auf eine länger anhaltende Belastungssituation. Dauer: nicht länger als 2 Jahre
- *Angst und depressive Reaktion gemischt* (F 43.22): Vorhandensein von Angst und depressiven Symptomen
- *Anpassungsstörung mit vorwiegender Beeinträchtigung von anderen Gefühlen* (F 43.23): Symptome betreffen zumeist verschiedene affektive Qualitäten wie Angst, Depression, Sorgen, Anspannung und Ärger
- *Anpassungsstörung mit vorwiegender Störung des Sozialverhaltens* (F 43.24): bei dieser Störung ist überwiegend das Sozialverhalten auffällig (z. B. aggressives oder dissoziales Verhalten)
- *Anpassungsstörung mit gemischter Störung von Gefühlen und Sozialverhalten* (F 43.25): führende Symptome sind sowohl Störungen der Gefühle als auch des Sozialverhaltens
- *Andere spezifische Anpassungsstörungen* (F 43.28): z. B. Kulturschock (nach Immigration, Emigration), Trauerreaktion, Hospitalismus bei Kindern.

Wegen der klinischen Bedeutsamkeit wird die Störung der Trauerverarbeitung hier deutlicher beschrieben: Reaktion auf Todesfälle/Verlust nahestehender Menschen oder bei Verlust des gewohnten sozialen Milieus. Kennzeichen: Trauer- oder Trennungsarbeit kann nicht geleistet werden, da der Verlorene häufig eine besondere Bedeutung hatte oder spezifische Gefühle die Trauerarbeit behindern (z. B. ungelöste symbiotische Bindungen, unbewußte Wut oder Schuldgefühle gegenüber dem Toten). Symptome: häufig Fehlen von Traurigkeit, statt dessen Versteinerung, Affektstarre, Hemmung, hypochondrische Klagen, Schlaflosigkeit, psychosomatische Beschwerden. Überkompensation durch übertriebene Aktivitäten, latente Feindseligkeit

Therapie bei Belastungs- und Anpassungsstörungen: ärztliches Gespräch, stützende Psychotherapie, Krisenintervention, Kurzpsychotherapie, evtl. psychopharmakologische Unterstützung

Fallbeispiele

 Fallbeispiel 10.1

Eine 24jährige Verkäuferin bekam, nachdem sich vor zwei Monaten ein Freund auf für sie sehr kränkende Weise von ihr getrennt hatte, Schlafstörungen, wurde dann zunehmend depressiv. Suizidgedanken kamen hinzu, so daß sie von ihrem Hausarzt krankgeschrieben wurde. Interventionen von Angehörigen und einer Freundin bestanden darin, sie aufzufordern, ihren ehemaligen Freund als schlecht und gemein anzusehen und sich um einen raschen Ersatz zu bemühen. Diese Hilfen vermochten die Frau aber nicht aus ihrer Verzweiflung zu lösen. So kam es zu einer Überweisung zu einem Psychotherapeuten, bei dem 3 Sitzungen im Sinne einer Krisenintervention stattfanden. In diesen Sitzungen stellte sich heraus, daß biographische Erlebnisse an der momentanen Depressivität entscheidend beteiligt waren: Die Patientin hatte in ihrer Kindheit mehrere Trennungen erleben müssen, denen sie ähnlich hilflos ausgesetzt war wie der jetzigen von ihrem Freund. Aus dieser Zeit hatte sie eine Trennungsängstlichkeit bewahrt, die in der aktuellen Situation erneut zum Tragen kam. Die Bearbeitung dieser Hintergründe brachte der Patientin deutliche Erleichterung, sie konnte wieder ihrer Arbeit nachgehen und unterzog sich wenig später einer Kurzpsychotherapie von 12 Stunden, in der ihre Trennungstraumata und deren Bewältigung Hauptinhalt der therapeutischen Arbeit waren.

Längere depressive Reaktion (F 43.21)

 Fallbeispiel 10.2

Ein 26jähriger Medizinstudent versagte im mündlichen Teil des Staatsexamens dadurch, daß er sich völlig blockiert fühlte und schließlich an ihn gerichtete Fragen der Prüfer nicht mehr beantworten konnte, obwohl er sich bestens auf die Prüfung vorbereitet hatte. Als er dann durchgefallen war, wandte er sich tief verzweifelt an einen ambulant arbeitenden Psychiater und Psychotherapeuten mit der Bitte um Hilfe. Das Examen wollte er 4 Monate später erneut versuchen, spürte aber eine erhebliche Angstbarriere.

In einer konfliktzentrierten Psychotherapie stellte sich heraus, daß bei ihm schon immer ein problematisch erlebter Umgang mit Autoritäten bestanden hatte: Der Student erzählte, daß er sich oft mit sog. Autoritäten hätte anlegen müssen, das sei schon in der Schule so gewesen. Ausgehend von diesem Problem ging es in der Therapie dann um die Beziehung zwischen dem Patienten und seinem Vater, die seit jeher spannungsreich gewesen sei, weil sein Vater, ebenfalls Mediziner, ihn von

Kind auf dazu gedrängt habe, später einmal die Praxis zu übernehmen, obwohl er lieber Physiker geworden wäre. Überhaupt sei der Vater einer von denen gewesen, die unter Erziehung verstehen, daß man ihren Willen gehorsam ausführe.

Dem Studenten wurde an diesem Punkt deutlich, daß er offensichtlich seine Vaterbeziehung auf die Prüfer übertragen hatte und deren „Willen", das Examen zu bestehen und damit Mediziner zu werden, etwas Eigenes, nämlich das Gegenteil, entgegensetzen mußte. Die Blockierung bei der Prüfung war der Ausdruck dieses inneren Vorgangs.

Die Erkennung dieser Psychodynamik brachte ihm Erleichterung und versetzte ihn schließlich in die Lage, das Examen doch noch zu bestehen – ohne die Blockierung, aber noch mit deutlich vegetativen Irritationen. Bemerkenswerterweise entschied er sich später für eine Spezialisierung im Bereich der Medizinphysik.

Anpassungsstörung, Angst und depressive Reaktion gemischt (F 43.22)

 Fallbeispiel 10.3

Eine 59jährige Frau hat nach 32jähriger Ehe ihren Mann durch Tod verloren. Nach seinem Tod entwickelte sie Schlafstörungen und Unruhe und ging wochenlang täglich zum Friedhof, wo sie Gespräche mit ihrem Mann an dessen Grab führte. Nachbarn und Verwandte bemerkten bald, daß sie die allergrößte Mühe hatte, die Trennung von ihrem Mann innerlich zu akzeptieren und sukzessive zu bewältigen. So kam es zu einer Überweisung zu einem Psychiater und zu einer 8 Stunden dauernden Kurzpsychotherapie, bei der vor allem deutlich wurde, daß die Patientin ihrem Mann, der an den Folgen einer alkoholischen Leberzirrhose verstorben war, nach wie vor heftige Vorwürfe wegen seines Alkoholabusus machte, der zu diesem Ausgang geführt hatte. Die Patientin warf ihm das Verlassenwerden schuldhaft vor, weil sie sich mit der neuen Einsamkeit und dem allein Auf-sich-gestellt-Sein nicht abfinden konnte. Diese ihr unbewußte Wut auf den Ehemann hatte ebenso wie die Angst vor der neuen Autonomiesituation eine abnorme Trauerreaktion entstehen lassen, die unter der Bearbeitung in der Therapie im Verlauf von etwa 3 Monaten abklang.

Störung der Trauerverarbeitung (Anpassungsstörung) (F 43.23)

11 Persönlichkeitsstörungen (Persönlichkeits- und Verhaltensstörungen F 6)

11.1 Allgemeiner Teil

Definition: Störungen der Persönlichkeit insofern, als bestimmte Merkmale der Persönlichkeitsstruktur (bestimmte Persönlichkeitszüge) in besonderer Weise ausgeprägt, unflexibel und wenig angepaßt sind. Merkmalsakzentuierung, die eine Beeinträchtigung der Leistungsfähigkeit und/oder subjektive Beschwerden (Probleme der sozialen Anpassung) zur Folge haben kann

Epidemiologie: Prävalenz von Persönlichkeitsstörungen in einem ländlichen Bezirk 0,7% (Dilling 1981)[1], in einer Großstadt 5,5% (Schepank et al. 1984)[2], Prävalenzangaben internationaler Studien 2–10%. Männer sind häufiger betroffen als Frauen. Bezüglich Sozialschicht keine eindeutigen Ergebnisse

Ätiologie: multikonditionale Entstehung aufgrund verschiedener Faktoren:
- *genetische Faktoren:* sehr wahrscheinlich (vgl. Zwillings- und Adoptionsstudien), aber nicht allein verursachend; eher Vererbung bestimmender Persönlichkeitszüge
- *erworbene Hirnschäden*: an Entstehung von Persönlichkeitsstörungen mitbeteiligt (frühkindliches exogenes Psychosyndrom)
- *Entwicklungsbedingungen* (in Kindheit und späteren Lebensabschnitten), Reaktionen auf Umwelteinflüsse (z. B. schwere traumatisierende Ereignisse) und soziale Bedingungen für Entstehung von Persönlichkeitsstörungen mit maßgeblich (Fiedler 1994)[3]. Psychodynamische Faktoren inzwischen gut beschrieben (z. B. Kernberg 1988)[4]

---

[1] Dilling H (1981) Prävalenzergebnisse aus einer Feldstudie in einem ländlich-kleinstädtischen Gebiet. In: Mester H, Tölle R (Hrsg) Neurosen. Springer, Berlin Heidelberg New York, S 6–12

[2] Schepank H, Hilpert H, Hönmann H et al (1984) Das Mannheimer Kohorten-Projekt. Z Psychosom Med Psychoanal 30: 43–61

[3] Fiedler P (1994) Persönlichkeitsstörungen. Beltz, Weinheim

[4] Kernberg O (1988) Schwere Persönlichkeitsstörungen. Klett-Cotta, Stuttgart

Diagnostik/Differentialdiagnostik: Persönlichkeitsstörungen können zu 3 großen Krankheitsgruppen der Psychiatrie in Bezug gesetzt werden:
- *Neurosen:* enge Beziehung zwischen Persönlichkeitsstörungen und Neurosen (Charakterneurosen, vgl. S. 145); bei beiden keine Einzelsymptome, sondern charakteristische Erlebnis- und Verhaltensweisen
- *Psychosen:* z. B. depressive Persönlichkeit, hyperthyme Persönlichkeit als mögliche Randformen bipolarer affektiver Psychosen
- *hirnorganische Krankheiten:* Persönlichkeitsstörungen aufgrund meist perinatal erworbener Schäden („Pseudopsychopathie")
Nicht in diese Gruppe einzuordnen sind:
- *Soziopathie, dissoziale Persönlichkeit:* Persönlichkeitsstörungen, die sich vor allem im sozialen Kontext bemerkbar machen

Diagnose „Persönlichkeitsstörung" möglichst nur in Verbindung mit weiteren diagnostischen Aussagen (z. B. Suizidversuch bei depressiv-hysterischer Persönlichkeitsstörung) und nur bei Patienten im Erwachsenenalter stellen!

Verlauf/Prognose: Persönlichkeitsstörungen treten insbesondere in für die jeweilige Persönlichkeitsstörung charakteristischen, kritischen Lebenssituationen und Umweltgegebenheiten in Erscheinung. Mit fortschreitendem Alter oft Abschwächung der Merkmalsakzentuierung. In bezug auf die Lebensbewältigung gilt für Menschen mit Persönlichkeitsstörung in etwa die Drittelregel (Tölle 1986):[5]
- bei ca. $^1/_3$ *ungünstiger Verlauf/Lebenslauf* (Versagen, Konflikte, evtl. ständige ärztliche Behandlung)
- bei ca. $^1/_3$ *kompromißhafte Lebensbewältigung* (Vitalitätsverlust und Einengung der Umweltbeziehungen zugunsten von Entlastung und Ausgeglichenheit: Residualzustände bei Persönlichkeitsstörungen)
- bei ca. $^1/_3$ *günstiger Verlauf* mit ausreichender Lebensbewältigung

Therapie: Auch Persönlichkeitsstörungen sind prinzipiell therapierbar. Die Indikation zu den einzelnen Therapieverfahren ist wie auch sonst von verschiedenen Kriterien abhängig, z. B. den situativen Gegebenheiten, Leidensdruck, Einsichtsfähigkeit und Motivation des Patienten. Die Prognose ist jedoch vorsichtiger zu sehen als bei Patienten mit Neurosen

---

[5] Tölle R (1986) Persönlichkeitsstörungen. In: Psychiatrie der Gegenwart, Bd 1, S 151–188. Springer, Berlin Heidelberg New York Tokyo

11.2 Spezifische Persönlichkeitsstörungen (F 60, F 34)

Paranoide Persönlichkeitsstörung (F 60.0)

Symptome: Neigung, Erfahrungen und Erlebnisse als gegen die eigene Person gerichtet zu interpretieren (Erniedrigung, Bedrohung, Ausnutzung oder Benachteiligung). Neigung zu Mißtrauen und Argwohn, leichte Kränkbarkeit; unbelehrbar-rechthaberischer Kampf gegen das Unrecht bzw. für eine Idee/Vorstellung (Fanatiker)

Differentialdiagnose: paranoides Syndrom, sensitive und Borderline-Persönlichkeitsstörung, Querulantenwahn

Schizoide Persönlichkeitsstörung (F 60.1)

Symptome: Kontakthemmung, extreme Distanz und emotionale Kühle, Mißtrauen und Ambivalenzen, Neigung zu Isolation und Vereinsamung

Differentialdiagnose: Schizophrenie, depressive Persönlichkeitsstörung, schizoide Charakterneurose

Dissoziale (soziopathische, antisoziale) Persönlichkeitsstörung (F 60.2)

Symptome: Neigung zu dissozialem Verhalten (Delinquenz, Rücksichtslosigkeit gegenüber sozialen Spielregeln/Normen, betonter Egoismus, Verwahrlosungstendenzen)

Differentialdiagnose: hirnorganisches Psychosyndrom, Süchte, emotional instabile Persönlichkeitsstörung

Emotional instabile Persönlichkeitsstörung (F 60.3)

Symptome: Tendenz, Impulse auszuagieren, wechselnde, launenhafte Stimmung. Wutausbrüche aus geringfügigen Anlässen können zu gewalttätigem und explosivem Verhalten führen, Ich-strukturelle Defizite
Zwei Unterformen können beschrieben werden:
- *emotional instabile Persönlichkeitsstörung, impulsiver Typus* (F 60.3): emotionale Instabilität und mangelnde Impulskontrolle stehen im Vordergrund. Häufig gewalttätiges/bedrohliches Verhalten, insbesondere bei Kritik durch andere

- *emotional instabile Persönlichkeitsstörung, Borderline Typus* (F 60.31): Instabilität bezüglich Selbstbild, zwischenmenschlicher Beziehungen und Stimmung. Multiple Störungen wie z. B. frei flottierende Angst, polymorph-perverse Sexualität, multiple Phobien, ausgeprägte Konversionssymptome, dissoziative Reaktionen, chronisches Depersonsalisationserleben, episodischer Verlust der Impulskontrolle, selbstschädigende Handlungen, Suchttendenz, Zwangssymptome, konfliktbezogene Denk- und Wahrnehmungsstörungen, pseudohalluzinatorische Erlebnisse, Depressivität, ohnmächtige Wut gegen sich selbst oder andere, kurzfristige psychotische Dekompensationen

Differentialdiagnose: Psychosen, affektive Störungen

Hysterische (histrionische) Persönlichkeitsstörung (F 60.4)

Allgemeines: Ich-zentrierte Persönlichkeit mit umgebungsabhängiger wechselnder Erscheinungsweise; hysterisch (hystera (griech.) = Uterus; in der Antike Theorie vom Umherschweifen des Uterus im Körper), zu histrionisch (histrio (lat.) = Schauspieler), die Neubenennung dokumentiert die pejorative Belastung des Terminus hysterisch

Symptome: starkes Geltungsbedürfnis, Neigung zu Effekthascherei und demonstrativem, unechtem Verhalten. Starkes Kontaktbedürfnis bei gleichzeitig bestehender Kontaktunfähigkeit im Sinne von Liebes- und Bindungsunfähigkeit. Auch Neigung zu Simulation und Pseudologia phantastica (phantastisches Lügengebäude)

Differentialdiagnose: hysterische Neurose, emotional instabile Persönlichkeitsstörung

Anankastische (zwanghafte) Persönlichkeitsstörung (F 60.5)

Symptome: Pedanterie, Perfektionismus, Übergenauigkeit, Ordnungsliebe, charakterliche Rigidität, geringe Kompromißbereitschaft. Gelegentlich auch Zwangsimpulse, Kontrollzwänge

Differentialdiagnose: Zwangsneurose, evtl. auch Zwangssyndrom bei Schizophrenie

Sensitive (selbstunsichere) Persönlichkeitsstörung

(ICD 10: ängstliche (vermeidende) Persönlichkeitsstörung, F 60.6)

Symptome: Mangel an Selbstvertrauen, Störung des Selbstwertgefühls, daraus resultierend leichte Kränkbarkeit und starke Selbstunsicherheit. Überempfindlichkeit gegenüber Ablehnung und Zurückweisung, daher Vermeidungstendenzen in Beziehungen zu Mitmenschen, übermäßiges Distanzverhalten. Ferner Aggressionshemmung, geringes Durchsetzungsvermögen und Neigung zu Affektstau

Differentialdiagnose: Borderline- und depressive Persönlichkeitstörung

Asthenische (abhängige) Persönlichkeitsstörung (F 60.7)

Symptome: rasche Erschöpfbarkeit, leichte Ermüdbarkeit, diverse körperliche Mißempfindungen, Schwäche, Mangel an Spannkraft und Durchhaltevermögen. Neigung zu körperbezogenem Klagen, Schlafstörungen, Depressivität

Differentialdiagnose: depressive Neurosen, larvierte Depressionen

Hyperthyme Persönlichkeitsstörung (F 34.0, „Zyklothymia")

Symptome: fröhlich-heitere Grundstimmung, gesteigerte Aktivität, lebhaftes Temperament („Betriebsnudel", „Stimmungskanone"). Durch diese Grundstimmung und ständige Unruhe (oft begleitet von Distanzlosigkeit und Geltungsdrang) Belastung für die Umgebung

Differentialdiagnose: Manie, maniforme Syndrome

Depressive Persönlichkeitsstörung (F 34.1, „Dysthymia")

Symptome: pessimistisch-skeptische Lebenseinstellung, Gehemmtheit, gedrückte Stimmungslage, Kontaktstörungen. Symptomatik insgesamt ähnlich wie bei Charakterneurosen

Differentialdiagnose: depressive Neurosen, depressive Phase bei endogenen Depressionen

Andere spezifische Persönlichkeitsstörungen (F 60.8)

Persönlichkeitsstörungen, für die keine der spezifischen Kategorien (F 60.6 bis F 60.7) zutreffen.

Dazugehörige Begriffe: narzißtische Persönlichkeitsstörung, exzentrische Persönlichkeitsstörung, haltlose Persönlichkeitsstörung, unreife Persönlichkeitsstörung, passiv-aggressive Persönlichkeitsstörung, neurotische Persönlichkeitsstörung.

Nicht näher bezeichnete Persönlichkeitsstörung (F 60.9)

Dazugehörige Begriffe: Charakterneurose, pathologische Persönlichkeit

Andauernde Persönlichkeitsänderung nach Extrembelastung (F 62.0)

Definition: Veränderung der Persönlichkeit nach langanhaltenden extremen Belastungen (z. B. Folter, Gefangenschaft, Geiselhaft). Merkmale extremer Belastungen sind z. B. permanente Todesfurcht und tiefgehende Entwürdigung der persönlichen Existenz. Bei den schwer geschädigten Opfern nationalsozialistischer Konzentrationslagerhaft spricht man vom Überlebendensyndrom.

Symptomatik: Mißtrauische, feindselige Haltung gegenüber der Umgebung; sozialer Rückzug; Gefühle von Leere, Hoffnungslosigkeit und Bedrohung; aktuelle unbegründete Ängste; chronische Nervosität; Schlafstörungen; Entfremdungserlebnisse.

Die Persönlichkeitsänderung muß über mindestens zwei Jahre bestehen.

Differentialdiagnose: Posttraumatische Belastungsstörung (F 43.1).

Fallbeispiele

 Fallbeispiel 11.1

Ein 52jähriger arbeitsloser, ehemaliger Angestellter wird anläßlich einer Begutachtung in die Psychiatrische Klinik aufgenommen. Das das Gutachten anfordernde Gericht fragt nach der Schuldfähigkeit des Angeklagten. Die übersandten

Akten sind so umfangreich, daß sie in 4 Paketen angeliefert werden. Im einzelnen handelt es sich um über 700 Seiten Aktenmaterial. Aktueller Anlaß für die Begutachtung war, daß der Patient einen Richter, der ihm nicht Recht zugesprochen hatte, beleidigt und bedroht und an dessen Vorgesetzten, einen Landgerichtspräsidenten, einen Brief geschrieben hatte, in dem er den Richter in grober Weise verunglimpft und als „Rechtsverdreher" hingestellt hatte.

Bei der Durchsicht der Akten zeigte sich, daß der Patient bereits seit 12 Jahren diverse Gerichte mit Prozessen und Eingaben beschäftigte, bei denen es ihm zunehmend darum ging, seine Rechtsauffassungen in rechthaberischer und rigider Weise durchzusetzen. Entscheidungen gegen seine Meinungen wurden als feindselig und gegen ihn persönlich gerichtet interpretiert und zogen weitere Anzeigen und Eingaben nach sich. Nach Verlust des Arbeitsplatzes hatte der Patient sich ganz in seine Prozeßaktivitäten gestürzt, seine Ersparnisse weitgehend dafür aufgebraucht und seine Familie soweit vernachlässigt, daß die Ehefrau ihn verlassen hatte, nachdem die Kinder aus dem Haus waren.

Der Patient war von früheren, wichtigen Bezugspersonen (Ehefrau, Mutter, Schwester) als primär leicht verunsicherbar und verletzlich beschrieben worden. Die jetzige querulatorische Entwicklung hatte eingesetzt, nachdem der Patient 13 Jahre zuvor eine Kränkung am Arbeitsplatz hatte hinnehmen müssen: Er war bei einer Beförderung, die ihm bereits angekündigt worden war, zugunsten eines jüngeren, aber forscher auftretenden Kollegen übergangen worden.

Bei der Begutachtung wurde die Diagnose einer paranoid-querulatorischen Persönlichkeitsstörung gestellt. Die Frage der Schuldfähigkeit wurde von dem Gutachter im Sinne des § 21 StGB (verminderte Schuldfähigkeit) beantwortet.

Die mit dem Patienten erörterte Möglichkeit, eine Psychotherapie zu versuchen, wurde von ihm vehement abgelehnt und führte zu einer abrupten Verschlechterung der Gutachter-Patient-Beziehung, da dieser wähnte, daß der Gutachter mit den Gerichten unter einer Decke stecke.

Paranoide (querulatorische) Persönlichkeitsstörung (F 60.)

 Fallbeispiel 11.2

Ein 26jähriger Mann mit abgebrochenem Elektroingenieur-Studium wird von einer niedergelassenen Nervenärztin mit der Einweisungsdiagnose „Verdacht auf Borderline-Syndrom" zur stationären Behandlung angemeldet. Auf der Station fällt der Patient in mehrfacher Hinsicht auf: Er hat episodenhafte, heftige Angstattacken sowie besondere phobische Symptome: So kann er z.B. im Aufenthaltsraum nur in unmittelbarer Nähe zur Tür sitzen, weil er sonst Platzangst bekommt. Mehrfach wird er auf der Station mit einer Alkoholfahne angetroffen. Auf Nachfragen gibt er zu, daß er gelegentlich wie unter einem inneren Drang trinken müsse. Die Beziehung zu seinem behandelnden Stationsarzt gestaltet er in charakteristischer Weise: Nach anfänglicher Kooperativität entwertet er den Arzt massiv und stellt alles bisher Erreichte in Frage. Trotz dieser „Wechselbäder" vermittelt er dem Arzt, daß er ihn braucht. In Zeiten von akuter Angst, in denen er auch Depersonalisationsphänomene berichtet, klammert er sich kurzfristig stark an den Arzt, um wenig später so zu tun, als habe man noch nie ein persönliches Wort miteinander gesprochen. Auffällig waren während des stationären Aufenthalts ferner diverse Körpersensationen (im Sinne von Konversionssymptomen) und ein mehrfach wiederholtes Ritzen der Haut mit Rasierklingen.

Die Diagnose einer „Borderline-Persönlichkeitsstörung" wurde bestätigt. In der zeitlich begrenzten Therapie ging es überwiegend um die Prüfung der Motivation des Patienten zu einer längerfristigen stationären Psychotherapie, zu der sich der Patient angesichts seiner Symptomatik und fehlender tragender Sozialbeziehungen und Perspektiven entschließen konnte. Er wurde in die Psychotherapieabteilung eines Krankenhauses verlegt und blieb dort 4 Monate stationär, danach noch 2 Jahre in ambulant durchgeführter Gruppentherapie.

> *Emotional instabile Persönlichkeitsstörung, Borderline-Typus (F 60.31)*

 Fallbeispiel 11.3

Eine 65jährige Frau kommt zur Begutachtung und berichtet, daß sie seit vielen Jahren unter Depressionen und Gefühlen tiefer Hoffnungslosigkeit, verbunden mit Schlaflosigkeit, leide. Sie habe keinerlei zwischenmenschliche Kontakte und fühle sich bei Entfernung aus ihrer Wohnung unwohl, habe Angst vor anderen Menschen, könne es in dunklen Gängen und engen Räumen nicht aushalten, da diese Bilder aus der Zeit ihrer Inhaftierung in ihr wachrufen würden. Sie verträgt keine verschlossenen Türen, kann nicht eingesperrt sein, nicht unter die Dusche gehen oder sich röntgen lassen, da diese Orte Erinnerungen an ihre Haftzeit wachrufen und sie befürchten lassen, vergast zu werden bzw. zum Schafott geführt zu werden. Sie habe sich immer mehr und mehr zurückgezogen, sei mißtrauisch, da die Geheimpolizei auch hier noch ihre Machtmöglichkeiten habe.

Die Symptomatik begann nach Verfolgung und Inhaftierung durch das polizeistaatliche System, in dem sie lebte. Sie schildert, daß sie während der Haftzeit insbesondere psychischer Folter ausgesetzt gewesen sei; so habe es brutale Verhöre gegeben. Ferner sei sie in ihrer Zelle ständig beobachtet worden, wurde Schlafentzug ausgesetzt z. B. über Lichtquellen, die immer an- und ausgingen. Beim Verlassen der Zelle mußte sie die Hände auf dem Rücken halten, was ihr das Gefühl vermittelt habe, zum Schafott gehen zu müssen. Außerdem mußte sie gegen ihren Willen viele Psychopharmaka einnehmen. Auch nach dem Ende der Inhaftierung wurde sie weiter unter Druck gesetzt und politisch bespitzelt. Auch die Ausreisemöglichkeit in ein freiheitlich demokratisches Land habe an der beschriebenen

Symptomatik nichts geändert. Immer wieder kämen die Erinnerungen in ihr hoch.

Auch in der Begutachtungssituation ist die Frau außerordentlich mißtrauisch, hinterfragt jedes Interesse an ihr, ist unruhig, und zwar insbesondere über die Enge des Raumes und die verschlossene Tür. Die Fragen des Gutachters erlebt sie als Tortur. Immer wieder wird die Gesprächssituation durch sie unterbrochen mit der Sorge, sie solle nur ausgehorcht werden, so wie das bei der politischen Polizei damals auch gewesen sei. Immer wieder phantasiert sie dabei auch Abhörsituationen, kann sich jedoch bei direkter Konfrontation davon innerlich distanzieren.

Andauernde Persönlichkeitsänderung nach Extrembelastung (F 62.0)

12 Psychosomatische Störungen

Vorbemerkung: Psychosomatische Störungen werden nicht regelhaft in der Psychiatrie, sondern stationär in Kliniken/Abteilungen für Psychosomatik und Psychotherapie an Universitäten, Allgemeinkrankenhäusern und speziellen Fachkliniken, ambulant in erster Linie von Psychotherapeuten behandelt. In der psychiatrischen Versorgung spielen nur bestimmte Erkrankungen dieses Formenkreises von Fall zu Fall eine Rolle und werden deshalb hier mitaufgeführt. Eine Systematik psychosomatischer Krankheiten findet sich u. a. bei Klußmann (1996).[1] Erinnert sei an die klassischen psychosomatischen Krankheiten im engeren Sinne („holy seven"): Ulcus duodeni, Colitis ulcerosa, essentielle Hypertonie, rheumatische Arthritis, Hyperthyreose, Neurodermitis, Asthma bronchiale. – Hier soll es in erster Linie um Verhaltensauffälligkeiten mit körperlichen Störungen und Symptomen gehen

12.1 Eßstörungen (F 50)

Oberbegriff für verschiedene Formen gestörten Eßverhaltens. Hauptformen: Anorexia nervosa und Bulimia nervosa (Bulimie)

Anorexia nervosa (F 50.0)

Definition: erheblicher Gewichtsverlust, herbeigeführt durch Reduktion der Nahrungszufuhr; Befürchtung, zu dick bzw. normalgewichtig zu sein

Vorkommen: überwiegend bei heranwachsenden Mädchen und jungen Frauen; ca. 1 % der Frauen während der Adoleszenz (unter 0,1 % der Männer). Verhältnis Männer zu Frauen = 1 : 20–30

Diagnose und Symptomatik: klinische Merkmale sind leicht erkennbar: jugendliches Alter, tatsächliches Körpergewicht deutlich unter dem erwarteten, selbstinduziertes Erbrechen, selbstinduziertes Abführen, Weg-

---

[1] Klußmann R (1996) Psychosomatische Medizin, 3. Aufl. Springer, Berlin Heidelberg New York Tokyo

lassen von Mahlzeiten, Gebrauch von Appetitzüglern und/oder Diuretika, häufig Amenorrhoe (meist sekundär), Körperschemastörung (Fehleinschätzung der eigenen gesunden Körpergrenzen), häufig Hyperaktivität (Leistung/Sport), Kontaktstörungen (Isolierung)

Zwei Unterformen:
- asketische (passive) Form der Anorexie ohne aktive Maßnahmen zur Gewichtsreduktion (Erbrechen etc.)
- bulimische (aktive) Form der Anorexie mit Heißhungerattacken, Erbrechen, Abführen

Differentialdiagnose: somatische Ursachen eines Gewichtsverlustes bei jungen Patienten (z. B. chronisch konsumierende Erkrankungen, Hirntumoren, Darmerkrankungen etc.)

Psychodynamische Faktoren: Störung der psychosexuellen Entwicklung, häufig Retardierung; ambivalente Einstellung zum eigenen Körper; Ablehnung der eigenen Geschlechtsrolle, auch Ablehnung von Sexualität; häufig gestörte Beziehung zu den primären Bezugspersonen (Mutter, Vater); evtl. auch Reaktion auf Eßgewohnheiten innerhalb der Familie und Einstellungen/Verhaltensweisen gegenüber Nahrungsaufnahme

Verlauf: anorektische Reaktionen finden sich als vorübergehendes Erscheinungsmerkmal bei vielen Jugendlichen. Eine voll ausgeprägte Anorexie ist eine im Prinzip lebensbedrohliche Erkrankung (ca. 10 % Mortalität), Chronifizierungsneigung bei etwa 40 % der Krankheitsfälle. Einige Patienten können einen Symptomwechsel durchmachen (z. B. Medikamentensucht). Somatische Komplikationen können vital bedrohlich werden, gelegentlich finden sich auch Psychosen und Suizid

Therapie: verschiedene Formen von Psychotherapie stehen im Vordergrund der Therapie, zusätzlich sorgfältige Beobachtung des somatischen Zustandes und Kontrolle der Laborparameter und des Gewichtes. In vital bedrohlichen Fällen Sondenernährung

Bulimia nervosa (F 50.2)

Definition: Anfälle von Heißhunger mit großer Nahrungsaufnahme („Freßanfälle") mit konsekutivem, selbst herbeigeführtem Erbrechen

Vorkommen: überwiegend bei jüngeren Frauen zwischen 20 und 30 Jahren (ca. 95 % Frauen-Anteil bei dieser Erkrankung), etwa 3–5 % der weiblichen Bevölkerung

Diagnose und Symptomatik: Freßattacken mit Gier nach Nahrung, selbst induziertes Erbrechen, ausgeprägte Angst, zu dick zu sein; Folge: Setzen einer scharf definierten Gewichtsgrenze. Zeitweilig Diät, Verwendung von Laxantien und Diuretika. Verheimlichungstendenzen. Gelegentlich: depressive Verstimmungen, Selbstbeschädigungen, Suizidversuche, Amenorrhoe. Nach Freßanfällen häufig depressive Verarbeitung mit Schuld- und Schamgefühlen

Differentialdiagnose: Störungen des oberen Gastrointestinaltraktes mit wiederholtem Erbrechen; Persönlichkeitsstörungen

Psychodynamische Faktoren: narzißtische Spannungen mit Gefühlen innerer Leere; Suche nach Geborgenheit und Selbstwertgefühl; Problematik der Akzeptanz der eigenen Geschlechtsrolle bzw. der eigenen Attraktivität; unbewußte Fixierung an gesellschaftliche Schönheitsideale; orale Grundstörung

Verlauf: keine vital bedrohliche Erkrankung wie die Anorexia nervosa, Störung kann ebenfalls chronifizieren

Therapie: verschiedene Formen von Psychotherapie (z. B. analytisch orientiert oder Verhaltenstherapie); auch Selbsthilfegruppen (z. B. OA = Overeaters Anonymous)

Eßattacken bei anderen psychischen Störungen (F 50.4)

Emotional besonders belastende Ereignisse (z. B. Verluste, Unfälle, Operationen) können von einem „reaktiven Übergewicht" gefolgt sein.

Übergewicht kann auch in Verbindung mit einer lange dauernden Behandlung mit Neuroleptika und anderen Psychopharmaka auftreten

Erbrechen bei anderen psychischen Störungen (F 50.0)

Wiederholtes Erbrechen kann Ausdruck folgender Störungen sein: hysterische (dissoziative) Störungen, hypochondrische Störungen, Erbrechen in der Schwangerschaft bei emotionalen Konflikten. Diese Formen des Erbrechens können auch als „psychogenes" Erbrechen gekennzeichnet werden

12.2 Nicht-organische Schlafstörungen (F 51)

Definition: Schlafstörungen, bei denen emotionale Ursachen einen primären Faktor darstellen. Schlafstörung kann Symptom einer anderen psychischen oder auch körperlichen Erkrankung sein

Nicht-organische Insomnie (F 51.0)

Schlafstörung mit einer ungenügenden Dauer oder Qualität des Schlafes, die über einen beträchtlichen Zeitraum bestehen bleibt. Häufig geklagte *Symptome:* Einschlafstörungen, Durchschlafstörungen, morgendliches Früherwachen. Entwicklung einer Insomnie häufig in zeitlichem Zusammenhang mit gravierenden Belastungen im aktuellen Leben des Betroffenen. Störung tritt gehäuft auf bei Frauen, älteren Menschen, psychisch gestörten und sozioökonomisch benachteiligten Personen. Störung führt häufig zur Angst vor Schlaflosigkeit und einer ständigen Beschäftigung mit deren Konsequenzen (Circulus vitiosus)

Subjektive Konsequenzen dieser Schlafstörung können sein: Ängstlichkeit, Anspannung, Depressivität, Müdigkeit, Erschöpfbarkeit, Konzentrationsmangel, Gefahr der Bekämpfung mit Alkohol und/oder Medikamenten

Differentialdiagnostisch ist zu bedenken, daß Insomnie ein häufiges Symptom anderer psychischer Störungen ist (z. B. affektiver, neurotischer, organischer, schizophrener Störungen etc.). Die Diagnose „nicht-organische Insomnie" sollte nur gestellt werden, wenn die Klagen über Schlafdauer und -qualität die einzige Symptomatik des Patienten darstellen. Die zugrundeliegenden möglichen emotionalen Konflikte sind zu explorieren

Nicht-organische Hypersomnie (F 51.1)

Zustand exzessiver Schläfrigkeit während des Tages mit Schlafanfällen, die nicht durch eine unzureichende Schlafdauer erklärbar sind; auch als verlängerte Übergangszeiten vom Aufwachen aus dem Schlaf bis zum völligen Wachsein. Diese Schlafstörung ist häufig mit psychischen Störungen verbunden, vor allem Depressionen bzw. Dysthymia.

Differentialdiagnostisch ist an Narkolepsie zu denken (bei der Narkolepsie sind ein oder mehrere zusätzliche Symptome vorhanden, wie z. B. Wachanfälle, affektiver Tonusverlust (Kataplexie), gehäufte REM-Schlafphasen und hypnagoge Halluzinationen). Ferner Hypersomnie bei Schlafapnoe und andere organische Hypersomnien. Hypersomnie kann auch Folge einer definierbaren organischen Ursache (z. B. Enzephalitis, Commotio cerebri und andere Hirnschädigungen) sein

Nicht-organische Störung des Schlaf-Wach-Rhythmus (F 51.2)

Mangel an Synchronizität zwischen dem individuellen Schlaf-Wach-Rhythmus und dem erwünschten Schlaf-Wach-Rhythmus der Umgebung. Folge: Klagen über Schlaflosigkeit und Hypersomnie. Störung kann psychogenen oder auch möglicherweise organischen Ursprungs sein. Eine meist vorübergehende Störung des Schlaf-Wach-Rhythmus kann sich ergeben aus Schichtwechselarbeit und als Folge von Reisen über Zeitzonen hinweg. Folge dieser Störung für die betroffene Person: Schlaflosigkeit während der Hauptschlafperiode und Hypersomnie während der Wachperiode

Die *Diagnose* „nicht-organische Störung des Schlaf-Wach-Rhythmus" sollte nur verwendet werden, wenn keine psychiatrische oder körperliche Ursache der Störung gefunden wird

Schlafwandeln (Somnambulismus) (F 51.3)

Zustand veränderter Bewußtseinslage, in dem Phänomene von Schlaf und Wachsein kombiniert sind. Patient verläßt meist im ersten Nachtdrittel während des Schlafwandelns das Bett, geht mit starrem Gesichtsausdruck umher, zeigt eine niedrige Schwelle des Bewußtseins, der Reaktivität und motorischer Fähigkeiten. Verletzungsgefährdung. Nach dem Erwachen besteht meist keine Erinnerung an das Schlafwandeln mehr. Die Störung tritt gehäuft in der Kindheit auf und kann mit einer organischen (z. B. infektiös-fiebrigen) Erkrankung zusammenfallen

Differentialdiagnostisch: Abgrenzung von psychomotorischen epileptischen Anfällen; ferner dissoziative Störung

Pavor nocturnus (F 51.4)

Nächtliche Episoden äußerster Furcht und Panik mit heftigem Schreien, Bewegungen und starker autonomer Erregung. Die betroffene Person setzt sich oder steht mit einem Panikschrei meist während des ersten Drittels des Nachtschlafes auf. Nach dem Erwachen meist Amnesie für die Episode

Aufgrund der vielen Ähnlichkeiten mit dem Schlafwandeln betrachtet man diese beiden Zustandsbilder als Teil eines gleichen nosologischen Kontinuums, bei dem genetische, entwicklungsbedingte, organische und psychologische Faktoren zusammenspielen

Differentialdiagnostisch ist der Pavor nocturnus von Alpträumen und epileptischen Anfällen zu differenzieren

Alpträume (Angstträume) (F 51.5)

Traumerleben – meist in der zweiten Nachthälfte – voller Angst und Furcht mit sehr detaillierter Erinnerung an den Trauminhalt. Sehr lebhaftes Traumerleben. Trauminhalte: Bedrohung von Leben, Sicherheit und Selbstgefühl. Tendenz zur Wiederholung derselben oder ähnlicher Alptraumthemen

In der Kindheit könnten Alpträume zu einer spezifischen Phase der emotionalen Entwicklung gehören. Bei Erwachsenen sind häufig Persönlichkeitsstörungen, aber auch gravierende längeranhaltende Belastungen Hintergrund des Auftretens

Therapie bei nicht-organischen Schlafstörungen

Ärztliches Gespräch, je nach Lage des Einzelfalles Krisenintervention oder verschiedene Formen und Methoden von Psychotherapie. Gegebenenfalls kurzfristige psychopharmakologische Unterstützung

12.3 Somatisierungsstörung (F 45.0)

Störung, bei der multiple, wiederholt auftretende und häufig wechselnde körperliche Symptome charakteristisch sind; die Symptome bestehen meist bereits seit einigen Jahren. Häufig haben die entsprechenden Patienten eine Patientenkarriere hinter sich (viele negative Untersuchungen, evtl. auch ergebnislose Operationen). Symptome können auf einen Körperteil oder das gesamte Körpersystem bezogen sein. Häufige Klagen beziehen sich auf Magen und Darm (z. B. Schmerzen, Aufstoßen, Erbrechen, Übelkeit) und auf die Haut (z. B. Jucken, Brennen, Taubheitsgefühle). Ferner auch sexuelle und menstruelle Störungen.

Psychisch können Ängste und Depressionen mit der Somatisierungsstörung verbunden sein und bedürfen dann einer spezifischen Behandlung

Störung beginnt im frühen Erwachsenenalter, ist häufiger bei Frauen als bei Männern

Verlauf: chronisch fluktuierend, verbunden mit längerdauernder Störung des sozialen, interpersonalen und familiären Verhaltens
 Mißbrauch oder Abhängigkeit von Medikamenten findet sich häufig, nicht selten iatrogen gefördert
 Synonyma: funktionelles Syndrom

Differentialdiagnostisch ist an diverse körperliche Störungen zu denken; ferner auch an die hypochondrische Störung (F 45.2, s. Kap. Neurosen, S. 154)

Therapie: Sie entspricht der Therapie bei nicht-organischen Schlafstörungen

12.4 Somatoforme autonome Funktionsstörung (F 45.3)

Die Schilderung der Symptome durch den Patienten geschieht so, als beruhten diese auf der körperlichen Erkrankung eines Systems oder eines Organs, das weitgehend oder vollständig vegetativ innerviert und kontrolliert wird (z. B. kardiovaskuläres, gastrointestinales, respiratorisches System). Klinische Bezeichnungen für diesen Symptomenkomplex können z. B. sein: Herzneurose, psychogene Hyperventilation, Magenneurose etc.
 Psychische Belastungsfaktoren oder gegenwärtige Lebensprobleme finden sich bei Patienten mit dieser Störung häufig

13 Sexualstörungen

13.1 Allgemeiner Teil

Definition: Zu den „Sexualstörungen" werden sexuelle Funktionsstörungen, Störungen der Geschlechtsrolle sowie sexuelle Abweichungen gerechnet

Sexualanamnese: Diese unterbleibt häufig aus Scheu (auf seiten des Patienten wie des Untersuchers) vor dem Gespräch über Sexualität, obwohl sehr viele Patienten gerne darüber sprächen, wenn der Arzt dazu bereit wäre.

Im Gespräch Takt, Verständnis und zugewandte Neutralität; keine Selbstoffenbarung des Arztes, aber Vertrautsein mit der Problematik spüren lassen! Beachtung der Sprache: weder wissenschaftlich-abstrakte Begriffe, noch Vulgärsprache! Besprechungspunkte der Anamnese (nicht nur Sexualität, sondern auch damit verbundene emotionale Bereiche, z. B. Zärtlichkeit in der Ursprungsfamilie oder Stellenwert der Körperlichkeit):

- sexuelle Entwicklung in der Kindheit
- frühe sexuelle Identifizierung
- Geschlechtsrolle (Akzeptanz, Ablehnung; Homosexualität)
- Richtung der Partnerwahl (Träume, Phantasien)
- Partnerbeziehungen (nicht nur nach Sexualität fragen!)
- sexuelle Konflikte und Krisen
- Initiativen und Abwehr in der Partnerschaft
- gegenwärtige Beziehungen (Partner, Koitus, Masturbation)

13.2. Ungestörte Sexualität

Sexueller Reaktionszyklus nach Masters u. Johnson (1973) in Phasen:
- *Erregungsphase:* Stimulierung physiologischer Reaktionen, vorwiegend parasympathisch
  - beim Mann: Erektion
  - bei der Frau: Lubrikation
- *Plateauphase:* zunehmende Vasokongestion
- *Orgasmusphase:*
  - beim Mann: Emission und Ejakulation, vorwiegend sympathisch
  - bei der Frau: Auslösung direkt oder indirekt (vaginal) klitoridal; multiple Orgasmen möglich
- *Rückbildungsphase:*
  - beim Mann: Penisabschwellung
  - bei der Frau: z. B. rasche Abschwellung der Areolae mammae

Masters WH, Johnson VE (1973) Impotenz und Anorgasmie. Stahlberg, Frankfurt a. M.

Sexualverhalten (wesentlich durch kultur- und zeitbedingte Normen geprägt) laut Befragungen in BRD:
- Menarche durchschnittlich mit 13 Jahren
- erste Ejakulation durchschnittlich mit 14 Jahren
- erster Koitus durchschnittlich mit 18 Jahren (auch abhängig von Sozialschicht)
- erster Orgasmus bei Frauen ca. 3 Jahre nach erstem Koitus (oft ohne sich durch den fehlenden Orgasmus gestört zu fühlen)
- gleichzeitiger Orgasmus der Partner bei nur ca. 25% (beim Mann meist früher)
- Koitushäufigkeit sehr variabel, Altersunterschiede: im Alter bei beiden Geschlechtern zwar Abnahme sexueller Aktivität, aber grundsätzlich befriedigende Sexualkontakte bis ins höchste Alter möglich
- Masturbation bei 90% der Männer (vorwiegend Jugendlichen), bei etwa 50% der Frauen Masturbationserfahrungen

13.3 Sexuelle Funktionsstörungen (F 52)

Allgemein: Störungen im Ablauf des sexuellen Funktionsgeschehens: Funktionsstörungen der Lust/Appetenz-, der Erregungs-, der Orgasmus- oder der Rückbildungsphase. Häufig, oft aber larviert durch andere Symptome (Depression, Angst, körperliche Funktionsstörungen), die Ursache aber auch Folge der Störung sein können

Ätiologie: multikausale Verursachung möglich (durch Sexualanamnese zu ermitteln)
- *psychogene Ursachen* (am häufigsten): Angst vor Genitalverletzung, vor Schwangerschaft, vor venerischen Infektionen (AIDS!); sexueller Mißbrauch in der Vorgeschichte. Aversion gegen den Partner, sexuelle Leistungsprobleme. Oft Kontakt- und Bindungsangst; Erwartungsangst bei Unerfahrenen; Gefühl von Niederlagen durch mißglückte sexuelle Kontaktversuche; Erlebnis der Minderwertigkeit; im Regelfall beide Partner an der Genese beteiligt
- *organische und sonstige Ursachen:* z. B. Diabetes mellitus, Einnahme von Medikamenten (dämpfende Neuroleptika, z. B. Thioridazin oder Antidepressiva, ferner β-Blocker, ACE-hemmer, Lithium, Carbamazepin, Levodopa u. a.) oder Alkohol; endogene Depression

Symptome/Formen beim Mann:
- *Alibidimie* (fehlendes sexuelles Bedürfnis) primär (oft somatische Verursachung) und sekundär
- *Erektionsstörungen* (Impotentia coeundi): mangelhafte oder zu kurz dauernde Versteifung des Penis. Primäre Impotenz oft psychogen, sekundäre oft somatisch verursacht. Früher war damit auch in allen Fällen Impotentia generandi verbunden (gegenwärtig häufigste Ursache für die Impotentia generandi: Störung der Spermiogenese)
- *Ejakulationsstörungen:* vorzeitiger Samenerguß (Ejaculatio praecox) bei fehlender Kontrolle oder verzögerter Samenerguß (Ejaculatio retardata) bei übermäßiger Kontrolle des Erlebens
- *Satisfaktionsstörungen* (Impotentia satisfactionis): bei Ejakulation ohne Orgasmus, aber auch nach stattgefundenem Orgasmus Auftreten von Beschwerden wie Kopfschmerzen, Verstimmungen etc.
- *Dyspareunie, Algopareunie* (Überempfindlichkeit und Schmerzen bei Sexualverkehr)

Symptome/Formen bei der Frau:
- *Alibidimie:* mangelnde Ansprechbarkeit, fehlende sexuelle Appetenz und Reagibilität (Ausbleiben der vaginalen Erregung und Lubrikation)

- *Orgasmusstörungen:* bei Stimulierbarkeit und sexueller Erregung Ausbleiben des Orgasmus; unterschiedliche Orgasmusschwelle und -störbarkeit; unterschiedliche Lernerfahrungen. Tritt insbesondere bei jungen Frauen auf
- *Vaginismus:* erhöhte Spannung der Vaginal- und Beckenbodenmuskulatur. Unmöglichkeit der Immissio penis
- *larvierte Sexualstörungen:* zahlreiche funktionelle Störungen, vor allem im Urogenitalbereich, als Ersatz oder Verstärkung direkter sexueller Abwehr (Abwehrfluor, Dysmenorrhoe, Amenorrhoe, Miktionsstörungen, Pelvipathie, Rückenschmerzen, kalte Füße und Hände, ferner u. U. habitueller Abort, Hyperemesis gravidarum, Laktationsstörungen, Sterilität)
- *Dyspareunie* (s. o.)

Therapie: nach Klärung der Ätiologie mehrere Möglichkeiten, in der Regel unter Einbeziehung des Partners; gegenwärtig eine Fülle therapeutischer Möglichkeiten (Sigusch):
- in leichteren Fällen *Sexualberatung* (z. B. bei mangelhafter Aufklärung; Entlastung im ärztlichen Gespräch)
- *Sexualtherapie* nach verhaltenstherapeutischen Prinzipien (Masters und Johnson): zunächst Abbau von Leistungsängsten, Koitusverbot, sodann Training der sexuellen Sensibilität und schließlich Zulassung des nicht als Forderung erlebten Koitus; Paartherapie
- bei schweren neurotischen Entwicklungen *psychoanalytisch orientierte Therapie* (Bearbeitung des „neurotischen Vorfeldes". Spontane Besserung der Sexualstörung möglich, oder später durch zusätzliche Sexualtherapie)

13.4 Störungen der Geschlechtsrolle

13.4.1 Homosexualität

Allgemein: auf Menschen des eigenen Geschlechts gerichtetes sexuelles Erleben und Verhalten bei ungestörter Geschlechtsidentität. Bei männlichen Homosexuellen öfter Probleme der Partnerbindung (und Isolation) als bei weiblichen Homosexuellen. Zahlreiche Möglichkeiten des Erlebens. In vielen Fällen auch Zuwendung zu beiden Geschlechtern (Bisexualität)

Sexual-„Störung" im psychiatrischen Sinne nur dann, wenn der Homosexuelle an seiner Sexualität oder deren Auswirkungen leidet: egodystone Homosexualität (F 66.1)

Formen:

- *Neigungshomosexualität* (genuine Homosexualität): nicht als psychische Störung, sondern als eigenständige Form sexueller Selbstverwirklichung und Partnerschaft zu betrachten. Behandlungsbedürftig nur im Zusammenhang mit durch die Homosexualität bedingten Problemen und Konflikten wie Isolierung (bei häufigem Partnerwechsel anonyme Triebbefriedigung oder gesellschaftliche Isolierung homosexueller Paare) und Vereinsamung (Depressionen bei alternden Homosexuellen). Bei jüngeren Menschen häufig Probleme der Akzeptanz der Homosexualität
- *Entwicklungshomosexualität:* homosexuelle Durchgangsphase bei zahlreichen Jugendlichen (etwa $1/3$ der Männer), meist ohne Behandlungsnotwendigkeit
- *Hemmungshomosexualität:* bei infantil retardierten oder neurotischen, oft kontaktschwachen, selbstunsicheren Menschen mit Störungen in der sexuellen Entwicklung; (öfter bei Männern) auch mit pädophilen Neigungen. Indikation zur Psychotherapie im Einzelfall je nach Leidensdruck
- *Pseudohomosexualität:* keine eigentliche Homosexualität, sondern materielle Motivation zu homosexuellen Handlungen im Sinne männlicher Prostitution (Strichjunge). Öfter dissoziale Neigungen, so z. B. Erpressung von homosexuellen Kunden

13.4.2 Heterosexualität

Gesteigertes sexuelles Verlangen (Hypersexualismus): bei Bindungsunfähigkeit bzw. -angst als oft süchtige oder narzißtische Fehlhaltung; Surrogat für partnerbezogene Sexualität: krankhaft gesteigerter heterosexueller Geschlechtstrieb:
- *Don-Juanismus bzw. Satyriasis* bei Männern
- *Nymphomanie* bei Frauen

13.4.3 Transsexualismus (Transsexualität) (F 64.0)

Allgemein: Identifikation mit dem entgegengesetzten biologischen Geschlecht („weibliche Seele im männlichen Körper") und vice versa: keine Homosexualität, sondern psychische Identitätsstörung des Geschlechts. Dem Betreffenden geht es um sich selbst. Eher asexuelles Erleben. Unklare Ätiologie. Mit Bekanntwerden dieser Störung stark zunehmende Tendenz, insb. in Großstädten. Transsexualität ist zu unterscheiden vom Transvestitismus (als Deviation mit engen Beziehungen zum Fetischismus) (F 64.1)

Therapie: Frustrationen auf dem Weg zu gegengeschlechtlicher Rolle führen zu depressiven Reaktionen, Suizidversuchen, u. U. Selbstverstümmelung. Psychotherapieversuche in der Regel jedoch vergeblich

Dem in den letzten Jahrzehnten häufig geäußerten Wunsch nach operativer Geschlechtsumwandlung verbunden mit Vornamens- und Personenstandsänderung (vgl. Transsexuellen-Gesetz von 1981: Möglichkeit der Änderung von Personenstand und Vornamen) sollte (wenn überhaupt) frühestens nach mindestens anderthalbjähriger Probezeit (Alltagstest) in der gewünschten Geschlechtsrolle und Gabe von Sexualhormonen über 6 Monate nachgekommen werden

Beim psychischen Hermaphroditismus dagegen keine Identifizierung mit einem der beiden Geschlechter

13.5 Sexuelle Abweichungen (Deviationen, Perversionen, Paraphilie) (F 65)

Allgemein: alle Erlebens- und Verhaltensweisen zur Erlangung des Orgasmus als Triebziel durch suchtartige, zwanghafte, ritualisierte Praktiken: Abwandlung von Sexualakt und/oder Sexualpartner (Sexualobjekt); apersonale Sexualität mit abnormem Triebobjekt oder abnormer Triebrichtung. Einengung des Erlebnisbereichs: der (die, das) Andere ist Gegenstand der Praktik. Liebesunfähigkeit, Promiskuität, Anonymität, Vereinsamung. Suchtartiger Charakter mit abnehmender Satisfaktion, Überwuchern von Phantasien; Aggressivität gegenüber sich und anderen; die Deviation wird von der Person selbst häufig abgelehnt und als belastend erlebt, Sexualtrieb ist nicht im Einklang mit Gefühlen und Wertungen. Unterschiedliche Bewertung sexueller Abweichungen je nach kulturellem Kontext (häufig auch fließende Übergänge zum Normalen)

Beispiel: im Laufe der Geschichte unterschiedliche Bewertung der Masturbation (Onanie, „Selbstbefleckung") mit unterschiedlichen Formen der Unterbindung („Therapie") bis hin zu chirurgischen oder orthopädischen Maßnahmen. Heutige Bewertung: nur bei zwanghaftem, suchtartigen Vollzug als Störung

Ätiologie: psychodynamisch als Ausdruck einer neurotischen Hemmung der psychosexuellen Entwicklung bzw. Regression auf frühere Entwicklungsstufen. Als Abwehrmechanismus vor reifer Sexualität bei Kastrations- und Selbstverlustangst

Der Einfluß von Minderbegabung, hirnorganischen oder konstitutionellen Faktoren ist unklar; gehäuft bei bestimmten Persönlichkeitsstörungen, z. B. dissozialer Persönlichkeit

Therapie: bei Leidensdruck Sexualberatung sowie verschiedene Psychotherapieverfahren. Bei *aggressiven Deviationen* und *Exhibitionismus* somatische Behandlung mittels temporärer hormoneller Kastration durch Kombination von Antiandrogen und Gestagen: Cyproteronazetat (Androcur®) 50–200 mg/die oder 300 mg Androcur®-Depot i. m. alle 1–4 Wochen. Effekt: Hemmung von Libido und Potenz; weitgehende Aufhebung der Spermiogenese. Effekt reversibel. In schwersten Fällen Diskussion stereotaktischer Ausschaltung des Nucleus ventromedialis des Hypothalamus

Formen sexueller Abweichung

die Partner-/Objektwahl betreffend:
- *Pädophilie:* sexuelle Beziehungen zu Kindern beiderlei Geschlechts. Oft infantil retardierte Männer sowie minderbegabte und hirnorganisch veränderte alte Männer. Schädigung bei den Kindern je nach angewendeter Gewalt und Reaktion der Umgebung unterschiedlich
- *Päderastie* (Knabenliebe): homosexuelle Beziehung zu Knaben
- *Inzest:* sexuelle Beziehungen zwischen Verwandten 1. Grades (z. B. Vater-Tochter, Mutter-Sohn, unter Geschwistern sowie zwischen weiteren Verwandten in aufsteigender Linie). Nach § 173 StGB mit Strafe bedroht
- *Sodomie:* geschlechtliche Handlungen mit Tieren (weiter gefaßter Begriff: Zoophilie)
- *Nekrophilie:* geschlechtliche Handlungen mit Verstorbenen

die Sexualpraktiken betreffend:
- *Exhibitionismus:* Zeigen des männlichen Genitale vor Frauen und Mädchen (oft verbunden mit Masturbation). Selbstunsichere Täter. Lustgewinn durch erschreckte Reaktion der Zuschauerinnen. Häufig verheiratete Männer mittleren Alters, Neigung zu Rückfällen. Bestrafung nach § 183 StGB (Erregung öffentlichen Ärgernisses) möglich
- *Voyeurismus:* Zuschauen beim Sexualakt anderer; ähnlich pornographischen Bedürfnissen

- *Frotteurismus:* sexuelle Erregung bei genitaler Berührung von Frauen, z. B. in Menschenmengen, in überfüllten öffentlichen Verkehrsmitteln durch reibende Bewegungen, hierdurch Erektion und Orgasmus
- *Fetischismus:* sexuelle Erregung durch Kleidungsstücke (Unterwäsche, Schuhe, Strümpfe) oder sonstige Gegenstände von möglichen SexualpartnernInnen und damit verbundene Masturbation bzw. Ejakulation. U. U. vermehrter Lustgewinn durch Diebstahl der verwendeten Gegenstände. Substitution des Triebobjektes durch ein fetischistisches Symbol
- *Transvestitismus:* Erregung durch Tragen von Frauenkleidern (cross dressing) und Erleben der weiblichen Rolle mit Imitation der Frau; kann mit und ohne das Ziel des Orgasmus auftreten. Beziehungen zum Fetischismus
- *Sadismus und Masochismus:* in erster Linie Erlebensweisen, weniger spezielle Formen von Perversion. (Divide: moralischer Masochismus mit unbewußter Konstellation von Bestrafung)
- *Kleptomanie und Pyromanie:* u. U. auch Spielsucht können mit sexueller Erregung einhergehen

Fallbeispiele

Fallbeispiel 13.1

In die Sexualambulanz der psychiatrischen Poliklinik kommt ein derzeit arbeitsloser 34jähriger Mann. Er ist 192 cm groß und 115 kg schwer, trägt Frauenkleidung mit ausgestopftem BH, die Körperbehaarung ist teilweise rasiert. Er lebt teilweise, vor allem im privaten Bereich, in der Frauenrolle. Jetzt möchte er konkrete Schritte in Bezug auf die von ihm gewünschte Geschlechtsumwandlung – Mann zu Frau – unternehmen.

Er sei als unehelicher Sohn geboren. Der Vater habe die Mutter kurz vor der geplanten Hochzeit verlassen. Die 10 Jahre ältere Schwester stamme aus einer Vergewaltigung. Zu Hause habe ein männerfeindliches Klima geherrscht. Als kleiner Junge habe er die Kleidung der älteren Schwester auftragen müssen, habe am liebsten mit einer Puppe gespielt und nur Mädchenbücher gelesen. Die Mutter habe ihm pinkfarbene Kleidchen und Strumpfhosen angezogen. Erst mit dem Beginn des Kindergartenbesuches sei für ihn Knabenkleidung gekauft worden, die er aber nur widerwillig angezogen habe. Der Versuch der Mutter, ihn nun zu jungenhaftem Verhalten und Spielen zu bewegen, konnte seine Neigung, Mädchenkleider zu tragen und sich nur mit Mädchen zu beschäftigen, nicht mehr korrigieren.

In der Pubertät litt er unter den körperlichen Veränderungen und hatte Impulse, das männliche Genitale abzutrennen, da es nach seinem Empfinden nicht zu seinem Körper gehörte. Er setzte damals das „cross-dressing" fort, bemerkte aber selbst, daß die Frauenkleidung kein Requisit für die sexuelle Erregung bedeutete, sondern äußerer Ausdruck seiner inneren Befindlichkeit als Frau war. Auf Drängen der Mutter begann er eine Metzgerlehre, die er aber später abbrach, um dann Baggerfahrer zu werden.

Ebenfalls der Mutter zuliebe heiratete er. Sexuelle Kontakte mit der Ehefrau seien nur der Ehefrau zuliebe zustande gekommen. Zu einer Erektion sei es nur durch manuelle Stimulation durch die Ehefrau gekommen. Nach der Geburt des 2. Kindes wurden die seltenen sexuellen Kontakte auf seinen Wunsch ganz eingestellt. Die Unvereinbarkeit zwischen der von ihm erwarteten Rolle als Ehemann und Vater und seinem Wunsch, entsprechend seiner inneren Befindlichkeit als Frau zu leben, führten schließlich zu einem Suizidversuch und einer stationären Behandlung in einem psychiatrischen Krankenhaus. Kurz danach fand die Ehefrau die Frauenkleidung in der Wohnung. Nach einer heftigen Auseinandersetzung kam es zu einem zweiten Suizidversuch und bald darauf zur endgültigen Trennung und Scheidung, da die Ehefrau dem Wunsch ihres Mannes, als Frau zu leben, völlig verständnislos gegenüberstand.

Die früheren ärztlichen Kontakte habe er als wenig hilfreich erlebt. Bereits im Kindesalter suchte die Mutter mit ihrem Sohn eine Universitätsklinik auf mit der Frage, ob ihr Sohn ein Zwitter sei. Später hatte der Patient mehrfach versucht, sich Hormone zu beschaffen. Bei einer genetischen Untersuchung fand sich bei dem völlig gesunden Mann ein Chromosomensatz mit dem Karyotyp 46 XY. Die verschiedenen Ärzte reagierten auf die Problematik des Patienten verständnislos und hilflos und rieten, er solle sich ändern. Auch während der stationären psychiatrischen Behandlung nach dem ersten Suizidversuch kam es nicht zu einer Thematisierung der transsexuellen Entwicklung.

Zum Zeitpunkt der ersten Vorstellung bei uns spielte die genitale Sexualität keine Rolle. Sexuelle Kontakte mit Frauen oder Männern hatte es nach der Ehe nicht gegeben. Wichtiger waren romantische Phantasien, eine Frau zu sein, zu heiraten und Zärtlichkeiten auszutauschen, sowie die Beschäftigung damit, sich weiblich zu kleiden und zu geben.

In der festen Überzeugung, eine Frau zu sein, lehnte der Patient eine psychotherapeutische Behandlung bzw. Bearbeitung seines Wunsches ab und forderte das nach dem Transsexuellengsetz notwendige Gutachten für die Personenstandsänderung und geschlechtsangleichende Operation, sowie hormonelle Behandlung, Brustaugmentation und die Epilation der Körperbehaarung.

Transsexualismus (F 64.0)

Fallbeispiel 13.2

Die 29jährige unverheiratete Patientin betritt das Untersuchungszimmer etwas schüchtern, sie hat Schwierigkeiten im Gespräch Blickkontakt zu halten und zeigt Verlegenheitsgesten. Sie wirkt sehr gepflegt, die Frisur vielleicht etwas altmodisch.

Sie klagt, daß sie seit mehreren Jahren, vermehrt aber seit einigen Monaten wöchentlich mehrfach Angstanfälle habe. Wenn die Angst käme, müsse sie weglaufen, sie könne nicht im Zimmer bleiben. Sie habe Herzklopfen und bekomme Panikzustände. Alles habe sich so verstärkt, daß sie nicht mehr in der Lage sei, in ihr Büro zu gehen.

Frau St. berichtet über eine Vorgesetzte, unter der sie mehr und mehr leide, die alle Arbeit an sich ziehe, die Patientin und ihre Kolleginnen, also ihre fünf Untergebenen, geradezu schikaniere. Allerdings seien die anderen wohl nicht so beeindruckt davon wie sie. Sie sei überzeugt, wenn überhaupt eine seelische Ursache vorläge, müsse man die Beschwerden auf diese Vorgesetzte zurückführen.

Im darauf folgenden Gespräch berichtet sie über ihren Partner, den sie seit sechs Jahren kennt. Seit 5 1/2 Jahren besteht auch eine intime Beziehung. Es stellt sich heraus, daß er häufiger sexuelle Beziehungen möchte, sie seltener. Sie berichtet dann, daß sie nicht fähig sei, Orgasmus zu erleben außer durch manuelle oder orale Stimulation. Dabei lasse sie nicht zu, daß er sein Glied in ihre Vagina führe, da sie dabei Schmerzen habe. Wenn sie ihre Erregung gehabt habe, dann werde ihr Freund ihr zu viel; auch wenn er noch nicht soweit sei, habe sie keine Lust mehr, sich weiter mit ihm zu befassen. Meist müsse er dann für sich masturbieren. – Die Patientin ist zunächst konsterniert, daß sie nach sexuellen Einzelheiten gefragt wird und meint, daß die Probleme sicherlich nicht mit ihrem Schwindelgefühl zusammenhingen. Sie erzählt dann, daß eine „Schwägerin" von ihr gerade ihr zweites Kind bekommen hat, woraufhin die „Schwiegereltern" meinten „daß es jetzt bei ihnen vielleicht auch bald Zeit für Nachwuchs sei". Daraufhin habe sich ihre Angst verstärkt.

Episodisch paroxysmale Angst (Panikstörung (F 41.0)
Nichtorganische Dyspareunie (F 52.6)

14 Störungen aus dem Bereich der Kinder- und Jugendpsychiatrie

Die Kinder- und Jugendpsychiatrie ist ein eigenständiges Fach, seit 1968 mit einer eigenen Weiterbildungsordnung. Dennoch werden die Lehr- und Lerninhalte im Unterricht und in vielen psychiatrischen Lehrbüchern bisher noch integriert dargestellt.

Hier wird der Versuch gemacht, den Studenten einen gedrängten Überblick über die vorkommenden Störungen zu geben.

Psychische Störungen und Erkrankungen bei Kindern und Jugendlichen haben in der Regel viele Ursachen. Diese Erkenntnis führt zu einem mehrdimensionalen Vorgehen in der Diagnostik, Therapie und Rehabilitation und damit zur Arbeit in einem multiprofessionellen Team. Um den vielfältigen Ursachen psychischer Erkrankungen und Störungen im Kindes- und Jugendalter Rechnung zu tragen, arbeiten Ärzte eng mit Diplom-Psychologen, Pädagogen, Bewegungs- und Ergotherapeuten, Diplom-Sozialpädagogen, Musik- und Kunsttherapeuten zusammen.

Die Diagnostik berücksichtigt die vielen verschiedenen Ursachen eines Störungsbildes, indem sechs Einordnungen, sogenannte Achsen nach ICD-10, möglich sind:

1. Die psychiatrische Diagnose,
2. die Beschreibung der Entwicklungsstörung (entsprechend Abschnitt F8 im Anhang A),
3. die Abschätzung des Intelligenzniveaus (entsprechend Abschnitt F7 im Anhang A; zusätzlich hohe und normale Intelligenz),
4. die körperlich-neurologische Symptomatik (entsprechend ICD-10, insbesondere Kapitel VI (G) Krankheiten des Nervensystems),
5. die Erfassung der aktuellen abnormen psychosozialen Umstände (z. B. Disharmonie in der Familie, Verlust einer liebevollen Beziehung, Sündenbockzuweisung durch Lehrer, Migration etc.),
6. die Beurteilung der psychosozialen Anpassung (Skala 0 = hervorragend auf allen Gebieten bis 8 = braucht ständige Betreuung).

In diesem Kapitel werden einerseits spezifische Entwicklungs- und altersbedingte Störungen behandelt, andererseits Störungen, die weite Überschneidungsbereiche mit der Erwachsenenpsychiatrie aufweisen, wobei die Betonung hier auf den kinderpsychiatrischen Besonderheiten liegt. Störungen, die überwiegend Erwachsene betreffen, werden in anderen Abschnitten des Buches abgehandelt. Als Einführung zu empfehlen sind ein Kapitel Entwicklungspsychologie, ferner tiefen- und verhaltenspsychologische Grundlagen sowie die darauf basierenden Therapien (s. Anhang S. 332). Eine umfassende Darstellung im Vergleich zu diesem kurzen, stichwortartigen Kapitel findet sich z. B. im Lehrbuch von Remschmidt oder dem von Knölker und Schulte-Markwort (s. Literaturverzeichnis)

STÖRUNGEN AUS DEM BEREICH DER KINDER- UND JUGENDPSYCHIATRIE

Intelligenzminderung (Oligophrenie)
- Störungen der Körperchromosomen (Autosomen)
- Störungen der Geschlechtschromosomen (Gonosomen)
- metabolisch-genetisch bedingte Intelligenzminderung
- exogene Schädigungen
- weitere (exogene) dementielle Schädigungen
- kindliche Demenzformen

Organisch bedingte psychische Störungen
- organische Psychosyndrome nach frühkindlicher Hirnschädigung
- weitere akute oder chronische Psychosyndrome

Störungen der Motorik und Psychomotorik
- hirntopisch bestimmte Störungen
- universelle Störungen der Psychomotorik
- Hyperkinetisches Syndrom
- umschriebene Störungen der Psychomotorik

Störungen des Sprechens und der Sprache
Teilleistungsschwächen
Störungen im Zusammenhang mit der Schule
Psychosen im Kindes- und Jugendalter
- exogene Psychosen
- Schizophrenie
- affektive Störungen
- Borderline-Syndrom/Grenzpsychose

Tiegreifende Entwicklungsstörungen
- frühkindlicher Autismus nach Kanner
- autistische Psychopathie nach Asperger
- sonstige Formen

Psychogene Störungen im Kindes- und Jugendalter
Emotionale Störungen im Kindes- und Jugendalter
Störungen des Sozialverhaltens

14.1 Intelligenzminderung (Oligophrenie) (F 7)

Allgemein: Unterdurchschnittliche Intelligenz (früher gängiger Terminus: Schwachsinn – Debilität)[1], entstanden während der Entwicklungsperiode (ererbt oder prä-, peri- oder postnatal) mit der Folge von Beeinträchtigung des adaptiven Verhaltens; geistige Behinderung

Unterschiedliche Schweregrade der Intelligenzminderung werden bestimmt nach gemessenem oder (in schweren Fällen) geschätztem IQ (Tabelle 14.1). Je nach Schweregrad verbunden damit leichte Anpassungsstörungen bis zu schwersten, pflegebedürftigen Zuständen. Inkontinent mit motorischen Stereotypien, ohne Spracherwerb, bei verständnisvoller Pflege oft emotional eher ansprechbar; heilpädagogische Förderung

Intelligenzdefinition problematisch. Am ehesten: angeborene Fähigkeit zu geistiger Leistung und damit Bewältigung von praktischen und theoretischen Aufgaben. – Bestimmung des IQ mit HAWIK (Hamburg-Wechsler-Intelligenztest für Kinder), Binet-Simon-Test oder TBGB (Testbatterie für geistig behinderte Kinder), s. Anhang B

Schulorganisatorisch:
- Lernbehinderung: Sonderschule L/Förderschule
- Geistige Behinderung: Sonderschule G
- Körperbehinderung:
  (Mehrfachbehinderung) Sonderschule

---

[1] Man unterschied erethischen und torpiden Schwachsinn (mit gesteigerter und geringer Aktivität)

Intelligenz-minderung	IQ	Bezeichnung
Grenzbereich	70–84	Lernbehinderung
leicht (F70)	50–69	Oligophrenie I. Grades (Debilität)
mittelgradig (F71)	35–49	Oligophrenie II. Grades (Imbezillität)
schwer (F72)	20–34	Oligophrenie II. Grades (Imbezillität)
schwerst (F73)	0–19	Oligophrenie III. Grades (Idiotie)

Tabelle 14.1. ICD-10-Klassifikation der Intelligenzminderung

Epidemiologie: Leichte Intelligenzminderung 3–4%, mittelgradige bis schwerste Intelligenzminderung weniger als 1%. Insgesamt 5% der Bevölkerung mit Intelligenzminderung

Ätiologie: bei leichten Formen beträchtliche Umwelteinflüsse, bei schweren Formen organische Ursache, z. B. chromosomale Störungen. In der Mehrzahl bisher keine ätiologische Klärung möglich

Prävention/Therapie: Beratung durch Humangenetiker, Elternberatung; Frühdiagnostik (z. B. Phenylketonurie und Neugeborenenhypothyreose); Frühförderung, Heilpädagogik, Vermeidung von Sekundärschädigungen; Diät bei Stoffwechselstörungen; Besuch von Sonderkindergärten, Sonderschulen, später beschützenden Werkstätten. Nur in schweren Fällen oder bei ungeeigneter familiärer Umwelt Heimunterbringung. Verhaltenstherapie zur Entwicklung lebenspraktischer Fertigkeiten, zum Aufbau eines kommunikativen, sozialen Verhaltens; Lernen in kleinen Schritten

Formen der Intelligenzminderung

Störungen der Körperchromosomen (Autosomen)

- *(Langdon-) Down-Syndrom (Mongolismus)*
  Trisomie 21 (Non-disjunction), D-G-Translokation, Mosaikmongolismus (erblich, selten, 3–4% der autosomalen Chromosomenstörungen)
  Epidemiologie: stark vom Alter der Mutter abhängig, z. B. ab 45. Lebensjahr 1:30
  Symptome: brachyzephaler Schädel, schräge Lidspalten mit Epikanthus, Hypertelorismus (vergrößerter Augenabstand), flache Nase, Makroglossie, Vierfingerfurche, Gliedmaßen kurz und plump, überstreckbare Gelenke. Psychisch als Kinder gut zu lenken, gutmütig, öfter Probleme in der Pubertät; meist Imbezillität
- *Cri-du-chat-Syndrom*
  Aberration an Chromosom 5
  Symptome: katzenartige Schreie, Mikrozephalie, Oligophrenie

Störungen der Geschlechtschromosomen (Gonosomen)

- *(Ullrich-)Turner (X 0-)Syndrom*
  Epidemiologie: selten; 1:5000 weibliche Geborene
  Symptome: Minderwuchsamenorrhoe, Pterygium colli, Schildthorax, Herz- und Gefäßmißbildungen
- *Klinefelter-Syndrom (xxy-, xxxy-Syndrom)*
  Epidemiologie: 1:5000 männliche Geborene
  Symptome: nach der Pubertät eunuchoide, feminine Züge, Gynäkomastie, Hodenhypoplasie (klinisch wichtig!), Sklerosierung der Hoden, Störung der Geschlechtsreife, Hochwuchs, Debilität
- *xyy-Syndrom*
  Epidemiologie: 1:1000 männliche Geborene
  Symptome: Minderbegabung, labile Persönlichkeit, Hypogenitalismus
  Marker-X-Syndrom (Syndrom des fragilen X-Chromosoms) *Epidemiologie:* 1:2000 männliche Neugeborene
  Symptome: Entwicklungsstörung, Hyperaktivität, Mittelgesichtshypoplasie, große Ohren, Hodenvergrößerung

Metabolisch-genetisch bedingte Intelligenzminderung

In diesem Zusammenhang etwa 70 Stoffwechselstörungsarten bekannt; Anhäufung abnormer Stoffwechselprodukte in ZNS-Zellen

- *Phenylketonurie:* Störung des Phenylalaninabbaus in Tyrosin durch Enzymmangel. Anhäufung von Phenylalanin und Phenylbrenztraubensäure
  Epidemiologie: 1:10 000, autosomal-rezessiver Erbgang
  Symptome: Krämpfe ab 2. Lebensjahr, häufig Entwicklung einer Oligophrenie; Nachweis von Phenylalanin im Blut durch Guthrie-Test. Ab 6. Woche Fölling-Probe positiv: grüner Farbstoff im Urin durch Zugabe von Eisenchlorid
  Therapie: phenylalaninarme Kost bis etwa 12. Lebensjahr
- *weitere Störungen:* Galaktosämie, Ahornsirupkrankheit, Mukopolysaccharid-Speicherkrankheiten, Morbus Gaucher (Zerebrosidlipidose), Niemann-Pick-Krankheit (Sphingomyelinose), Tay-Sachs-Erkrankung (GM 2-Gangliosidose)

Exogene Schädigungen

- *pränatal:* Embryopathie durch Infektion der Mutter mit Rötelnvirus, Zytomegalievirus, Toxoplasmose, Listeriose, Lues. Alkoholembryopathie (zunehmende Bedeutung!, Prävention möglich!!). Weitere Noxen: Röntgenbestrahlung, Medikamente, mißlungene Abtreibungen; Sauerstoffmangel durch mechanische Noxen, Fehlbildungen etc.
- *perinatal:* O_2-Mangel, Hirnblutungen
- *postnatal:* Neugeborenenerythroblastose, Infekte (Enzephalitiden), Ernährungsstörungen

Weitere (exogene) dementielle Schädigungen

Kramer-Pollnow-Syndrom, Tuberöse Hirnsklerose, Wilsonsche Erkrankung, ferner Slow-Virus-Infektionen und früh einsetzende heredodegenerative Erkrankungen

14.2 Organisch bedingte psychische Störungen (F 78)

Organisches Psychosyndrom nach frühkindlicher Hirnschädigung (frühkindlich exogenes Psychosyndrom)

Allgemein: Teilweise Überschneidung mit Abschnitt „Intelligenzminderung". Neben psychopathologischen Störungen müssen hier aus Gründen der Systematik auch die neurologischen Störungen erwähnt werden. Je früher die Schädigung, um so größer der Schweregrad: von Embryopathie und Schädigung des Fetus bis zum 6. Monat (frühe Schwangerschaft) über frühkindlichen Hirnschaden (späte Schwangerschaft 25%, Geburt 60% und 1. Lebensjahr 15%) zu späterer Schädigung mit Persönlichkeitsstörung

Ätiologie: Fetopathien (z. B. F. diabetica), Gestose, Anämie, Alkoholmißbrauch der Mutter, Sauerstoffmangel, Ernährungsstörung des Säuglings, Icterus neonatorum etc.

Symptome:
- schwere Schädigungen: neurologische Symptome (Spastik), epileptische Anfälle, schwere Intelligenzminderung
- mittelgradige Schädigungen: leichte motorische Behinderung, Intelligenzminderung und Verhaltensabweichungen
- leichtgradige Schädigungen: nur diskrete neurologische Symptome und leichte psychopathologische Auffälligkeiten: Hyperaktivität, psychomotorische Unruhe, Ablenkbarkeit, Teilleistungsschwächen (s. S. 191 f.)

Therapie: Verhaltenstherapie, (heil-)pädagogische Maßnahmen (Zuwendung und Grenzen setzen!); psychomotorische Übungsbehandlung; Familienberatung; häufig Notwendigkeit der Sprachheiltherapie (Logopädie); gegebenenfalls Ergotherapie, Kunst- und Musiktherapie (Mobilisierung der Stärken des Kindes!). – Medikamentöse Behandlung nur in Ausnahmefällen, z. B. Neuroleptika zeitlich begrenzt

Beispiele für akute oder chronische Psychosyndrome: Nach *Schädel-Hirn-Trauma* (häufig!) organisches Psychosyndrom mit Hirnleistungsschwäche, möglicherweise auch posttraumatische hirnorganische Wesensänderung. Ferner organisches Psychosyndrom bei *Hirntumoren* im Kindesalter sowie nach *entzündlichen Erkrankungen* des Gehirns, des weiteren im Zusammenhang mit *Anfallsleiden*. Die Psychosyndrome können akut oder chronisch verlaufen und unterscheiden sich entsprechend. – Bei Jugendlichen mit *Narkolepsie* Auftreten eines Hypersomniesyndroms. – Bei *Alkoholembryopathie* kraniale Dysmorphie, postnatale Wachstumsverzögerung, Minderbegabung, schmales Oberlippenrot

14.3 Störungen der Motorik und Psychomotorik (F 82)

Hirntopisch bestimmte Störungen

- *Pyramidale Störungen:* Littlesche Krankheit = Diplegie, infantile Hemiplegie, Tetraplegie
- *Extrapyramidale Störungen:* choreatische, athetotische, ballistische Bewegungen, Hyper-, Hypo- und Akinese
- *Zerebelläre Störungen:* Ataxie, Dysdiadochokinese, Kleinhirnhypotonie

Universelle Störungen der Psychomotorik, psychomotorischer Entwicklungsrückstand

Motorische Ungeschicklichkeit, Koordinationsstörungen, Wahrnehmungsstörungen, Fehlintegration der Motorik

Therapie: Wahrnehmungstraining und psychomotorische Übungsbehandlung

Hyperkinetisches Syndrom

Wahrnehmungsstörungen; erhöhte Ablenkbarkeit, Aufmerksamkeitsstörungen, Irritierbarkeit; motorische Aktivität und Impulsivität; Stimmungsschwankungen, geringe Frustrationstoleranz. Sekundär auch Schulschwierigkeiten und Störungen des Sozialverhaltens. Häufig Überschneidung mit frühkindlichem exogenen Psychosyndrom. In vielen Fällen Kombination mit Teilleistungsschwächen, vor allem in der Sprech- und Sprachentwicklung und der Motorik

Dieses Syndrom ist oft assoziiert mit „minimaler zerebraler Dysfunktion" (MCD, ein unscharfer Begriff, von vielen Kinderpsychiatern kritisiert)

Auftreten der Störung meist in den ersten fünf Lebensjahren; mehrfach häufiger bei Knaben

Therapie: Psychotherapie; Psychostimulanzien (Amphetamine oder Methylphenidat (Ritalin® mit paradoxer Wirkung; keine Suchtgefahr!)

Umschriebene Störungen der Psychomotorik (zur Chronifizierung neigend)

- *Ticstörungen:* automatische, rasche Muskelzuckungen
- *Gilles-de-la-Tourette-Syndrom:* motorische Tics (Blinzeln, Grimassieren, Räuspern etc.), Koprolalie (Phonationstic mit Fäkalausdrücken)

und Echolalie. Tics sistieren im Schlaf; ätiologisch wohl erbliche Komponente
- *Schreibkrampf:* auf die Tätigkeit des Schreibens begrenzte Störung; unklare Ätiologie
- *Jactatio capitis et corporis:* motorische Stereotypien wie Schaukelbewegungen und stereotype Gesten

14.4 Störungen des Sprechens und der Sprache (F 80)

Sprechstörungen

- *Stottern*
  Epidemiologie: Entwicklungsstottern im 3.–5. Lebensjahr (bei 5%) nicht pathologisch, späteres Auftreten pathologisch. Knaben häufiger betroffen als Mädchen
  Ätiologie: mehrere Faktoren wie Umwelteinflüsse (mangelnde Sprachvorbilder), hirnorganische Schädigungen, selten Erbeinflüsse, Entwicklungsstörungen, Intelligenzminderung (Minderbegabung), Angst als psychogener Faktor
  Symptome:
  - klonisch: bei Sprechbeginn Buchstaben-, Silben- und Wortwiederholungen
  - tonisch: Blockierung beim Sprechablauf mit Anspannung von Gesichts- und Halsmuskulatur, u. U. begleitet von Rumpf- und Armbewegungen, Schmatz- und Schluckgeräusche
  - Beachte im Gegensatz zum Poltern (s. u.) beim Stottern Verstärkung durch Aufmerksamkeit

  Therapie: Elternberatung (Symptome nicht beachten, ruhig zuhören!). Übungen (Atem, Entspannung, Rhythmik), Psychotherapie, nur in Ausnahmefällen zusätzlich Medikamente
- *Poltern* (Tachyphemie)
  Ätiologie: genetisch, hirnorganisch, psychogen
  Symptome: Störung des Sprechablaufs; Verschlucken von Lauten, Silben und Wörtern; hastiger Redefluß; Verbesserung der Sprechfähigkeit bei Aufmerksamkeit
- *Dysarthrie*
  Sprechstörung zentral durch Schädigung von Kernen oder Bahnen oder auch peripher verursacht; kloßige, verwaschene, verlangsamte Sprache
- *Mutismus*
  Sprechverweigerung bei zuvor vorhandener Sprache und Sprechfähigkeit; meist im Vorschulalter

Symptome:
- elektiver Mutismus: Sprechverweigerung in Belastungssituationen und gegenüber Fremden, Kind spricht nur mit engen Bezugspersonen; meist psychogen
- totaler Mutismus: völliges Verstummen bei Psychosen, nach schwerem Trauma, als hysterische Reaktion

Sprachentwicklungsstörungen

Allgemein: fehlende oder verzögerte Sprachentwicklung (betrifft Phonation, Artikulation, Wortschatz, Grammatik und Syntax), bei Rückständen ab $2^1/_2$–3. Lebensjahr

Epidemiologie: bei 3–4% der Kinder im Einschulungsalter; bei Jungen 2- bis 3mal häufiger

Ätiologie: Minderbegabung; ferner bei frühkindlichem Autismus, Hörschäden, negativen Umwelteinflüssen z. B. familiäre Sprachschwäche. Oft kombiniert mit multiplen Entwicklungsrückständen, hyperkinetischen Syndromen, emotionalen Störungen und Störungen des Sozialverhaltens (auch sekundär!)

Formen der Sprachentwicklungsstörungen:
- ***Dyslalie (Stammeln):*** fehlerhafte Laut(Phonem-)bildung, physiologisch von 2–4 Jahren: Austausch von Konsonanten z. B. D statt G und T statt K; später behandlungsbedürftig
  Symptome: Artikulationsstörung mit Fehlbildung oder Fehlen einzelner Laute und Lautverbindungen wie z. B. Sigmatismus (Lispeln), Rhotazismus (Störung des R-Lautes)
- ***Dysgrammatismus, Agrammatismus:*** Durchgangsphase in der normalen Entwicklung; nach dem 4. Lebensjahr behandlungsbedürftig
  Symptome: grammatisch entstellte Sprache, verbindungslose Wortreihen, Infinitiv-Sätze, Einwort-Sätze
- ***Hörstummheit (Audimutitas):*** Extremform der Sprachentwicklungsverzögerung: über das 3. Lebensjahr bestehende Stummheit trotz Hörfähigkeit und normaler Intelligenz
  Symptome:
  - motorische Audimutitas bei Sprachverständnis
  - sensorische Audimutitas mit Sprachverständnisschwierigkeiten
  Unterscheide:
  - Mutismus: Patient ist stumm geworden
  - Audimutitas: Patient hat noch nie gesprochen (frühkindlicher Hirnschaden; Hörvermögen intakt)

- Taubstummheit (Surdomutitas, Hörvermögen fehlt, keine akustisch evozierten Potentiale!)

Sprachabbau- und Sprachverlustsyndrom;

Ätiologie: nach Schädel-Hirn-Traumen, vor allem bei Verkehrsunfällen, Gefäßerkrankungen, Tumoren etc.; Sprachabbausyndrome bei kindlichen Demenzprozessen, z. B. bei Stoffwechselstörungen, auch bei kindlicher Schizophrenie

Formen:
- *Wortfindungsstörungen* (auch psychogen; ausgeprägt als amnestische Aphasie – mit semantischen Paraphasien)
- *motorische* (Broca) *oder sensorische* (Wernicke) *Aphasie* (Aphasie: Verlust früher vorhandener Sprachfähigkeit meist durch Schädigung kortikaler Zentren); in abgeschwächter bzw. gebesserter Form: Dysphasie

Therapie

Bei sämtlichen Sprech-, Sprach- und Stimmstörungen logopädische Behandlung (Logopädie – medizinischer Heilhilfsberuf, in Abgrenzung zur medizinischen Teildisziplin Phoniatrie); Förderung von Sprache mit Sinneswahrnehmung, Gefühlserfahrung in sprachmotivierender Situation; psychotherapeutische Elemente, ggf. auch Überwiegen der Psychotherapie, Vermeidung negativer Verstärkungen; Vermeidung sekundärer Verhaltensstörungen und Prävention von späterem Schulversagen

14.5 Teilleistungsschwächen (F 81)

Allgemein: umschriebene sensorische, kognitive und andere Leistungsausfälle bei durchschnittlicher oder überdurchschnittlicher Intelligenz; oft in Kombination mit hyperkinetischem Syndrom im Rahmen eines leichtgradigen, organischen Psychosyndroms bei frühkindlicher Hirnschädigung; zur Vermeidung von Chronifizierung frühzeitige Feststellung und Behandlung!

Unterscheide: zentrale und periphere Störungen
Diagnostische Hinweise durch akustische Differenzierungsschwäche im Unterricht oder visuelle Gestalterfassungsschwäche im Test

Wahrnehmungsstörungen

Störungen der sensorischen Integration: Lokalisation taktiler Reize, Rechts-Links-Diskrimination, Position im Raum

Störungen der visuomotorischen Koordination

Störungen der Raumlage und räumlicher Beziehungen von Figur-Grund-Wahrnehmung (Unterscheidung von wesentlichen und unwesentlichen Reizen), der Wahrnehmungskonstanz (Wiedererkennen)

Legasthenie (F 81.0)

Lese-Rechtschreib-Schwäche bei 4–7% der Grundschulkinder (Jungen häufiger als Mädchen; seltener bei lautsynthetischem Lernen, öfter bei der Ganzwortmethode)

Symptome:
- Nichterfassen bestimmter Buchstabenkonstellationen, fehlende simultane Gestalterfassung
- Buchstabenvertauschen, Verdrehungen von Worten oder Wortteilen
- Weglassen oder Hinzufügen von Silben

Schwerpunkt im Lesen *oder* im Schreiben. Oft verbunden mit optischen Wahrnehmungsdefiziten, mit Störung der Lateralisation (Sinnfehler), seltener auch Sprachentwicklungsstörungen und Sprechstörungen. Begleitend oft auch emotionale Störungen und Störungen des Sozialverhaltens. – Langfristig bleibt oft Rechtschreibschwäche bestehen

Ätiologie: nicht eindeutig geklärt; diskutiert werden psychogene Faktoren, auch erbliche Formen mit familiärer Häufung, frühkindliche Hirnschädigung

Therapie: pädagogische Maßnahmen (Verbleiben im Klassenverband); zusätzlicher Spezialunterricht, Vermeidung negativer Konditionierung; Legastheniker lernen unter synthetischer Methode leichter. Evtl. Psychotherapie; Familiendiagnostik!

Rechenschwäche (Dyskalkulie) (F 81.2)

Schwierigkeiten im abstrakten Denken und im räumlichen Vorstellen, ohne Nachweis einer umschriebenen gestörten Hirnfunktion *divide:* schwerste Dyskalkulie und Akalkulie bei hirnorganischer Ursache, z. B. Folge von Hirntrauma

14.6 Sonstige Störungen im Zusammenhang mit der Schule

Auftreten von Leistungs- und Lernstörungen aller Art, einschließlich Legasthenie und Dyskalkulie sowie emotionalen Störungen im Sinne der Schulverweigerung (Schulphobie, -angst, -schwänzen) bei insgesamt etwa 20% der Grundschüler

Bei allen Schulstörungen ist neben Exploration des Kindes und seiner Bezugspersonen die zusätzliche Durchführung von Testdiagnostik (z. B. Intelligenztest, Schulreifetest, Schulleistungstest, Selbstbeurteilungsfragebogen, z. B. Angstfragebogen) wichtig (s. Anhang B)

Formen:
- *Lern- und Leistungsstörungen:* beispielsweise Konzentrationsstörungen bei Kindern mit Hyperaktivität, Wahrnehmungsstörungen und Sprachentwicklungsstörungen
- *Schulphobie:* Bezeichnung mißverständlich! Trennungsangst bei oft überfürsorglicher Mutter; Befürchtung, der Mutter könne etwas zustoßen
- *Schulangst:* traumatische Erlebnisse in der Schule. Vermeidung und Rückzugsverhalten. Gelegentlich auch Ursache für umschriebene Ausfälle
- *Schuleschwänzen:* Schulbesuch wird negativ erlebt, jedoch keine Angst, dissoziale Tendenzen; zuhause Vernachlässigung; Identitätsprobleme

Therapie: nach Analyse der Situation des Kindes pädagogische oder psychotherapeutische Maßnahmen unter Einbeziehung der Eltern, aber auch der Bezugspersonen in der Schule
Therapieschwerpunkt liegt:
- bei Versagen wegen intellektueller Leistungsunfähigkeit und partieller Begabungsmängel auf zusätzlichem Unterricht, ggf. Umschulung
- bei Schulphobie auf Familienpsychotherapie
- bei Schulangst auf psychotherapeutischen Gesprächen (Ausgleich der vom Kind gespürten Ausfälle)
- bei Schuleschwänzen auf pädagogischen Maßnahmen

14.7 Psychosen im Kindes- und Jugendalter

Exogene Psychosen (F 06)

Kein prinzipieller Unterschied zu exogenen Psychosen im Erwachsenenalter (s. Kap. „Körperlich bedingte psychische Störungen", S. 47 ff.)

Ätiologie: Schädel-Hirn-Trauma, Intoxikationen, Hirntumoren, internistische Erkrankungen etc.

Symptome bei akuten Psychosen:
- Bewußtseinsstörung
- Desorientiertheit
- produktive Symptome (insbesondere optische Halluzinationen)

Symptome bei chronischen Psychosen:
- (im Sinne des chronischen organischen Psychosyndroms) mnestische Störungen
- Depressionen
- chronifizierter Wahn
- Wesensänderung, Persönlichkeitsabbau

Schizophrenie (F 20)

Epidemiologie: im Kindesalter und in der Präpubertät seltene Erkrankung, in der Adoleszenz vergleichsweise häufig; Beginn vor dem 14. Lebensjahr bei nur 4% aller schizophrenen Erkrankungen, vor dem 10. Lebensjahr bei weniger als 1%. Unter Krankenhausaufnahmen weniger als 5% aller in der Kinder- und Jugendpsychiatrie Aufgenommenen

Ätiologie: analog zur Erwachsenenschizophrenie polyätiologischer Erklärungsansatz mit Schwergewicht auf biologischen Faktoren

Symptome: (allgemein gilt: je jünger die Kinder, um so weniger Ähnlichkeit mit der Erwachsenenschizophrenie):
- *Schulalter*
  - schleichender Beginn, produktive Symptome fehlen oft
  - Knick in der Entwicklung
  - regressive Symptome, Enkopresis, Enuresis, Exhibitionismus
  - allgemeine körperliche Beschwerden
  - motorische Stereotypien, Sprachstörungen, Gehemmtheit

- Ängste, Zwangsphänomene, Stimmungslabilität, Depression
- gelegentlich Auftreten von Wahn (Schuldwahn, Vergiftungswahn) und Halluzinationen, in der Pubertät zunehmend produktive Symptome
- *Jugendalter*
Angleichung der Symptomatik an die Erwachsenenschizophrenie; im Vorfeld uncharakteristische Störungen wie bei Pubertäts- und Adoleszentenkrisen:
  - Depersonalisation, Derealisation
  - Protesthaltung, Trotzreaktionen, unerklärliche Aggressionen
  - Schulversagen
  - dissoziale Handlungen

Diagnose: oft erst aus dem *Verlauf* zu stellen:
- Manifestation der Psychose *schleichend:* Hebephrenie oder Schizophrenia simplex
- Manifestation der Psychose *akut:* Katatonie oder paranoid-halluzinatorische Schizophrenie
- bei *einmaliger* Manifestation: eher psychogene Psychose, psychotische Dekompensation bei Reifungskrise o. ä.

bei geistig behinderten Kindern zusätzlich auftretende schizophrene Psychose: sog. Pfropfschizophrenie (ungünstige abwertende Wortbildung!), oft reaktiv ausgelöst

Prognose: bei Beginn vor dem 10. Lebensjahr recht ungünstig; Zwangssymptome prognostisch eher günstig

Therapie: analog der Erwachsenenschizophrenie; zusätzlicher Akzent auf Heilpädagogik

Affektive Störungen (F 3)

Bipolare oder monopolare Psychosen mit manischem und/oder depressivem Gepräge. Sehr selten im Kindesalter (kaum vor dem 10. Lebensjahr); selten bei Jugendlichen. Depressionen mit Dysphorie, Somatisierung, Kontaktstörungen

Differentialdiagnose:
- *frühinfantil:* anaklitische Depression als Deprivationssyndrom infolge von schweren Verlust- und Versagungserfahrungen
- *im Vorschulalter:* „larvierte" Depressionen mit Ängsten und psychosomatischen Reaktionen als Reaktion auf Trennung

- *im Grundschulalter:* reaktive Depression, verursacht u. a. durch Konflikte oder Überforderung im Elternhaus oder in der Schule
- *in der Pubertät:* Krisen, Weltschmerz und depressive Verstimmungen, häufig auch Suizidalität!
- *bei Jugendlichen:* nicht selten Depression im Vorfeld schizophrener Psychosen, öfter mit Wahnstimmung und Entfremdungsgefühlen verbunden

Borderline-Syndrom/Grenzpsychose (F 60.31)

Unterschiedlich häufig diagnostiziertes, unscharf begrenztes Krankheitsbild (Cave: Sammelbecken!) (s. S. 157); häufig günstigere Diagnosenbezeichnung: Persönlichkeitsentwicklungsstörung

Symptome: destruktive Impulse, aggressive Durchbrüche, Idealisierungen, projektive Identifikation, Spaltung als Abwehr z. B. in Gut und Böse, Depersonalisation, Derealisation. Manchmal kurze psychotische Episoden, ansonsten wechselnde neurotische Symptome

14.8 Tiefgreifende Entwicklungsstörungen (F 84)

Frühkindlicher Autismus nach Kanner (F 84.0)

Schwere Störung emotionaler und motorischer Entwicklung mit starker Abkapselung der Kinder; Kontakt- und Wahrnehmungsstörung

Epidemiologie: 2–4 auf 10 000 Kinder; bei Jungen 3mal häufiger als bei Mädchen; Beginn vor dem 30. Lebensmonat

Ätiologie: unterschiedliche Theorien; genetische Mitursachen, biologische Faktoren, auch psychodynamische Interpretationen möglich

Symptome:
- Auftreten bereits wenige Monate nach der Geburt, kein soziales Lächeln, keine Reaktion auf Zuwendung der Mutter
- Kinder starr und emotionslos, Spielstörungen
- Veränderungsängste
- verbale und Handlungsstereotypien
- Wahrnehmungsschwäche
- motorische Koordinationsschwäche
- intellektueller Rückstand; in drei Viertel aller Fälle deutliche Intelligenzminderung

- schwere Sprachentwicklungsstörung: zunächst motorische Entwicklung, dann (falls überhaupt) verspätete Entwicklung der Sprache, Phonographismus (Wiederholen von Vorgesprochenem), Neologismen
- starke Abkapselung
- defizientes Ich-Bewußtsein, pronominale Umkehr („ich" wird zu „du" – „du" wird zu „ich")

Therapie: Verhaltenstherapie, Heilpädagogik, ggf. Sprachheilbehandlung; Therapieplan in Absprache mit den Eltern; evtl. zusätzlicher Einsatz von Psychopharmaka; oft lebenslange Behinderung

Autistische Psychopathie nach Asperger (F 84.5)

Auffallend frühe sprachliche und späte motorische Entwicklung; frühsprachliche und intellektuelle Entwicklung zunächst unauffällig. Autismus wird erst im Kleinkindalter deutlich

Epidemiologie/Ätiologie: Vorkommen fast nur bei Knaben; in der Familie häufig autistisch-schizoider Vater, Mutter oft unauffällig

Symptome: motorische Ungeschicklichkeit, Sprache mit Wortschöpfungen, Sonderinteressen und Spezialkenntnisse, keine synthetischen Intelligenzleistungen

Therapie: Verhaltenstherapie, motorisches Training, Psychotherapie; Musiktherapie; Familientherapie

Prognose: günstiger als beim frühkindlichen Autismus

Rett-Syndrom (F 84.2)

Bei Mädchen nach scheinbar normaler früher Entwicklung Krankheitsbeginn zwischen 7. und 24. Lebensmonat

Symptome: Verlust erworbener sprachlicher und manueller Fähigkeiten, Verlangsamung des Kopfswachstums, Ataxie.
Charakteristisch: stereotype windend-wringende Händewaschbewegungen; exzessives Sabbern und Bespeicheln der Hände; leeres „soziales Lächeln".

Desintegrative Störung des Kindersalters (Dementia infantilis, Heller-Syndrom) (F 84.3)

Abbau und Rückbau bereits erreichter Entwicklungsstufen im 3. und 4. Lebensjahr; Ursache unbekannt, Prognose meist schlecht

Symptome: Sprachverlust, Verhaltensdesintegration, Wesensänderung im 3. und 4. Lebensjahr, u. U. neurologische Symptome (begleitende Enzephalopathie)

Divide: Psychogener Autismus bei Deprivation; somatogener Autismus bei Oligophrenie; Pseudoautismus bei blinden und gehörlosen Kindern

14.9 Psychogene Störungen im Kindes- und Jugendalter

Psychogene Störungen zeigen auch im Kindesalter ein weites Spektrum von Symptomen, beispielsweise Bettnässen, Schlafstörungen, Ambivalenz zwischen Angst und Kontaktsuche. Immer ist das häusliche oder das Heimmilieu genau zu betrachten.

Anaklitische Depression

Vorbemerkung zu *psychischer Deprivation* im Säuglings- und frühen Kleinkindalter: für die frühkindliche Entwicklung ist das Erleben einer konstanten Beziehung zur Mutter oder Pflegeperson entscheidend. Primärbeziehung im 1. Lebensjahr; Beziehungsstörung als mögliche Ursache für spätere neurotische und psychosomatische Störungen (vgl. historisch berühmtes Experiment Friedrichs II. von Hohenstaufen: alle Säuglinge, die nur ernährt, deren Pflegern jedoch Zuwendung und Sprechen verboten war, verstarben. In neuerer Zeit Beobachtungen von René Spitz[1] an deprivierten Säuglingen und Beschreibung der anaklitischen Depression und des Hospitalismussyndroms)

Epidemiologie: in sozial depriviertem Milieu, in Heimen und Krankenhäusern; in westlichen Ländern gegenwärtig seltener voll ausgebildetes Hospitalismussyndrom, eher leichtere Form des chronischen Frustrati-

---

[1] Spitz R (1992) Vom Säugling zum Kleinkind, 10. Aufl. Klett-Cotta, Stuttgart

onssyndroms, Frühkindliche Gedeihstörung mit Entwicklungsverzögerung (stets auch Prüfung der Frage von Mißhandlungen)

Symptome: in den ersten Monaten Schreien und Protest, später Kontaktverweigerung. Schlafstörungen, Infektanfälligkeit, starrer Gesichtsausdruck, Lethargie

Verlauf: ab 5. Monat irreversible Schädigung: Syndrom des psychischen Hospitalismus mit Entwicklungsrückstand (atypische Bewegungen, Jaktationen, Marasmus)

Therapie: Beseitigung der schädlichen Situation, dann u. U. langwierige pflegende Therapie. Primärprävention entscheidend!

Sonstige Symptome im Kleinkind- und Kindesalter

- ***Enuresis (F 98.0):*** Einnässen bei Kindern über 4 Jahren (üblicherweise im 3. Lebensjahr trocken)
  Epidemiologie: Enuresis bei 10% aller 4jährigen Kinder, bei 1% der Erwachsenen
  Ätiologie: psychogen, familiär gehäuft (Erforschung der Familiendynamik!). Regressive Symptome als Reaktion auf Trennung von einer Bezugsperson, Geburt eines Geschwisters oder erzwungene zu frühe Reinlichkeitserziehung. Entwicklungsrückstand, Anomalie der ableitenden Harnwege (organische Ursachen: ca. 20%! z. B. Spina bifida, Urethraanomalien)
  Formen:
  - *Enuresis persistens:* meist primäre Form der Enuresis mit nächtlichem Einnässen (E. nocturna, Bettnässen), Kind war noch nie trocken
  - *Enuresis aquisita:* sekundäre Enuresis nach Trockenheit von etwa 1 Jahr
  - *Enuresis diurna (Hosennässen):* Einnässen mehrfach am Tage
  Therapie: Klärung der Ursache; Blasentraining, Verhaltenstherapie (Klingelton bei nassem Bett); evtl. als Adjuvans Imipramin (Tofranil®) niedrig dosiert; in schwierigen Fällen Kinderpsychotherapie; Familiengespräche
- ***Enkopresis (F 98.1):*** Einkoten in die Windel bzw. Hose bei Kindern über 4 Jahren (Sauberkeit üblicherweise im 3. Lebensjahr)
  Epidemiologie: 1,5% der Kinder vom 7.–9. Lebensjahr; 10mal seltener als Enuresis; häufiger bei Knaben
  Ätiologie: psychogen: Verlusterlebnisse; Übergefügigkeit gegenüber dominanter, fordernder Mutter, Furcht vor allzu fordernder Sauberkeitserziehung; pathologische Familieninteraktionsmuster

Symptome der Encopresis persistens oder Verlust der bereits erworbenen Stuhlkontrolle: Einkoten meist tagsüber als Kotschmieren (Unterwäsche!) oder Stuhlabsetzen. Keine Wahrnehmung des Stuhldranges. Kinder versuchen, das Symptom zu verbergen, verstecken die Unterwäsche etc.
Differentialdiagnose: idiopathisches Megakolon, Rückenmarkstumoren
Therapie: Psychotherapie, Verhaltenstherapie

- ***Chronische Obstipation:*** häufig als Ausdruck des Kampfs des Kindes um gewisse Autonomie, z. B. bei Fehlverhalten der Mütter (Versuch, den Trotz des Kindes zu brechen, zu starke Kontrolle); Obstipation auch bei Kindern mit Enkopresis
- ***Autoerotische Betätigung:*** Schaukeln (Jaktationen von Kopf oder Rumpf), Kotspiele und Spiele am Genitale
  pathologisch nur dann, wenn beherrschend, ansonsten physiologischer, phasenabhängiger Durchgang
- ***Nägelkauen, Daumenlutschen, Trichotillomanie (Haareausreißen), Stottern, Affektkrämpfe:*** Symptome mehrdeutig: vorübergehende Störung ohne Krankheitswert oder Symptom einer ernsthaften Erkrankung, je nach Gesamtbefund des Kindes und Familienpathologie
- ***Pica (F 98.3):*** anhaltender Verzehr nicht eßbarer Substanzen (Schmutz, Farbschnipsel etc.)
- ***Schlafwandeln (Somnambulismus)***: s. S. 168

14.10 Emotionale Störungen im Kindes- und Jugendalter (F 93)

Entsprechend den Störungen im Erwachsenenalter nach Symptomatik eingeteilt; hier nur kurze Erwähnung!

Depressive Verstimmungen

Ätiologie: häufig versagender und autoritärer Erziehungsstil mit depressiver Ideologie in der Familie: Aggression nicht möglich!

Symptome: im Schulalter ängstliche Verstimmung, Niedergeschlagenheit, Spielhemmung; Störung von Konzentration und Ausdauer; unerwartete Aggressionen; regressive Symptome wie Nägelknabbern, Daumenlutschen, Naschsucht, Enuresis und Enkopresis; Vorwurfshaltung und Klagen!

Angststörungen und Phobien

Angst: diffus frei flottierend oder anfallsartig bis zur Panik, daneben vegetative Symptome; Pavor nocturnus; kein ersichtlicher Grund oder Anlaß. Familiärer Hintergrund oft überbehütend, zwanghaft-ängstlich. Unterschiedlich häufig je nach Alter: Trennungsängste beim Kleinkind, zwangsähnliche Rituale bei Schulkindern zur Vermeidung von Angst

Achtmonatsangst: (Fremdeln; Xenophobiereaktion) physiologisch

Phobien: abnorme Furcht vor bestimmten Objekten oder Situationen; begleitet von vegetativen Symptomen; Therapie: systematische Desensibilisierung

Zwangsstörungen

Mit Zwangsgedanken, -handlungen, -antrieben; Ähnlichkeit mit rituellen Handlungen. Viele Kinder bilden vorübergehend Rituale aus wie Zählen, bestimmte Wege gehen, nur auf Platten treten, die einer bestimmten Ordnung folgen etc. In anderen Fällen schwere pathologische Entwicklung. Gelegentlich Kombination mit Ticerkrankungen

Hysterie, dissoziative Störungen

Konversionssymptome wie im Erwachsenenalter; bei Kindern häufiger Dämmerzustände mit dranghaftem Weglaufen

Therapie: analytisch orientierte Psychotherapie, Familientherapie; evtl. Antidepressiva; bei Angst- und Zwangsstörungen Verhaltenstherapie

Psychoreaktive Störungen

Psychogene Reaktionen entweder als akute Belastungsreaktionen oder als länger dauernde Anpassungsreaktionen

Symptome: Angstzustände, Depressionen, Bewußtseinsstörungen, Mutismus
wichtig: Zusammenhang mit psychischem Trauma oder Belastung; Dauer der Symptome um so kürzer, je jünger das Kind
In diesem Zusammenhang ebenfalls wichtig *Kindesmißhandlung:* bei kleineren Kindern oft körperliche Mißhandlung (Battered-Child-Syndrom!), im Schulalter oft zusätzlich seelische Mißhandlungen, auch in Form von „Strafen" gekleidet: Liebesentzug aller Art wie Einsperren,

Nahrungsentzug etc., daher bei körperlicher Untersuchung an Kindesmißhandlung denken! (Angehörige vertuschen die Situation oft). Auch an die Möglichkeit sexuellen Mißbrauchs muß gedacht werden, wobei andererseits auch vor leichtfertigen Spekulationen in dieser Richtung gewarnt werden muß

Weitere Symptome können *psychoreaktiv* auftreten, von denen einige bei vielen Kindern auch *phasenspezifisch* vorkommen (in diesen Fällen keine Behandlung erforderlich!): Weglaufen (z. B. in Pubertätskrisen; bei Anfallsleiden unbewußt, dranghaft als Fugue), Lügen (extrem als Pseudologia phantastica), Stehlen, Zündeln, Aggressivität, Mutismus, Trichotillomanie (Haarausreißen), Pica (Kind nimmt alles in den Mund, auch Ungenießbares), Onychophagie (Nägelkauen), Daumenlutschen, Schlafstörungen (Einschlaf-, Durchschlafstörungen, Schlafwandeln, Somnambulismus, Pavor nocturnus), Enkopresis, Enuresis, Eßstörungen (Adipositas, Anorexie, Bulimie), Obstipation, Colitis ulcerosa, Asthma bronchiale

Therapie: Psychotherapie, Familientherapie; evtl. Sorgerechtsentziehung, Wiederholungsrisiko ausschließen!

Pubertäts- und Reifungskrisen in der Adoleszenz

Während Pubertät und Jugendalter ohnehin viele Schwierigkeiten bei Identitätsfindung, zugespitzt in krisenhaften Phasen: Umwelteinflüsse und schwierige persönliche Situationen, besonders Sexual- und Bindungsprobleme, aber auch Leistungsfragen, Autoritätskonflikte, Berufsfindungsprobleme etc. Quälende Suche nach individueller Identität, Unsicherheit über Triebwünsche und Geschlechtsrolle, Onanieskrupel, Beziehungsgedanken (bis zum Wahn), Erythrophobie, Entfremdungserlebnisse, auch kurzdauernde psychotische Episoden.
- Suizide und Suizidversuche: Suizid bei männlichen Jugendlichen über 15 Jahren eine der häufigsten Todesursachen; Suizidversuche häufiger von Mädchen durch Intoxikation in der familiären Wohnung. Kinder immer öfter betroffen. Stets Suizidrisiko im Auge behalten!

14.11 Störungen des Sozialverhaltens (F 91)

Dissozialität und Verwahrlosung als untaugliche Reaktion auf Probleme und Konflikte – keine psychiatrische Erkrankung! Soziologische Begriffe! Ursachen polyätiologisch! Auftreten innerhalb und außerhalb des familiären Rahmens, bei vorhandenen oder bei fehlenden sozialen Bindungen

- *Dissozialität:* gestörte Gemeinschaftsfähigkeit mit Verstößen gegen gesellschaftliche Regeln (Gesetze) oder herrschende Moral
- *Verwahrlosung:* sozialwidriges Verhalten aufgrund einer gestörten Persönlichkeitsstruktur (Labilität, Impulsivität, Aggressivität); Dissozialität als der umfassendere Begriff!
- *Delinquenz:* verwendet im Zusammenhang mit kindlichen Delikten, bei denen gegen bestehende Gesetze und Vorschriften verstoßen wird; oft in Zusammenhang mit einer Verwahrlosungsentwicklung. Strafverfolgung kann erfolgen

Symptome: destruktives Verhalten, Aggression, Wutausbrüche, Schule schwänzen, Diebstahl, Lügen, Erziehungsprobleme, Beziehungsabbrüche, Alkohol- und Drogenmißbrauch und -abhängigkeit (Schnüffelsucht, Spielsucht); u. U. Zusammenhang mit hyperkinetischem Syndrom
Hartmann (1977)[1] unterscheidet 3 *Verwahrlosungssyndrome:*
- Instabilitätssyndrom (Depressivität, Ausweichen etc.)
- Asozialitätssyndrom (Schule schwänzen, Bummeln, Alkohol)
- Kriminalitätssyndrom (eindeutige Aggression gegen Personen und Sachen, u. U. Delinquenz vor dem 14. Lebensjahr)

Bei männlichen Jugendlichen Überwiegen von Eigentumsdelikten; bei weiblichen Jugendlichen Überwiegen von Herumtreiben, oft wechselnde Sexualpartner, Prostitution

Therapie: Beeinflussung des Milieus (!), Familientherapie, pädagogische Maßnahmen; in der Klinik schwierige Patienten, da meist erzwungene Behandlung

---

[1] Hartmann K (1977) Theoretische und empirische Beiträge zur Verwahrlosungsforschung. Springer, Berlin Heidelberg New York Tokyo

Fallbeispiele

 Fallbeispiel 14.1

Der 6jährige Kai wird in der kinderpsychiatrischen Ambulanz vorgestellt. Er falle durch lebhaftes, zappeliges, clownhaftes Verhalten auf, er provoziere andere Kinder, bedürfe ständiger Einzelbetreuung. Die Eltern beschreiben Kai als äußerst vital, sehr lebhaft. Kai kenne keine Ängste, könne Risiken nicht einschätzen, er sei extrem ablenkbar und könne sich wenig konzentrieren. So irritiere er gelegentlich seinen Vater, der gerne mit ihm Fußball spiele. Mitten im Spiel könne Kai an ihm „vorbeisausen", der Vater sei momentan völlig uninteressant, Kai interessiere sich dann urplötzlich für irgendetwas anderes, es könne ein Stein oder ein Stock sein.

In der Untersuchungssituation wirkt Kai äußerst lebhaft, expansiv, er wechsele sehr schnell sein Interesse, ist ständig in Bewegung. Von der Grundstimmung her überwiegend fröhlich, leicht distanzlos.

Bei der neurologischen Untersuchung fallen deutliche Defizite in den Koordinations- und Gleichgewichtsleistungen auf.

Die testpsychologische Untersuchung macht deutlich, daß Kai über eine normale Grundintelligenz verfügt. Auffällig sind Störungen in der Feinmotorik, der visuell-motorischen Koordinationsgenauigkeit sowie der Aufmerksamkeitszentrierung. Die Störung der Aufmerksamkeit ließ sich während des gesamten Tests beobachten.

Behandlung: Beratung der Eltern, gelassener und konsequenter Erziehungsstil, Einbinden in ein sehr klares Ordnungs- und Regelsystem. Unterstützend: Sport, therapeutisches Reiten. Nach Ausschöpfen pädagogischer Maßnahmen Methylphenidat (Ritalin) in Erwägung ziehen.

Hyperkinetisches Syndrom (F 90.0)

 Fallbeispiel 14.2

Seit ca. einem Dreivierteljahr zeige der 9jährige Thomas ausgeprägte Tics mit heftigen, abrupten Bewegungen im Schulter-, Arm- und Kopfbereich, gelegentlich auch im Bereich der Beine. Manchmal werde Thomas von diesen Tics regelrecht aus dem Sitz gerissen. Er stoße dabei Grunz- und Quietschgeräusche aus.

Zeitweise seien diese Tics auch mit Aggressionen verbunden, Thomas habe in der Schule ein anderes Kind gewürgt, einem anderen Kind einen spitzen Bleistift in den Hals gestochen. Diese Aggressionen und Tics erlebe Thomas als ich-fremd und reagierte mit heftigen Schuldgefühlen. Andererseits stehe er durch diese ständige Unruhe im Mittelpunkt und habe einen erheblichen Krankheitsgewinn. Thomas klammere sich sehr an die Mutter, wolle nicht allein gelassen werden und manipuliere die Eltern sehr. Auf der Station geriet Thomas rasch in eine Außenseiterposition. Am augenfälligsten waren die Tics, wobei Thomas sehr laute Geräusche ausstieß, spuckte, seine Arme und Beine heftig wegschleuderte und dabei häufig sich oder andere verletzte. Zunehmend konnte beobachtet werden, daß Thomas diese Tics mit dem Ausrufen von Schimpfwörtern verband, z.B. „Arschloch" oder mit Wörtern aus dem sexuell-analen Bereich wie z.B. „ich will Deine Scheide küssen". Solche Reden waren ihm sehr peinlich, er wisse selbst gar nicht, was er da rufe. Thomas deutete sein Verhalten als Krankheit. Wurde er in seinen Wünschen oder Erwartungen frustriert, zeigte er selten Wut oder Ärger, sondern zog sich in sein Zimmer zurück und beruhigte sich durch heftige Jaktationen im Sinne einer Drehbewegung des Oberkörpers, wobei er ein Tuch oder einen Schal vor seinen Augen hin- und herbewegte.

Thomas spielte nicht mit den anderen Kindern und bezog sich in keiner Weise auf die Gleichaltrigen. Am liebsten beschäftigte er sich damit, Fernsehzeitschriften oder Comics zu lesen oder sich in seinem Zimmer zu drehen. Die einzige ihm angebotene Aktivität, die ihn begeisterte, war das regelmäßige Schwimmen. Therapeutisch wurde Thomas wie folgt betreut: Zweimal wöchentlich eine Stunde Familientherapie, viermal wöchentlich Bewegungstherapie (Psychomotorikgruppe, Krankengymnastik). Täglich eine halbe Stunde Sprachheiltherapie. Einmal wöchentlich Teilnahme am therapeutischen Reiten. Zusätzlich nahm Thomas an allen Aktivitäten der Station teil, also am regelmäßigen Schwimmen, an Ausflügen und Stadtgängen.

Die intensive multimodale psychotherapeutische Behandlung des Jungen hatte zum Ziel, den Zusammenhang herzustellen zwischen aggressiver Hemmung und Unterdrückung von Wut- und Ärgergefühlen mit dem symbolischen Ausdrücken dieser Affekte durch Treten, Schlagen, Spucken und Schimpfwörter äußern im Tic. Thomas wurde ermuntert, sich mehr zu wehren, Ärger auszudrücken, zu schreien und zu schimpfen, frech zu sein und dergleichen mehr. Durch die Therapie wurde Thomas spontaner, fand Zugang zur Kindergruppe und beteiligte sich am Spiel. Er wurde stabilisiert in seine Familie entlassen.

Kombinierte vokale und multiple motorische Tics:
Gilles de la Tourette-Syndrom (F 95.2)

Fallbeispiel 14.3

Der 12jährige Uwe kommt aus einem Kinderheim zur Abklärung seines auffälligen Verhaltens zur stationären Aufnahme. Die Störung begann bereits im Kleinkindalter. Bei Uwe fällt auf, daß er dazu neigt, andere Kinder auffällig zu betasten, er schnuppert an Gegenständen und scheint durch bestimmte Geräusche fasziniert zu sein. Seine Bewegungen sind merkwürdig eckig, ritualisiert und stereotyp. Uwe ist auf ein „Gleichbleiben" seiner Umgebung angewiesen, er spielt lange ein sich immer wiederholendes Spiel mit den gleichen Gegenständen.

In seiner wenig entwickelten Sprache fällt die geringe Modulation, ein unangemessen lautes oder leises Sprechen auf; ferner Auftreten von Echolalie. Eher über durchschnittliche Fähigkeiten besitzt Uwe im Zeichnen und Malen, nicht im kreativen Darstellen, sondern in der Reproduktionsfähigkeit; er kann photographisch genau abmalen.

Frühkindlicher Autismus nach Kanner (F 84.0)

Fallbeispiel 14.4

Der 14jährige Ralf wird seit seinem 9. Lebensjahr wegen einer primären Enuresis behandelt. In der Erziehungsberatungsstelle bekam Ralf ein Weckgerät. Die Therapie wurde nach einem halben Jahr abgebrochen, da Ralf sich beim Summen des Apparates sehr erschreckt habe. Ralf nahm an einer Spieltherapie teil; dann führte er einen Kalender über das Einnässen. Eine wesentliche Veränderung stellte sich jedoch nicht ein.

Ralf ist ein Kind aus zweiter Ehe. Die ersten Kontakte mit dem Jugendamt suchte die Mutter, als Ralf neun Jahre alt war, da er massive Schulschwierigkeiten hatte und sehr unpünktlich im Unterricht erschien. Die Ehe war zu dieser Zeit zerstritten; beide Partner betrieben Alkoholmißbrauch.

Zwei Jahre später wird die inzwischen von ihrem Ehemann getrennte Mutter von einem Sozialarbeiter besucht, da Nachbarn sie als auffällig und haltos schildern. Damals hieß es: „Beide Kinderzimmer sind sehr verdreckt und feucht. Überall liegen Zeitungen, Papiere, Straßendreck. Beide Zimmer werden nicht geheizt und sind kaum isoliert, so daß es sehr kalt ist. Überall riecht es muffig". Trotz der Befürchtungen des Jugendamtes für die Gesundheit der Kinder wurde eine Fremdunterbringung Ralfs nicht in die Wege geleitet.

Wiederum zwei Jahre später kommt die Mutter bei einem Wohnungsbrand zu Tode. Laut Polizeibericht hatte sie sich mit einem jüngeren Partner unter Alkoholeinfluß gestritten. Der schlafende Ralf wurde während der Löscharbeiten von Feuerwehrleuten gefunden, geweckt, er sah seine verbrannte Mutter, wurde völlig verstört von einem Sozialarbeiter zum Vater gebracht.

Die neue Familie ist für Ralf eine andere Welt. Sein Vater hatte eine wesentlich ältere Frau geheiratet, die vier Töchter im Alter von 16 bis 25 Jahren mit in die Ehe brachte. Ralf schreibt zu seiner veränderten Situation im Lebenslauf: „Die erste Zeit ging es gut, dann aber hackte meine Schwester auf mir herum. Sie nennt mich immer Stinki. Ich habe bei der „Fundgrube" deshalb einen Tacho geklaut. Als ich hörte, daß ich von zu Hause wegkommen sollte, freute ich mich".

Auf der Station ist Ralf überwiegend angepaßt, er sucht die Nähe des Personals, seine Spielpartner sind jüngere Kinder. Ralf vermeidet, über seine Gefühle zu reden. Er sucht sehr viel Bestätigung, verzagt bei Frustrationen schnell, reagiert unsicher und ängstlich und fällt in regressive Verhaltensweisen, indem er stammelt oder kleinkindhaft spricht.

Therapeutische Maßnahmen: Konditionierungstherapie mit dem Führen eines Kalenders. Tiefenpsychologisch orientierte Einzeltherapie, Psychomotorikgruppe und therapeutisches Reiten. Nach sechsmonatiger Behandlung Wechsel in eine heilpädagogische Wohngruppe in symptomfreiem Zustand.

Enuresis (F 98.0)

Fallbeispiel 14.5

Der siebzehnjährige Tim wird von dem zuständigen Sozialarbeiter des Jugendamtes zur stationären Aufnahme gebracht.

Zur Vorgeschichte wird berichtet, daß der Vater des Jungen starb, als Tim fünf Jahre alt war. Frau K. versuchte, ihren Schmerz durch vermehrte Verwöhnung ihres jüngsten Sohnes zu bewältigen. Tim war immer ihr „lieber, kleiner Junge". Seit dem Tod seines Vaters hatte er über mehrere Jahre fast ständig seine Hose verschmiert, gelegentlich auch das ganze „Geschäft" in der Hose. Die Mutter berichtete, daß Tim eigentlich nie Probleme bereitet habe, er sei immer ein lieber Junge gewesen und könne sich sehr gut benehmen.

Nebenbei berichtete sie dann, daß Tim zehnjährig einen Schulverweis bekam, da er einem Mädchen an die Bluse faßte. Im selben Alter entwendete er aus einem Kiosk zusammen mit anderen Jungen 400,-DM. Mit 11 und 12 Jahren fielen Ladendiebstähle auf. Vierzehnjährig hatte Tim seine erste Gerichtsverhandlung, da er ein Mofa entwendete. Mit 15 fiel er wegen fahrlässiger Körperverletzung auf; mit 16 sollte er die Schule verlassen, da er sich nicht einordnen wollte. Jetzt, siebzehnjährig, hatte er seiner Mutter das Scheckheft entwendet und 10 000,-DM in einer Kneipe beim Kartenspielen „verjubelt".

Die Mutter betonte immer wieder, wie lieb der Junge sei. Jetzt sei das Familienleben durch Tim zerstört, da ihr zweiter Mann und die beiden älteren Geschwister eine Front gegen ihn gebildet hätten. Sie wisse nicht mehr ein noch aus, denn für sie sei eine harmonische Familie lebensnotwendig. Seit Monaten nehme sie Beruhigungsmittel. Ihr Mann habe jetzt nach dem letzten Vorfall mit dem gestohlenen Scheckheft gedroht, daß er so nicht weiterleben könne. Nach einer Auseinandersetzung voller gegenseitiger Vorwürfe habe ihr Mann DDT geschluckt. Er sei mehrere Wochen auf der Intensivstation behandelt worden. Die großen Geschwister Tims hätten daraufhin gedroht, Tim umzubringen. Dazu habe Tim geäußert, er werde sich selbst umbringen. Die Mutter weinte während ihres Berichtes. Tim wirkte verlegen und unsicher.

Der zuständige Sozialarbeiter schilderte, daß die Arbeit des Jugendamtes durch die inkonsequente, verwöhnende Art der Mutter sehr erschwert worden sei. Frau K. behandle ihren Sohn wie ein Kleinkind, verwöhne ihn materiell sehr. Der Stiefvater des Jungen habe einen verantwortungsvollen Posten in einer großen Firma. Tim fühle sich wohl von der Tüchtigkeit seines Stiefvaters erdrückt. Wenn dieser beruflich abwesend sei, schlafe Tim mit seiner Mutter in einem Bett, sie halte dann ihren Jungen bei der Hand.

Im psychologischen Untersuchungsbefund zeigten sich bei dem durchschnittlich intelligenten Tim hohe Werte für Depressivität, Selbstunsicherheit, emotionale Unreife und reaktive Aggressivität. Im projektiven Verfahren kam ein hohes Geltungsbedürfnis bei starker Selbstunsicherheit zum Ausdruck.

Nach achtwöchiger psychotherapeutischer Behandlung gelang es Tim, sich konkrete kleine Ziele zu setzen und den Weg dahin durchzuhalten. Sein Wunsch, von allen akzeptiert zu werden, bestimmte nicht mehr so häufig sein Verhalten wie früher. In den Gruppengesprächen konnte er die Zuneigung zur Mutter und die dadurch erlebte Einengung als widersprechende Gefühle akzeptieren. Tim entschied sich, nur noch zu Besuch nach Hause zu kommen und stattdessen in einer Wohngruppe zu leben.

Störung des Sozialverhaltens bei vorhandenen sozialen Bindungen (F 91.2);
(anamnestisch:) Enkopresis (Kotschmieren) (F 98.1)

15 Somatische Behandlung

15.1 Psychopharmaka

Entwicklung der modernen Psychopharmaka
- 1942 Entdeckung der LSD-Wirkung (Albert Hoffmann) („Modellpsychosen")
- 1946 Meprobamat: erster Tranquilizer
- 1951 Chlorpromazin: künstlicher Winterschlaf (hibernation artificielle) (Henri Laborit)
- 1952 Chlorpromazin: Einführung in die psychiatrische Behandlung (Jean Delay und Pierre Deniker)
- 1957 Imipramin: Entdeckung der stimmungsaufhellenden Wirkung; erstes Antidepressivum (Roland Kuhn)
- 1958 Haloperidol: erstes hochpotentes Neuroleptikum (Paul Janssen)
- 1960 Chlordiazepoxid: erstes Präparat der Benzodiazepinreihe (Leo Sternbach)
  Lithium: Einführung als Prophylaktikum bei Manien und Depressionen (John Cade; Mogens Schou)

Übersicht über die Psychopharmaka
- Neuroleptika: Phenothiazine, Butyrophenone
- Antidepressiva (Thymoleptika): trizyklische, tetrazyklische Antidepressiva; Monoaminooxidase-(MAO)Hemmer, Serotonin-Wiederaufnahmehemmer
- Lithiumsalze/Carbamazepin
- Tranquilizer: Benzodiazepine
- Hypnotika
- Psychostimulanzien (Psychoanaleptika): Amphetamin, Methamphetamin

Psychotrope Substanzen, aber keine Psychopharmaka im engeren Sinne:
- Psychodysleptika (Phantastika): Mescalin, LSD
- Euphorika: Alkohol, Kokain, Opium u. a.

15.1.1 Neuroleptika

Einteilung der Neuroleptika s. S. 212 f. In der Anwendung eigentlich Psycholeptika (gr. lambano – ergreife, das Nervensystem ergreifend)

Zielsymptome (syndromgerichtete Anwendung!): psychomotorische Erregung, affektive Spannung/katatones Verhalten, produktive Symptomatik, schizophrene Ich-Störung, Residualzustände
 Indikationsschwerpunkte: 1. akute psychotische Zustände 2. chronische Psychosen und Residuen 3. Rezidivprophylaxe

Pharmakologischer Wirkmechanismus: Dopaminrezeptorblockade bei gesteigerter Dopaminproduktion; ferner Blockade der Neurotransmitterrezeptoren von Serotonin, Noradrenalin, Histamin und Acetylcholin; zusätzlich Empfindlichkeitsveränderung an den postsynaptischen Rezeptoren: Überempfindlichkeit (up-regulation) nach längerer Neuroleptikagabe und damit Abschwächung der Blockade durch Neuroleptika (durch Zunahme von Rezeptoren im Striatum Spätdyskinesien erklärbar)

Gruppierung nach antipsychotischer Wirksamkeit (neuroleptische Potenz): neuroleptische Potenz von Chlorpromazin=1 (das klassische Neuroleptikum!). Im Vergleich dazu Einschätzung der Potenz aller übrigen Neuroleptika:
- *schwachpotente* Neuroleptika: stark sedierend, ruhigstellend, anxiolytische Wirkung; geringe antipsychotische Wirkung; beträchtliche vegetative Nebenwirkungen
 Beispiele: Chlorpromazin (Megaphen®) wegen Komplikationen (Ikterus, intrahepatische Cholestase) in der Bundesrepublik kaum noch gebräuchlich; Promethazin (Atosil®), Levomepromazin (Neurocil®), Chlorprothixen (Truxal®), Thioridazin (Melleril®)
- *mittelpotente* Neuroleptika: Mittelstellung

Beispiele: Clopenthixol (Ciatyl®), Risperidon (Risperdal®), Olanzapin (Zyprexa®), Clozapin (Leponex®), Perazin (Taxilan®), Zotepin (Nipolept®)
- *hochpotente* Neuroleptika: geringe Sedierung, starke Wirkung auf paranoid-halluzinatorische Syndrome, Wirkung auf schleichende Verläufe. Häufig extrapyramidal-motorische Störungen, kaum vegetative Nebenwirkungen
Beispiele: Haloperidol (Haldol®), Trifluperidol (Triperidol®), Benperidol (Glianimon®), Fluphenazin (Dapotum®), Pimozide (Orap®), Fluspirilen (Imap®), Perphenazin (Decentan®), Flupenthixol (Fluanxol®)

Nebenwirkungen:
- *Vegetative Symptome:* Mundtrockenheit, Schwitzen, Tachykardie (eher bei niedrigpotenten Neuroleptika), Speichelfluß (häufiger bei hochpotenten Neuroleptika), Gewichtszunahme
- Galaktorrhoe (erhöhter Prolaktinspiegel)
- Müdigkeit, Konzentrationsschwäche (v. a. bei niedrigpotenten Neuroleptika)
- Alibidimie (Libidoverlust), Potenzstörungen (reversibel!)
- *extrapyramidal-motorische Symptome* (EPMS):
  - *Frühdyskinesien* (hyperkinetisch-dyston): Zungenschlundkrampf, Augenmuskelkrämpfe (okulogyrische Krisen), Trismus, Opisthotonus, Torsionsspasmen, Tortikollis, Sprechstörungen. – Auftreten u. U. bereits nach einmaliger Gabe!
  Behandlung: Biperiden (Akineton® i. v.), Blitzheilung!
  - *neuroleptisch bedingter Parkinsonismus,* Parkinsonoid (hypokinetisch): Hypokinese, Rigidität, Zahnradphänomen (Prüfung des Zahnradphänomens: passive Beugung und Streckung im Ellenbogengelenk mit Prüfung des Phänomens durch Umfassen des Bizeps; Daumen auf den Muskelbauch), extrapyramidaler Tremor, Hypomimie, Salbengesicht, Speichelfluß, typische Haltung mit kleinschrittigem Gang. Auftreten meist 1–2 Wochen nach Behandlungsbeginn bzw. nach Dosissteigerung
  Behandlung: anticholinerg wirkende Anti-Parkinson-Mittel wie Biperiden (Akineton® oral); möglichst keine Dauermedikation (s. Anmerkungen unter Biperiden S. 215)
  - *Akathisie* (Sitzunruhe): Trippeln; Tasikinesie: ständiges Bewegungsbedürfnis
  Behandlung: neuroleptische Medikamente und Dosierung wechseln, evtl. Absetzen erforderlich! Versuch mit Betarezeptorenblockern, z. B. Propanolol (Dociton®) 30–60 mg/d
  - *Spätdyskinesien* (tardive Dyskinesien): hyperkinetische Dauersym-

Untergruppe	Chemische Kurzbezeichnung	Handelsname	Tagesdosis per os in mg*		Wirkung
Trizyklische Neuroleptika					
Phenothiazine mit aliphatischer Seitenkette	• Chlorpromazin • Levomepromazin • Promethazin	Megaphen® Neurocil® Atosil®	50–500 100–600 50–150		stärker sedierend; vegetative Nebenwirkungen
Phenothiazine mit Piperidylseitenkette	• Thioridazin	Melleril®	75–600		mäßig sedierend (Mittelstellung)
Phenothiazine mit Piperazinylseitenkette	• Fluphenazin • Perazin • Perphenazin	Dapotum® Lyogen® Taxilan® Decentan®	3–20 3–20 75–800 8–48	D D D	wenig sedierend, stärker antipsychotisch; EPMS
Thioxanthene	• Chlorprothixen • Flupentixol • Zuclopenthixol	Truxal® Fluanxol® Ciatyl-2®	100–400 3–20 20–40	 D 	sedierend; mäßig antipsychotisch
Butyrophenone	• Benperidol • Bromperidol • Haloperidol • Melperon • Dipiperon	Glianimon® Impromen® Haldol® Eunerpan® Pipamperon®	2–20 5–30 2–30 50–400 40–400	 D 	stark antipsychotisch; EPMS niedrigpotent, sedierend niedrigpotent, sedierend

Diphenylbutylpiperidine	• Fluspirilen • Pimozid	Imap® Orap®	–** 2–16	D	höher potent, wenig extrapyramidal-motorische Störungen, wenig sedierend
Benzamide	• Sulpirid	Dogmatil® Meresa®	100–800		mäßig antipsychotisch; EPMS möglich; kaum sedierend
Andere Neuroleptika	• Clozapin	Leponex®	50–600		sedierend; schlafanstoßend; mäßig antipsychotisch; vegetative, aber keine EPMS
	• Zotepin • Olanzapin • Risperidon • Prothipendyl	Nipolept® Zyprexa® Risperdal® Dominal®	50–300 5–10 4–8 40–800		akute und chronische Psychosen; geringe EPMS schlafanstoßend; Basisneuroleptikum

* Angabe der Tagesdosen nur als Anhaltswerte!
** nur in Depotform verfügbar

D = in Depotform verfügbar
EPMS = extrapyramidal-motorische Störungen

Tabelle 15.1. Einteilung der Neuroleptika

ptome, z. B. periorales „Mümmeln" (Rabbit-Syndrom), Zungenwälzbewegungen, Torticollis etc. Auftreten nach Monaten oder Jahren der Neuroleptikamedikation; etwa 10–20% der Patienten mit Langzeitmedikation. Häufig irreversibel! Wichtig: rechtzeitige Diagnosestellung! Subjektiv oft erstaunlich geringe Beeinträchtigung

Divide: idiopathische Spätdyskinesien; Tourette-Syndrom; Chorea Huntington; M. Parkinson; Symptom der psychotischen Grunderkrankung; Folge der Einnahme anderer Medikamente: Antiepileptika, Malariamittel

Behandlung: schwierig! Verringerung der Dosis; langsames Absetzen. Gabe von Clozapin (Leponex®) (begrenzte Verordnungsmöglichkeit! Regelmäßige engmaschige Blutbildkontrollen!). Bei Clozapin zwar vegetative, aber keine extrapyramidal-motorischen Nebenwirkungen, Agranulozytosegefahr!

Prophylaxe von Spätdyskinesien: niedrige Dosierung von Neuroleptika; Mittel mit geringer spätdyskinetischer Potenz: z. B. Clozapin; nach mehrmonatiger oder jahrelanger Gabe eines Neuroleptikums: Ausschleichen der Medikation

Komplikationen:
- pharmakogene Depression (sehr selten!)
- delirantes Syndrom (besonders bei niedrigpotenten Neuroleptika, auch bei Clozapin sowie bei Kombinationen mit trizyklischen Antidepressiva und Antiparkinsonmitteln)
- epileptiforme Anfälle (bei schnellem Dosisanstieg oder Absetzen)
- Temperaturanstieg (besonders bei niedrigpotenten Neuroleptika!)
- Ileus
- Miktionsstörungen mit Harnverhaltung
- intrahepatische Cholestase, Ikterus
- Kreislaufwirkungen mit Hypo- und Hypertonie und Tachykardie
- Leukopenie sowie Agranulozytose (besonders häufig 4.–10. Woche bei Frauen mittleren Alters), banale Infekte beachten! Wichtigste Komplikation!
- Thrombosen mit embolischen Komplikationen (Krankengymnastik; keine ständige Bettruhe!)
- Arzneimittelexantheme
- Photosensibilisierung, Erytheme (Vorsicht: unter Sonneneinstrahlung Tragen von Sonnenhüten!)
- Spätdyskinesien (s. oben!)
- malignes neuroleptisches Syndrom: Ursache unklar (Dopaminrezeptorenblockade?); Auftreten selten! meist hochdosierte Neuroleptikabehandlung. In ca. 20 % letaler Ausgang

Symptome: Rigor, Stupor, hohes Fieber, Tachykardie, CK-Erhöhung, Vigilanzstörungen
Differentialdiagnose (schwierig!): Febrile Katatonie; maligne Hyperthermie, Serotonin-Syndrom (s. 217)
Behandlung: Dantrolen-Natrium (Dantrolen®) evtl. als Dopaminagonist Bromocriptin (Pravidel®); u. U. EKT

Besonders auch wegen der oft mangelnden Behandlungsbereitschaft häufig Verwendung von *Depot*präparaten, z. B. Flupentixoldecanoat (Fluanxol®), Perphenazinönanthat (Decentan®), Haloperidoldecanoat (Haldol®), Fluphenazindecanoat (Dapotum D®, Lyogen Depot®). Nachteil: bei Komplikationen lange Halbwertszeit. Evtl. auch einmal/Woche Fluspirilen (Imap®)

Biperiden (Akineton®): keine Langzeitmedikation dieses oder anderer Anti-Parkinson-Mittel mit zentraler anticholinerger Wirkung (mögliche Verringerung der neuroleptischen Potenz!). Nebenwirkungen und Komplikationen: Euphorie, delirogene Potenz; Harnverhaltung. Spätdyskinesien können verschlechtert werden! Suchtpotential!

Koffein kann die Wirkung von Neuroleptika herabsetzen! Viele Patienten wissen das!)

Kontraindikationen: Glaukom und Prostatahypertrophie (bei Neuroleptika mit anticholinerger Komponente)

15.1.2 Antidepressiva (Thymoleptika)

Einteilung der Antidepressiva s. S. 218

Trizyklische (und tetrazyklische) Antidepressiva

Zielsymptome: depressive Verstimmung, Antriebsmangel und Agitiertheit; Suizidalität; Schlafstörungen

Pharmakologischer Wirkmechanismus: Gegensteuerung der erniedrigten Konzentration von biogenen Aminen an zentralen Synapsen; Noradrenalin- und Serotoninhypothese; selektive Wiederaufnahme-(reuptake)Hemmung

Nebenwirkungen: in erster Linie vegetativ, sowohl anticholinerg (atropinartig) als auch adrenolytisch: *Mundtrockenheit;* Schwitzen; Miktionsstörungen, u. U. Harnverhaltung; Obstipation, Übelkeit, Erbrechen; *Akkomodationsstörungen; Müdigkeit,* sexuelle Funktionsstörungen; Hypotonie, orthostatische Regulationsstörungen (Schwindel, evtl. Gabe von Dihydergot®); Tachykardie; Fingertremor; bei antriebssteigernden Antidepressiva: u. U. Schlafstörungen

wichtig: Aufklärung über die häufig nach einigen Tagen abklingenden Nebenwirkungen und über den oft relativ späten Zeitpunkt (Wochen!) des Eintretens der antidepressiven Wirkung! Keine Toleranzentwicklung und Gefahr der Abhängigkeit!

7 allgemeine Regeln zur Gabe und Dosierung von Antidepressiva
- zu Beginn einschleichend dosieren; bei Absetzen langsames Ausschleichen
- meist orale Gabe; bei therapieresistenten Fällen Infusionsbehandlung
- ausreichend hohe Dosierung und ausreichend lange Behandlung vor Umsetzen wegen „Wirkungslosigkeit", in der Regel 3–4 Wochen
- möglichst keine Kombinationen
- bei Verschreibung zu großer Mengen Möglichkeit zu suizidalen Handlungen
- EKG- und Leukozytenkontrollen (Differentialblutbild)
- Patientenaufklärung: zahlreiche Nebenwirkungen – keine Gefahr von Abhängigkeitsentwicklung!

Generell: zunächst sedierende Wirkung erwünscht (zur Vermeidung unvorhergesehener Suizidalität!)
Bei agitierten Depressionen zusätzlich dämpfendes Neuroleptikum! (cave Delir!)
Bei gehemmten Depressionen antriebssteigerndes Antidepressivum nur unter Vorsichtsmaßnahmen: u. U. Antriebssteigerung vor der Stimmungsaufhellung! Potentiell vermehrte Suizidgefahr!

Komplikationen:
- kardiotoxische Wirkung (weniger bei nichttrizyklischen als bei trizyklischen Antidepressiva); Überleitungsverlangsamung; Gefahr von Rhythmusstörungen
- paralytischer Ileus

- Harnsperre (besonders bei Prostatahypertrophie)
- Thrombose
- Delir (besonders bei Kombinationsbehandlung, z. B. Neuroleptika und sedierende Antidepressiva)
- Augeninnendruckanstieg beim Glaukom
- selten: zerebrale Krampfanfälle; Agranulozytose (bei Leukozyten unter 4000: Differentialblutbild!); Hautallergien

Bei *Intoxikation* (Suizidversuch!): tachykarde Arrhythmien, Delir, Hyperthermie, Konvulsionen. Verlegung auf Intensivstation! Vorsichtige Gabe von Physostigmin

Kontraindikationen: Prostatahypertrophie, Pylorusstenose, Engwinkelglaukom, Überleitungsstörungen im EKG. Vorsicht bei Gabe von Diuretika!

Wechselwirkungen:
- Bei gleichzeitiger Gabe sedierender Antidepressiva Potenzierung der zentralen Wirkung von Sedativa. Keine trizyklischen Antidepressiva und Anticholinergika kombinieren!
- Blutdrucksenkung von Clonidin kann abgeschwächt, Blutdrucksteigerung von Sympathikomimetika verstärkt werden.
- Östrogene können die antidepressive Wirkung herabsetzen.

Serotoninwiederaufnahmehemmer

Selektive, nichttrizyklische Wiederaufnahmehemmer (SSRI) wie Fluoxetin, Paroxetin, Fluvoxamin und Citalopram verbinden gute antidepressive Wirksamkeit mit einer eher niedrigen Rate von Nebenwirkungen wie Müdigkeit, Schwindel, Schlafstörungen, Kopfschmerz, Erbrechen und Mundtrockenheit; Weitere Indikationen: Zwangs- und Angststörungen

Wechselwirkungen: Keine gleichzeitige Gabe von Serotoninwiederaufnahmehemmern und MAO-Hemmern (Karenzzeit beachten! Gefahr eines zentralen *Serotoninsyndroms* mit Erregung, Myoklonien und Bewußtseinsstörungen!); Vorsicht auch bei Kombination dieser beiden Substanzgruppen mit Lithium!

Untergruppe	Chemische Kurzbezeichnung	Handelsname	Tagesdosis per os in mg*	Wirkung
Trizyklische Antidepressiva	Amitriptylin	Saroten® Laroxyl®	50–225	Amitriptylin-Typ: eher sedierend
	– mit Chlordiazepoxid	Limbatril®	25–150	
	– Perphenazin	Longopax®	30–150	
	Amitriptylinoxid	Equilibrin®	90–240	
	Trimipramin	Stangyl®	75–225	
	Doxepin	Aponal®	75–225	
	Dibenzepin	Noveril®	120–720	
	Clomipramin**	Anafranil®	50–225	Imipramin-Typ: antriebssteigernd
	Imipramin	Tofranil®	50–225	
	Desipramin	Pertofran®	75–150	
Nichttrizyklische Antidepressiva	Maprotilin ⎫ tetra-	Ludiomil®	75–150	eher sedierend
	Mianserin ⎬ zyklisch	Tolvin®	30–120	
	Mirtazapin ⎭	Remergil®	30	
	Trazodon	Thombran®	75–300	
	Venlafaxin**	Trevilor	75–375	
Serotonin-Wiederaufnahmehemmer	Fluvoxamin**	Fevarin®	100–300	eher antriebssteigernd
	Fluoxetin	Fluctin®	20–40	
	Paroxetin	Seroxat® Tagonis®	20–40	
	Citalopram	Cipramil®	20–40	
Monoaminooxidase-hemmer (MAO-Hemmer)	Tranylcypromin	Jatrosom N® Parnate®	10–30	antriebssteigernd
	Moclobemid	Aurorix®	300–600	

* Angaben zu Tagesdosen nur als Anhaltswerte!   ** Serotonin- und Noradrenalin-Wiederaufnahmehemmer

Tabelle 15.2. Einteilung der Antidepressiva

Monoaminooxidasehemmer (MAO-Hemmer)

Zielsymptome: depressive Verstimmung, auch Panikstörung. Wegen fehlender anticholinerger Wirkungen keine Kontraindikationen bei Engwinkelglaukom und Prostatahypertrophie!

Pharmakologischer Wirkmechanismus: Hemmung der Wirkung der Monoaminooxidase, infolgedessen mehr biogene Amine am synaptischen Spalt verfügbar. Wirkungseintritt oft bereits in den ersten Tagen der Einnahme

Irreversible, nicht selektive MAO-Hemmer: Tranylcypromin (Jatrosom N®, Parnate®) verbindet sich irreversibel mit MAO-A und B, öfter erfolgreich in therapieresistenten Fällen
   Nebenwirkungen: gering, gelegentlich Hypotonie, Schlafstörungen
   Komplikationen: Blutdruckkrisen bei hohem Tyraminspiegel oder u. U. auch bei gleichzeitiger direkt nachfolgender Gabe von trizyklischen Antidepressiva (Medikamentenpause!); u. U. Gabe von Phentolamin (Regitin®)
   wichtig: tyraminarme Diät, d. h. Vermeiden von (fermentiertem) Käse, Rotwein, Pferdebohnen, Wild und einigen anderen Nahrungsmitteln (Patientenaufklärung!).

Reversibler, selektiver MAO-Hemmer: Moclobemid (Aurorix®). Hemmt nur MAO-A, ist durch Tyramin am Enzym zu verdrängen. Somit keine tyraminarme Diät. Keine Gefahr von Hochdruckkrisen!
   Interaktion mit Serotoninwiederaufnahmehemmern (SSRI): Siehe S. 217!

15.1.3 Lithiumsalze und Carbamazepin

Lithiumsalze (Einteilung s. S. 237)

Zielsymptome/Wirkung:
- *prophylaktisch* (wichtigste Anwendung): phasenunterdrückende oder -abschwächende Wirkung bei Manien, bei bipolaren manisch-depressiven Erkrankungen, aber auch bei unipolaren Depressionen und schizoaffektiven Psychosen
- *therapeutisch:* Wirkung bei Manien, fragliche Wirkung bei phasischen Depressionen

Pharmakologischer Wirkmechanismus: bisher noch nicht eindeutig aufgeklärt; Beeinflussung des Neurotransmitterstoffwechsels (z. B. Serotonin).

Angriffspunkt im Phosphatidinositolstoffwechsel (second messenger)

Nebenwirkungen: initial: Müdigkeit; Adynamie, feinschlägiger Tremor (u. U. Betarezeptorenblocker niedrig dosiert); Absetzen der Lithiumsalze nur in seltenen Fällen!; Magenbeschwerden, Übelkeit; Durstgefühl, Polydipsie, Polyurie (ADH-Antagonismus); Blasenentleerungsstörungen (u. U. Gabe von Carbachol (Doryl®) oder Distigmin (Ubretid®); EKG-Veränderungen (T-Abflachung)

später: weiterbestehender Tremor; Gewichtszunahme; Gesichts- und Knöchelödeme; leichte Leukozytose; u. U. leichte Adynamie; fraglich subjektiv Einbuße an Kreativität

Komplikationen: in 5–10 % (hypo-)euthyreote Struma mit Unterdrückung der Freisetzung von Thyroxin (zusätzliche Gabe von L-Thyroxin®); selten Entwicklung eines Diabetes mellitus;

6 Allgemeine Regeln zur Behandlung und Dosierung von Lithiumsalzen:
- Einstellung unter Kontrolle des Lithiumblutspiegels
  - *für prophylaktische Wirkung:*
    empfohlener Spiegel 0,6–0,8 mmol/l
  - *zur Akutbehandlung:*
    empfohlener Spiegel ca. 1,0 mmol/l
- Kontrolle (Blutabnahme) am Morgen, jeweils 12 (+/–) h nach letzter Lithiumeinnahme
  zunächst wöchentlich, dann in größeren Abständen; bei älteren Patienten niedrigerer Lithiumspiegel
- vorherige und laufende Kontrolle der Nierenfunktion (Kreatinin); gelegentlich EKG und Schilddrüsenwerte
- keine abrupt einsetzende salzarme Diät oder unkontrollierte Gabe von Diuretika mit erhöhter Natriurese: Lithiumspiegel steigt! – Vorsicht bei Gabe von nichtsteroidalen Antiphlogistika!
- Jahrelange u. U. lebenslange Einnahme erforderlich, Einsetzen der *prophylaktischen Wirkung* erst nach Monaten (d. h. trotz Auftretens von Rezidiven Lithium nicht vor Ablauf von mindestens einem Jahr als erfolglos absetzen)!
- nur sehr langsam ausschleichend absetzen (Rezidivgefahr!)

Chemische Kurzbezeichnungen	Handelsname	Tagesdosis per os in mg*
• Lithiumacetat • Lithiumkarbonat • Lithiumsulfat	Quilonum® Quilonum retard® Hypnorex retard® Lithium-Duriles®	ca. 1000 mg (individuelle Dosierung!)

Tabelle 15.3. Einteilung der Lithiumsalze

Kontraindikationen: Nierenfunktionsstörungen, schwere Herz-Kreislauf-Krankheiten, Wunsch nach Schwangerschaft (teratogene Effekte, z. B. Herzmißbildungen)

Intoxikation: Auftreten bei Überdosierung bzw. bei natriumarmer Diät, Spiegel über 1,6 mmol/l; vitale Gefährdung bei Konzentrationen über 3,5 mmol/l

Symptome: Erbrechen, Durchfall; grobschlägiger Tremor, Hyperreflexie; Dysarthrie, Ataxie, Muskelschwäche; Myoklonien; Schwindelgefühle, Somnolenz; Krampfanfälle; Bewußtseinsverlust; Nierenversagen, Herz-Kreislauf-Versagen

Therapie mit forcierter Diurese oder Dialyse, Ausgleich von Elektrolytverlusten

Carbamazepin (Tegretal®, Timonil®)

Als Prophylaktikum bei affektiven und vor allem schizoaffektiven Psychosen zunehmend bedeutsam, möglicherweise auch bei in kurzen Abständen auftretenden kurzen mono- oder bipolaren Phasen (Kurzzykler) und bei der Therapie von Manien. Dosis 400–800 mg/d. Blutspiegel von 6–12 µg/ml angestrebt.

Nebenwirkungen und Komplikationen: Müdigkeit, Schwindel, Ataxie, Sehstörungen, Übelkeit, Exantheme, Haarausfall, Leukozytopenie, Thrombozytopenie, aplastische Anämie, Leberschädigung (Gamma-GT-Anstieg), T 4-Erniedrigung, Herzrhythmusstörungen. Nicht in Schwangerschaft und Stillperiode!

15.1.4 Tranquilizer

Einteilung der Tranquilizer s. S. 223 f.

Zielsymptome: Angst, Unruhe, Anspannung; Erregungszustände (Psychosen!); suizidale Krisen; Schlafstörungen (Präparate mit kurzer Halbwertzeit!); Krampfleiden (Status epilepticus). Ferner Anwendung in der Anästhesiologie

Pharmakologischer Wirkmechanismus: Angriffspunkt der Benzodiazepine am postsynaptischen GABAergen Rezeptorkomplex. Dadurch Verstärkung der inhibitorischen Wirkung von GABA, vor allem im limbischen System und der Substantia reticularis

Nebenwirkungen und Komplikationen:
- bei *Überdosierung:* Abgeschlagenheit, Aufmerksamkeitsstörungen, Verlangsamung, Muskelschwäche, Doppelbilder, verwaschene Sprache, Ataxie, Schwindel, Übelkeit, Kopfschmerzen
- bei *langfristiger Medikation:* Appetitlosigkeit, Verstimmungen, Vergeßlichkeit, Verwirrtheit bis zum Delir, u. U. Depravationssyndrom; selten Linsentrübung
- bei älteren Patienten insbesondere mit zerebrovaskulärer Schädigung paradoxe Reaktionen möglich!
- bei *i. v.-Injektionen:* cave Atemdepression! Sehr langsame Injektion!
- Einschränkung der Verkehrstauglichkeit, mindestens in der 1. Woche nach Einnahmebeginn!
- Potenzierung von Alkohol; kombiniert beträchtliches Suizidpotential (wird häufig unterschätzt!)
- unterschiedliche *Halbwertzeit:* bei Tranquilizern mit längerer Halbwertzeit Kumulationsgefahr! bei Tranquilizern mit kurzer Halbwertzeit Auftreten von lakunären Amnesien möglich
- zunehmend Beobachtungen der psychischen und physischen *Abhängigkeit* von Tranquilizern: schätzungsweise $1/4$ bei Einnahme über 6 Monate! Auch Niedrigdosisabhängigkeit bei regulären Verschreibungsmengen (Low-dose-dependency); somit als Anxiolytikum oder Hypnotikum nur kurzzeitige Anwendung (bis zu 3 Wochen)
- Nach *Absetzen*: 1. Gegenregulationsprozeß (Rebound) (wenige Tage): Unruhe, Schlaflosigkeit; 2. Rückfallsymptome: Angst, Verstimmung; 3. Entzugssymptome (nach 2 bis 10 Tagen, 2–3 Wochen oder länger dauernd): Unruhe, Tremor, Schwindel, Erbrechen, Kopfschmerzen, Angst (gelegentlich schwerer Entzug: z. B. Krampfanfälle, Delirien, Muskelzittern, Depersonalisation).

Oft kaum Differenzierung der drei Syndrome möglich.

Bei Absetzen nach langer und hochdosierter Einnahme: ambulant langsame Dosisreduktion über mehrere Wochen (fraktionierter Entzug); stationär bei abruptem oder kürzeren Entzug zur Anfallsprophylaxe Gabe von Antiepileptika (Carbamazepin)

Kontraindikationen: Myasthenia gravis, ferner akutes Engwinkelglaukom, I. Trimenon der Gravidität; Schlafapnoe-Syndrom; Abhängigkeitsanamnese z. B. Alkohol

Alternativen zu Tranquilizern der Benzodiazepinreihe:
- niedrig dosierte, niedrigpotente Neuroleptika (z. B. Promethazin) (cave: bei Langzeittherapie sehr selten Spätdyskinesien möglich!)
- Betablocker (Propanolol) in niedriger Dosierung bei Angst und Unruhe
- trizyklische Antidepressiva und MAO-Hemmer bei Angstanfällen vom Typ der Panikattacken
- Buspiron (Bespar®): ein Präparat aus der Stoffklasse der Azapirone, nicht sedierend, anxiolytisch, verzögert wirkend, bisher kein Hinweis auf Abhängigkeitspotential
- Pflanzliche Präparate z. B. Johanniskrautextrakte (Hyperforat forte®, Jarsin®, Remotiv®)
- Kava-kava (Extrakt aus Kavawurzel, einem früher in Polynesien verwendeten Heilmittel)

Untergruppe	Chemische Kurzbezeichnung	Handelsname	Tagesdosis per os in mg*
Benzodiazepine	• Alprazolam	Tavil®	0,5–1,5
	• Bromazepam	Lexotanil®	3–6
	• Chlordiazepoxid	Librium®	5–50
	• Clobazam	Frisium®	20–30
	• Diazepam	Valium®	2–30
	• Dikalium-Chlorazepat	Tranxilium®	10–30
	• Lorazepam	Tavor®	0,5–5,0
	• Oxazepam	Adumbran®	10–50
Sonstige Tranquilizer	• Opipramol	Insidon®	150
	• Buspiron	Bespar®	15–30

Tabelle 15.4. Einteilung der Tranquilizer

Kurze Halbwertzeit (<12 h)	Mittlere Halbwertzeit (12–24 h)	Lange Halbwertzeit (>24 h)
Temazepam Triazolam Oxazepam Lormetazepam	Lorazepam Flunitazepam	Diazepam Nitrazepam Flurazepam Chlordiazepoxid

Tabelle 15.5. Dauer der Wirksamkeit und Abbau von Benzodiazepinpräparaten

15.1.5 Hypnotika

Einteilung der Hypnotika s. Tabelle 15.6

Allgemeine Vorbemerkung: zunächst ausführliche Analyse der Schlafstörung: Klärung, ob symptomatisch oder (selten) idiopathisch. Beratung hinsichtlich gesunder Lebensweise, Anwendung von Hausmitteln! Versuch mit Schlafentzug (Wachtherapie) zur Normalisierung des Schlafrhythmus! (siehe S. 228)! Es werden zu viele Schlafmittel verordnet! Verordnung nur bei dringender Indikation und nicht langfristig

Formen und (Neben-)Wirkungen:
- *Benzodiazepinhypnotika:* keine Präparate mit zu langer Halbwertzeit verordnen! Bei zu hoher Dosierung oder zu lang wirkenden Präparaten u. U. Überhang am folgenden Morgen (Hang-over)
- *Barbiturate:* nicht mehr als Hypnotika zugelassen
- *Alkohol- bzw. Aldehydderivate* (z. B. Chloraldurat®): relativ geringes Risiko bezüglich Abhängigkeit. In Tagesdosen von 1,0 g gut verträglich; jedoch nach kürzerer Zeit Wirkungsverlust; Gefahr der Dosissteigerung, bei höheren Dosen rasch toxische Wirkungen

Zahlreiche *weitere „Schlafmittel"*, die möglichst sparsam verschrieben werden sollten:
- *einige Antidepressiva* (besonders Doxepin, Amitriptylin und Trimipramin) haben neben dem sedierenden auch einen leicht hypnotischen Effekt; somit am Abend Gabe der höchsten Dosis oder Einmalgabe!
- *Niedrigpotente Neuroleptika* wie Prothipendyl (Dominal®), Promethazin (Atosil®) oder Chlorprothixen (Taractan®, Truxal®) haben schlaf-

Untergruppe	Chemische Kurzbezeichnung	Handelsname	Abendliche Einzeldosis per os in mg*
Benzodiazeptinhypnotika	• Flunitranzepam • Flurazepam	Rohypnol® Dalmadorm® Staurodorm Neu®	0,5–2 15–30 15–30
	• Lormetazepam • Nitrazepam • Temazepam • Triazolam	Noctamid® Mogadan® Planum® Remestan® Halcion®	0,5–1,0 5 5 10–20 0,25–0,5
Alkohol- bzw. Aldehydderivate	• Chloralhydrat	Chloraldurat®	0,5–2,0 g
Antidepressiva	• Amitriptylin • Doxepin	Saroten® retard Aponal®	75 75
Niedrigpotente Neuroleptika	• Prothipendyl • Promethazin • Chlorprothixen	Dominal® forte Atosil® Truxal®	40–80 25–100 15–50
Butyrophenone	• Melperon • Dipiperon	Eunerpan® Pipamperon®	25–100 40–80
Sonstige	• Zolpidem • L-Tryptophan	Bikalm® Stilnox® Ardeytropin®	10 500–2000
Pflanzliche Präparate	• Extr. Rad. Valerianae, Hyperizin	Sedariston®	2–3 Kps.
	• Extr. Rad. Valerianae,	Valdispert®	1–3 Drg.
	• Hopfenzapfentrockenextrakt • Extr. Rad. Valerianae	Hovaletten®	4 Drg.

* Angegebene Dosen nur als Anhaltswerte!

Tabelle 15.6. Einteilung der Hypnotika

induzierende Wirkung. Anwendung besonders bei suchtgefährdeten Patienten; niedrig dosiert sehr geringe Risiken!
- *Niedrigpotente Butyrophenonderivate* wegen fehlender anticholinerger Wirkung besonders günstig bei Unruhe und Schlafstörungen im Alter
- L-Tryptophan (Ardeytropin®) Anwendung dieser Aminosäure als Vorstufe von Serotonin; schlafinduzierende Wirkung, oft erst nach längerer Gabe; keine Nebenwirkungen, kein Abhängigkeit! Keine gleichzeitige Gabe von MAO-Hemmern (Serotonin-Syndrom!)
- *Pflanzliche Präparate:* Hopfen- und Baldrianpräparate (Valmane®, Valdispert®, Sedariston®). Günstig, da keine Nebenwirkungen und keine Suchtpotenz. Vorsicht: öfter Kombinationen mit Barbituraten sowie bei Darreichungsform als Tropfen Wirkstoffe in alkoholischer Lösung (keine Verordnung bei Alkoholikern)

15.1.6 Psychostimulanzien

Zielsymptome/Indikationen: Narkolepsie (Unterdrückung von Schlafattacken) und Überaktivität (Verbesserung von Konzentrations- und Leistungsfähigkeit) bei Kindern; keine weiteren Indikationen!
Fast synonym: Psychoanaleptika

Einteilung der Psychostimulanzien: heterogene Gruppe von Stimulanzien, Appetitzüglern, Psychotonika und Energizern
Dazu gehören:
- Amphetamine, besonders Methamphetamin (Pervitin®)
- Nichtamphetamine wie Methylphenidat (Ritalin®), Phenmetrazin (Preludin®), Fenetyllin (Captagon®), Amfetaminil (AN1®)

Nebenwirkungen und Komplikationen:
- Tachykardie, Hypertonie, Schlaflosigkeit, Kopfschmerzen
- Anorexie
- bei längerer Anwendung paranoid-halluzinatorische Psychosen
- bei Fehlindikation Suchtgefahr! hohes Mißbrauchspotential!

15.1.7 Psychotomimetika (Phantastika, Psychodysleptika)

Früher psycholytische (psychedelische) Therapie mit LSD; gegenwärtig keine therapeutische Anwendung

Substanzen: Lysergsäure-Diäthylamid (LSD), Tetrahydrocannabinol, Psilocybin, Mescalin

15.2 Elektrokrampftherapie (EKT)

Nach der Beobachtung (Meduna, 1934), daß Psychosen sich nach spontanen epileptischen Anfällen bessern, 1937 durch Bini und Cerletti Einführung der Elektrokrampfbehandlung (Erzeugung von tonisch-klonischen Krampfanfällen durch Anwendung von elektrischem Strom). Rasche Verbreitung, da damals kaum Psychopharmaka zur Verfügung standen.

Durchführung nur mit Zustimmung des Patienten und ggf. der Angehörigen! U. U. Einrichtung einer Betreuung!

Indikation: eingeschränkt, bei Versagen der Psychopharmakotherapie:
- schwere endogene Depressionen mit Suizidalität; depressiver Stupor
- febrile Katatonie (evtl. auch malignes neuroleptisches Syndrom)
- sog. Delirium acutum (Psychose unterschiedlicher Ätiologie mit ängstlicher Erregung und Verwirrtheit, schwerste vegetative Symptomatik, Störung des Flüssigkeitshaushalts)
- u. U. auch bei schizodepressiven Phasen, bei Wochenbettpsychosen und therapieresistenten Manien

Durchführung: stets Kurznarkose unter Muskelrelaxation (Succinylcholin); mitigierte Krämpfe (früher ohne Muskelrelaxation häufig Kompressionsfrakturen im Bereich der unteren BWS; gegenwärtig sehr selten bei Osteoporose). Anlegen der Elektroden des Konvulsators, meist unilateral über der nicht dominanten Hirnhälfte (geringere mnestische Störungen), weniger schonend bitemporal; Stromstärke 200–900 Milliampere, Spannung 60–130 V, Dauer des Impulses $1/_5$–3 s; Einstellung des Geräts so, daß die Krampfdauer 25 s, die Krampftätigkeit im EEG 30 s, Serie von insg. 6–12 Behandlungen mit etwa 2–4 Behandlungen pro Woche. Gleichzeitige Ableitung von EKG, EEG und EMG

Nebenwirkungen und Komplikationen: Amnesie für die Behandlung; subjektiv meist keine unangenehmen Begleiterscheinungen; gelegentlich

Muskelkater nach der Behandlung; leichtes reversibles organisches Psychosyndrom; kein höheres Risiko als bei kurzen Narkosen

Komplikation: mittelschweres bis schweres organisches Psychosyndrom im Sinne eines amnestischen Syndroms mit Merkfähigkeits-, Gedächtnis- und Konzentrationsstörungen, sehr selten kurzdauernde Verwirrtheitszustände; bei nicht mehr als 12 Behandlungen, keine Gefahr länger dauernder Schädigungen! Auch bei hohen Zahlen von EKTs kein Nachweis pathologisch-anatomisch erfaßbarer Hirnschäden

15.3 Sonstige Methoden

Insulinbehandlung

„Große Insulinkur" mit mindestens 40 insulininduzierten hypoglykämischen Komata wegen der damit verbundenen Risiken (Krampfanfälle, verlängertes Koma) heute obsolet. *„Kleine Insulinkur"* mit niedrigen Gaben von Insulin am Morgen mit geringfügiger Hypoglykämie und nachfolgendem reichlichen Frühstück wird dagegen gelegentlich bei depressiven Syndromen und Erschöpfungszuständen angewandt

Wachtherapie (Schlafentzug)

Therapeutische Anwendung des Nachtschlafentzugs bei Patienten mit Depressionen. Partieller (ab 2.00 Uhr) oder totaler Schlafentzug mit der Anweisung an den Patienten, nicht vor dem kommenden Abend das Bett wieder aufzusuchen. In Abständen mehrfache Anwendung! Besserung der Stimmung in den frühen Morgenstunden. Anhalten der günstigen Wirkung oft nur 1–2 Tage. Neuere Entwicklung: einmaliger Schlafentzug mit täglich unterschiedlichen Schlafenszeiten in den folgenden Nächten zur Wiederherstellung des Tag-Nachtrhythmus (Schlafphasenvorverlegung). Kombinierte Therapie mit Antidepressiva empfohlen.

Psychochirurgie

Früher in Form der präfrontalen Leukotomie, besonders in den USA häufig durchgeführt. Hohe Komplikationsrate! Gegenwärtig nur in sehr seltenen Fällen stereotaktische Operationen bei schweren Zwangskrankheiten und bei chronischer Unruhe von schwerst Intelligenzgeminderten (erethischer Schwachsinn)

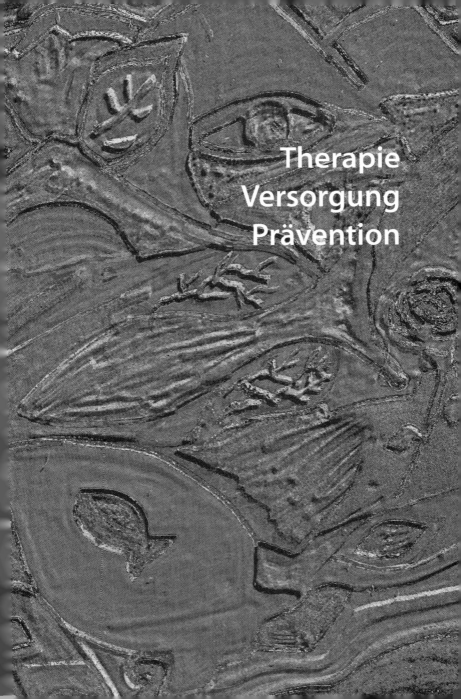

Therapie
Versorgung
Prävention

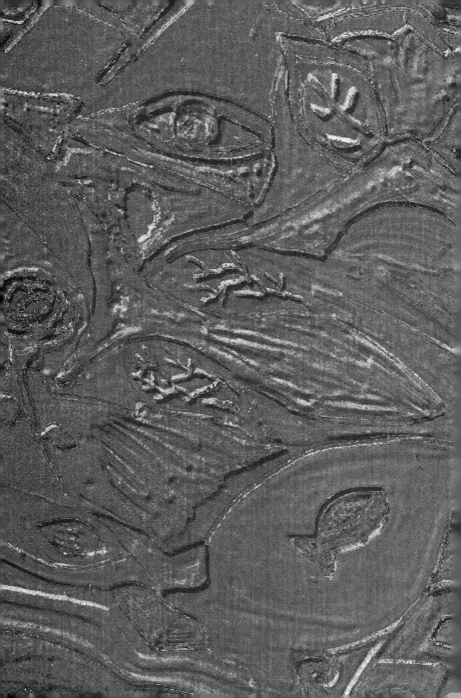

16 Psychotherapie

16.1 Definition

Nach Strotzka (1984)[1] ist Psychotherapie „eine Interaktion zwischen einem oder mehreren Patienten und einem oder mehreren Therapeuten (aufgrund einer standardisierten Ausbildung), zum Zwecke der Behandlung von Verhaltensstörungen oder Leidenszuständen (vorwiegend psychosozialer Verursachung) mit psychologischen Mitteln (durch Kommunikation, vorwiegend verbal oder auch averbal), mit einer lehrbaren Technik, einem definierten Ziel und auf der Basis einer Theorie des normalen und abnormen Verhaltens."

Psychotherapeutische Grundhaltung: Sie läßt sich als eine Kombination aus folgenden Faktoren beschreiben, die Besserung bzw. Heilung der Beschwerden des Patienten bewirken können: einem wertfreien Akzeptieren des Patienten, dem Bemühen um Einfühlung (Empathie), einem indirekten Beratungsstil und der Echtheit dieser Gesamthaltung (Kongruenz).

Psychotherapeutische Einstellung/psychotherapeutisches Basisverhalten des Arztes: Zuhören können, Offenheit für psychosoziale Belange des Patienten, Bemühen um Einfühlung und Verstehen, Mittragen und Stützen des Patienten in allen Bereichen des Erlebens und Verarbeitens von Problemen/Krankheiten. So gesehen ist unter Psychotherapie zunächst einmal ein spezifische Haltung des Arztes gegenüber all seinen Patienten zu verstehen.

---

[1] Strotzka H (1984) Psychotherapie und Tiefenpsychologie – Ein Kurzlehrbuch, 2. Aufl. Springer, Wien New York

16.2 Diagnostik

16.2.1 Das ärztliche Gespräch

Das ärztliche Gespräch dient als Instrument zur ersten, orientierenden Erfassung psychosozialer Störungen:
- Der Arzt muß damit rechnen, daß Patienten auch psychische oder soziale Störungen zunächst in der Form organisch anmutender Symptome „anbieten" (z. B. Schlaflosigkeit, diverse vegetative Beschwerden, unspezifische Schmerzsyndrome u. a. m.).
- Das Krankheitsangebot des Patienten muß gehört werden; es darf nicht auf eine ausschließlich organdiagnostische Sichtweise reduziert werden. Das ärztliche Gespräch ist behutsam-explorativ.
- Der Arzt muß neben anfänglicher somatischer Abklärung Lebensstil und Lebensqualität des Patienten eruieren. Dazu gehört vorrangig die Analyse der wichtigsten persönlichen Beziehungen des Patienten, um eventuelle Störungsquellen zu erkennen. Von vorschnellen Interpretationen/Deutungen ist Abstand zu nehmen. Es geht erst einmal darum zu erfahren, was ist. Lebensunzufriedenheit ist eine häufige Quelle für psychosoziale Gestörtheit.
- Wenn somatische Parameter negative Befunde erbracht haben, muß eine Mitteilung an den Patienten erfolgen, die ihn nicht kränkt (Motto: Sie haben nichts!), sondern ihm vermittelt, daß er somatisch glücklicherweise nicht krank sei, daß es aber durchaus sein könne, daß seine Probleme ihm Schmerzen bereiten, im Magen liegen, sein Herz beunruhigen, seinen Schlaf stören etc. Damit ist eine verbindende Brücke zwischen somatischen und psychologischen Störungsanteilen geschlagen.
- Der Arzt muß selbstkritisch beurteilen, ob die zugrundeliegende Störung von ihm selbst behandelt werden kann, oder ob er seinen Patienten besser fachspezifisch überweisen sollte. Auch die mögliche Überweisung bedarf einer einfühlsamen Begründung, zumal der Gang zum Psychiater/Psychotherapeuten für viele Patienten schwerer ist als der zum ihnen vertrauten Hausarzt. Kleinere Konflikte und Krisen sind sicher hausärztlich gut behandelbar, wenn der Arzt über eine entsprechende Grundhaltung (s. oben) sowie über Grundkenntnisse in der sogenannten „kleinen" Psychotherapie verfügt (Prinzipien von Beratung und Krisenintervention, stützende Psychotherapie).

16.2.2 Spezielle Gesprächstechniken (Erstinterview, tiefenpsychologische Anamneseerhebung)

Mit speziellen Interviewtechniken kann versucht werden, einen Zusammenhang zwischen der Symptomatik/Störung des Patienten und Details seiner Biographie herzustellen, d. h. seine Störung auf dem Hintergrund seiner bisherigen Entwicklung sichtbar und zumindest ansatzweise auch verstehbar werden zu lassen

Dazu ist es notwendig, bestimmte Punkte zu berücksichtigen:
- Die Beobachtung des szenischen Arrangements (wie „inszeniert" der Patient das Gespräch, wie erlebt er sein therapeutisches Gegenüber, welche Ängste/Erwartungen überträgt er auf den Arzt, welche Themen spricht er an, was verschweigt er, wie stellen sich Aktivität/Passivität zwischen den Gesprächspartnern her usw.)
- Gezielte Exploration der bisherigen Entwicklung (s. a. Kap. 2.3 Anamnese) unter besonderer Berücksichtigung von: Lebensbedingungen der frühen Kindheit, subjektivem Erleben der wichtigsten prägenden Beziehungspersonen, frühkindlichen und späteren Traumatisierungen (z. B. Verluste, Scheidung der Eltern, Gewalterleben inklusive körperlichem und sexuellen Mißbrauch), frühkindlichen und kindlichen Symptommanifestationen (z. B. Enuresis, Ängste und Phobien, Verhaltensstörungen)
- Versuch einer abschließenden gemeinsamen Überlegung mit dem Patienten, wie Symptomatik und frühere Einflüsse zusammenhängen könnten (Verständnisangebot, nicht Deutung!)
- Am Ende der Anamnese/des Interviews, das sich über mehrere Stunden erstrecken und an verschiedenen Tagen durchgeführt werden kann, stehen Überlegungen zur Indikation für Psychotherapie generell und zu einzelnen Verfahren im besonderen

Die *Indikation* zur Psychotherapie ist auch abhängig von der Motivation des Patienten sowie seinen intellektuellen und selbstkritisch reflektierenden Möglichkeiten. Generell sollte nicht die aufwendigste, sondern die am wenigsten eingreifende Therapiemethode vorgeschlagen werden.

Weniger günstig für den Erfolg sind mangelnde Frustrationstoleranz, Tendenzen zur Verwahrlosung, Komorbidität, Abhängigkeit, psychotische Störungen und starker sekundärer Krankheitsgewinn.

Kontraindikationen zur Psychotherapie gibt es eigentlich nicht. Die verschiedenen Möglichkeiten therapeutischer Interventionen (s. unten: Psychotherapieverfahren) müssen für den jeweiligen Patienten sorgfältig erwogen werden, um ihn nicht zu überfordern und Abwehr/Widerstand nicht noch zu vergrößern. Einzige Kontraindikation wäre die – eher theoretisch vorstellbare – Situation, daß ein Patient mit starkem Leidensdruck nur klagen, sich aber unter gar keinen Umständen bzw. mit keinen angebotenen Methoden helfen lassen will. Hier wäre möglicherweise aber schon das Anhören der Klage in gewisser Weise kathartisch, auch wenn der Patient uns die „Übersetzung" der Klage verweigert.

16.3 Grundlagen

Es gibt zwei umfassende Theorien, die die Entstehung von Neurosen erklären und spezielle Behandlungsmethoden daraus ableiten: Die *psychodynamischen Therapien* und die *Verhaltenstherapien*

Psychodynamische Therapien: Beispielhaft ist die Psychoanalyse, die sicher die umfassendste Persönlichkeitstheorie entwickelt hat. Die darauf aufbauende Therapiemethode besteht in der Regel in einem mittel- bis langfristigen Verfahren, bei dem bestimmte Grundprozesse initiiert werden und in Gang kommen: Der Dialog zwischen Therapeut und Patient soll die Darstellung unbewußter Vorgänge und deren komplexer Verarbeitungsmodi fördern. Mit dem Mittel der freien Assoziation sowie der Analyse von Träumen und aktuellen Gefühlen/Problemstellungen des Patienten sowie der Beobachtung der Interaktion, d. h. der Beziehung, die der Patient zum Therapeuten aufbaut, bemühen sich beide am Therapieprozeß beteiligten Partner um *Verstehen* problematischer Lebensbereiche und deren mögliche (frühere) Entwicklungsbedingungen sowie letztlich um *Veränderung*. Dieser Prozeß wird überwiegend durch verbale Interpretationen und Deutungen des vorgebrachten Materials bewirkt. Verschiedene Widerstände und Abwehrmechanismen können den Prozeß der Veränderung/Heilung behindern. Dieses hat verschiedene Ursachen: Die Selbsterkenntnis des Patienten, d. h. die Erkenntnis seines eigenen Anteils an der Aufrechterhaltung seiner Störung, kann schmerzhaft, verunsichernd und kränkend sein und wird deshalb immer wieder behindert. Ferner können im therapeutischen Prozeß zunächst erwünschte „Übertragungen" früherer (meist familiärer) Gefühlskonstellationen dann hinderlich sein, wenn der Patient lange an ihnen festhält. Zudem kann die Aufdeckung des inneren Dramas des Patienten zu unbewußten Solidaritätskonflikten mit früheren wichtigen Bezugspersonen des Patienten führen („unsichtbare Bindungen") und ihn an der Lösung seiner neurotischen Fixierungen hindern. – Korrigierendes Erleben im Prozeß der Übertragung!

Der Therapeut soll, der Abstinenzregel entsprechend, nicht direkt aktiv werden, persönlich zur Ermöglichung von Projektionen des Patienten im Hintergrund bleiben sowie sich nicht in Gefühlsverstrickungen einlassen. (siehe Kap. 22 Ethik)

Verhaltenstherapien: Der Psychoanalyse als dem klassischen Beispiel für psychodynamische Therapien stehen die Verhaltenstherapien gegenüber, die sich gänzlich anderer Modellvorstellungen bedienen. Die Verfahren, die ihnen zugeordnet sind, leiten sich aus der experimentellen Lernpsychologie her. Ihnen gemeinsam ist eine naturwissenschaftlich-behavioristische Orientierung mit dem Ziel, erwünschte Verhaltensweisen aufzubauen und unerwünschte Verhaltensweisen zu eliminieren. Somit liefern die Lerntheorien das Grundgerüst, auf dessen Prinzipien die Verhaltenstherapie aufbaut. Die Krankheitskonzepte innerhalb der klinischen Psychiatrie, aber auch innerhalb der Tiefenpsychologie, werden von manchen Verhaltenstherapeuten abgelehnt, da sie das zu ändernde Verhalten als *das Problem* des Patienten ansehen. Dieses Problem wird als erlernte Reaktion verstanden und wird damit zum Ziel der therapeutischen Bemühungen.

Andere Therapieformen haben sich teilweise um diese beiden Grundformen entwickelt und sie modifiziert oder folgen anderen Prinzipien (wie z. B. die Körpertherapien), deren theoretische Grundlagen hier nicht dargestellt werden können (weiterführende Literatur hierzu im Literaturverzeichnis).

Im folgenden werden einzelne Psychotherapieverfahren kurz vorgestellt.

16.4 Darstellung einzelner Psychotherapieverfahren

- **Verbale und handlungsbezogene Therapieverfahren**
  - Psychoanalyse und tiefenpsychologisch orientierte Psychotherapien und deren Modifikationen
  - Gesprächspsychotherapie
  - Verhaltenstherapien

- **Entspannungs-Verfahren**
  - autogenes Training
  - progressive Muskelentspannung
  - Hypnose und verwandte Verfahren

- **Körperorientierte Verfahren**
  - konzentrative Bewegungstherapie
  - funktionelle Entspannung

16.4.1 Verbale und handlungsbezogene Therapieverfahren

Psychoanalyse

Die Psychoanalyse (Kurzbeschreibung unter Grundlagen in diesem Kapitel) ist zur Anwendung in der Psychiatrie kein geeignetes Verfahren (Intensität, Zeitdauer, Indikationsprobleme).

In ambulanten Settings geeignet für Patienten mit gravierenden Lebensproblemen und lang anhaltenden, die Persönlichkeit umfassend betreffenden Störungen bei Vorliegen folgender Voraussetzungen auf seiten des Patienten:
- relative Ich-Stabilität, Kohärenz
- Fähigkeit zu Reflexion, Introspektion
- Bereitschaft, einen emotional intensiven Therapieprozeß über lange Zeit durchzuhalten

Indiziert als Verfahren, zumindest im klassischen Setting (3–4 Stunden pro Woche, im Liegen, über mehrere Jahre), nur für einen kleinen Teil von Patienten

Die aus der Psychoanalyse bzw. Tiefenpsychologie abgeleiteten und modifizierten Therapieverfahren erfassen weitere Indikationsbereiche. Solche Verfahren sind:
- die tiefenpsychologisch fundierten Psychotherapien (als Einzel- oder Gruppentherapie)
- die Kurzpsychotherapie
- die Notfallpsychotherapie

Gemeinsamkeiten dieser modifizierten Verfahren:
- unbewußte Anteile sind an Entstehung von Konflikten/Störungen beteiligt
- in der Therapie treten Übertragungsphänomene auf
- diese werden durch Deutung bewußt gemacht (Ausnahme: Notfallpsychotherapie)
- eine tiefe Regression wird eher verhindert

Tiefenpsychologisch fundierte Psychotherapien: Mittel- bis längerfristige Therapien; Patient und Therapeut sitzen sich gegenüber. Theoretischer Hintergrund: Psychoanalyse und andere tiefenpsychologische Schulen

Arbeit einmal an frühen Störungsanteilen, dann aber vor allem auch an Problemen im aktuellen Leben des Patienten (z. B. Beziehungsproblemen), seinem Selbstkonzept und dessen Störungen, aber auch Arbeit an der Übertragung und an vorherrschenden Abwehrmechanismen. Setting-Möglichkeiten: Anwendung dieses Verfahrens in der Einzelpsychotherapie, in der Paar-Therapie und in der Gruppenpsychotherapie

Katathym-imaginative Psychotherapie (KIP; Katathymes Bilderleben): Verfahren, das mit Tagtraumtechniken arbeitet. Im induzierten Tagtraum („Bildern" mit bestimmten Standardmotiven) finden sich optische Projektionen, die unbewußte, vorbewußte und bewußte Zustände bildhaft-symbolisch darstellen. Im Anschluß an die Phase der Imagination findet eine tiefenpsychologische Nachbearbeitung statt.

Das Verfahren eignet sich bei allen Formen von Neurosen, insbesondere auch bei Patienten mit rigider Abwehr, die mit den eher verbal-introspektiven Methoden der Tiefenpsychologie nur schwer zu erreichen sind.

Kurzpsychotherapien: Kurzzeit-Psychotherapie von wenigen bis ca. 25 Stunden. Beschränkung der Arbeit auf einen für den Patienten besonders relevanten Hauptkonflikt (Fokus). Patient und Therapeut sitzen sich gegenüber. Übertragungsaspekte werden wahrgenommen, aber nicht in dem Umfang angesprochen und bearbeitet wie in den längerfristigen Therapien.

Indiziert als Verfahren vor allem für Patienten nach Abklingen akuter Krisen oder für Patienten mit umschriebenen aktuellen Konflikten, die eine relativ rasche psychotherapeutische Hilfe benötigen. Gut geeignet auch für Patienten, die längere Therapien ablehnen oder die Voraussetzungen dafür nicht haben

Notfall-Psychotherapie: Kurzpsychotherapie in besonderen Dringlichkeits- und Krisensituationen.[2] Dauer: 1 bis ca. 6 Sitzungen. Indiziert z. B. in akuten Krisen, nach Suizidversuchen, nach Gewalttaten (z. B. Vergewaltigung), als erste Hilfe bei Katastrophen. Einstellung des Therapeuten ausschließlich auf das momentane krisenhafte Erleben des Patienten. Hilfe beim Ausdruck und der Verbalisierung aktueller Emotionen. Danach Strategien zur Distanzierung und Neuorientierung. Kombination mit Psychopharmaka (z. B. sedierende) sinnvoll und hilfreich

Gesprächspsychotherapie

Gesprächspsychotherapie (Synonym: klientenzentrierte Psychotherapie) als Verfahren wurde im Rahmen eines Therapiekonzeptes entwickelt, das auf den amerikanischen Psychologen Carl S. Rogers[3] zurückgeht. Das Verfahren wurde in Deutschland von R. Tausch[4] bekannt gemacht und in der Folge hier auch konzeptionell weiterentwickelt[5].

Im Unterschied zur Psychoanalyse basiert das klientenzentrierte Therapiekonzept auf einer Selbsttheorie, und der Therapeut fokussiert nicht die Übertragung, sondern einen Aspekt der Gegenübertragung, die unbedingte Wertschätzung.

Der therapeutisch wirksame Prozeß wird ermöglicht durch eine bestimmte Patient-Therapeut-Beziehung. Der Beitrag des Therapeuten zu dieser Beziehung ist dadurch gekennzeichnet, daß er auf der Grundlage eigener Kongruenz (d. h. er könnte sich seines gesamten eigenen momentanen Erlebens im therapeutischen Kontakt und dessen, was es für ihn bedeutet, bewußt werden) den Patienten empathisch versteht (Empathie) und zugleich fühlen kann, daß er diesen in seinem gesamten momentanen Erleben ohne Bedingungen wertschätzt (unbedingte Wertschätzung). Wenn der Patient dieses Beziehungsangebot annehmen kann, gewinnt er zunehmend Zugang auch zu seinem bisher nicht bewußten Erleben und dem, was es für ihn bedeutet (Selbstempathie), kann sich zunehmend mehr als eine Person von Wert achten (Selbst-Wertschätzung), und sein Selbstbild stimmt zunehmend mehr mit seinen Erfahrungen überein (Abnahme von Inkongruenz durch Selbstkonzeptveränderung).

---

[2] Reimer C, Arentewicz G (1993) Kurzpsychotherapie nach Suizidversuch. Springer, Berlin Heidelberg New York

[3] Rogers CR (1983) Die klientenzentrierte Gesprächspsychotherapie (Original: Client-centered Therapy, 1951). Fischer (Reihe Geist und Psyche), Frankfurt

[4] Tausch R (1973) Gesprächspsychotherapie (5.Aufl.). Hogrefe, Göttingen

[5] Biermann-Ratjen E-M, Eckert J, Schwartz H-J (1997) Gesprächspsychotherapie. Verändern durch Verstehen. 8. überarb. u. erweit. Aufl., Kohlhammer, Stuttgart

Das Verfahren hat ein breites Indikationsspektrum: Es kann bei allen psychotherapie-indikativen Störungen eingesetzt werden; darüber hinaus eignet es sich für die Behandlung sog. „früher" Störungen (z. B. Borderline-Persönlichkeitsstörungen) und Störungen mit unspezifischer, nicht auslösergebundener Symptomatik. Voraussetzung ist die Ansprechbarkeit des Patienten auf das gesprächspsychotherapeutische Beziehungsangebot. Die mittlere Therapiedauer bei ambulanter Behandlung beträgt ca. 70 Stunden über 2 Jahre.

Verhaltenstherapien

Definition: Verhaltenstherapien sind Psychotherapien, die vor allem die Erkenntnisse aus der allgemeinen, der experimentellen und der Sozialpsychologie unter Berücksichtigung relevanter Nachbardisziplinen wie z. B. Neurophysiologie und Neuroendokrinologie zur Anwendung bringen und die in diesen wissenschaftlichen Bereichen entwickelten Theorien zur Begründung einer psychischen Störung und deren Behandlung heranziehen.

Theoretische Grundlagen stellen besonders die verschiedenen **Lerntheorien** (operantes (instrumentelles) Konditionieren nach Skinner; klassische Konditionierung nach Pawlow) dar: Die Entwicklung und Ausdifferenzierung von Verhalten ist ohne Lernen nicht denkbar. Dementsprechend können Veränderungen der Verhaltensweisen von Menschen als Lernprozeß dargestellt und verstanden werden.[6,7]

Hinter dem Begriff „Verhaltenstherapien" verbergen sich eine Reihe teils sehr unterschiedlicher Behandlungstechniken, von denen die wichtigsten dargestellt werden.[8]

- *Systematische Desensibilisierung:* Sukzessive Konfrontation des Patienten mit angstauslösenden Situationen, zunächst in der Vorstellung (in sensu), dann auch in der Realität (in vivo). Therapievorbereitend erlernt der Patient ein Entspannungsverfahren (z. B. progressive Relaxation nach Jacobson).
- *Angstbewältigungstraining:* Der Patient lernt, aufkommende Angst durch Entspannung zu kontrollieren und zu reduzieren. Der Patient

---

[6] Linden M, Hautzinger M (1996) (Hrsg) Verhaltenstherapie, 3. Aufl. Springer, Berlin Heidelberg New York

[7] Margraf J (1996) (Hrsg) Lehrbuch der Verhaltenstherapie (2 Bde). Springer, Berlin Heidelberg New York

[8] Hautzinger M (1996) Verhaltenstherapie und kognitive Therapie. In: Reimer C, Eckert J, Hautzinger M, Wilke E Psychotherapie – Ein Lehrbuch für Ärzte und Psychologen. Springer, Berlin Heidelberg New York, S 191–272

lernt hierbei, Anzeichen zunehmender Spannung und Erregung zu registrieren und frühzeitig durch Entspannung zu bewältigen.
- *Exposition und Reizkonfrontation:* Mit diesen Begriffen werden therapeutische Verfahren beschrieben, bei denen Patienten mit verschiedenen Angststörungen den aversiven Reizen, der gefürchteten Situation bzw. den gefürchteten Objekten direkt ausgesetzt werden.

    Reizüberflutung („Flooding") wird ein Verfahren genannt, in dem der Patient so lange in der Angstsituation verbleiben muß, bis die Angst abnimmt. Dadurch kann die Erfahrung ermöglicht werden, daß die angstauslösenden Situationen erträglich sind. Flucht- und Vermeidungsverhalten sind dabei grundsätzlich nicht zugelassen.
- *Operante Methoden:* Methoden, die zur Ausformung von Verhalten, zur Stärkung und zur Aufrechterhaltung (Stabilisierung) von Verhalten beitragen sollen (z.B. „positive Verstärkung" als Mittel zur Auftrittshäufigkeit erwünschten Verhaltens). Aber auch Techniken zum Abbau störender Verhaltensweisen („Bestrafung", „Löschung").
- *Modellernen:* Durch Lernen am Verhalten einer Person oder eines Symbols (Modell) sollen neue Fertigkeiten erworben werden. Indiziert als Methode vor allem dann, wenn Patienten neue Fertigkeiten erwerben sollen, sie aber nicht in der Lage sind, diese allein aufgrund von Instruktionen zu lernen.
- *Selbstsicherheitstraining/Rollenspiele:* Begriff für ein komplexes verhaltenstherapeutisches Vorgehen zum Abbau sozialer Ängste und zur Förderung sozialer Fertigkeiten und positiver Selbstwahrnehmung. Rollenspiele und Verhaltensübungen stellen die wesentlichsten therapeutischen Methoden dabei dar.
- *Problemlösetraining:* Strategien zur Erarbeitung von Problemlösungswegen in problematischen Situationen: Zunächst Problemformulierung, dann Erarbeitung von Alternativen und schließlich Auswahl der Alternative mit dem günstigsten Ergebnis. Besonders geeignet für Patienten, die Schwierigkeiten haben, in problematischen Situationen angemessen zu reagieren bzw. die zu unüberlegten und impulsiven Reaktionen neigen.
- *Selbstkontrolle:* Bezeichnung für das Erlernen wirksamer Methoden zur Selbststeuerung, auch Selbstmanagementtherapie genannt. Mittels verschiedener Methoden (z.B. Selbstbeobachtung, Selbstverstärkung, Verhaltensverträge) soll der Patient in die Lage versetzt werden, aktuelle und zukünftige Probleme selbstgesteuert zu analysieren, zu beeinflussen und dauerhaft zu verändern.

Kognitive Therapien: Methoden zum Abbau von krankmachenden Denkprozessen, Vorstellungen, Erwartungen. Durch Veränderungen von Denkmustern kommt es zu Änderungen von Verhalten.

Kognitive Therapiekonzepte wurden z. B. zur Behandlung von Depressionen[9] und Panikstörungen entwickelt. Das kognitive Vorgehen in der Depressionstherapie zielt auf die depressiv-negativen Vorstellungen und Erlebnisweisen ab (kognitive Triade der Depression nach Beck: negative Selbsteinschätzung, subjektive Überforderung durch die Umwelt, negative Zukunftsvorstellungen).

Bei Panikstörungen (Angstanfällen) wird ein Erklärungsmodell für den Teufelskreis der Angst erarbeitet, aus dem dann die weiteren Behandlungsschritte abgeleitet werden.

16.4.2 Entspannungsverfahren

Autogenes Training: Verfahren nach J. H. Schultz[10] zur konzentrativen (Selbst-)Entspannung. Besteht aus Übungen, zunächst unter Anleitung eines mit dem Verfahren vertrauten Therapeuten, später nach Erlernen gut vom Patienten selbst zu üben. Die körpergerichteten Übungen umfassen:
- Übungen zu Ruhe und Schwere
- Übungen zum Erleben von Wärme
- Übungen zur Regulation bestimmter Organe (Herz) bzw. vegetativer Funktionen (Atmung)

Effekte: Entspannung, Beruhigung, Selbstkontrolle, Schmerzbekämpfung, Verbesserung des Körpergefühls

Indiziert besonders bei Patienten mit psychovegetativen Irritationen, Erschöpfungszuständen, Angst- und Unruhezuständen, Schlafstörungen

Progressive Muskelentspannung: Verfahren von E. Jacobson[11]: Selbstentspannungstechnik auf der Grundlage einer psychophysiologischen Muskelarbeit. Praktische Übungen mit Entspannung der Gliedmaßen in ihren einzelnen muskulären Anteilen und größerer Muskelgruppen.

Indiziert bei Patienten mit psychosomatischen Störungen und Krankheiten, auch als Entspannungsverfahren bei Verhaltenstherapien.

Hypnose: Definiert als durch Suggestion herbeigeführter schlafähnlicher Zustand mit Bewußtseinseinengung und besonderem Kontakt zum Hypnotiseur.

---

[9] Beck AT, Rush AJ, Shaw BF, Emery G (1992) Kognitive Therapie der Depression. Psychologie Verlags-Union, Weinheim

[10] Schultz JH (1991) Das Autogene Training. 19. Aufl. Thieme, Stuttgart

[11] Jacobson E (1938) Progressive Relaxation. Univ Chicago Press, Chicago

Die Bewußtseinssenkung bewirkt erhöhte Suggestibilität und fördert regressive Prozesse (Passivität, Hingabe). Bedeutsam für das Gelingen ist die Herstellung einer positiven affektiven Beziehung zwischen Hypnotiseur und Hypnotisand. Dadurch nimmt die Neigung zur Identifikation mit dem Arzt zu, und die suggerierten Vorstellungen werden eher angenommen

Herstellung eines hypnotischen Zustandes mit der Fixationsmethode (ein kleiner Gegenstand wird möglichst nah fixiert, es treten Ermüdungserscheinungen auf, der Fixationsgegenstand wird undeutlich. Begleitende monotonisierende Verbalsuggestionen (Ruhe, Wärme, zunehmende Müdigkeit, Schläfrigkeit) führen in den hypnotischen Zustand)

Einzelbehandlung ist zu bevorzugen

Indiziert bei Patienten mit positiver Suggestibilität und mit bestimmten psychosomatischen Erkrankungen (z. B. Herzphobie, Asthma). Kontraindikationen: Patienten mit Psychosen und Vergewaltigungstraumata in der Vorgeschichte

16.4.3 Körperorientierte Verfahren

Konzentrative Bewegungstherapie (KBT): Die konzentrative Bewegungstherapie wurde von E. Gindler[12] in den Grundprinzipien beschrieben und von J. E. Meyer[13] sowie Stolze[14] mit Miriam Goldberg und Becker[15] als psychotherapeutisches Behandlungsverfahren eingeführt.

Verschiedene körperbezogene Übungen unter Einschluß der Atmung mit dem Ziel, „Anspüren" des eigenen Körpers und damit eine Verbesserung des Körpererlebens zu erreichen, und zwar durch ein Spüren des Körpers in vier Hauptpositionen (liegen, sitzen, stehen, gehen), durch Spüren des Körpers im Raum und durch Erspüren einzelner Körperfunktionen. Die KBT geht damit über Entspannungstechniken im engeren Sinne hinaus.

Das Verfahren wird überwiegend in psychosomatischen Kliniken praktiziert, meist als Gruppenverfahren.

---

[12] Gindler E (1926) Gymnastik des Berufsmenschen. Gymnastik 1: 82–89
[13] Meyer JE (1961) Konzentrative Entspannungsübungen nach Elsa Gindler und ihre Grundlagen. Psychother Med Psychol 11: 116–127
[14] Stolze H (1978) Konzentrative Bewegungstherapie. In: Die Psychologie des 20. Jahrhundert, Bd III (S 1250–1275). Kindler, Zürich
[15] Becker H (1989) Konzentrative Bewegungstherapie, 2. Aufl., Thieme, Stuttgart New York

Indiziert für Patienten mit funktionellen und psychosomatischen Beschwerden, auch bei Patienten mit Neurosen. Insbesondere auch bei Patienten mit Körperschemastörungen oder Neigung zum Intellektualisieren.

Häufig wird dieses Verfahren mit einem anderen (z. B. verbalen) kombiniert.

Funktionelle Entspannung: Von M. Fuchs[16] entwickeltes Verfahren. Gemeinsam mit autogenem Training: konzentrative Selbstentspannung sowie angestrebte Selbstregulation gestörter Funktionen. Es fehlen aber Selbsthypnose und autosuggestive Vorstellungen

Verfahren ohne feste Regeln, ausgehend von der Erfahrung, daß schon minimale Empfindungen, Vorstellungen, Fehlspannungen den persönlichen Atemrhythmus stören können, und daß dieser um so besser in eine optimale Gleichgewichtslage zurückfindet, je freier die Haltung des betreffenden Menschen ist, je mehr dieser sich „zentriert in seiner Mitte". Der Patient empfängt sitzend oder liegend wertneutrale Anregungen zur Entspannung (z. B. Loslassen, Hergeben, Sich-fallen-lassen, Sich-gehenlassen usw.). Diese Anregungen führen dazu, daß der Patient sich konkret in seinem Körper entdeckt und findet.

Gutes Beispiel für Kombination eines verbalen und averbalen Therapieverfahrens. Ziel: verbesserte Selbstwahrnehmung über leibliche Zustandsänderungen.

Die FE ist – ähnlich wie das autogene Training – gut geeignet für Patienten mit psychosomatischen Beschwerden und Krankheiten. Das Verfahren kann sowohl einzeln als auch in Gruppen durchgeführt werden.

16.5 Psychotherapie in der Psychiatrie

Hier sollen lediglich die Formen der Psychotherapie mit ihren Indikationen erwähnt werden, die innerhalb des Faches Psychiatrie zur Anwendung kommen. Generell ist zu sagen, daß Psychotherapie grundsätzlich zum therapeutischen Behandlungsspektrum psychischer Erkrankungen gehört. Ziel: Beeinflussung im Sinne von erfolgreicher Veränderung von Leidenszuständen bzw. Verhaltensstörungen, Bewältigung psychosozialer Problemsituationen durch Vermittlung bzw. Erwerb generalisierter und stabiler Strategien zu effektiver und (als wesentliches Therapieziel)

---

[16] Fuchs M (1989) Funktionelle Entspannung, 4. Aufl., Hippokrates, Stuttgart

selbständiger Problembewältigung. Qualität der Arzt-Patient-Beziehung wesentlich (partnerschaftliche Interaktion und Kooperation, geringes Machtgefälle)

In der Psychiatrie werden folgende Formen von Psychotherapie angewendet:

- *Einzelpsychotherapie* (eher nicht psychoanalytische Therapie, sondern biographisch orientierte Gespräche und Gespräche mit Zentrierung auf das Hier und Jetzt des Erlebens und Verhaltens; Vorteil: Bewußtseinsnähe, Emotionalität in unmittelbarem Zusammenhang mit derzeitigen Ereignissen/Erlebnissen/Gefühlen).

Ein psychotherapeutisches Verfahren, das im Setting der Einzelpsychotherapie in der Psychiatrie zunehmend eingesetzt wird, ist die ***interpersonelle Psychotherapie,*** begründet vor über 25 Jahren von Klerman und Weissman[17]. Die IPT ist als fokussierte Form von Kurztherapie (ca. 12–20, in der Regel einmal pro Woche stattfindende Einzelsitzungen) zu verstehen und wird vor allem bei der Behandlung von depressiven Störungen eingesetzt. Dabei liegt der Schwerpunkt der Behandlung auf der Bewältigung zwischenmenschlicher Probleme, die mit dem Auftreten der Depression zusammenhängen. Der Therapeut verhält sich überwiegend aktiv-unterstützend und aufbauend. Die Kombination dieser Psychotherapiemethode mit Psychopharmaka, aber auch mit anderen Psychotherapieverfahren ist möglich und – je nach fallbezogener Indikation – sinnvoll.

- *Gruppenpsychotherapie* insbesondere zur Veränderung zwischenmenschlicher Beziehungsstörungen sinnvoll. Nähe zu realen Gruppenbeziehungen im Leben des Patienten („Gruppe als sozialer Mikrokosmos"). Nutzung und Mobilisierung der Gruppenkräfte: durch vom Therapeuten geförderte Kooperation und Kohäsion zunehmende Offenheit und Vertrauen der Gruppenmitglieder, Förderung der Kommunikationsfähigkeit. Auch wegen der Zeitökonomie zu bevorzugen
- *Kurzpsychotherapie* (bereits beschrieben): häufig wegen des Vorteils der Begrenzung auf umschriebenes Therapieziel indiziert
- Eventuell Kombination von Psychotherapie und medikamentöser Therapie

---

[17] Klerman GL, Weissman MM, Rounsaville BJ, Chevron ES (1984) Interpersonal Psychotherapy of Depression. Basic Books, New York

Allgemeine Therapieprinzipien

Hierzu zählen die
- *Formulierung von Therapiezielen* im Sinne eines interaktionellen Prozesses der Zielfindung, Zielvereinbarung, Zielsetzung
- *Spezifikation konkreter Behandlungsziele* (Globalziel und Teilziele) und der zur Zielsetzung erforderlichen psychotherapeutischen Strategien
- *Evaluation der Teilziele* (Korrektivfunktion)
- *Stützende (supportive) Psychotherapie* als allgemeines Therapieprinzip relativ unabhängig von der zugrundeliegenden Störung.

Definition:
Supportive Psychotherapie ist eine Sammelbezeichnung für unterschiedliche Techniken und Vorgehensweisen, die zum Ziel haben, akute psychische Dekompensationen zu beheben bzw. zu mildern. Mit diesem Vorgehen werden nicht primär Einsicht und Erkenntnis gefördert bzw. Reifungsschritte initiiert. Der supportiv arbeitende Therapeut bietet dem Patienten Hilfe bei aktuellen Problemen und Konflikten an, indem er
- eine nicht überfordernde, positiv getönte Beziehungsform bevorzugt und
- Handlungsanweisungen und Hilfen zur Abreaktion gibt.

Mit einem solchen Vorgehen wird beabsichtigt, die akuten Symptome, Konflikte oder Dekompensationen abzumildern, bestenfalls zu beseitigen und die Abwehr zu stabilisieren, weil in Zuständen akuter Dekompensation eine kausale, konfliktbearbeitende Therapie häufig nicht möglich ist. Ergänzend hierzu können Entspannungsübungen, z. B. im Sinne des autogenen Trainings, hilfreich sein.

Indikationsbereiche

Neurosen/Reaktionen: prinzipiell alle erwähnten Verfahren möglich: abhängig von Neuroseform, Einsichtsfähigkeit des Patienten (Reflektieren) und Stärke der Abwehr des Patienten bzw. Therapiemotivation (Wunsch nach Veränderung)
- *tiefenpsychologisch orientierte Psychotherapie* bei Patienten mit guten Ich-Fähigkeiten (Introspektions- und Reflexionsfähigkeiten sowie Veränderungspotential)
- *Verhaltenstherapie* bevorzugt bei Angstneurosen, Phobien und Zwangsneurosen.
- *autogenes Training* als Zusatz oder alleinige Therapie bei neurotischen Patienten mit starken Spannungszuständen oder mit vegetativen und psychosomatischen Begleitsymptomen

Psychosen: prinzipiell ist Vorsicht bei Indikation spezieller Psychotherapie geboten; insbesondere analytische Psychotherapie sollte speziell dafür ausgebildeten Therapeuten vorbehalten bleiben. Begründung: psychotische Symptomatik, ausgeprägte Ich-Störungen, eventuell auch kognitive Störungen können den psychotherapeutischen Prozeß erschweren bzw. den Patienten irritieren, eine weitere Labilisierung und Dekompensation sowie Suizidalität provozieren oder verstärken. Nach Abklingen der psychotischen Symptomatik und unter der Voraussetzung einer auf seiten des Patienten gegebenen Therapiemotivation kann eine (nicht überfordernde!) Therapie indiziert sein

Abhängigkeitserkrankungen: nicht a priori Psychotherapie, sondern zunächst Prüfung der Motivation zur Entwöhnung, ggf. Motivationstherapie (z. B. in Gruppen Betroffener). Dann Einleitung einer Entwöhnungsbehandlung, erst daran anschließend Erwägung einer Psychotherapie in Absprache mit dem Patienten. Therapie insbesondere sinnvoll bei Patienten, die Suchtmittel zur Bewältigung neurotischer Symptome einsetzen (wie z. B. Angstneurotiker, Phobiker, neurotisch Depressive, Patienten mit Persönlichkeitsstörungen)

Psychogeriatrische Erkrankungen: nach Abklärung bzw. Ausschluß somatischer Faktoren im Zusammenhang mit psychischen Auffälligkeiten Therapie sinnvoll bei akuten Konflikten und Zuspitzung neurotischer Verhaltensweisen im Alter. Frühere Vorstellungen von Altersbegrenzung bei Indikation zur Psychotherapie sind nicht mehr haltbar: Alter ist nicht generell gleichzusetzen mit Starrheit, Unveränderbarkeit, mangelnder Einsichtsfähigkeit (mancher 20jährige ist „älter" als ein dynamisch gebliebener 80jähriger!)

16.6 Aus-/Weiterbildung des Arztes in Psychotherapie

Erwerb psychotherapeutischen Basiswissens (Vermittlung entsprechender Kenntnisse auf zahlreichen Fortbildungs- bzw. Weiterbildungsveranstaltungen) für jeden Arzt erforderlich!

Auch für den nicht psychotherapeutisch/psychiatrisch tätigen Arzt wichtig: Erwerb von Kenntnissen in Neurosenlehre, von Techniken der sogenannten „kleinen Psychotherapie" (ärztliche Gesprächsführung, Beratungstechniken; Kriseninterventionsstrategien; autogenes Training) sowie Teilnahme an Balint-Gruppen (Möglichkeit zur Kommunikation über Problempatienten)

Allein das richtig genutzte *ärztliche Gespräch* bietet eine Fülle von Kommunikationsmöglichkeiten und Ansatzpunkten für (therapeutische) Problemlösungen durch
- Herstellung einer vertrauensvoll-stabilen, über die somatische Untersuchung hinausgehenden Arzt-Patient-Beziehung
- Offenheit für Problembereiche des Patienten und
- die gemeinsame Suche nach Lösungsmöglichkeiten

Spezielle Weiterbildungsmöglichkeiten

Es eröffnen sich 3 Möglichkeiten:
- Innerhalb der Weiterbildung zum Facharzt für Psychiatrie und Psychotherapie mit Teilnahme an entsprechenden Curricula: In der Regel etwa dreijährige Weiterbildung in Psychotherapie innerhalb der psychiatrischen Institution, die zur Weiterbildung ermächtigt ist. Ein kleiner Teil dieser Weiterbildung muß außerhalb der Institution, in der der Arzt angestellt ist, absolviert werden (gilt besonders für Selbsterfahrung und Supervision selbständig durchgeführter Psychotherapien)
- Innerhalb der Weiterbildung zum Facharzt für Psychotherapeutische Medizin mit einer mindestens dreijährigen Weiterbildung in Psychotherapie und Psychosomatik in einer dazu ermächtigten Institution. Gefordert wird zusätzlich ein Jahr in der Psychiatrie und ein Jahr in der Inneren Medizin. Auch hier muß ein kleiner Teil der Weiterbildung außerhalb der weiterbildungsermächtigten Institution absolviert werden (insbesondere die Selbsterfahrung). Dieser neue Facharzt-Typ bietet eine vertiefte Psychotherapie-Weiterbildung und eignet sich für jene Ärzte, die später ausschließlich psychotherapeutisch arbeiten wollen
- Weiterbildung zum Erwerb der Zusatzbezeichnungen „Psychotherapie" oder „Psychoanalyse". Die Weiterbildung zu diesen beiden Zusatzbezeichnungen steht allen Ärzten offen, die nicht eine der beiden vorgenannten Facharztbezeichnungen erwerben wollen. Hier findet ebenfalls ein mehrjähriges Curriculum in Psychotherapie bzw. Psychoanalyse statt, allerdings berufsbegleitend. Die inhaltlichen Anforderungen zum Erwerb dieser Zusatzbezeichnungen können von der jeweiligen Landesärztekammer angefordert werden

Ärzte, die keine spezielle psychotherapeutische Weiterbildung anstreben, aber dennoch eine gewisse psychotherapeutische Kompetenz erwerben wollen, sollten sich einer Balint-Gruppe anschließen. Solche Gruppen für Ärzte ohne besondere psychotherapeutische Ausbildung wurden von dem Psychoanalytiker Michael Balint gegründet, der in ihnen ein Instrument sah, aufkommende Probleme in der Arzt-Patient-Beziehung unter Kollegen und in Anwesenheit eines besonders ausgebildeten Leiters zu besprechen. Balint-Gruppen sind oftmals entscheidende Hilfen im Umgang mit sogenannten Problempatienten. Zumeist treffen sich bis zu 10 Ärzte wöchentlich über einen Zeitraum von mehreren Jahren. Häufig bilden Kollegen aus einer Stadt eine Gruppe und suchen dann einen geeigneten Gruppenleiter. Andererseits besteht die Möglichkeit einer fraktionierten Teilnahme an Balint-Gruppen, z. B. während psychotherapeutischer Tagungen. Auch hier kann von eigenen „Problemfällen" berichtet werden

Aus der Praxis der Balint-Gruppen-Erfahrung gewinnen viele Teilnehmer die Erkenntnis, daß es immer wieder bestimmte Patienten sind, mit denen sie besondere Schwierigkeiten haben. Dies führt zu dem Wunsch, mehr für sich selbst zu tun und schließlich eine spezielle Selbsterfahrung zu suchen. Sie kann in Form einer Einzeltherapie oder in einer Gruppe erfahren werden. Ärzte, die sich einer solchen Selbsterfahrung unterzogen haben, berichten oftmals, daß sie nicht nur für sich selbst und ihr Privatleben, sondern auch für den Umgang mit Patienten wesentlich gewonnen haben

Fallbeispiele

Fallbeispiel 16.1

Ein 42jähriger Mann wird nach 22 Jahre dauernder Ehe auf für ihn sehr kränkende Art und Weise von seiner Frau verlassen. Das einzige gemeinsame Kind entscheidet sich dafür, bei der Mutter zu bleiben und zieht sich ebenfalls vom Patienten zurück. Dieser gerät daraufhin in eine Phase akuter Verzweiflung mit Angstanfällen, Schweißausbrüchen, Schlafstörungen und schließlich auch Suizidgedanken, so daß der Hausarzt eine Überweisung in eine psychiatrische Klinik vornimmt, in der der Patient zwei Wochen auf einer offenen Station behandelt wird. In dieser Zeit wird ein kurzpsychotherapeutisches Verfahren durchgeführt, zunächst mit dem Ziel, die Heftigkeit der Reaktion auf die Trennung besser zu verstehen. Hierzu finden sich entsprechende Traumata in der Biographie des Patienten: Seine Mutter hatte den Vater verlassen, als der Patient 5 Jahre alt war. Die Mutter hatte daraufhin eine Depression entwickelt und einen Suizidversuch unternommen, so daß sie für mehrere Wochen klinisch-psychiatrisch behandelt werden mußte. Bei der gezielten biographischen Anamneseerhebung kam zudem heraus, daß der Patient im Alter von 2 Jahren wegen Diphtherie 4 Wochen in einem Krankenhaus behandelt worden war. In dieser Zeit hatte er nach seiner Erinnerung seine Eltern kaum sehen dürfen.

Auf der Kenntnis dieser traumatischen biographischen Details baute die Kurzpsychotherapie auf, während der die Trennungstraumatisierung und die daraus folgende Trennungsängstlichkeit des Patienten fokussiert bearbeitet wurde. Der Patient konnte seine heftige Reaktion besser verstehen und seine Krise schließlich an dem Punkt überwinden, an dem es möglich wurde, mit ihm zu erörtern, welche Verhaltensweisen von ihm den Trennungswunsch seiner Frau begünstigt haben könnten. Hierbei wurde deutlich, daß er während der Ehe eigentlich in ständiger ängstlicher Erwartung einer Trennung gestanden hatte, und daß er dementsprechend – ihm allerdings unbewußt – verschiedene Verhaltensweisen gegenüber der Ehefrau entwickelt hatte, die der Pflege einer beständigen Beziehung nicht dienlich waren. Die schließlich erfolgte Trennung bestätigte seine innere Erfahrung, daß er immer wieder verlassen werden würde. Die Bearbeitung dieser unbewußten Anteile ermöglichte beim Patienten letztlich einen Ausweg aus seiner Krise und eine Wiederaufnahme seiner Arbeit als Lehrer.

Kurzpsychotherapie

Fallbeispiel 16.2

Ein 26jähriger Student, der sich im Erstgespräch als „immer schon nervös und vegetativ" beschreibt, fühlt sich subjektiv am meisten dadurch gestört, daß er in ihn belastenden Situationen (z.B. bei Prüfungsvorbereitungen, in Prüfungen, aber auch im Kontakt mit anderen Menschen) Herzklopfen, gelegentlich auch Extrasystolen sowie Schweißausbrüche bekommt. In seiner Biographie sieht er keine besonders belasteten Bereiche, die er mit dieser Symptomatik in Zusammenhang bringen könnte. Er selbst sei mit sich und seinen Beziehungen sonst auch recht zufrieden, nur diese Symptomatik würde stören.

Der behandelnde Hausarzt schlug dem Patienten vor, das autogene Training zu erlernen und führte die ersten 8 Sitzungen gemeinsam mit ihm und weiteren Patienten in einer Trainingsgruppe durch. Der Patient lernte in den Übungen die Kontrolle über seine vegetativen Funktionen und war davon so begeistert, daß er die Übungen zu Hause regelmäßig fortsetzte. In einem katamnestischen Gespräch ein halbes Jahr nach dem Erstkontakt berichtete er dem Hausarzt stolz, daß seine Symptomatik praktisch verschwunden sei. Lediglich in einer mündlichen Prüfung habe er leichten Magendruck und einen trockenen Mund bemerkt. Insgesamt sei er aber zufrieden.

Autogenes Training

Fallbeispiel 16.3

Eine 36jährige Bibliothekarin kommt auf Druck ihres Lebenspartners in psychotherapeutische Behandlung. Sie benennt zunächst eine Orgasmusstörung als ihr wesentliches Problem: beim Geschlechtsverkehr kann sie regelhaft nicht zum Orgasmus kommen. Bei der Hinterfragung dieses Symptoms wird deutlich, daß die Patientin nicht nur sexuelle Aktivitäten insgesamt ablehnt, sondern auch ein sehr schlechtes Verhältnis zu ihrem eigenen Körper hat, was sich u.a. darin ausdrückt, daß sich beim Streicheln durch ihren Partner verschiedene Mißempfindungen und depressive Gefühle bei ihr einstellen.

In der biographischen Anamnese kommt heraus, daß sie aus einem streng religiösen Milieu stammt, in dem die positive Besetzung von Körperlichkeit verpönt war. Erschwerend kam hinzu, daß ein Onkel von ihr mehrfach versucht hatte, sie sexuell zu mißbrauchen, als sie 7 Jahre alt war. Mögliche Zusammenhänge zwischen diesen biographischen Details und den jetzigen Schwierigkeiten, Körperlichkeit als lustvoll zu erleben und zu akzeptieren, waren der Patientin durchaus bewußt. Sie konnte aber ihr Erleben trotzdem nicht verändern.

Die Psychotherapeutin entschloß sich zur Durchführung einer konzentrativen Bewegungstherapie, während der die Patientin allmählich lernte, ihren eigenen Körper besser zu spüren und die wahrgenommenen Empfindungen zu verbalisieren und zu akzeptieren. Unter der fördernden Unterstützung der Therapeutin konnte sie schließlich ihre „subjektive Leiblichkeit" auch lustvoll erleben. Damit konnte eine bleibende Verbesserung des Körpererlebens erreicht werden. Folge dieses Fortschritts war, daß die Patientin in der Beziehung zu ihrem Partner mehr Körperkontakt zulassen konnte und dieses auch als angenehm empfand.

Konzentrative Bewegungstherapie

17 Soziotherapie, Versorgung, Rehabilitation

17.1 Soziotherapie

Definition: praktisch-therapeutische Anwendung sozialpsychiatrischer Theorien (Untersuchung und praktische Berücksichtigung sozialer Faktoren in bezug auf Entstehung, Verlauf und Behandlung psychischer Erkrankungen). Unverzichtbare Komponente jeglicher psychiatrischen Therapie: Einsatz soziotherapeutischer Behandlungsformen, die mit der Annahme von Eigenverantwortung und eigener Entscheidung verbunden sind, statt Ausgliederung und Dauerhospitalisierung, deren häufige Folge das Institutionalismus- oder Hospitalismussyndrom ist mit Initiativverlust, Rückzug und Aufgabe der sozialen Rolle; in stark ausgeprägten Fällen Stereotypien, Einkoten, Apathie etc. – Berücksichtigung der individuellen Belastbarkeit der Patienten; optimale Stimulierung mit Beachtung der angemessenen „Nähe und Distanz". Besonderer Schwerpunkt bei chronischen oder zur Chronifizierung neigenden Erkrankungen wie den schizophrenen Psychosen

Therapeutische Gemeinschaft

Zusammenleben einer Gruppe von Behandelnden und Patienten im Psychiatrischen Krankenhaus mit dem therapeutischen Ziel, psychisch Kranken die Wiedereingliederung in die Gesellschaft zu ermöglichen. Aufbau eines therapeutischen Systems mit offener Kommunikation, weitgehender Aufgabe hierarchischer Strukturen, Förderung persönlicher Entscheidungsfähigkeit und Beteiligung aller am therapeutischen Prozeß mit den damit verbundenen Grundrechten und Grundpflichten. Strukturierung des Tagesablaufs durch Arbeit und Freizeitgestaltung. Schaffung eines günstigen therapeutischen Klimas für die Anwendung einzelner Behandlungsmethoden.

Einführung nach Ende des Zweiten Weltkriegs, zunächst in den USA (T. F. Main) und Großbritannien (Maxwell Jones).

Milieutherapie

Während die Therapeutische Gemeinschaft in Idealform häufig nicht erreichbar ist, ist die sog. Milieutherapie im Krankenhaus leichter zu verwirklichen:
- Angebot unterschiedlicher kommunikationsfördernder Therapieformen
- Vorwegnahme zukünftiger Anforderungen in der Gesellschaft (Probehandeln) „So normal wie möglich"
- Beteiligung aller Patienten an gemeinsamen Aufgaben
- zahlreiche unterschiedliche Gruppen mit Behandlung von Rollenkonflikten und pathologischen Interaktionen (aber: keine nivellierende Rollendiffusion, Vermeidung einer „idealen" therapeutischen Insel!)
- Einbeziehung von Bezugspersonen wie Familie, Partner und Freunde in die therapeutische Arbeit
- täglich, je nach Stationstyp auch seltener, stattfindende Stationsversammlung (Großgruppe) mit Ärzten und Krankenpflegepersonal (Plenum): Besprechung des Stationsprogramms, etwa Ausflüge, kulturelle Veranstaltungen etc.; Verteilung von Arbeiten (Küchendienst, Blumengießen etc.); Besprechung kontroverser Fragen wie etwa Raucherlaubnis in bestimmten Bereichen der Station, Gestaltung der Fernsehprogramme etc.
- Voraussetzung auch baulich eine entsprechende Gestaltung der, soweit irgend möglich, nach außen offenen Stationen mit Aufenthalts- und Gruppenräumen; entsprechendes Mobiliar, um eine wohnliche Atmosphäre zu schaffen; gemeinsame Behandlung von Männern und Frauen, in vielen Krankenhäusern ein immer noch nicht erreichtes Ziel! Möglichkeiten der gemeinsamen Aufnahme von Müttern mit Babies und kleinen Kindern. – Möglichst direkter Zugang zu einem Stationsgarten

Vielfältiges Behandlungsangebot

Um den Fähigkeiten und Bedürfnissen der Patienten möglichst vielseitig gerecht zu werden, sollte das Behandlungsangebot einer modernen Psychiatrischen Klinik umfangreich sein und Mitarbeiter unterschiedlicher Berufsgruppen umfassen. Die Patienten sollten aber auch nicht durch Überaktivierung „erschlagen" werden.
- *Ergotherapie* in Form von:
  - *Beschäftigungstherapie:* mehr künstlerisch-kreativ: Ton-, Holz-, Metall-, Textilarbeiten, künstlerische Gestaltungstechniken
  - *Arbeitstherapie* (Werktherapie): eher realitätsbezogen, z. B. Fahrradwerkstätte, Fotolabor, Keramikatelier, Tischlerwerkstätte etc. Auch

Möglichkeit der Serienproduktion sowie Auftragsarbeiten von externen Firmen mit Termindruck
  – *Gartentherapie* (Hortotherapie): Möglichkeit der Erfahrung und Auseinandersetzung mit Erde, Pflanzen und organischem Wachstum, evtl. auch mit der Tierpflege
- *Krankengymnastik* mit Gruppengymnastik und Entspannungsgruppen, evtl. Sporttherapie und Tanz
- *Musiktherapie:* möglich als „passive Form" der Musiktherapie (Hören und Interpretieren) und „aktive Form" mit Musizieren im sozialen Kontakt; wichtig vor allem als kommunikatives psychotherapeutisches Medium in der Gruppe, zunächst averbal über die Instrumente, bei der anschließenden gemeinsamen Besprechung dann auch verbal als Mittel des Selbsterlebens
- *Weitere Möglichkeiten:* Psychodrama, Soziodrama, Märchenspielgruppe, Geschichtsgruppe (oral history), Computerlernprogramme, unterschiedliche Außenaktivitäten wie Wandern, therapeutische Reisen etc.
- *Sozialarbeit:* im Psychiatrischen Krankenhaus unabdingbar. Vermittelt einen großen Teil der Kontakte nach außen: Vorbereitung der Entlassung, Finden neuer Wohn- und Arbeitsmöglichkeiten, schwierige Kontakte mit den eigenen Angehörigen, finanzielle Beratungsaufgaben u. a. Vielerorts auch Betreuung von Angehörigengruppen und Nachsorgeklubs

17.2 Versorgung

Infolge beträchtlicher Mißstände und Mängel in der psychiatrischen Versorgung („Brutale Realität" in den psychiatrischen Abteilungen für chronisch Kranke) in der Bundesrepublik Deutschland, Beauftragung (1971) und Bericht (1975)[1] einer Kommission, der sog. Psychiatrie-Enquête, mit folgenden *Reformvorschlägen:*
- Umfassende und bedarfsgerechte Versorgung (Forderung nach Spezialisierung in bestimmten Bereichen wie Suchtbehandlung, Kinder- und Jugendpsychiatrie, Gerontopsychiatrie)
- Gemeindenahe Versorgung (dezentralisiert, rekommunalisiert; Vorrang von ambulanter vor stationärer Behandlung; Einrichtung von Polikliniken)
- Bedarfsgerechte Koordination (Kontinuität der Behandlung; Zusammenarbeit mit außermedizinischen Institutionen in der Kommune,

---

[1] Bundestags-Drucksache 7/4200 und 4201

der Arbeitsverwaltung, der Justiz und insbesondere auch Einbeziehung von Laien)
- Gleichstellung seelisch und körperlich Kranker (wenn möglich Reintegration der Psychiatrie in die allgemeine Medizin

Seither deutliche Verbesserung der Versorgungslage. Aufgrund des Fehlens einer Übersicht über die in der Bundesrepublik existierenden Dienste bzw. einer zentralen Institution zur Sammlung von Informationen über bestehende Versorgungsinstitutionen ist jedoch der gegenwärtige Stand kaum darstellbar

Untergliederung der gegenwärtigen psychiatrischen Versorgung
- *Stationäre Versorgung*
- *Teilstationäre Versorgung*
  - Tageskliniken
  - Nachtkliniken
- *Komplementäre Versorgung/Einrichtungen*
- *Ambulante Versorgung*
  - niedergelassene Nervenärzte
  - Polikliniken bzw. Ambulanzen
  - Sozialpsychiatrische Dienste
  - weitere Einrichtungen im ambulanten Bereich

Mit der psychiatrischen Versorgung im engeren Sinne als Teil der medizinischen Versorgung ist die psychotherapeutische und die soziale Versorgung eng verbunden

Neben der allgemeinen Psychiatrie haben sich spezielle Versorgungssysteme herausgebildet:
- Kinder- und Jugendpsychiatrie
- Gerontopsychiatrie
- Sucht
- psychisch kranke Rechtsbrecher
- geistig Behinderte (Intelligenzminderung)

Stationäre Versorgung

In der Bundesrepublik Deutschland gibt es etwa 120 000 Psychiatriekrankenhausbetten (Anzahl von Krankenhausbetten bezogen auf Einwohner: Innere Medizin 2,2‰, Chirurgie 2,1‰, Psychiatrie 1,5‰, Frauenheilkunde 1,1‰).

Trend: Verringerung der Zahl der Planbetten auf etwa 0,5–1‰, mehr Betten in kleineren Abteilungen und Reduzierung der Betten in den Großkrankenhäusern; größere Zahl von Krankenhausaufnahmen bei kürzerer Verweildauer
- Anstieg der Zahl der psychiatrischen Abteilungen an Allgemeinkrankenhäusern von 21 (1971) auf 140 (1996); Übernahme der Gemeindenahen Versorgung (u. a. Aufnahmeverpflichtung für Zwangseinweisungen)

Trotz Verbesserung der Situation in den Landeskrankenhäusern während der letzten 15–20 Jahre immer noch *Mißstände und Mängel* in psychiatrischen Krankenhäusern:
- ungünstige geographische Lage (oft zu weit von der Wohnbevölkerung entfernt; für zu große Versorgungsregionen zuständig)
- zu große Bettenanzahl im einzelnen Krankenhaus, zu hoher Anteil geschlossener Stationen, zu viele zwangsuntergebrachte Patienten, noch häufig nach Geschlecht getrennte Behandlung
- unzureichender Ausbau des Nachsorgesystems
- problematisch: der erwünschten Reduktion von Betten in psychiatrischen Krankenhäusern steht eine überproportionale Zunahme von Betten in meist gemeindefernen Suchtkliniken und psychosomatischen Kliniken gegenüber

Teilstationäre Versorgung

Definition: Behandlung/Betreuung erfolgt nur während eines Teils des Tages, überwiegend in Tageskliniken, seltener in Nachtkliniken (im übrigen mit vollstationärer Betreuung vergleichbar):
- *Tageskliniken:* in der Bundesrepublik Deutschland über 2000 Tagesklinikplätze in mehr als 100 Einrichtungen, etwa 20 Plätze pro Institution
Schwerpunkte: Krisenintervention (Vorschalt-Tagesklinik zur Vermeidung stationärer Behandlung; Verkürzung der stationären Behandlungsdauer (am häufigsten Patienten mit Psychosen, Rezidivbehandlung); Nachsorge; Rehabilitationsmaßnahmen; auch Kindertageskliniken und psychogeriatrische Tageskliniken
Vorteil: Der Patient bleibt weitgehend im gewohnten Milieu, ist nachts und am Wochenende zuhause. Intensive Tagesstrukturierung
Nachteil: gelegentlich Überforderung bei weniger belastungsfähigen Patienten
Kontraindikation: Suizidalität und Sucht, neuerdings spezielle Sucht-Tageskliniken

- *Nachtkliniken:* meist keine selbständigen Institutionen. Integration von Nachtklinikbetten in bestehende stationäre Behandlungseinrichtungen

Komplementäre Versorgung/Einrichtungen

Definition: Einrichtungen überwiegend nichtmedizinischen Charakters, zwischen stationärer und rein ambulanter Behandlung angesiedelt, mit dem Angebot (in erster Linie) rehabilitativer Hilfen (vgl. Berufliche Rehabilitation, S. 258)

Beispiele: Übergangsheime, Dauerwohnheime, Pflegeheime; therapeutische und freie Wohngemeinschaften; therapeutisches Wohnen; beschützende Wohnungen mit betreuender Unterstützung; Tageszentren

Ambulante Versorgung

- *Niedergelassene Nervenärzte:* psychiatrische Behandlungsprävalenz durch niedergelassene Nervenärzte 2–3% der Bevölkerung im Jahr. Die große Anzahl der niedergelassenen Nervenärzte (gegenwärtig etwa 1:20 000 der Bevölkerung, in den letzten 10 Jahren etwa Verdopplung der Anzahl niedergelassener Nervenärzte: BRD 1980: 1463–1993: 4145 niedergelassene Nervenärzte) ist ein spezielles Phänomen Mitteleuropas. In vielen anderen Ländern statt dessen fast nur Polikliniken und Ambulanzen. In der Bundesrepublik Deutschland oft ungünstige Verteilung der niedergelassenen Nervenärzte auf bevorzugt städtische Gebiete. Neben den Ärzten für Psychiatrie und Neurologie (Nervenärzte) zunehmend spezialisierte Ärzte nur für Neurologie oder nur für Psychiatrie und Psychotherapie, daneben mit einem Schwerpunkt Psychosomatik der Arzt für Psychotherapeutische Medizin; Ärzte aller Fachrichtungen können die Zusatztitel „Psychotherapie" und „Psychoanalyse" erwerben. – Niedergelassen auch psychologische Psychotherapeuten (psychoanalytische Verfahren und Verhaltenstherapie), die Patienten im sog. Delegationsverfahren (von hierzu autorisierten Ärzten) behandeln, ferner Kinder- und Jugendlichenpsychotherapeuten
- *Polikliniken bzw. Ambulanzen:* Screening-Funktion *vor* stationärer Aufnahme, *Nach*sorge von Patienten mit besonderen Behandlungsproblemen (Betreuung spezieller Patientengruppen: Suchtambulanz, Sprechstunden für Depot-Neurolepsie, Prophylaxe von affektiven Störungen mit Lithium, Sexual-Ambulanz etc.). In den psychiatrischen Polikliniken nur relativ geringe Patientenzahlen

- *Sozialpsychiatrische Dienste:* meist Angliederung an Gesundheitsämter, gelegentlich auch an Freie Träger
  Funktion: Betreuung psychisch Kranker in der Gemeinde (in der Regel kein Behandlungsrecht!). Einweisung stationärer Behandlung Bedürftiger bei fehlender Krankheitseinsicht nach PsychKG (nach Bundesländern unterschiedliche Psychisch-Kranken-Gesetze), somit Ausstattung mit hoheitlichen Funktionen
- *Weitere Einrichtungen im ambulanten Bereich:* Patientenklubs mit offenen oder geschlossenen Gruppen, Selbsthilfegruppen (insbesondere im Suchtbereich), Teestuben, Kontaktzentren und Treffs von ehemaligen Patienten oder Beratungssuchenden, Angehörigengruppen
- *Einrichtungen im Vorfeld:* Beratungsstellen verschiedenster Art, insb. jedoch Praktische Ärzte und Allgemeinmediziner, die psychisch Kranke oft zuerst beraten (Filter- und Überweisungsfunktion)

Integrierte Versorgung

Entscheidend für eine befriedigende psychiatrische Grundversorgung der Bevölkerung ist Integration aller genannten Behandlungs-, Betreuungs- und Beratungsaktivitäten, jeweils in bestimmten regionalen Bereichen (Sektoren, Standardversorgungsgebieten bzw. Versorgungsregionen, Gemeinden bzw. Gebietskörperschaften); Größenordnung 100 000–150 000 Einwohner. Darüber hinaus ist die eher überregionale Organisation der Versorgung etwa für **besondere Patientengruppen** erforderlich:
- *Kinder- und Jugendpsychiatrie:* Versorgung durch etwa 80 Abteilungen und Kliniken und etwa 150 niedergelassene Kinder- und Jugendpsychiater (Bedarf liegt bei über 1000) sowie durch nichtärztliche Psychotherapeuten für Kinder und Jugendliche
- *Gerontopsychiatrie:* Versorgung in Tageskliniken, spezialisierten Pflegeheimen, zahlreichen Abteilungen und Stationen von Landeskrankenhäusern. Wichtig sind diagnostische gerontopsychiatrische Zentren in Verbindung mit der Inneren Medizin. Spezielle psychotherapeutische Abteilungen für ältere Menschen sind selten
- *Suchtkranke:* Integration akut Kranker in das psychiatrische Versorgungssystem; akute körperliche Entgiftung (Entzug I) und mehrwöchige Motivationsgruppenbehandlung (Entzug II) meist stationär; auch Installation ambulanter Programme; mittel- und langfristige Entwöhnungsmaßnahmen in besonderen Suchtkliniken. Ambulante Nachbetreuung vorwiegend in Gruppen, insb. Selbsthilfegruppen
- *Psychisch kranke Rechtsbrecher:* Versorgung in einem gesonderten, der Justizverwaltung unterstellten System, das teilweise in die Landeskrankenhäuser integriert ist

- ***Kranke mit neurotischen und psychosomatischen Störungen:*** Entwicklung eines psychotherapeutisch-psychosomatischen Versorgungssystems (zahlreiche Psychosomatische Kliniken, häufig jedoch gemeindefern). Ambulante Betreuung durch Ärzte für Psychotherapeutische Medizin und Ärzte anderer medizinischer Fächer mit Zusatztitel „Psychotherapie und/oder Psychoanalyse" sowie nichtärztliche psychologische Psychotherapeuten; psychotherapeutische Beratungsstellen etc.

17.3 Rehabilitation

Definition: alle Maßnahmen zum Ausgleich einer Behinderung, deren Ziel die Wiederherstellung der körperlichen, geistigen und seelischen Funktionen (*medizinische, berufliche* und *soziale* Rehabilitation) sowie die Wiedereingliederung in die Gesellschaft und die Erlangung größtmöglicher persönlicher Autonomie des Patienten ist.
- *Behinderung* bezieht sich entsprechend WHO-Definition auf
    - *Schädigung* (impairment) entsprechend Normabweichung psychischer oder physiologischer Funktionen oder Erscheinung,
    - *Fähigkeitsstörung* (disability) entsprechend Störung von Aktivitäten in Bezug auf die Umwelt
    - *Beeinträchtigung* (handicap) entsprechend sozialer Rolleneinschränkung oder -verlust als Nachteil für den Betreffenden

Medizinische Rehabilitation: funktionsfördernde ärztliche Maßnahmen. Definitorisch beträchtliche Überschneidung mit medizinischer Behandlung. Begleitet die beiden anderen Bereiche der Rehabilitation

Berufliche Rehabilitation: Maßnahmen im Bereich der Arbeits- und Berufsfindung: Arbeitstherapie in der Klinik, Behindertenwerkstätten, beschützte Arbeitsplätze, freier Arbeitsmarkt; schulische und Berufsberatung, Umschulungsmaßnahmen; Rehabilitationseinrichtungen für psychisch Kranke etc.

Soziale Rehabilitation: Maßnahmen im Wohn- und Freizeitbereich. Nach Entlassung aus stationärer Behandlung Schaffung von Wohnmöglichkeiten, etwa im Übergangsheim, in der therapeutischen Wohngemeinschaft, in freier Wohngemeinschaft, schließlich selbständiges Wohnen. (Wieder)erlernen von Tages- und Freizeitgestaltung; Aufbau von sozialen Bezügen; Erreichen von persönlicher Autonomie

Problematisch: komplizierte Finanzierung der Rehabilitation in der BRD durch unterschiedliche Kostenträger (Krankenkassen, Rentenversicherungsträger, Sozialhilfeträger, Arbeitsverwaltung), deren jeweilige Zuständigkeit oft erst zeitaufwendig bestimmt werden muß

18 Prävention

> Caplan (1964) unterscheidet 3 Arten der Prävention:
> - **Primärprävention:** Maßnahmen zur Verhinderung bzw. Verringerung des erstmaligen Auftretens psychischer Störungen
> - **Sekundärprävention:** Maßnahmen zur Früherkennung und Frühbehandlung psychischer Störungen mit dem Ziel der Verkürzung der Erkrankungsdauer und der Verhinderung von Rückfällen
> - **Tertiärprävention:** insbesondere Rehabilitations- und Resozialisierungsmaßnahmen zur Geringhaltung möglicher Folgeschäden bzw. chronischer Auswirkungen von psychischen Erkrankungen
>
> Gemeinsam sind den 3 Arten der Prävention:
> - die explizite Betonung der Vorbeugung gegenüber der Korrektur
> - die Abkehr von der Einzelfallhilfe
>
> ---
> Caplan G (1964) Principles of preventive psychiatry. Basic Books, New York

Im folgenden wird vor allem die Primärprävention als Vorbeugung im engeren Sinne behandelt.

Ziele der Primärprävention

Allgemein: Umstellung des ärztlichen Denkens, Blickrichtung weg vom Kranken stärker auf den Gesunden (Vorbeugung statt Korrektur!)
- Ausschaltung bzw. Milderung krankheitsfördernder Faktoren
- Erhöhung der Widerstandsfähigkeit gegenüber ungünstigen Einflüssen
- Maßnahmen der Krisenbewältigung

Maßnahmen der Primärprävention

- *Im medizinisch-physischen Bereich:* Sicherung der medizinischen Grundversorgung. Ausbau von Beratungsdiensten, z. B. genetische Be-

ratung von Personen aus belasteten Familien: Konzeptionsverhütung, ggf. Interruptio (z. B. Chorea Huntington), Früherkennung und Frühbehandlung von Erbkrankheiten, z. B. bei Anlage zum Phenylbrenztraubensäure-Schwachsinn Prophylaxe durch Gabe von phenylalaninarmer Kost. Förderung von Schutzmaßnahmen gegen somatophysische Schädigungen, die zu psychischen Erkrankungen führen können
- *Im psychosozialen Bereich:* Förderung einer ungestörten intellektuellen und emotionalen Entwicklung durch Unterstützung der Grundvoraussetzungen für eine verläßliche Interaktion mit wichtigen Bezugspersonen (stabile Eltern-Kind-Beziehung). Vermeidung von Hospitalisierungssyndromen in der Kindheit
- *Im soziokulturellen/sozioökonomischen Bereich:* Zugang zu Bildung und Ausbildung. Materielle Sicherung der Lebensgrundlagen durch Förderung der psychologischen Aspekte der Arbeitsmedizin (Festsetzung von Belastungshöchstnormen, Vermeidung von Schädigung durch Isolation, Lärm etc., soweit psychische Störungen hieraus resultieren können), psychohygienische Beratung bei Stadtplanungs- und Wohnungsbauvorhaben (Prävention von Ghettosituationen für Angehörige der sozialen Unterschicht, Vermeidung von einseitig wirtschaftlich motivierten Sanierungen mit der Folge von Entwurzelung langansässiger Bewohner etc.). Maßnahmen zur Verringerung des Alkoholkonsums durch Werbeverbot und Preisgestaltung bzw. zweckgebundene Steuererhöhung. Vermeidung von Suchtgefahren; Erschwerung der Beschaffung von Drogen, aber auch von Medikamenten, die zur Abhängigkeit führen können. Aufklärung über Gefahren durch Drogen und Alkohol z. B. kontinuierlich in der Schule. Verminderung der Drogenkriminalität durch Verringerung der Nachfrage; Schwergewicht nicht auf staatlicher Kontrolle und Polizeimaßnahmen, sondern auf Primär- (und Sekundär-) prävention; neuerdings verstärkt Legalisierungsdiskussion

Bewertung

Die genannten Primärpräventionsmaßnahmen sind in der Psychiatrie bisher *nur begrenzt verwirklicht,* da sie abhängig sind von:
- Wissensstand über Krankheitsursachen
- Vermeidbarkeit der Krankheitsursachen
- Bereitschaft einzelner und der Gesellschaft, vermeidbare Krankheitsursachen auszuschließen

Beste Chancen einer gezielten Primärprävention bestehen bei psychogenen Erkrankungen (durch günstige Gestaltung der allgemeinen Lebensbedingungen), bei einigen Erbkrankheiten (durch Früherkennung, ggf. auch Interruptio) sowie bei Abhängigkeits- und Suchtproblematik. Leider bestehen bei Alkohol und Nikotin, die hohe Steuereinnahmen erbringen, beträchtliche Verstrickungen aller Art (persönlich, ökonomisch etc.), insbesondere auch bei den Meinungs- und Entscheidungsträgern der Gesellschaft, ganz im Unterschied zu den illegalen Drogen, die überwiegend Randgruppen betreffen.

Bei Schizophrenien und manisch-depressiven Erkrankungen ist eine Primärprävention in begrenztem Umfang durch genetische Beratung möglich, die *Sekundärprävention* im Sinne einer Rückfallprophylaxe (durch entsprechende Milieugestaltung, durch Depotneuroleptika bzw. Lithium- oder Carbamazepinprophylaxe) ist häufig erfolgreich.

Besondere Bereiche

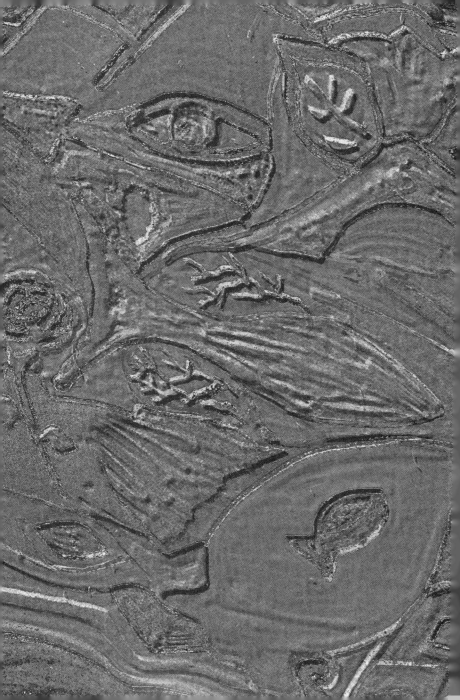

19 Suizidalität und Krisenintervention

19.1 Suizidalität

19.1.1 Definition

Suizidalität ist der Oberbegriff für:
- *Suizidhandlungen* (Suizidversuch bzw. Parasuizid, vollendeter Suizid) definiert nach Stengel (1969)[1] als jeder Akt freiwilliger Selbstbeschädigung, bei welchem der Handelnde nicht sicher sein kann zu überleben, und
- *Suizidgefährdung* (suizidale Gedanken, Impulse, Pläne im Vorfeld suizidaler Handlungen). Erfassung von Suizidgefährdung ist Aufgabe der Sekundärprävention (s. S. 259)

19.1.2 Epidemiologie

Suizidhandlungen

Häufigkeit: Suizid gehört zu den 10 häufigsten Todesarten in Europa und den USA: ca. 13 000 Suizidtote pro Jahr in der BRD. Suizidraten (Tote durch Suizid im Jahr pro 100 000 Einwohner) ca. 20 in der BRD. Absinken der Suizidrate in nationalen Krisenzeiten (z. B. Krieg). Das Verhältnis Suizid : Suizidversuch ist ca. 1 : 10–20 (evtl. mehr, hohe Dunkelziffer)

Methoden: bei *Suizid* häufiger „harte" Methoden (z. B. Erhängen, Erschießen), bei *Suizidversuchen* zu 80–90% Intoxikationen mit Medikamenten und/oder Alkohol (WHO registriert drastischen Anstieg der Zahl suizidaler Intoxikationen bei Krankenhausaufnahmen Erwachsener in der westlichen Welt). Wahl der Methode bei einer Suizidhandlung evtl. grober diagnostischer Hinweis (harte Methoden häufiger bei Psychosen)

---

[1] Stengel E (1969) Selbstmord und Selbstmordversuch. Fischer, Frankfurt a. M.

Geschlecht: Das Verhältnis Männer:Frauen ist bei *Suizid* etwa 2:1, bei *Suizidversuch* etwa 1:2–3.

Alter: bei *Suizid* größte Gefahr mit zunehmendem, d.h. im mittleren und höheren Lebensalter. Besonders gefährdet: alte, alleinstehende Männer. Bei *Suizidversuch* Altersgipfel zwischen 15 und 25 Jahren

Personenstand, Konfessionszugehörigkeit: höchste Suizidrate bei Geschiedenen. Bei Suizidversuchen sowohl Geschiedene als auch ledige Männer besonders repräsentiert. Kirchenbindung wirkt nach Durkheim (1897)[2] antisuizidal, dies gilt jedoch nicht generell (z.B. hohe Suizidraten in katholischen Ländern wie Österreich und Ungarn)

Schichtzugehörigkeit: höhere *Suizid*raten bei Angehörigen der Oberschicht (besonders Männer), aber auch bei ungelernten Arbeitern; Zusammenhang zwischen Suizid und Arbeitslosigkeit gesichert. *Suizidversuch*sraten höher in Unterschicht und unterer Mittelschicht

Saisonale Abhängigkeiten: Frühjahrsgipfel bei Suiziden

Ökologie: Tendenz zu höheren Suizidraten in städtischen Bereichen, hohe Suizidversuchsraten in städtischen Wohngebieten mit hoher sozialer Desintegration (hohe Arbeitslosigkeit, hohe Kriminalität etc.)

Krankheit: Suizidgefährdung steigt bei Krankheiten, z.B. psychischen Erkrankungen (s. Ätiologie)

Transkulturelle Aspekte: Ansteigen von Suizidraten in Zeiten starken kulturellen (Werte-)Wandels (z.B. Japan). Suizid gilt in manchen Kulturen als akzeptierte oder erwünschte Problemlösung (z.B. Witwensuizid in Indien)

Suizidgedanken

Ca. 14–20% der Allgemeinbevölkerung kennen Suizidgedanken. Ärzte machen für sich wesentlich höhere Angaben (etwa 50%)

---

[2] Durkheim E (1983) Der Selbstmord. Suhrkamp, Frankfurt (Erstauflage: Paris 1897)

19.1.3 Ätiologie

Häufige Suizidhandlungsmotive:
- *Appell* (Ausdruck eines „cry for help" an andere, z. B. Partner oder Arzt). Häufig infolge von Kontaktschwierigkeiten, Einsamkeit, Verlust oder Selbstwertproblematik (psychodynamisch: aufgrund zugrundeliegender Selbstwertstörung kann Kränkung nicht angemessen verarbeitet werden, Auseinandersetzung mit kränkender Situation/Außenwelt wird durch Suizidversuch umgangen)
- *Autoaggression:* aggressive Wendung von nach außen gehemmter Aggressivität gegen sich selbst infolge Enttäuschung oder Kränkung
- *Wunsch nach Zäsur bzw. Pause* („Verschnaufpause" in einer unlösbar erscheinenden persönlichen Situation; Hoffnung, dadurch etwas Distanz zu gewinnen)

Präsuizidales Syndrom (Ringel 1969)[3] charakterisiert durch *Einengung* (Isolation, Kontaktstörung, Vereinsamung), *Aggressionsumkehr, Suizidphantasien* (häufig zunächst vage Vorstellungen, die mit zunehmender Einengung immer drängender werden können)

Stadien suizidaler Entwicklung (Pöldinger 1982)[4]:
- *Erwägung* (Suizid wird als mögliche Problemlösung in Betracht gezogen)
- *Ambivalenz* (direkte Suizidankündigung; Hilferuf als Ventilfunktion; Kontaktsuche)
- *Entschluß* (Vorbereitungshandlungen, „Ruhe vor dem Sturm")

Risikogruppen:
- *Psychisch Kranke:* depressive (insb. weibliche) Patienten, bevorzugt zu Krankheitsbeginn und in der Besserungsphase; schizophrene (insb. männliche) Patienten; häufig Kliniksuizid (Suizidhandlungen während psychiatrischer Therapie, meist innerhalb des ersten halben Jahres nach stationärer Aufnahme und meist während regulärer Beurlaubungen bzw. Ausgänge; Suizidrate psychisch Kranker 10–20mal höher als in der Allgemeinbevölkerung! (vgl. dagegen Patienten mit Suizid*versuchen:* nur bei 5–15% liegt eine Psychose zugrunde, wesent-

---

[3] Ringel E (Hrsg) (1969) Selbstmordverhütung. Huber, Bern

[4] Haenel T, Pöldinger W (1986) Erkennung und Beurteilung der Suizidalität. In: Kisker KP, Lauter H, Meyer JE, Müller C, Strömgren E (Hg) Psychiatrie der Gegenwart, Bd 2. Springer, Berlin Heidelberg New York Tokyo, S 107–132

lich häufiger sind jedoch Störungen zwischenmenschlicher Beziehungen, oft vor dem Hintergrund neurotischer Persönlichkeitszüge)
- *Menschen nach vorausgegangenen Suizidhandlungen* (hohe Suizidgefährdung, ca. 10% aller ehemaligen Suizidanten suizidieren sich innerhalb von 10 Jahren nach dem Suizidversuch)
- *alte Menschen* (insb. über 65jährige, Vereinsamte, nach Partnerverlust, bei Multimorbidität)
- *Süchtige* (hohe Suizidgefährdung)
- *unheilbar chronisch Kranke*
- *Menschen in Ehe- und Lebenskrisen*
- *Jugendliche* (Pubertätskrisen)
- *Helfer* (bei Ärzten Suizidrisiko ca. 2,5mal höher als in anderen Berufsgruppen)

19.1.4 Diagnostik, Differentialdiagnostik

Suizidanamnese
- insb. bei zu *Risikogruppen* zählenden Patienten wichtig
- *aktive Exploration* von seiten des Arztes: ärztliches Gespräch u. U. Entlastung für den Suizidalen, der das Thema nicht immer von sich aus anspricht. Evtl. antisuizidale Wirkung einer vertrauensvollen Arzt-Patient-Beziehung
- *Themen der Exploration:* Suizidalität in der Familie des Patienten, eigene frühere Suizidgedanken oder Suizidversuche und deren Bewältigung sowie die aktuelle Suizidalität (Fragen nach dem Ausmaß an Suizidgedanken, nach Gefühlen der Sinnlosigkeit des Lebens, nach dem Wunsch, das Leben so nicht weiterleben zu wollen, nach konkreten Suizidplänen und evtl. Vorbereitungen, z. B. Sammeln von Medikamenten oder Überlegungen des Patienten zur Methodenwahl)

Differentialdiagnostik: breites Spektrum. Da Suizidalität sowohl bei allen psychischen Erkrankungen als auch in Krisensituationen *ohne* Krankheitswert vorkommen kann, sollten Fragen nach Suizidalität fester Bestandteil der ärztlichen, insb. der psychiatrischen Anamnese sein

19.1.5 Therapie

Generelle Therapieprinzipien:
- Behandlung der Suizidalität durch *Behandlung der Grunderkrankung* (z. B. der Neurose, Psychose, Sucht etc.) mit psychopharmakologischen und/oder psychotherapeutischen Mitteln
- *Kriseninterventionsstrategien* (s. S. 271 f.)

Therapieprinzipien bei akuter Suizidalität:
- Gesprächs- und Kontaktangebot (wenn möglich)
- Einbeziehung wichtiger Bezugspersonen
- ggf. sofortige Überweisung zum Nervenarzt oder zu anderen ambulanten Institutionen, Notwendigkeit einer Krankenhauseinweisung prüfen (evtl. Zwangseinweisung)
- ggf. psychopharmakologische Intervention (z. B. Sedierung)
- Diagnostik und Differentialdiagnostik beachten!
- Beachtung der Erfahrung, daß Patienten in den Tagen nach dem Suizidversuch zwar oft sehr aufgeschlossen sind, sich dann aber die Abwehr wieder stabilisiert, somit stufenweise Abklärung der Psychotherapieindikation.

Therapieprinzipien bei chronischer Suizidalität:
- Therapieangebot je nach Grunderkrankung (z. B. psychopharmakologische, psychotherapeutische oder sozialpsychiatrische Maßnahmen)
- Aufbau sozialer Unterstützung; Versuch, Kontakte und Sinngebung zu vermitteln

19.2 Krisenintervention

19.2.1 Definition der „Krise"

Plötzliches Ereignis oder Erlebnis, das von dem Betroffenen nicht unmittelbar verarbeitet werden kann

19.2.2 Allgemein

Zwei prinzipielle Aspekte der Krise sind Herausforderung (Stimulus zur Bewältigung der Krise) und Bedrohung (Gefahr des Scheiterns von Bewältigungsversuchen und der Chronifizierung der Krise). Dementsprechend Dauer von Krisen einige Tage bis Monate. Meist akut auftretende *Symptome* in Krisen: Angst/Verzweiflung, Depressivität, erhöhte Suggestibilität, evtl. Suizidgefahr. *Häufigkeit* schwer abschätzbar; Krisen und deren Bewältigung gehören zu den Grunderfahrungen im Leben von Menschen (normale Lebenskrisen). Die meisten Krisen werden durch nichtprofessionelle Hilfe (Angehörige, Freunde etc.) gelöst. Krisenhäufung bei psychisch labilen und psychisch kranken Menschen

19.2.3 Ätiologie

- *Individuelle Krisen:* Streßsituationen unterschiedlicher Art, z. B. bei Lebensänderungen (Heirat, Lösung aus dem Elternhaus, Pensionierung etc.); insb. auch Konflikte, Krankheiten, Verluste
- *Kollektive Krisen:* z. B. Bedrohung, Emigration, Katastrophen, Krieg, Notzeiten, Verfolgung

19.2.4 Phasenablauf von Krisen

- *Schockphase:* Spannungsanstieg durch ein bestimmtes Erlebnis
- *Reaktionsphase:* Verwirrung und Hilflosigkeit
- *Bearbeitungsphase:* Mobilisierung von Energien, Einsatz von Notfallmechanismen
- *Neuorientierung:* Distanzierung von der akuten Irritation, Suche nach Neubeginn

19.2.5 Therapie der Krise

Krisenintervention, d. h. zeitlich auf die aktuelle Krise begrenzte Intervention bzw. Kurztherapie

Prinzipien des therapeutischen Vorgehens

- Sofortiges Eingreifen (zur Vorbeugung einer möglichen Chronifizierung der Krise und um Abwehrtendenzen zu begegnen); Errichten einer funktionsfähigen Beziehung; Abschätzen des Zustands des Betroffenen, Abschätzen des Schweregrads des Problems, insb. einer eventuellen Suizidalität; Unterbrechung pathologischer Kommunikation
- Aktives pragmatisch-flexibles Vorgehen des Helfers (Verzicht auf Deutungen o. ä.)
- Klärung der Krisensituation in Grundzügen (z. B. auslösende Situation, Kommunikationsmuster), Beschränkung auf Konfrontation mit gegenwärtigen Problemen; evtl. Fokusformulierung (d. h. Bearbeitung des Hauptkonfliktes innerhalb der Krise)
- Motivation zur Selbsthilfe, evtl. Motivation zur Annahme von Fremdhilfe
- Einbeziehung von Bezugspersonen (z. B. Lebenspartner)
- Evtl. psychopharmakologische Unterstützung
- Organisation von Nachbetreuung (besonders bei Sichtbarwerden schwerer, langanhaltender Konflikte)

Ziele der Krisenintervention

- Entlastung in der akuten Situation
- Klärung der Faktoren, die in die Krise geführt haben
- Erörterung von Lösungsmöglichkeiten
- Erlernen von Bewältigungsmustern für mögliche künftige Krisen

Grenzen der Krisenintervention

- Wenn z. B. Suizidalität fortbesteht und sofern
- weitere diagnostische Abklärung erforderlich oder
- weitere und längere Therapie indiziert ist oder
- soziale Barrieren (z. B. fehlende Einsicht, Sprachbarrieren) bestehen

Krisenintervention ist in der Regel eine *kurz*fristige Hilfe

Besonderheiten der Krisenintervention bei Suizidpatienten

- *Rascher* (!) Beginn der Krisenintervention: Suizidpatienten sind häufig nur unmittelbar um ihren akuten Konflikt bzw. Suizidversuch herum offen für Krisenintervention bzw. Kurztherapie. Anschließend (nach erfolgtem Suizidversuch) in der Regel rasches Einsetzen von Abwehrvorgängen gegenüber dem auslösenden Konflikt

- Diagnostische Abklärung der der Suizidalität zugrundeliegenden Störung/Erkrankung
- Mehrfache Beurteilung der akuten Suizidalität und Indikationsstellung zu über die Krisenintervention hinausgehenden Therapieschritten (z. B. Klinikeinweisung)

Probleme im Umgang mit Suizidpatienten

- *Das Behandlungsklima emotionalisierende Faktoren:* aus persönlichen Erfahrungen des Therapeuten mit Suizidpatienten resultierende Affekte wie z. B. *Angst* (suizidale Patienten verhalten sich gelegentlich abweisend und lehnen Hilfsangebote ab), *Ärger* (z. B. über Appellcharakter/Demonstrativität/Aggressivität suizidalen Verhaltens; Fehlschluß, derartiges Verhalten nicht ernst nehmen zu müssen, s. o.), *Schuldgefühle* (z. B. aus früheren mißglückten Interventionen). Hinzu kommen evtl. eigene Suizidalität und Selbstwertproblematik des Therapeuten sowie bestimmte Einstellung dem Suizid gegenüber (z. B. Gleichgültigkeit oder Verurteilung)
- *Häufige therapeutische Fehler:*
  - Anfänglich abweisendes Verhalten des Patienten wird persönlich genommen
  - Bagatellisierungstendenzen des Patienten werden vom Therapeuten mitgemacht (Abwehr)
  - Therapeut und Patient begeben sich zu schnell auf die Suche nach positiven Veränderungsmöglichkeiten (Entfernung vom auslösenden Konflikt; Abwehr)
  - Therapeut unterteilt den Suizidversuch in ernst gemeint oder demonstrativ und behandelt den Patienten entsprechend
  - Mangelhafte Erhebung einer Suizidanamnese (d. h. der jetzigen und evtl. früherer Umstände, die zu Suizidalität führten)
  - Übersehen der Trennungsängste des Patienten (z. B. bei Urlaub, Stationswechsel, Entlassung)

Für Krisenintervention zur Verfügung stehende Institutionen

- Krankenhäuser (wenn stationäre Überwachung und Behandlung erforderlich; ggf. Kriseninterventionsstationen)
- ambulante Dienste (möglichst gemeindenah):
  - niedergelassene Therapeuten
  - Gesundheitsämter/Sozialpsychiatrische Dienste

- andere ambulante Dienste (z. B. Polikliniken, Kriseninterventionszentren, Beratungsstellen, mobile Dienste)
- Telefonnotrufe (z. B. Telefonseelsorge)

19.2.6 Verlauf/Prognose von Krise und Suizidalität

Krisen treten in der Regel *akut* auf; Abklingen mit oder ohne professionelle Hilfe (aber mit sozialer Unterstützung) in der Regel innerhalb kurzer Zeit. *Chronifizierung* bei langwährenden bzw. lebenslangen Grundkonflikten oder Fehlentwicklungen (z. B. Neurosen, Persönlichkeitsstörungen) sowie bei mangelnder sozialer Unterstützung. Gleiches gilt für suizidale Krisen

Katamnestischen Untersuchungen an Patienten nach Suizidversuch zufolge suizidieren sich 10% aller Suizidanten innerhalb von 10 Jahren nach dem ersten Suizidversuch, wobei die Suizidgefährdung innerhalb der ersten 6 Monate nach dem Suizidversuch am größten ist. Ca. 30% aller Patienten mit Suizidversuch bleiben chronisch suizidal.

Fallbeispiele

Fallbeispiel 19.1

Eine 26jährige Verkäuferin kommt nach Suizidversuch und Entgiftung zur Aufnahme in die Psychiatrische Klinik. Zur Auslösung des Suizidversuches berichtet sie, daß sie seit 2 Jahren mit ihrem 2 Jahre älteren Freund zusammen sei, an dem sie vor allem seine Zuverlässigkeit schätze. Am Tag des Suizidversuches habe sie sich mit ihm an einem Eispavillon verabredet und habe diese Verabredung auch mit kurzer Verspätung eingehalten. Als sie sich dem Treffpunkt genähert habe, habe sie ihn mit einer früheren Freundin von ihm stehen und sich angeregt und intensiv mit ihr unterhalten sehen. Daraufhin sei sie unbemerkt umgekehrt und in ihre Wohnung zurückgegangen, habe dort noch etwa eine halbe Stunde auf einen nachfragenden Anruf von ihm gewartet, um schließlich Wein zu trinken und nach und nach Tabletten einzunehmen. In einem kurzen Abschiedsbrief an den Freund habe sie ihrer Vermutung Ausdruck gegeben, daß er sich von ihr trennen und wieder zu seiner alten Freundin zurückkehren wolle. Dann wisse sie nur noch, daß sie eine Freundin angerufen habe, um sich von dieser zu verabschieden.

Zur Vorgeschichte war zu erfahren, daß die Patientin bereits früher mehrere Freunde durch Trennung verloren hatte. Sie kommentierte dies mit den Worten: „Was man liebt, verliert man".

Die Lebensgeschichte dieser Frau zeigte, daß ihre Verlustängste durch entsprechende frühe Erlebnisse (der Vater hatte die Familie verlassen, als die Patientin 4 Jahre alt war) begründet waren und daß sie sich an ihre späteren Partner aus dieser Angst heraus sehr stark klammern mußte, so daß diese sich schließlich immer wieder von ihr lösten.

In der psychotherapeutischen Krisenintervention ging es um die Bearbeitung der Verlustangst, die sich die Patientin immer wieder selbst bestätigte und die sie depressiv und suizidal gemacht hatte. Die derzeitige suizidale Krise war also auf dem Hintergrund einer neurotischen Entwicklung mit Verlustängsten und einer starken Selbstwertproblematik entstanden.

Suizidversuch, auf dem Hintergrund einer neurotischen Entwicklung mit Verlustängsten und starker Selbstwertproblematik (F 60.7)

 Fallbeispiel 19.2

Ein 64jähriger Unternehmer, der wegen einer Alzheimerschen Erkrankung klinisch-psychiatrisch behandelt wurde, riß sich während eines Geländeausganges von seinem Betreuer los und warf sich auf der Straße neben dem Klinikgelände vor ein vorbeifahrendes Auto. Mit schweren Verletzungen mußte er daraufhin mehrere Monate lang in der Chirurgischen Klinik behandelt werden. Über eine suizidale Gefährdung dieses Mannes war zuvor nichts bekannt geworden, obwohl bei organischen Abbauprozessen aufgrund der mangelnden Impulskontrolle im Prinzip auch immer mit Suizidalität zu rechnen ist.

Ein psychodynamischer Hintergrund für den Suizidversuch könnte gewesen sein, daß am Tag zuvor der Patient mit seiner 26 Jahre jüngeren Ehefrau und dem behandelnden Stationsarzt zusammensaß und während dieses Gespräches die Verachtung der Ehefrau gegenüber ihrem persönlichkeitsveränderten und so deutlich gealterten Ehemann spürbar geworden war, den sie 10 Jahre zuvor in gänzlich anderer Verfassung kennengelernt und geheiratet hatte. Die Ehefrau erörterte während dieses Gespräches in Gegenwart ihres Mannes, ob nicht ein Heimplatz für ihn besorgt werden könne. Es ist denkbar, daß für den Patienten seine eigene Situation (kränkender Abstieg) und die Kränkung durch die Ehefrau suizidmotivierend gewesen sein könnten.

Suizidversuch eines Patienten mit Alzheimerscher Erkrankung (F 00.0)

Fallbeispiel 19.3

Das Befinden einer 48jährigen Patientin mit einer monopolar-endogenen Depression, seit 6 Wochen in klinischer Behandlung, hat sich unter antidepressiver psychopharmakologischer Therapie inzwischen wesentlich gebessert. So spürt sie wieder Interesse an ihrer Umwelt und auch einen Teil ihrer früheren Freude an Aktivitäten, klagt aber noch über ein Morgentief und Schlafstörungen. Anläßlich der ersten Wochenendbeurlaubung nach Hause, die mit der Patientin und ihrem Ehemann einvernehmlich besprochen worden war, suizidiert sich die Patientin nach dem Aufstehen in einem unbeobachteten Augenblick durch Erhängen an einem Heizkörper. Im Zusammenhang mit der geplanten Beurlaubung war auch die Frage der Suizidalität angesprochen, aber von der Patientin vehement verneint worden: So etwas würde sie nie tun, dazu sei sie zu feige.

Suizid während Besserungsphase einer monopolar-endogenen Depression (F 32.2)

Fallbeispiel 19.4

Ein 32jähriger, arbeitsloser Patient mit einer rezidivierenden paranoid-halluzinatorischen Schizophrenie unternimmt während klinischer Behandlung einen Suizidversuch durch Fenstersprung, den er schwerverletzt überlebt. Kurz danach berichtet er, daß ihm eine Stimme befohlen habe zu springen, da er ja fliegen könne. Ein Jahr später suizidiert sich der Patient, offenbar in einer postpsychotischen depressiven Schwankung, durch Ertränken.

Suizid bei rezidivierender paranoid-halluzinatorischer Schizophrenie, nach vorausgegangenem Suizidversuch (F 20.0)

20 Konsiliar- und Liaisonpsychiatrie

Definitionen:
- *Konsiliarpsychiatrie:* Konsultation eines Psychiaters für Patienten auf nichtpsychiatrischen Stationen zur Abklärung psychiatrisch relevanter Fragestellungen. Der Konsiliarpsychiater führt eine Untersuchung mit dem Patienten durch und berät die anfordernden Kollegen bzw. auch das therapeutische Team bzgl. der angeforderten Fragestellung
- *Liaisonpsychiatrie:* spezifisches Konzept der näheren Zusammenarbeit zwischen nichtpsychiatrischen Stationen und Psychiatern. Der Psychiater ist Bestandteil des Teams, nimmt an den Visiten teil und ist für Ärzte und Schwestern leichter erreichbar

Häufigkeit von Konsilanforderungen: bei etwa 3% der stationären Aufnahmen eines Großklinikums; tatsächlicher Bedarf eindeutig höher (bis zu ca. 30%). *Inanspruchnahme* insb. aus den Bereichen Innere Medizin (hier insb. Intensivmedizin), Chirurgie sowie Neurologie, Gynäkologie und Dermatologie

Fragestellungen und Indikation zur Hinzuziehung eines psychiatrischen Konsiliarius:

- Patienten nach *Suizidversuchen:* Abschätzung der Suizidalität, Diagnostik, Frage der Entlassung oder Übernahme, evtl. Durchführung der Krisenintervention
- Patienten mit verschiedenen *psychischen Auffälligkeiten* wie z.B. Depressivität, Psychoseverdacht, Hirnorganik, Suizidalität, Entzugssyndrome, Ängste, Krankheitsbewältigungsprobleme, Schmerzsyndrome, unkooperatives Patientenverhalten. Diagnostik und Differentialdiagnostik, Beratung von Ärzten/Pflegepersonal beim Umgang mit dem Kranken, Therapievorschläge, Übernahme bzw. Verlegung in eine Psychiatrische Klinik, evtl. Durchführung von Krisenintervention
- Patienten mit *unheilbaren Erkrankungen:* z.B. Beratung bei Fragen der Aufklärung

Nachteile eines psychiatrischen Konsiliardienstes: Die *einmalige* Hinzuziehung des psychiatrischen Konsiliarius ermöglicht dem Psychiater in der Regel keine differenzierte Sicht der somatischen und insb. der psychischen/psychosozialen Aspekte bzw. Faktoren einer Erkrankung. Statt dessen wird der Psychiater oft als „Fremdkörper" erlebt (sowohl vom Patienten als auch vom Personal). Eine Sensibilisierung des Ärzte- und Pflegeteams für psychosoziale Aspekte von Erkrankung und für Techniken der Gesprächsführung ist kaum möglich.

Vorteile eines psychiatrischen Liaisondienstes: Der Psychiater gehört zum Behandlungsteam, d. h. er sieht *alle* Patienten, er kann den Zeitpunkt des psychiatrischen Erstgesprächs selbst festlegen und steht bei seiner Untersuchung und Behandlung nicht unter Zeitdruck. Alle Informationen über den Patienten werden im Team besprochen, somit besteht auch die Möglichkeit einer Sensibilisierung des Teams für psychosoziale Aspekte von Erkrankungen, für Anleitung und Übung in Gesprächsführung mit dem Patienten (verbesserte Kommunikation). Verlegungen in die Psychiatrie werden minimiert. *Nachteil:* relativ hoher Personalaufwand; Vorteile überwiegen jedoch eindeutig

Fallbeispiele

 Fallbeispiel 20.1

Die konsiliarpsychiatrische Untersuchung ergibt, daß die Patientin nach einer Enttäuschung mit ihrem Freund 20 Tabletten eines freiverkäuflichen Beruhigungsmittels in suizidaler Absicht und unter Alkoholeinfluß eingenommen hat. Es handelt sich um den ersten Suizidversuch der Patientin. Bei dem Gespräch auf der Intensivstation ist sie gegenüber dem auslösenden Ereignis sehr distanziert, erscheint dem Psychiater abwehrend, beteuert, daß es sich lediglich um eine Kurzschlußreaktion handele, die sie sehr bedauere und die sie nicht wiederholen werde. Der Psychiater hat das Gefühl, an die Patientin nicht heranzukommen. Nachdem die übrige Anamnese keine weiteren Auffälligkeiten ergibt und die Patientin den Wunsch äußert, entlassen zu werden, empfiehlt der Psychiater die Entlassung, leitet aber eine Nachsorge dergestalt ein, daß er der Patientin die Adresse eines Therapeuten mitgibt und ihr erklärt, warum er eine zumindest kurze Nachsorge für angebracht hält. Dabei spürt der Psychiater, daß die Patientin diese Nachsorge nicht in Anspruch nehmen wird.

Konsilanforderung der medizinischen Intensivstation für eine 27jährige Patientin nach Suizidversuch (F 43.2)

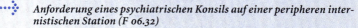 **Fallbeispiel 20.2**

Der Psychiater wird zu einem 72jährigen Mann mit einer Koronarerkrankung und Diabetes gerufen. Auf der internistischen Station war aufgefallen, daß der Mann depressiv und resigniert war, keinen Appetit hatte und von der Sinnlosigkeit seines Lebens gesprochen hatte. Neben der diagnostischen Abklärung war die Frage der Internisten, ob hier eine Betreuung errichtet werden müsse und ob eine Heimunterbringung notwendig sei.

Bei der Konsiliaruntersuchung zeigte sich bei dem Patienten ein depressiv-organisches Psychosyndrom mit latenter Suizidalität und Fragen der Bilanzierung seines Lebens. Der Patient hatte ein Jahr zuvor seine Ehefrau durch Tod verloren und lebte nun allein in der langjährig gemeinsamen Wohnung. Die Selbstversorgung funktionierte schlecht und recht, zum Teil mit Hilfe der Nachbarn. Der Patient war aber nicht mehr in der Lage, sich an die diätetischen Vorschriften wegen seines Diabetes zu halten, und war mehrfach mit Zuckerentgleisungen in die Notfallambulanz gebracht worden. Ein weiteres sozial tragendes Umfeld ließ sich nicht explorieren, das Ehepaar hatte keine Kinder, und Verwandte waren auch nicht in der Nähe.

Die vorgeschlagene Therapie des Konsiliarpsychiaters bestand zum einen in dem Vorschlag, eine niedrigdosierte antidepressive Behandlung zu beginnen, und zum anderen darin, eine Heimunterbringung, mit der der Patient einverstanden war, in die Wege zu leiten. Der Sinn einer Betreuung wurde mit dem Patienten besprochen und von diesem kooperativ aufgenommen, so daß ein entsprechender Antrag formuliert werden konnte.

Anforderung eines psychiatrischen Konsils auf einer peripheren internistischen Station (F 06.32)

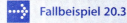 **Fallbeispiel 20.3**

Hier war ein 38jähriger Mann 2 Tage nach Mitralklappenersatz postoperativ auffällig geworden: Er schaute ängstlich im Zimmer herum, schien Stimmen zu hören und wähnte sich verfolgt. Der Psychiater diagnostizierte eine postoperative paranoid-halluzinatorische Psychose und verordnete ein hochpotentes Neuroleptikum, das innerhalb von 3 Tagen zu einem völligen Abklingen des psychotischen Zustandsbildes führte.

Anforderung einer psychiatrischen Konsiliaruntersuchung von der herzchirurgischen Intensivstation (F 06.2)

Fallbeispiel 20.4

Auf dem Konsilschein hatte der Chirurg zur Fragestellung vermerkt: „Zustand nach Gastrektomie bei Neoplasma, jetzt Relaparatomie vorgesehen, Patientin psychisch instabil – ist über Prognose und Krankheit nicht aufgeklärt. Stimmungsaufhellende Medikation angezeigt"?

Der Psychiater fand bei seinem Besuch eine 57jährige Frau vor, die schwer gequält und voller Unruhe den Ärzten global Vorwürfe machte, u.a. daß sie doch alles eher hätten erkennen müssen. Sie machte sich Sorgen über die Genese ihrer Schmerzen, fragte den Psychiater dann, ob das wohl „zum Letzten führe" und ob das „wirklich schon das Ende" sein solle. Ferner äußerte sie mehrfach in starker Verzweiflung ihre Angst, daß die Ärzte ihr etwas verheimlichen würden.

Das Grundversäumnis der vorbehandelnden Ärzte lag darin, daß die Patientin über ihre Erkrankung nicht aufgeklärt worden war und sie nun ihre ständige Verschlechterung miterlebte, die sie sich nicht erklären konnte und die den verbalen Äußerungen ihrer behandelnden Ärzte entgegenstand. In einem Gespräch mit den Ärzten der Station wies der Konsiliarpsychiater darauf hin, daß die nicht stattgefundene Aufklärung die Arzt-Patient-Beziehung sicher sehr verschlechtert habe, daß aber ein Gespräch mit der Patientin über ihre wirkliche Erkrankung jetzt unbedingt nachgeholt werden müsse. Der Psychiater ließ dieses Gespräch nicht an sich delegieren, sondern meinte, daß dies Aufgabe der zuständigen Chirurgen sei.

Anforderung eines Konsiliarbesuches in einer Chirurgischen Klinik (F 43.20)

Fallbeispiel 20.5

Ein 54jähriger Mann mit Melanomverdacht hatte 2 Tage nach der Aufnahme auf die Station einen Krampfanfall und eine Entzugssymptomatik entwickelt. Der Psychiater findet bei seinem Besuch einen desorientierten Patienten mit starkem Tremor und anderen vegetativen Zeichen vor, bei dem anhand der laborchemischen Daten und nach Angaben der Ehefrau ein jahrelanger chronischer Alkoholismus besteht. Bei dem Patienten hat sich durch das abrupte Absetzen des Alkohols anläßlich der stationären Aufnahme eine delirante Symptomatik ausgebildet. Der Psychiater empfiehlt in der akuten Situation eine Medikation mit Distraneurin® und intensive Überwachung einschließlich einer Sitzwache und nach Abklingen der deliranten Symptomatik ein Rekonsil zur Frage der Motivationsüberprüfung des Patienten zu einer längerfristigen Entwöhnungstherapie. Nach Abklingen des Entzugssyndroms findet dieses Gespräch statt: Der Patient bagatellisiert seinen Alkoholkonsum und verleugnet damit sein Problem „Alkoholismus", ist aber bereit, eine ambulante Selbsthilfegruppe aufzusuchen. Der Psychiater bespricht auch mit der Ehefrau die Notwendigkeit einer solchen kontinuierlichen Weiterbehandlung.

Konsilanforderung aus der Hautklinik (F 10.4)

21 Forensische Psychiatrie/Rechtspsychiatrie

Gegenstand/Aufgaben der forensischen Psychiatrie: Sachverständigen- und Gutachtertätigkeit im Zusammenhang mit rechtlichen Aspekten psychischer Krankheiten in den unterschiedlichen Bereichen der Gerichtsbarkeit

Stellung, Rechte und Pflichten des Sachverständigen/Gutachters:
- Auftragserteilung und Leitung der Tätigkeit des Sachverständigen erfolgt vom Richter
- Sachverständiger nimmt Gehilfenstellung für das Gericht ein (erfordert Kenntnis der wichtigsten gesetzlichen Bestimmungen, s. u.)
- Zeugnisverweigerungsrecht (zu gleichen Bedingungen wie für Zeugen) für Sachverständige
- Recht des Sachverständigen auf Akteneinsicht (genaue Kenntnis aller Akten für gutachterliche Beurteilung wichtig), Vernehmung von Zeugen sowie des Beschuldigten, körperliche Untersuchung und Eingriffe (z. B. Blutproben), sofern kein Nachteil für die Gesundheit des Beschuldigten zu erwarten ist
- Verpflichtung des Sachverständigen, sein Gutachten unparteiisch zu erstellen
- Der Gutachter steht nicht unter der ärztlichen Schweigepflicht (dem Probanden mitteilen!); somit z. B. keine Benutzung von Krankenunterlagen ohne Genehmigung des Begutachteten (auch nicht eigene ärztliche Aufzeichnungen!) – Gutachter sollte somit in der Regel nicht früher oder gegenwärtig Behandler sein
- Der Gutachter hat die Möglichkeit – mit Zustimmung des Gerichts – ergänzende „Zusatzgutachten" anzufordern (z. B. somatische Fachrichtungen, Röntgen, EEG, psychologische Testung)

Beispiele für *Fragestellungen* eines Gutachtens:
- Feststellung des psychischen und somatischen Zustandes des Täters zum Untersuchungszeitpunkt, vor allem aber zum Tatzeitpunkt, d. h. Klärung der Voraussetzungen für die Anwendung der § 20 und 21 und
- Feststellung, ob von dem Untersuchten durch eine psychische Krankheit in der Zukunft eine Gefährdung ausgeht
- Erstellung von Gutachten zur Fahrtauglichkeit (z. B. bei Patienten mit Psychosen unter notwendiger Einnahme von Psychopharmaka)

- Feststellung der Notwendigkeit, einen Betreuer zum Zweck der Bestimmung des Aufenthaltsortes einzusetzen
- psychiatrisch relevante Fragen der Berufs- bzw. Erwerbsunfähigkeit (Entscheidungshilfe für Sozialgerichte bei Fragen der Berentung bzw. der Beurteilung des Ausmaßes der Berufs- oder Erwerbsunfähigkeit)

Gutachten schriftlich und/oder mündlich, aufgrund ambulanter oder stationärer Untersuchung. Bei Anforderung von schriftlichen Gutachten aufgrund stationärer Untersuchung zügige Durchführung (wünschenswert etwa 4–8 Wochen!) Gliederung im Prinzip wie eine Krankengeschichte. Wert des Gutachtens wird nicht durch seine Überlänge erhöht, vielmehr eher knappe aber dennoch gut charakterisierende Darlegung der Befunde. Auch an Aggravation und Simulation oder Dissimulation denken! Gegebenenfalls Erwähnung von Angaben von Drittpersonen (Einverständnis des Probanden!) Keine langen Aktenauszüge (Seiten schinden!) Nur für die psychiatrische Begutachtung Relevantes!

Wichtig als Abschluß des Gutachtens eine kurze *Zusammenfassung* von Vorgeschichte, Tat bzw. zur Beurteilung anstehender Erkrankung und Befunden (einschließlich evtl. psychologischem Befund); sodann relativ ausführlich die *Beurteilung* mit ausdrücklicher Nennung einer oder mehrerer Diagnosen, Diskussion der Ergebnisse, evtl. Begründung der Beurteilung aus der wissenschaftlichen Literatur; Auseinandersetzung mit den Vorgutachtern! Genaues Eingehen auf *jede* der Fragen des Gerichts! – Bei Unklarheit u. U. erst endgültige Beurteilung bei der mündlichen Verhandlung („Das gesprochene Wort gilt!")

„Gutachtensherr" ist der Auftraggeber, somit Weitergabe an Dritte nur mit Genehmigung durch diesen!

EINTEILUNG DER SACHGEBIETE

- **Strafrecht (StGB)**

§	20 StGB:	Schuldunfähigkeit wegen seelischer Störungen
§	21 StGB:	Verminderte Schuldfähigkeit
§	63 StGB:	Unterbringung in einem Psychiatrischen Krankenhaus
§	64 StGB:	Unterbringung in einer Entziehungsanstalt
§	126 a StPO:	Einstweilige Unterbringung
§	66 StGB:	Sicherungsverwahrung

Jugendgerichtsgesetz (JGG)
§   3   JGG: Strafmündigkeit
§   105   JGG: Anwendung des Jugendstrafrechtes auf Heranwachsende
§   106   JGG: Milderung des allgemeinen Strafrechts für Heranwachsende

- **Bürgerliches Recht (BGB)**
  §   104 BGB: Geschäftsunfähigkeit
  §   16 EheG: Nichtigkeit einer Ehe
  §   32 EheG: Aufhebung einer Ehe
  § 1565/1568 BGB: Ehescheidung
         2229 BGB: Testierfähigkeit

- **Betreuung**
  § 1896 ff. II BGB: Betreuung

- **Unterbringungsrecht**

- **Sozialrecht**
  § 43 Abs. 2 SGB VI: Berufsunfähigkeit
  § 44 Abs. 2 SGB VI: Erwerbsunfähigkeit

21.1 Strafrecht (StGB)

§ 20 StGB: Schuldunfähigkeit wegen seelischer Störungen

„Ohne Schuld handelt, wer bei Begehung der Tat wegen einer krankhaften seelischen Störung, wegen einer tiefgreifenden Bewußtseinsstörung oder wegen Schwachsinns oder einer schweren anderen seelischen Abartigkeit unfähig ist, das Unrecht der Tat einzusehen oder nach dieser Einsicht zu handeln."

Schuldfähigkeit ist demnach auszuschließen, wenn zur Tatzeit zum einen
- eine schwere krankhafte seelische Störung (psychische Veränderungen aufgrund von (zumindest hypothetisch) somatischen Krankheitsvorgängen, z. B. endogenen Psychosen, Hirnkrankheiten, Hirnschäden, Intoxikationen, also auch dem schweren Alkoholrausch)
- eine tiefgreifende Bewußtseinsstörung (z. B. hochgradiger Affekt bei akuter Belastungsreaktion, ausgeprägte Erschöpfung, nicht beherrsch-

bare Ermüdung etc., also die sog. „normalpsychologischen Affekte"), sofern die Persönlichkeit dadurch massiv beeinträchtigt oder gestört war
- Schwachsinn oder
- eine andere schwere seelische Abartigkeit (z. B. schwere Neurosen, schwere Persönlichkeitsstörungen, sexuelle Perversionen, Abhängigkeit)

vorgelegen hat. Es muß zum anderen belegt werden, daß durch eines dieser sogenannten „biologischen" Merkmale die Fähigkeit zur Einsicht in rechtmäßiges Verhalten und/oder die entsprechende Steuerung des Verhaltens zur Tatzeit aufgehoben war.

Das Vorgehen, die Voraussetzungen der Schuldunfähigkeit zu klären, erfolgt somit nach der zweistufigen sog. „biologisch-psychologischen Methode": Die „biologischen Eingangsmerkmale" (eigentlich psychopathologische Eingangskategorien!) führen nur unter der „psychologischen Voraussetzung" des Ausschlusses der Einsichts- oder Steuerungsfähigkeit zur Schuldunfähigkeit. Hierbei Beachtung der äußeren (z. B. Erscheinungsbild des Täters) und inneren (z. B. Vorgehensweise) Kennzeichen des Tatgeschehens. Schuldunfähigkeit im Sinne des § 20 StGB wird eher selten, nur bei besonderem Schweregrad der zugrundeliegenden psychischen Störung festgestellt. Die Entscheidung darüber wird nach Kenntnisnahme des Gutachtens vom Gericht gefällt.

§ 21 StGB: Verminderte Schuldfähigkeit

„Ist die Fähigkeit des Täters, das Unrecht der Tat einzusehen oder nach dieser Einsicht zu handeln, aus einem der in § 20 bezeichneten Gründe bei Begehung der Tat erheblich vermindert, so kann die Strafe nach § 49, Abs. 1 gemildert werden."

Verminderte Schuldfähigkeit im Sinne des § 21 StGB demnach bei
- psychischen Störungen, die weniger stark ausgeprägt sind als diejenigen, für die § 20 StGB gilt
- Taten unter Alkohol- bzw. Drogeneinfluß (Verminderung der Schuldfähigkeit auch unter Berücksichtigung der Promillezahl, jedoch keine fixierte Grenze; Einholung eines rechtsmedizinischen Gutachtens) Entscheidend für die Anwendung von § 21 ist die erhebliche Verminderung, eine einfache Verminderung reicht nicht aus!

Bei Exkulpierung eines Abhängigen nach § 20 kann der sog. Auffangtatbestand eintreten. Nach § 323 a StGB kann bestraft werden,

„wer sich vorsätzlich oder fahrlässig durch den Genuß geistiger Getränke oder durch berauschende Mittel in einen die Zurechnungsfähigkeit ausschließenden Rausch versetzt hat."

§ 63 StGB: Unterbringung in einem Psychiatrischen Krankenhaus

„(1) Hat jemand eine rechtswidrige Tat im Zustand der Schuldunfähigkeit (§ 20) oder der verminderten Schuldfähigkeit (§ 21) begangen, so ordnet das Gericht die Unterbringung in einem Psychiatrischen Krankenhaus an, wenn die Gesamtwürdigung des Täters und seiner Tat ergibt, daß von ihm infolge seines Zustandes erhebliche rechtswidrige Taten zu erwarten sind und er deshalb für die Allgemeinheit gefährlich ist."

Wichtig bei dieser Maßregel der Besserung und Sicherung ist, daß
- Schuldunfähigkeit oder verminderte Schuldfähigkeit sicher festgestellt ist,
- die psychische Störung nicht nur zur Tatzeit, sondern langandauernd besteht,
- erneute rechtswidrige Taten wahrscheinlich und der Schweregrad der zu erwartenden Taten erheblich sind,
- somit eine Gefahr für die Allgemeinheit besteht,
- erprobt wird (sobald dies verantwortet werden kann), ob der Untergebrachte außerhalb des Maßregelvollzugs keine rechtswidrigen Taten mehr begehen wird.

Derartige Unterbringung erfolgt meist aufgrund der Diagnosen „endogene Psychosen" (insb. Schizophrenien) und Oligophrenien, weniger häufig wegen organisch bedingter psychischer Störungen, Neurosen/Persönlichkeitsstörungen sowie auch wegen Suchterkrankungen. Diese Maßregel kann nicht ohne Mitwirkung des psychiatrischen Sachverständigen verhängt werden.

§ 64 StGB: Unterbringung in einer Entziehungsanstalt

„(1) Hat jemand den Hang, alkoholische Getränke oder andere Rauschmittel im Übermaß zu sich zu nehmen, und wird er wegen der rechtswidrigen Tat, die er im Rausch begangen hat oder die auf seinen Hang zurückgeht, verurteilt oder nur deswegen nicht verurteilt, weil seine Schuldunfähigkeit erwiesen oder nicht auszuschließen ist, ordnet das Gericht die Unterbringung in einer Entziehungsanstalt an, wenn die Gefahr besteht, daß er infolge seines Hanges erhebliche rechtswidrige Taten begehen wird.

(2) Die Anordnung unterbleibt, wenn eine Entziehungskur von vornherein aussichtslos erscheint."

Unterbringung (in der Regel in Sucht- bzw. Forensischen Abteilungen von Psychiatrischen Krankenhäusern) für die Dauer von höchstens zwei Jahren (§ 67 StGB) demnach bei
- Verbindung zwischen Sucht und Straftaten
- zukünftig drohenden Straftaten

§ 66 StGB: Sicherungsverwahrung
Sicherungsverwahrung in forensischer Abteilung eines Psychiatrischen Krankenhauses erfolgt zum Schutz der Gesellschaft vor gefährlichen Hangtätern
  Bedingungen für Sicherungsverwahrung:
- Mindestalter 25 Jahre
- wiederholte Straffälligkeit
- Prüfung alle 2 Jahre, ob Vollstreckung der Unterbringung zur Bewährung ausgesetzt werden kann

Zu den Maßregeln der Besserung und Sicherung zählen auch die Führungsaufsicht durch einen Bewährungshelfer, die Entziehung der Fahrerlaubnis und das zeitweise (5 Jahre) oder dauernde Berufsverbot.

Jugendgerichtsgesetz (JGG)
Das JGG ist anzuwenden auf Jugendliche von 14–21 Jahren:

14. Lebensjahr:	Beginn der Strafmündigkeit	
15.–18. Lebensjahr:	Verantwortlichkeit des Jugendlichen (bedingte Strafmündigkeit)	
19.–21. Lebensjahr:	Anwendung des Jugendstrafrechts auf Heranwachsende (volle Strafmündigkeit)	

§ 3 JGG: Strafmündigkeit
„Ein Jugendlicher ist strafrechtlich verantwortlich, wenn er nach seiner sittlichen und geistigen Entwicklung reif genug ist, das Unrecht der Tat einzusehen und nach dieser Einsicht zu handeln. Zur Erziehung eines Jugendlichen, der mangels Reife strafrechtlich nicht verantwortlich ist, kann der Richter dieselben Maßnahmen anordnen wie der Vormundschaftsrichter."

Somit positive Feststellung des Reifegrades durch den Sachverständigen: u. U. psychologisches Zusatzgutachten

§ 105 JGG: Anwendung des Jugendstrafrechts auf Heranwachsende
„(1) Begeht ein Heranwachsender eine Verfehlung, die nach den allgemeinen Vorschriften mit Strafe bedroht ist, so wendet der Richter die für einen Jugendlichen geltenden Vorschriften der §§ 4–8, 9 Nr. 1, §§ 10, 11 und 13–32 entsprechend an, wenn
  1. die Gesamtwürdigung der Persönlichkeit des Täters bei Berücksichtigung auch der Umweltbedingungen ergibt, daß er zur Tat nach seiner sittlichen und geistigen Entwicklung noch einem Jugendlichen gleichstand oder
  2. es sich nach der Art, den Umständen oder den Beweggründen der Tat um eine Jugendverfehlung handelt.
(2) Das Höchstmaß der Jugendstrafe für Heranwachsende beträgt 10 Jahre."

Nach § 106 JGG kann das allgemeine Strafrecht für Heranwachsende gemildert werden, wenn § 105 JGG nicht zur Anwendung kommt

§ 106 JGG: Milderung des allgemeinen Strafrechts für Heranwachsende

„(1) Ist wegen der Straftat eines Heranwachsenden das allgemeine Strafrecht anzuwenden, so kann der Richter anstelle von lebenslanger Freiheitsstrafe auf eine Freiheitsstrafe von 10–15 Jahren erkennen

(2) Sicherungsverwahrung darf der Richter nicht anordnen. Er kann anordnen, daß der Verlust der Fähigkeit, öffentliche Ämter zu bekleiden und Rechte aus öffentlichen Wahlen zu erlangen (§ 31, Abs. 1 StGB), nicht eintritt."

Aufgaben eines psychiatrischen Sachverständigen/Gutachters im Jugendrecht: Hinzuziehung erfolgt zur
- Feststellung des Entwicklungsstandes des Jugendlichen
- Prüfung, ob Heranwachsender dem JGG unterliegt
- Prüfung, ob Einleitung erzieherischer Maßnahmen sinnvoll ist (ist Heranwachsender erzieherischen Maßnahmen noch zugänglich?)

Kann ein Jugendlicher für seine Tat nicht verantwortlich gemacht werden, so kommen in Frage:
- *erzieherische Maßnahmen* (z. B. Weisungen des Aufenthaltes in Familie, Heim etc.; heilerzieherische Behandlung, Entziehungskur, § 10 JGG; Erziehungsbeistandschaft; Fürsorgeerziehung)
- *Zuchtmittel* (z. B. Verwarnung; Auferlegung besonderer Pflichten; Freizeitarrest; Freizeitarbeit)

Nach § 7 JGG als Maßregeln der Besserung und Sicherung im Sinne des allgemeinen Strafrechts bei Jugendlichen: Unterbringung in psychiatrischem Krankenhaus oder Entziehungsanstalt, Führungsaufsicht oder Entziehung der Fahrerlaubnis

21.2 Bürgerliches Recht (Zivilrecht)

§ 104 BGB: Geschäftsunfähigkeit

„Geschäftsunfähig ist:
1. wer nicht das 7. Lebensjahr vollendet hat;
2. wer sich in einem die freie Willensbestimmung ausschließenden Zustand krankhafter Störung der Geistestätigkeit befindet, sofern nicht der Zustand seiner Natur nach ein vorübergehender ist;

Wichtig: Im Gegensatz zum Strafrecht muß Geschäftsunfähigkeit bewiesen werden (im Strafrecht reicht aus, daß Schuldunfähigkeit sich nicht ausschließen läßt).

Gründe für Geschäftsunfähigkeit:
- seelische Störungen (z. B. Manien, Schizophrenien etc.)
- besonders häufig bei hirnorganischen Erkrankungen, Oligophrenie, Wesensänderungen aufgrund von Epilepsie sowie bei Demenz
- andere länger andauernde psychische Verfassungen, die eine freie Willensbestimmung ausschließen
- Besonders problematisch Beurteilung bei wechselndem Gesundheitszustand, z. B. vaskulärer Demenz. Häufig „lichte Intervalle", „lucida invervalla" behauptet: schwierige Beweisführung des Nichtauftretens dieser für Geschäfts- und Testierfähigkeit sprechenden Zeiträume
- Partielle Geschäftsunfähigkeit in Einzelfällen: für Angelegenheiten in Bezug auf bestimmte Bereiche nicht geschäftsfähig, z. B. abgegrenzter Wahn, Zwang, Eifersucht etc. (Verminderte Geschäftsfähigkeit gibt es nicht!)

§ 105 BGB
„(1) Die Willenserklärung eines Geschäftsunfähigen ist nichtig
(2) Nichtig ist auch eine Willenserklärung, die im Zustande der Bewußtlosigkeit oder vorübergehender Störung der Geistestätigkeit abgegeben wird."

§ 2229 BGB: Testierfähigkeit
„(4) Wer wegen krankhafter Störung der Geistestätigkeit, wegen Geistesschwäche oder wegen Bewußtseinsstörung nicht in der Lage ist, die Bedeutung einer von ihm abgegebenen Willenserklärung einzusehen und nach dieser Einsicht zu handeln, kann ein Testament nicht errichten."

Die Beurteilung der Testierfähigkeit hat besondere Relevanz in der forensischen Geriatrie. Rückwirkende Stellungnahmen zur Testierfähigkeit sind meist problematisch, da eine psychiatrische Untersuchung häufig nicht mehr durchgeführt werden kann; eine der schwierigsten Aufgaben des Sachverständigen! Beurteilung aufgrund früherer Befunde und Aussagen von Zeugen, vor allem auch hausärztlicher Beobachtungen

§ 2 EheG
„Wer geschäftsunfähig ist, kann eine Ehe nicht eingehen."

Hieraus folgt, daß eine mit einem Geschäftsunfähigen geschlossene Ehe nichtig ist. (§ 18 Abs. 1)

Hat sich einer der Partner bei Eheschließung über persönliche Eigenschaften des anderen getäuscht, leidet dieser also etwa an einer nicht in Erscheinung tretenden körperlichen oder schwerwiegenden sexuellen Deviation, einer episodisch oder phasisch auftretenden Psychose oder einer Dipsomanie, so kann § 32 Abs. 1 EheG angewendet werden; der Ehegatte kann dann Aufhebung der Ehe begehren, es sei denn (§ 32 Abs. 2), er hat bei Entdeckung des Irrtums die Ehe fortsetzen wollen.

Früher (auch in der Zeit des Dritten Reiches) war die Ehescheidung auch explizit wegen Geisteskrankheit möglich, wenn durch diese Krankheit die geistige Gemeinschaft zwischen den Ehegatten aufgehoben war. Heute gilt nach § 1565 das Zerrüttungsprinzip bei gescheiterter Ehe, in der Regel nach einer Mindesttrenndauer von einem Jahr.

Nach der Härteklausel kann nach § 1568 BGB u. a. eine Scheidung der gescheiterten Ehe verhindert werden, wenn außergewöhnliche Umstände eine schwere Härte für den ablehnenden Antragsgegner darstellen, also beispielsweise eine schwere psychische Krankheit, deren Verschlimmerung durch die Scheidung zu erwarten wäre.

21.3 Betreuungsrecht

Bisherige Entmündigung und Pflegschaft wurden seit dem 1.1.1992 durch das Rechtsinstitut der Betreuung ersetzt, das eine fürsorgliche Hilfe zur Versorgung geistig Behinderter, chronisch psychisch Kranker und altersdementer Menschen darstellen soll. Im Gesetz zur Betreuung Volljähriger (Betreuungsgesetz BtG) Neufassung einer Reihe von Bestimmungen des BGB und Revision einer Anzahl Paragraphen weiterer Gesetze

§ 1896 BGB

„(1) Kann ein Volljähriger auf Grund einer psychischen Krankheit oder einer körperlichen, geistigen oder seelischen Abartigkeit seine Angelegenheiten ganz oder teilweise nicht besorgen, so bestellt das Vormundschaftsgericht auf seinen Antrag oder von Amts wegen für ihn einen Betreuer. Den Antrag kann auch ein Geschäftsunfähiger stellen. Soweit der Volljährige auf Grund einer körperlichen Behinderung seine Angelegenheiten nicht besorgen kann, darf der Betreuer nur auf Antrag des Volljährigen bestellt werden, es sei denn, daß dieser seinen Willen nicht kundtun kann.

(2) Ein Betreuer darf nur für Aufgabenkreise bestellt werden, in denen die Betreuung erforderlich ist. Die Betreuung ist nicht erforderlich, soweit die Angelegenheiten des Volljährigen durch einen Bevollmächtigten oder durch

andere Hilfen, bei denen kein gesetzlicher Vertreter bestellt wird, ebenso gut wie durch einen Betreuer besorgt werden können.
(3) Als Aufgabenkreis kann auch die Geltendmachung von Rechten des Betreuten gegenüber seinem Bevollmächtigten bestimmt werden."

Betreute, die geschäftsfähig sind, können eigenständig handeln und werden innerhalb eines definierten Aufgabenbereiches darin vom Betreuer unterstützt.

Wird nach § 1903 BGB vom Vormundschaftsgericht ein sog. *Einwilligungsvorbehalt* ausgesprochen, so hat zur Abwendung einer erheblichen Gefahr für Person oder Vermögen des Betreuten der Betreuer innerhalb seines Aufgabenbereiches seine Zustimmung zu Willenserklärungen zu geben.

Geschäftsunfähige Betreute können nicht eigenständig handeln. Der Betreuer vertritt sie ohne Einwilligungsvorbehalt umfassend oder in Teilbereichen.

Mögliche *Aufgabenkreise* des Betreuers: Bestimmung des Aufenthaltes; Fürsorge für Heilbehandlung; Entscheidung über Operationen; Verwaltung des Vermögens; Führen des Schriftverkehrs etc. Bei Geschäftsfähigen hat die Einrichtung einer Betreuung keinen Einfluß auf nicht der Betreuung unterliegende Bereiche, z. B. Wahlrecht, Testierfähigkeit etc.

21.4 Unterbringungsrecht

Die Einweisung und Unterbringung psychisch Kranker ist durch Unterbringungsgesetze der einzelnen Bundesländer geregelt; ein bundeseinheitliches Gesetz wird angestrebt.

Bedingungen für die Einweisung in ein Psychiatrisches Krankenhaus durch Unterbringungsbeschluß (Zwangseinweisung):
- Vorliegen einer psychischen Störung (Diagnose!)
- Gefährdung der öffentlichen Sicherheit oder Ordnung in erheblichem Maße (aufgrund von psychischer Krankheit oder Geistesschwäche), insbesondere wenn jemand sein Leben oder seine Gesundheit oder das Leben anderer gefährdet (Prinzip: Selbst- und/oder Fremdgefährdung)
- Unterbringung darf nur erfolgen, wenn Gefährdung durch weniger einschneidende Mittel nicht abgewendet werden kann
- Gutachten des Amtsarztes oder des Psychiatrischen Krankenhauses (in Notfällen Einweisungszeugnis durch jeden Arzt ausstellbar) erforderlich

- Aufklärungspflicht seitens des Arztes
- mündliche Anhörung des Betreffenden durch das Gericht innerhalb der ersten 24 h nach Einweisung (Ausnahme Baden-Württemberg: 72 Stunden)

Entscheidung über Einweisung oder Fortdauer der Unterbringung (nach vorheriger Anhörung eines psychiatrischen Sachverständigen) nur durch den Richter für eine von ihm festzulegende Zeitdauer (z. B. 3 oder 6 Wochen)

21.5 Sozialrecht

Verhandlung von Streitigkeiten aus der Sozialversicherung (Kranken-, Unfall-, Renten-, Knappschaftsversicherung), aus der Arbeitslosenversicherung, der Kriegsopferversorgung und weiterer Bereiche vor den Sozialgerichten. Der psychiatrische Gutachter muß sich äußern zu Fragen der Berufs- und Erwerbsunfähigkeit, der Minderung der Erwerbsfähigkeit und des Grades der Behinderung.

Berufsunfähigkeit ist für die Rentenversicherung im Rentenreformgesetz 1992 nach § 43 Abs. 2 SGB VI (1. 1. 1992) definiert:

„Berufsunfähig sind Versicherte, deren Erwerbsfähigkeit wegen Krankheit oder Behinderung auf weniger als die Hälfte derjenigen von körperlich, geistig oder seelisch gesunden Versicherten mit ähnlicher Ausbildung und gleichwertigen Kenntnissen und Fähigkeiten gesunken ist."

Bei Fragen nach der Berufsunfähigkeit ist aufgrund der diagnostizierten Krankheit und Behinderung die Leistungsfähigkeit im bisherigen Beruf zu beurteilen, gegebenenfalls welche zumutbaren „Verweisungstätigkeiten" der Begutachtete aufnehmen könnte.

Erwerbsunfähigkeit nach § 44 Abs. 2 SGB VI:
„Erwerbsunfähig sind Versicherte, die wegen Krankheit oder Behinderung auf nicht absehbare Zeit außerstande sind, eine Erwerbstätigkeit in gewisser Regelmäßigkeit auszuüben oder Arbeitsentgelt oder Arbeitseinkommen zu erzielen, das ein Siebtel der monatlichen Bezugsgröße übersteigt. Erwerbsunfähig ist nicht, wer eine selbständige Tätigkeit ausübt."

Bei Beurteilung der Erwerbsunfähigkeit für die *gesetzliche Rentenversicherung* muß der Gutachter die resultierenden Funktionseinbußen darstellen und sowohl deren Auswirkungen auf die Leistungsfähigkeit (negatives Leistungsbild) als auch die noch verbliebenen Leistungsmöglichkeiten auf dem allgemeinen Arbeitsmarkt (positives Leistungsbild) einschätzen; er muß die noch verwertbare Arbeitszeit einschätzen sowie die Dauer der Leistungseinschränkung. Zusammengefaßt hat der Gutachter somit die Minderung der Leistungsfähigkeit im Erwerbsleben in qualitativer und quantitativer Hinsicht, orientiert an den Leistungsmöglichkeiten, zu beschreiben.

Die *Minderung der Erwerbsfähigkeit (MdE)* dagegen in der *gesetzlichen Unfallversicherung* und im *sozialen Entschädigungsrecht* betrifft die Auswirkungen von verlorenen Fähigkeiten aufgrund von Schädigungen; bei Vorliegen mehrerer Behinderungen mit entsprechenden Anteilen von 100 wird eine Gesamt-MdE gebildet im Sinne einer Gesamtschau der Behinderung.

Im Unterschied hierzu werden im *Schwerbehindertenrecht* nach dem Schwerbehindertengesetz altersentsprechend Funktionsbeeinträchtigungen ohne Rücksicht auf die Ursache erfaßt und als *Grad der Behinderung (GdB)* beurteilt. Auch hier bildet man bei mehreren Behinderungen eine Gesamt-GdB.

Arbeitsunfähigkeit ist ein Begriff der Krankenversicherung, setzt das Vorliegen von Krankheit voraus und berechtigt zum Anspruch auf Krankenbehandlung und Krankengeld
„Rentenneurosen" werden begünstigt durch inadäquates ärztliches Verhalten, z. B. Medikamentenverschreibung statt konfliktklärender Gespräche, Krankschreibung auf Druck des Patienten, voreilige Prognosen, etc.

Fallbeispiele

 Fallbeispiel 21.1

Der 34jährige, in 5. Ehe verheiratete, bereits mehrfach wegen Körperverletzung und Diebstahl vorbestrafte Herr N., ein früherer Bergmann und jetziger Dachdecker, wurde angeklagt, am 5.3. 1992 in alkoholisiertem Zustand versucht zu haben, Herrn W. zu töten.

Nach dem Streit mit seiner schwangeren Verlobten am Vortage war diese zu ihrem früheren Verlobten Herrn W. gegangen. Herr N. fand beide nach langem Suchen und Aufbrechen der Wohnungstür am Nachmittag des folgenden Tages im Schlafzimmer des Herrn W. vor, und zwar wenig bekleidet im Bett liegend. Eine Welt sei für ihn zusammengebrochen. Während der folgenden körperlichen Auseinandersetzung stach Herr N. zunächst mit einem spitzen Gegenstand auf die Bauchmitte von Herrn W. ein. Im weiteren Kampf zielte er mit einem Messer in Richtung des Halsbereiches und rief: „Jetzt mache ich dich fertig." Einige Stiche führten zu schweren Verletzungen im Halsbereich des Herrn W.

Der Alkoholisierungsgrad des Probanden konnte aufgrund einer Blutalkoholuntersuchung mittels Rückrechnung auf 3,14‰ zum Tatzeitpunkt eingeschätzt werden. Nach der ärztlichen Untersuchung sowie nach Zeugenaussagen zum Verhalten von Herrn N. vor und nach der Tat erschienen seine alkoholbedingten Ausfälle gering. Auch konnte er sich nach seinen Angaben an den Ablauf der Tat recht gut erinnern. Somit entsprach das klinische Bild nicht dem hohen Blutalkoholspiegel, der für einen schweren Rausch hätte sprechen können.

Der Gutachter diagnostizierte beim Probanden einen langjährigen, schweren Alkoholmißbrauch, besonders in Krisensituationen. Aufgrund des hohen Alkoholisierungsgrades zum Zeitpunkt der Tat (klinisch mittelschwerer Rausch, als krankhafte seelische Störung einzustufen) lagen aus psychiatrischer Sicht die Voraussetzungen des § 21 StGB im Sinne einer erheblichen Verminderung der Steuerungsfähigkeit bei starker affektiver Aufladung bereits im Vorfeld der Tat vor. Trotz voll erhaltener Einsichtsfähigkeit des Probanden war eine Aufhebung der Steuerungsfähigkeit im Sinne des § 20 StGB nicht auszuschließen. – Das Gericht verurteilte Herrn N. unter Anwendung des § 21 StGB zu einer Gefängnisstrafe von drei Jahren.

Alkoholmißbrauch, mittelschwerer Rausch (F 10.1), dissoziale Persönlichkeitsstörung (F 60.2)

Fallbeispiel 21.2

Herr S., ein 21jähriger, ungelernter Gelegenheitsarbeiter, ist als Jugendlicher angeklagt, ein landwirtschaftliches Gebäude in Brand gesetzt zu haben und das gleiche bei einem weiteren Gebäude versucht zu haben.

Herr S. wurde als ältestes von zwei Kindern in einem 400 Einwohner zählenden Dorf geboren. Sein Vater ist Kraftfahrer, seine Mutter als Stationshilfe im Krankenhaus tätig. Nach Abschluß der Sonderschule war Herr S. zunächst als Gelegenheitsarbeiter in einer Kornbrennerei beschäftigt, danach in einem Gartenbaubetrieb und in einer Fleischerei. Einmal wurde ihm wegen eines Diebstahldelikts gekündigt. Mit 19 Jahren wurde er der fahrlässigen Brandstiftung für schuldig befunden und verwarnt.

Nach einer guten Kindheit hatte er als Jugendlicher viele Freunde, von diesen sei er jedoch nach der ersten Brandstiftung gemieden worden; man zeige mit dem Finger auf ihn. Er leide darunter, daß er nicht wie seine Kameraden eine Freundin habe. Er gehe an den Wochenenden ins Gasthaus, den Treffpunkt der Dorfjugend, und trinke Alkohol. Danach fühle er sich wohler und den anderen gleichwertig.

Erste sexuelle Erregungen und eine erste Masturbation traten bei Herrn S. im Alter von 13 Jahren auf. In diesem Alter kam es auch zum ersten sexuellen Erlebnis im Zusammenhang mit Feuer. Während der Vater hinter dem Haus Laub und Gartenabfälle verbrannte, verspürte Herr S. die Erektion seines Gliedes. Seitdem trat sowohl angesichts des Feuers wie auch angesichts blutender Tiere – er ist Kaninchenzüchter und schlachtet selbst – eine sexuelle Erregung auf mit anschließendem Onanieren bis zum Samenerguß. Einen Geschlechtsverkehr habe er bisher noch nie erlebt.

Reichlicher Alkoholkonsum besteht seit dem 14. Lebensjahr, seit etwa einem halben Jahr kommt es mehrmals in der Woche zu Trinkexzessen mit Kontrollverlust und Gedächtnislücken sowie morgendlicher Entzugssymptomatik. Auch am Abend der Brandstiftung war der Tat ein erheblicher Alkoholgenuß vorausgegangen.

Zur aktuellen Brandstiftung vor 2 Monaten berichtete Herr S., daß er nach einem Besuch in der Gaststätte auf dem Heimweg in einen ihm wohlbekannten Lagerschuppen gegangen sei und Strohballen angezündet habe. Im benachbarten Maschinenschuppen habe er sodann das gleiche tun wollen. Beim Anschauen der Flammen sei es zur sexuellen Erregung gekommen, zur Erektion und zum anschließenden Onanieren. Diese Erregung habe derart zugenommen, daß er an nichts mehr anderes mehr habe denken können. Erst nach dem Samenerguß habe er klar sehen können und Hilfe geholt. – Übrigens habe man ihm vor einigen Wochen die Aufnahme in die Freiwillige Feuerwehr des Dorfes verweigert, er wisse nicht warum.

Somatische Anamnese und körperlicher Befund waren unauffällig; im CCT dagegen zeigte sich eine über die Altersnorm hinausgehende Hirnsubstanzminderung. – Psychischer Befund zum Zeitpunkt der Untersuchung unauffällig.

Der Gutachter stellte die Diagnose einer leichtgradigen Intelligenzminderung (IQ von 68), wodurch die persönliche, schulische und psychosoziale Reifung bei dem Probanden beeinträchtigt sei. Diese Reifungsstörung äußert sich in impulsartigem Handeln und einer verminderten Toleranz gegenüber Frustrationen, was wiederum Anlaß zum Alkoholmißbrauch geben kann. Die Reifungsstörung umfaßt auch die sexuelle Entwicklung, es kommt zu sexuell-deviantem Verhalten vornehmlich unter Alkoholeinfluß. Dieses wird vom Probanden als krankhaft erlebt. Mit den aufgeführten Störungen ist das biologische Eingangskriterium des Vorliegens einer seelischen Krankheit gegeben. Werden die psychologischen Voraussetzungen geprüft, so ist aus psychiatrischer Sicht bei vorhandener Einsichtsfähigkeit die Steuerungsfähigkeit erheblich vermindert und damit sind die Voraussetzungen für den § 21 StGB erfüllt. Gutachterliche Empfehlungen einer 3- bis 6monatigen Alkoholentwöhnungsbehandlung.

> *Pathologische Brandstiftung (Pyromanie) (F 63.1)*
> *Alkoholabhängigkeit (F 10.2)*
> *Kombinierte Entwicklungsstörung (F 83)*
> *Leichte Intelligenzminderung mit Verhaltensstörung (F 70.1)*

 Fallbeispiel 21.3

Der 65jährige, kinderlos verheiratete, ungelernte Herr F. stammt aus einer 12köpfigen Sintifamilie, deren Vorfahren sich seit Generationen in Norddeutschland von der Tätigkeit als freie Händler ernährt hätten, ebenso wie er jetzt noch.

Er sei 9 Jahre alt gewesen, als die gesamte Familie 1936 von der Gestapo verhaftet, getrennt und über ein Durchgangslager in Hamburg nach Polen verschleppt worden sei. Sein Vater und seine 6 älteren Brüder seien in das Konzentrationslager Sachsenhausen gekommen, während seine Mutterseltern, seine Mutter und seine ältere Schwester in das Warschauer Ghetto verbracht wurden. Wie die übrigen Familienmitglieder habe er schwere körperliche Arbeit verrichten müssen, er sei häufig plötzlich und unvermittelt von den Wachmannschaften geschlagen und auch mit Erschießung bedroht worden. Er habe ansehen müssen, wie seine Mutter von Wachsoldaten vergewaltigt worden sei; 1942 seien seine Mutter, seine Schwester und er zwangssterilisiert worden, ohne daß er damals begriffen habe, was mit ihm eigentlich geschehen sei. Nach der ohne Narkose erfolgten Operation habe er noch Tage Bauchschmerzen gehabt, er habe aber ohne Unterbrechung im Ghetto weiter arbeiten müssen. In den Lagern kamen während des Krieges drei seiner Brüder und seine Mutterseltern um.

Nach der Befreiung zu Ende des Krieges sei es ihm zunächst gesundheitlich besser gegangen. Er habe wieder Spaß am Leben gefunden und 1948 eine gleichaltrige, ebenfalls zwangssterilisierte Cousine geheiratet. Allerdings begannen schon 1947 furchtbare Träume, die sich bis heute in 2 und mehr Nächten der Woche wiederholten. Er wache nachts dann schreiend auf, brauche Minuten, bis er sich beruhigen könne und sicher wisse, daß er sich nicht im Lager befände. Er träume von eigenen Kindern, er erlebe die Vergewaltigung seiner Mutter im Traum immer wieder und werde auch selbst geschlagen und mißhandelt. Seit 1955 litt er vermehrt unter Ängsten; beim Nahen eines Polizeiwagens habe er sich sogar in Hauseingängen versteckt, um einer befürchteten Verhaftung vorzubeugen. Dabei zitterte er, erlitt Schweißausbrüche und verspürte vernichtende Angst. Nach dem Tode seiner Eltern verstärkten sich Hoffnungslosigkeit und zunehmende innere Leere. Da er nicht durch Kinder weiterleben dürfe, sei seine Existenz als Sinti eigentlich vernichtet. Ständig fühle er sich bedroht, auch durch die zunehmende Ausländerfeindlichkeit. Häufig denke er über den Tod nach, da das Leben ohne Kinder eigentlich gar keinen Sinn mehr habe.

Die Untersuchung von Herrn F. erfolgte im Rahmen eines Begutachtungsverfahrens. Aufgrund der psychiatrischen Empfehlungen wurde durch die Landesentschädigungsbehörde eine verfolgungsbedingte Minderung der Erwerbsfähigkeit (MdE) zunächst von 20%, später von 30% und seit 1962 von 60% anerkannt.

Andauernde Persönlichkeitsänderung nach Extrembelastung (F 62.0)

 Fallbeispiel 21.4

Im Auftrag eines Zivilsenats des Oberlandesgerichts Köln wurde ein Gutachten über die 73jährige, jüdische Probandin Frau Karla B. aus Krakau, zum Zeitpunkt der Begutachtung in Chicago wohnend, erstellt.

Frau B. war die Tochter eines Lebensmittelkaufmannes. Sie hatte noch 6 Geschwister. Nach dem Gymnasium beendete sie eine Lehrerinnenausbildung und war zunächst als Lehrerin, später als Rektorin an einer Volksschule in Krakau tätig.

Seit September 1939, nach dem Einmarsch der Deutschen, war sie gezwungen, einen Judenstern zu tragen. 1940 mußte sie ihr Haus verlassen und ins Ghetto in Krakau einziehen, wo sie zunächst weiter als Direktorin einer Volksschule tätig war, später Lebensmittelmarken zu verteilen hatte. Im August 1944 kam sie zunächst in das Konzentrationslager nach Auschwitz, danach in ein Arbeitslager, wo sie bis zu ihrer Befreiung im Mai 1945 in einer Flachsfabrik arbeiten mußte. – Durch Verfolgungsmaßnahmen während des Krieges kamen ihre Mutter und 5 ihrer Geschwister um. Frau B. hatte 1937 einen Buchhalter geheiratet, der während des Krieges aus dem Ghetto in ein KZ gebracht wurde und dort umkam. Nach dem Krieg heiratete sie einen Setzer einer Druckerei. Frau B. hatte keine Kinder. Nach der Befreiung war sie zunächst in Krakau, fand dort aber keine Verwandten mehr vor und wurde von der dortigen polnischen Bevölkerung angefeindet. Nach einem Aufenthalt in einem DP-Lager bei Frankfurt wanderte sie im Juli 1946 mit einem Schiff in die USA aus, wo sie anfänglich als Hilfsschneiderin, später ehrenamtlich in ihrer New Yorker Nachbarschaft arbeitete, um ältere Leute in handwerklicher Betätigung und der Fabrikation von Kunstgegenständen auszubilden.

Bereits im Ghetto 1943, als sie von der Liquidation des Ghettos Warschau hörte, wo Angehörige von ihr gelebt hatten, traten Kopfschmerzen, Angstträume und Nervosität auf, sie sei wiederholt geschlagen und mißhandelt worden. Sie litt nach dem Kriege unter depressiven Stimmungen, Unsicherheit gegenüber anderen Menschen, Alpträumen mit Verfolgungsszenen, nächtlichem Erwachen, Kopfschmerzen im Scheitelbereich, merkwürdigen Gefühlsstörungen und Mißempfindungen im Mund- und Rachenraum, ferner unter zahlreichen körperlichen Beschwerden, besonders im Bereich des Magen-Darm-Traktes und der Gallenblase sowie Beschwerden in beiden Beinen.

Aus der Gerichtsakte ergab sich, daß ärztliche Berichte erst seit Mitte der fünfziger Jahre vorlagen; dementsprechend sahen zahlreiche Ärzte viele Jahre lang die beträchtlichen Beschwerden von Frau B. als verfolgungsunabhängig an. Erst etwa 1970 kam es zu Beurteilungen, die einen Zusammenhang bejahten. Wir stützten uns in unserer Beurteilung auf die Feststellung der Autoren von Baeyer, Häfner und Kisker, daß die depressive Symptomatik häufig erst nach einer längeren Latenzphase auftritt. In diesem Fall hatten sich die Beschwerden erst deutlich nach der Auswanderung gezeigt in sprachfremder Umgebung ohne Chance, in dem alten Beruf arbeiten zu können. Wir stellten diagnostisch ein traumatogenes Angstsyndrom mit vegetativer Symptomatik sowie ein organisches Psychosyndrom in Zusammenhang mit Alterungsprozessen fest. Das durch nationalsozialistische Verfolgung verursachte Leiden bedingt eine MdE von 25%.

Andauernde Persönlichkeitsänderung nach Extrembelastung (F 62.0)

 Fallbeispiel 21.5

Die unverheiratet gebliebene Studienrätin Frau Dr. A. starb 89jährig im Augustinum in München. Sie hinterließ ein beträchtliches Vermögen, Haus und Eigentumswohnung, hatte aber keinen leiblichen Erben.

In einem ersten Testament, aufgesetzt im Alter von 81 Jahren, begünstigte sie Herrn M. In einem zweiten Testament, unterzeichnet mit 87 Jahren, begünstigte sie einen Herrn R., mit dem sie seit kürzerer Zeit intensiver bekannt geworden war, und der sie auch mit in einen Urlaub genommen hatte. Da für Frau Dr. A. bereits ein Jahr vor Errichtung des zweiten Testaments eine Gebrechlichkeitspflegschaft (vor Einführung des jetzt gültigen Betreuungsrechts) eingerichtet worden war, ergab sich nach dem Tode der mit 89 Jahren verstorbenen Frau die Frage, ob sie noch in der Lage war, das genannte zweite Testament zu errichten.

Aufgrund der Aktenanalyse ergab sich, daß Frau Dr. A. an einer chronisch progredienten Demenz mit hochgradiger Vergeßlichkeit als führendem Symptom litt; ferner wurden bei gut erhaltener äußerer Fassade beobachtet eine zeitliche Orientierungsstörung, Einschränkungen des Denkens und Urteilens und Änderungen des sozialen Verhaltens sowie gelegentliche Inkontinenz. Anhaltspunkte für luzide Intervalle fanden sich nicht. Aufgrund der vor Einrichtung der Gebrechlichkeitspflegschaft durchgeführten Untersuchung durch den Amtsarzt ist davon auszugehen, daß Frau Dr. A. bereits zu diesem Zeitpunkt an einer mittelschweren Demenz litt. So war sie ein Jahr später um so weniger in der Lage, den Umfang und die Folgen ihrer Testamentserrichtung zu übersehen. Sie war damit nach § 2229 BGB zu diesem Zeitpunkt nicht mehr testierfähig. Somit hat das erste von ihr errichtete Testament Gültigkeit.

Demenz bei Alzheimer Krankheit mit spätem Beginn (F 00.1)

22 Ethik in der Psychiatrie und Psychotherapie/Psychosomatik

Definition: Ethik in der Psychiatrie: Fragen der allgemeinen menschlichen Ethik, bezogen auf spezielle psychiatrische und psychotherapeutische Probleme. Entwicklung eines ethischen Verhaltenskodex

PROBLEMBEREICHE DER ETHIK IN DER PSYCHIATRIE UND PSYCHOTHERAPIE IM ZUSAMMENHANG MIT:

Behandlung und Versorgung
- Zwangseinweisung
- Anwendung von Zwang bei stationär aufgenommenen Patienten
- Behandlung von suizidalen Patienten
- Arzt-Patient-Beziehung
- Einsichtnahme in die Krankengeschichte

Forschung

Psychiatrie und Gesellschaft
- Psychiatrie und Recht
- Vorurteile und Öffentlichkeit
- Ethik im Sinne sozialpolitischen Handelns

22.1 Behandlung und Versorgung

Zwangseinweisung

Im Unterschied zu den meisten auf Freiwilligkeit basierenden Behandlungen in der somatischen Medizin fehlt bei vielen psychiatrischen Patienten Krankheitseinsicht; häufig Verweigerung notwendiger Behandlung (psychisches Kranksein ist größere Kränkung als körperliche Krankheit). Abwägung zwischen dem Recht auf individuelle Freiheit des

Patienten und dem Schutz der Gesellschaft vor Bedrohungen durch den Patienten, aber auch Schutz des Patienten vor Selbstgefährlichkeit z. B. bei wahnhafter Depression ist erforderlich!

Möglicher Konflikt zwischen Psychiater und Richter bei Anwendung des Unterbringungsgesetzes: Psychiater besteht auf Behandlung – Richter prüft in wörtlicher Auslegung des Unterbringungsgesetzes überwiegend die momentane Gefährdung mit Unterschätzung etwa der psychotischen Störung; oft vielfältige Ambivalenz der zum Handeln gezwungenen Beteiligten

Anwendung von Zwang bei stationär aufgenommenen Patienten

Vor Anwendung von Zwangsmaßnahmen Versuch der Aufklärung über Erkrankung und Behandlung, einschließlich Risiken und Gefahren. Versuch der Überredung zur Behandlung, zu freiwilliger Akzeptanz oder wenigstens Duldung der Therapie

- *Fixierung:* bei Aggressivität des Patienten u. U. „Fixierung" durch Bauch-, Hand- oder Fußgurte. Ärztliche Maßnahme, nur auf formale schriftliche Anordnung mit Niederlegung der genauen Zeiten der Fesselung des Patienten in seiner „Kurve"! Geringstmögliche Anwendung dieser Maßnahme!
- *Zwangsmedikation:* nur im Notfall und nur kurzfristig! Wenn nötig, entschlossenes und eindeutiges Handeln, beispielsweise bei Injektion mehrere Personen hinzuziehen! *Keinesfalls* heimliche Gabe von Medikamenten zur Vermeidung von Konflikten! Hierdurch bei Entdeckung Bestätigung des Mißtrauens des Patienten, z. B. vergiftet zu werden; aber auch, wenn die Medikation geheim bleibt, „Vergiftung" der therapeutischen Atmosphäre! Ansonsten möglichst abwarten, überzeugen. Abwägen zwischen Autonomietendenz des Patienten und Verantwortlichkeit des Arztes

Behandlung von suizidalen Patienten

Bei aktueller Suizidalität evtl. Notwendigkeit der Zwangsunterbringung. Übernahme von Patienten nach Suizidversuch von der Intensivstation in stationäre psychiatrische Behandlung. Versuch des Aufbaus einer Vertrauensbeziehung als Grundlage der Behandlung (vgl. Kap. Suizidalität und Krisenintervention, S. 265 ff.)

Suizidprophylaxe auf Station: Schaffung einer Situation der Geborgenheit in einer freieren Atmosphäre, statt kustodialer Sicherung mit Vermeidung aller Risiken. Trotzdem notwendige Kontrollen (juristische Frage der Aufsichtspflicht des Arztes und des Pflegepersonals bei suizidalen Patienten)! Anwendung von Zwangsmaßnahmen mit größter Zurückhaltung!

Arzt-Patient-Beziehung

- Der Patient muß auf Einhaltung der *ärztlichen Schweigepflicht* vertrauen können. Keine Weitergabe von Patienteninformationen ohne Genehmigung des Betreffenden; z. B. auch Weitergabe von Informationen an die Krankenkassen nur im Rahmen des für die Leistungsprüfung Notwendigen; diese Informationen in gesonderten Berichten; nicht die Überlassung der vollständigen Arztbriefe mit vielen persönlichen Details! Keine Verwendung von Informationen aus einer Behandlung in Gutachten ohne Genehmigung des Patienten (gilt auch, wenn früher oder gegenwärtig behandelnder Arzt identisch mit Gutachter!) diese Doppelrolle möglichst vermeiden (s. S. 280). Weiterbestehen der Schweigepflicht auch nach dem Ableben des Patienten. Aufhebung der ärztlichen Schweigepflicht nur in (seltenen) Fällen der Gefährdung höheren Rechtsguts (drohende Straftat)
- Der Patient sollte über die verschiedenen Methoden *aufgeklärt* werden, mit denen seine Störung behandelt werden kann. Die Vorteile/Nachteile/Risiken sollten erläutert werden. Der Patient sollte insbesondere in der Psychotherapie an der Wahl der Methode beteiligt sein. In der Regel sollte keine spezielle Methode als allein erfolgversprechend vom Behandler avisiert werden
  Aufklärung sollte auch erfolgen über die Konsequenzen zumindest mittelfristiger und längerfristiger Psychotherapien: Labilisierung durch Infragestellung bisheriger Lebenskonzepte immer mit zu erwarten! (Es kommt im Verlauf von Psychotherapien nicht selten zu Trennungen und Scheidungen.)
- *Gefahr von Machtmißbrauch* während psychiatrischer oder psychotherapeutischer Behandlung durch Mißbrauch der Abhängigkeit des Patienten und Ausnutzung der Machtposition des Arztes in zweierlei Hinsicht:
  - *narzißtischer Mißbrauch:* Definition: alle Interaktionen und Beziehungskonstellationen zwischen Therapeut und Patient, die primär dem Wunsch des Therapeuten nach narzißtischer Gratifikation dienen und die die Entfaltung des „wahren Selbst" des Patienten verhindern oder zumindest erschweren. Der narzißtische Mißbrauch ist naturgemäß empirisch schwer zu evaluieren, dürfte aber häufiger als der sexuelle Mißbrauch sein. Beispiele für narzißtischen Mißbrauch:

Der Therapeut verfolgt Therapieziele, die nicht denen des Patienten für sich und seine weitere Lebensplanung entsprechen; grenzenlose Empathie durch den Therapeuten verlockt zum Mißbrauch und nährt magische Allmachtsbedürfnisse; ferner Verhinderung von Separation durch den Therapeuten, der den Patienten zur Stützung seines eigenen narzißtischen Gleichgewichts benötigt. Schließlich stellen auch Symbiosewünsche von Therapeuten gegenüber ihren Patienten eine Form des narzißtischen Mißbrauchs dar. Hierher gehört auch das Festhalten an Patienten, obwohl ein anderer Behandler oder eine andere Behandlungsinstitution erfolgversprechender wäre; in diesem Zusammenhang auch Herabsetzung von Kollegen (stets cave!).

– *sexueller Mißbrauch:* Definition: sexueller Kontakt, initiiert durch den Therapeuten, mit dem Ziel, im Patienten/Therapeuten sexuelle Wünsche zu wecken und/oder zu befriedigen. Verschiedene empirische Studien haben gezeigt, daß etwa 10% der befragten Psychotherapeuten, unabhängig von ihrer jeweiligen schulenspezifischen Ausbildung, sexuelle Kontakte zu Patienten zugaben. In der langdauernden Einzelpsychotherapie mit ausgeprägten Übertragungsphänomenen und entsprechenden Wünschen bei nicht ausreichend bearbeiteter Gegenübertragung besondere Versuchungs- und Gefahrensituation! Nach solchen Vorfällen in der Regel Abbruch der Psychotherapie sowie erhebliche Folgeschäden bei den (überwiegend weiblichen) Patienten. Folgeschäden sind z. B.: Schuld- und Schamgefühle, Mißtrauen gegenüber weiterer Therapie und gegenüber Männern allgemein, Depressionen und Verlust an Selbstwertgefühl, suizidales Erleben oder Verhalten und Alkohol- und Drogengebrauch. Bei etwa 90% der betroffenen Patientinnen wurden negative Folgen festgestellt.

Frage der Einsichtnahme in Krankengeschichten

Allgemeinmedizinische Befunde müssen dem (ehemaligen) Patienten oder seinem juristischen Vertreter zugänglich gemacht werden, psychiatrische Teile der Krankengeschichte müssen dagegen nur im Einzelfall, nicht jedoch generell zur Einsicht offenstehen.

22.2 Forschung

Die Notwendigkeit wissenschaftlicher Grundlagen- und Therapieforschung sowie Medikamentenstudien besteht auch in der Psychiatrie. Zu berücksichtigen sind:
- Gefahr des Mißbrauchs von nichteinwilligungsfähigen Patienten bei zu riskanten Studien: generell nur Studien mit einwilligungsfähigen Patienten nach Prüfung durch die zuständige Ethikkommission („informierte Zustimmung" nach Aufklärung, unter Zuhilfenahme eines entsprechenden Formulars). Nur ausnahmsweise bei unter Betreuung stehenden Patienten: Zustimmung des Betreuers erforderlich. Die Behandlung sollte, wenn möglich, auch dem Betreffenden einen Nutzen bringen.
- Gefahr der Korrumpierung der Untersucher bei Arzneimittelstudien durch persönliche finanzielle Zuwendungen (z. B. Reisen!) von Industriefirmen oder anderen Geldgebern; Erlöse aus pharmakologischen Studien sollten wissenschaftlichen, fachlichen oder auch patientenbezogenen Zwecken zugute kommen

Ratsam: Beachtung der Empfehlungen des Weltärztebundes zur Durchführung von wissenschaftlichen Versuchen am Menschen (Deklarationen von Helsinki und Tokio); in jedem Fall Einschaltung der zuständigen Ethikkommission

22.3 Psychiatrie und Gesellschaft

Psychiatrie und Recht

Forderung der Gesellschaft nach Bestrafung von Straftätern bei Vorliegen von Schuldfähigkeit. Psychiater als Sachverständiger für die Frage des Vorliegens der medizinischen Voraussetzungen für die Annahme von Schuldunfähigkeit bzw. verminderter Schuldfähigkeit (s. Kap. „Forensische Psychiatrie", S. 280 ff.).

Ethisches Problem: die Findung einer *neutralen* Position als Gutachter. Konflikt zwischen Arztrolle und Identifikation mit der öffentlichen Forderung nach „gerechter Bestrafung", vertreten durch den Staatsanwalt (besonders schwierige Gutachterposition in den USA als Gutachter für eine der Parteien vor Gericht, d. h. kein richterlicher Auftrag. Extreme

Probleme in Ländern, in denen Dissidenten psychiatrisch zwangsbehandelt werden).

Vorsicht vor *Mißbrauch gutachterlicher Funktionen* (z. B. bei Begutachtung von Patienten zur Betreuung; Extremfall „Begutachtung" psychisch Kranker im Rahmen der sog. Euthanasie im Dritten Reich)

Vorurteile und Öffentlichkeit

- Richtigstellung und Bekämpfung der in der Gesellschaft immer noch häufig bestehenden unberechtigten Fehl- und Vorurteile sowie der oft massiven Ablehnung psychisch Kranker
- Vertretung der Interessen von psychisch Kranken durch Ärzte, sonstige Behandelnde sowie durch Angehörige, da Patienten oft nicht zur Gegenwehr bzw. zur eigenen Durchsetzung ihrer Ansprüche in der Lage sind und häufig aus Angst vor Abwertung fürchten, öffentlich in Erscheinung zu treten; falls erwünscht fachliche Hilfsangebote gegenüber Selbsthilfegruppen und Angehörigenverbänden

Ethik im Sinne sozialpolitischen Handelns

Ethische Verpflichtung des Psychiaters, die Benachteiligung psychisch Kranker in vielen Bereichen aufzuzeigen und diesen Zustand zu beseitigen, d. h. Verpflichtung, „psychisch Kranken als Randgruppe" adäquate, mit somatischen Versorgungsbereichen vergleichbare Bedingungen zu schaffen

23 Historisches

Prägung des Begriffs „Psychiatrie" (griech. *psyche* = Seele, *iatros* = Arzt) durch Johann Christian Reil (1759–1813). Ansätze zu einer ärztlichen Seelenheilkunde bereits im griechisch-römischen Altertum. Entwicklung der Psychiatrie im heutigen Sinne erst in den letzten 200 Jahren (für einen vertiefenden Überblick über die Geschichte der Psychiatrie, vgl. Weiterführende Literatur, S. 228ff)

23.1 Antike

Natürliche Erklärung von Geisteskrankheiten durch Verknüpfung von körperlichen und seelischen Vorgängen durch griechische Ärzte. Im „Corpus hippocraticum" Darstellung der 4-Säfte-Lehre mit Ableitung des Temperaments: Blut: Sanguiniker, gelbe Galle: Choleriker, schwarze Galle: Melancholiker, Schleim: Phlegmatiker. *Humoralpathologie:* durch Störung im Säftegleichgewicht Entstehung von Krankheiten

In der *römischen Zeit* Darstellung zahlreicher Krankheitsbilder durch Cicero (Tusculanische Briefe), Celsus (etwa 30 n. Chr.), Soranus von Ephesus (ca. 100 n. Chr.) und Aretäus von Kappadozien (ca. 150 n. Chr.). Behandlung psychischer Störungen durch Isolierung, Sicherung des Kranken in Räumen mit hochliegenden Fenstern. Massage, mäßiger Aderlaß, Diät, Lokalbehandlung des Kopfes durch Ölumschläge oder Schröpfen. Stärkung des Verstandes durch kritisches Lesen von Texten, durch Fragenstellen oder Theaterspielen, auch Brettspielen und Reisen

Aus der Antike sind *keine psychiatrischen Krankenhäuser* bekannt.

23.2 Mittelalter und Renaissance

Verbreitung der griechischen und römischen Heilkunst durch die *Araber* in den von ihnen eroberten Gebieten Europas. Gründung der *ersten Spezialanstalten für Geisteskranke* u. a. in Damaskus, Kairo, Granada. Gute Pflege der Irren, Wohlwollen gegenüber den Geisteskranken

Im Mittelalter Weiterführung der arabischen Tradition besonders durch die Spanier, dann auch in Frankreich, England und Deutschland. Oft aber auch nur *inhumane Verwahrung* der Kranken, z. B. im „Stocke" in Frankfurt oder in den „Dorenkisten" in Lübeck. Öfter auch Ausweisung durch den Rat der betreffenden Stadt. Unterbringung von wohlhabenden Kranken in Festungs- oder Stadttürmen

Im späten Mittelalter wurden *Geisteskranke als Hexen,* Hexenmeister und Zauberer (mit Krankheitssymptomen als Teufelswerke) vielfach durch die Inquisition verfolgt. 1486 Publikation des Handbuchs der Hexenverfolger *„Malleus maleficarum" (Der Hexenhammer),* verfaßt von den Dominikanern Heinrich Krämer und Jacob Sprenger: der Tod als therapia ultima. 15.-17. Jahrhundert: Folterung und Verbrennung von Tausenden von Kranken

23.3 17. und 18. Jahrhundert

Geisteskranke wurden als *Asoziale* gemeinsam mit Krüppeln, Armen, Landstreichern und Prostituierten eingesperrt. In Frankreich Einrichtung des „Hôpital général" beispielsweise in Paris, in Deutschland „Zuchthäuser", in England „Workhouses". Geisteskranke oft in Ketten, keine Behandlung durch Ärzte. Nach dem Beginn von Reformen im 16. Jahrhundert eher Stagnation im 17. Jahrhundert

Im Zuge der *Aufklärung* in der zweiten Hälfte des 18. Jahrhunderts *Humanisierung der Behandlung* der Geisteskranken. Aus den alten Tollhäusern werden Irrenanstalten. In Wien wird der „Irrenturm" (Narrenturm), ein 5-stöckiger Rundbau, als erste derartige Einrichtung in Verbindung mit einem Allgemeinkrankenhaus errichtet. Es kommt zur legendären Befreiung der Irren von ihren Ketten in der „Bicêtre" in Paris durch *Philipp Pinel* (1793).

23.4 19. Jahrhundert

Beginn des 19. Jahrhunderts: Psychiatrie in *Frankreich* führend: Philippe Pinel (1745–1826), sein Schüler Etienne Esquirol (1772–1840, „Lehre von den Monomanien") und Joseph Daquin (1788–1815). Insb. Pinel und Daquin sind Befürworter des *„traitement moral",* einer neuen Form des Umgangs mit den Kranken, gekennzeichnet durch Zuwendung, Milde und Geduld.

1. Hälfte des 19. Jahrhunderts: in *Deutschland* die *„Psychiker"* (romantische Psychiatrie): Geisteskrankheiten als Erkrankungen der körperlosen Seele, als Folge der Sünde. Therapie mit z. T. barbarischen körperlichen Behandlungsmethoden, um die Seele zu erschüttern: Darwinscher Stuhl, Untertauchen in eiskaltes Wasser, Hungerkuren, Elektrizität. Vertreter dieser Lehre: Johann Christian August Heinroth (1773–1843), Karl-Wilhelm Ideler (1795–1860) und Justinus Kerner (1786–1862)

Demgegenüber die *„Somatiker"* wie Friedrich Nasse (1778–1851), Maximilian Jacobi (1775–1858) mit naturwissenschaftlichem, aber auch anthropologisch-ganzheitlichem Denkansatz

Die **stationäre Psychiatrie** des 19. Jahrhunderts gekennzeichnet durch Anstaltspsychiatrie (zahlreiche Gründungen wie Sonnenstein, Illenau, Sachsenberg, Winnenthal mit Direktoren wie Damerow, Roller, Flemming). Humanisierung der Behandlung

Im 19. Jahrhundert starke **sozialpsychiatrische Impulse:** von *England* ausgehend (nach dem Tode eines in der Zwangsjacke Fixierten) die *Nonrestraint-Bewegung:* Promotor war Robert Gardiner Hill, Direktor des Lincoln-Lunatic-Asylums (1830 noch Fesselung von 39 von insg. 92 Patienten, 1837 nur 2 von 130 Patienten!).

John Conolly (1794–1866), der vollständig auf mechanische Zwangsmittel verzichtete, veränderte die menschliche Haltung den Patienten gegenüber. Prinzipien der Geduld, Gerechtigkeit und Güte; tägliche Visite der Ärzte; zahlreiche soziale Veranstaltungen mit gemeinsamer Teilnahme von Männern und Frauen; regelmäßige Betätigung der Kranken in Handwerk und Landwirtschaft

Verbreitung dieser aus England kommenden Einflüsse in ganz Europa, insb. auch in deutschen Anstalten: ferner Entstehung von sog. *„kolonialen Anstalten"* mit Landwirtschaft

Zu Beginn des 19. Jahrhunderts Aufkommen der **Universitätspsychiatrie** mit den ersten deutschen Lehrstühlen: so 1811 Johann Christian August Heinroth in Leipzig

Bedeutendster deutscher Psychiater im 19. Jahrhundert ist *Wilhelm Griesinger* (1817–1865): psychische Krankheiten sind Erkrankungen des Gehirns, Irresein Ausdruck anomaler Gehirnzustände. Interesse auch für „sozialpsychiatrische" Behandlungs- und Versorgungsgesichtspunkte der Kranken. Griesingers Werk bietet eine Synthese der anatomischen, physiologischen, psychologischen und klinischen Standpunkte.

Erst ab Ende des 19. Jahrhunderts *Klinifizierung* der Psychiatrie: Bettbehandlung seit 1890 mit Wachsälen und warmen Dauerbädern. Verbindung mit der Neurologie, Versuch der Integration in die Gesamtmedizin

Zu Ende des 19. Jahrhunderts zahlreiche bedeutende Psychiater bzw. Neuropsychiater wie Karl Kahlbaum (Beschreibung der Katatonie), Ewald Hecker (Beschreibung der Hebephrenie), Carl Westphal (Agoraphobie)

23.5 20. Jahrhundert

Emil Kraepelin (1856–1926): zentrale Gestalt in der Psychiatrie zu Beginn des 20. Jahrhunderts; zunächst Assistent von Bernhard von Gudden (1824–1886) in München; Arbeit an verschiedenen Irrenanstalten; Professuren in Dorpat, Heidelberg und München. Gründung der Deutschen Forschungsanstalt für Psychiatrie in München. Zahlreiche Auflagen seines Lehrbuchs mit Systematik psychischer Erkrankungen. Entscheidend die *Beobachtung des Gesamtverlaufs,* Unterscheidung von exogenen und endogenen Psychosen. Erstbeschreibung der *„Dementia praecox"* als früh auftretende Form der Schizophrenie. Abgrenzung des bald darauf von *Eugen Bleuler* (1857–1939) so bezeichneten schizophrenen Formenkreises von den manisch-depressiven Erkrankungen. Weitreichender Einfluß von Kraepelin und Bleuler

In den folgenden Jahrzehnten bedeutende Vertreter der **Phänomenologischen Psychiatrie** mit Systematisierung der Psychopathologie: Karl Jaspers (1883–1969) und Kurt Schneider (1887–1967)

Entgegen der zunehmenden Klinifizierung, der Überfüllung der Anstalten und dem Verlust früherer sozialpsychiatrischer Errungenschaften zu Beginn des 20. Jahrhunderts Einführung der *„aktiveren Krankenbehandlung"* nach Hermann Simon (1867–1947) in den Anstalten Warstein und Gütersloh. Arbeitssystem zur Vermeidung von Regression und Hospitalisierung

Zu Beginn des 20. Jahrhunderts Entwicklung der *Psychoanalyse,* begründet von *Sigmund Freud* (1856–1939). Mitarbeiter und Schüler: u. a. Eugen Bleuler, Alfred Adler und Carl Gustav Jung. Entwicklung der orthodoxen Psychoanalyse und im Laufe der Jahrzehnte zahlreicher weiterer analytisch ausgerichteter Psychotherapiemethoden

Im Anschluß an *Iwan Petrowitsch Pawlow* (1849–1936) mit seiner Lehre von den konditionierten Reflexen Entwicklung verschiedener Lern- und Verhaltenstheorien und später der **Verhaltenstherapie**

Zahlreiche **neue somatische Behandlungsmethoden:**
- Behandlung der progressiven Paralyse mit Fieberschüben durch *Infektion mit Malaria-Erregern,* eingeführt von Julius Wagner, Ritter von

Jauregg, in Wien (einziger Psychiater mit Nobelpreis!), später Ablösung dieser Therapieform durch Penicillinbehandlung
- 1933 Publikation der *Insulin-Koma-Behandlung* durch *Manfred Sakel*, Behandlungsmethode bis in die Ära der Psychopharmaka, seither obsolet
- Einführung der *Elektrokrampftherapie* 1937 von Cerletti und Bini
- 1936 Einführung der *präfrontalen Lobotomie* (Leukotomie) durch Egas Moniz und Lima in Portugal. Methode nur für kurze Zeit verbreitet, da mit vielen Komplikationen belastet

Seit 1952 leitet die Entwicklung von *Psychopharmaka* eine Revolution in der Behandlung psychisch Kranker ein.

Zu Beginn des 20. Jahrhunderts führende Rolle Deutschlands in der Psychiatrie: Nosologie, Psychopathologie, Neuroanatomie, Genetik. Auch sozialpsychiatrische Impulse: z. B. gemeindenahe offene Versorgung, psychiatrische Fürsorge für stationär Entlassene etc.

In der ersten Jahrhunderthälfte, von einer Reihe von Ausnahmen abgesehen, skeptische bis ablehnende Haltung der deutschen Psychiatrie gegenüber der Psychotherapie, insbesondere der Psychoanalyse; in den letzten Jahrzehnten zunehmende Annäherung und Integration zahlreicher psychotherapeutischer Methoden in die Psychiatrie

Niedergang während der *Zeit des Nationalsozialismus* (1933–1945): Radikale Umsetzung der seit Ende des 19. Jahrhunderts in vielen Ländern populären Gedanken des Sozialdarwinismus. Einführung der Gesetze zur zwangsweisen Sterilisation erblich Belasteter und vor allem psychisch Kranker; zahlreiche Randgruppen betroffen. Während des Zweiten Weltkriegs Ermordung von etwa 100 000 psychisch Kranken, in der Mehrzahl chronisch kranker Patienten aus den deutschen Anstalten. Geheimgehaltene T4-Aktion unter aktiver Mitwirkung von prominenten Psychiatern; Tod vieler Kranker in Gaskammern. Nach dem Krieg Selbstachtung und Ansehen der deutschen Psychiatrie weitgehend erschüttert; zögerlicher Neubeginn

Seit etwa 1965/1970 Ansätze zu einer Reform der Versorgung. 1975 Bericht der *Enquête-Kommission zur Situation der Psychiatrie in der BRD:* Darstellung der „brutalen Realität" in den Psychiatrischen Krankenhäusern und des Mangels an ambulanten und komplementären Versorgungseinrichtungen. Seither viele neue Impulse, wenngleich kein umfassendes Reformwerk

Im Bereich der Forschung nach und nach Anschluß an den internationalen Standard, vor allem auch in der sogenannten biologischen Psychiatrie.

Exkurs: Transkulturelle Psychiatrie. Beschreibung und Verständnis für Eigenarten und Besonderheiten seelischer Störungen bei anderen Völkern; bei Naturvölkern Krankheit als Eingriff übernatürlicher Mächte wie böser Geister, Hexen und Zauberer. Unterschiedliche Normvorstellungen.

Beispiele für kulturgebundene psychische Störungen:
- Latah: psychogene Störung mit Echolalie und Echopraxie auf den Philippinen und Madagaskar, als „arktische Hysterie" in Sibirien
- Dhat: ungerechtfertigte Sorge um die schwächenden Wirkungen des Samenergusses
- Koro: Angst vor Retraktion des Penis ins Abdomen mit Todesfolge (China); epidemisches Auftreten
- Amok: akute Psychose mit Tötung von Menschen; aggressiver Bewegungsdrang, anschließend Amnesie. Beziehung zum epileptischen Dämmerzustand
- Voodoo-Tod: autosuggestiv hervorgerufener Tod bei Anhängern des Voodoo-Kults in Afrika und auf Haiti, zurückzuführen auf die Überzeugung, unter dem Einfluß von Magie sterben zu müssen (Thanatomanie)

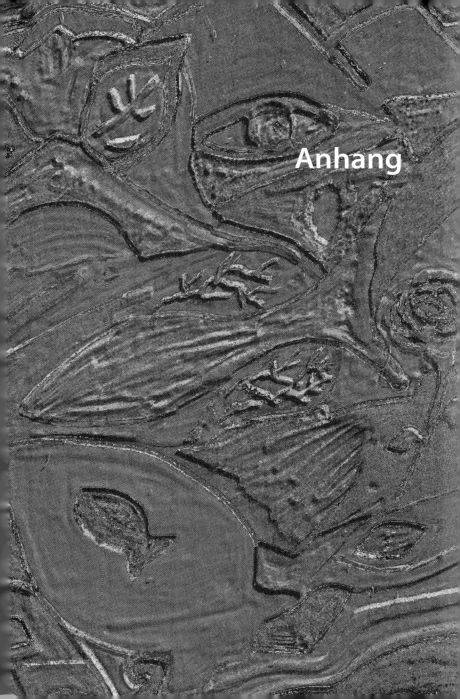

Anhang

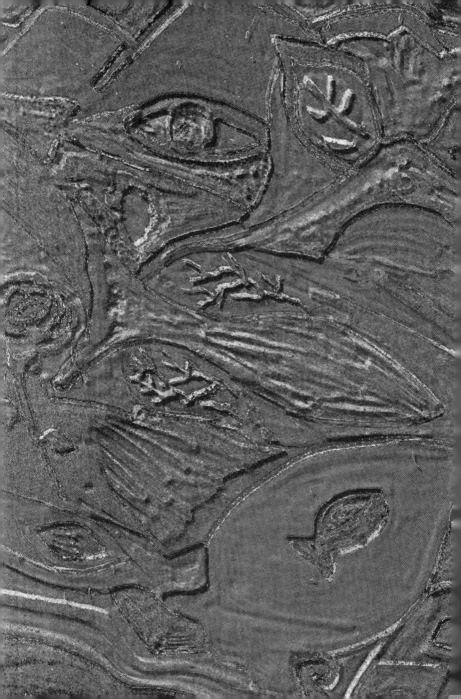

Anhang A: Übersicht über das Kapitel F (V) der Internationalen Klassifikation der Krankheiten 10. Revision (ICD-10): Psychische Störungen

Diese Übersicht ist gegenüber dem Original aus Gründen der Übersichtlichkeit gekürzt; bei Diagnosenangaben von 3 bis 5 Stellen (F 00 bis F 00.00) ist die 8. Position (F 08 bis F 00.08) als „sonstige näher bezeichnete Störung" und die 9. Position (F 09 bis F 00.09) als „nicht näher bezeichnete Störung" zu verwenden

F 0 Organische, einschließlich symptomatischer psychischer Störungen

F 00 Demenz bei Alzheimer Krankheit
    F 00.0 – mit frühem Beginn
    F 00.1 – mit spätem Beginn
    F 00.2 – atypische oder gemischte Form

F 01 vaskuläre Demenz
    F 01.0 vaskuläre Demenz mit akutem Beginn
    F 01.1 Multiinfarktdemenz
    F 01.2 subkortikale vaskuläre Demenz
    F 01.3 gemischte (kortikale und subkortikale) vaskuläre Demenz

F 02 Demenz bei sonstigen andernorts klassifizierten Krankheiten
    F 02.0 bei Pick-Krankheit
    F 02.1 bei Creutzfeldt-Jakob-Krankheit
    F 02.2 bei Huntington-Krankheit
    F 02.3 bei Parkinson-Krankheit
    F 02.4 bei Krankheit durch das Humane-Immundefizienz-Virus (HIV)

F 03 nicht näher bezeichnete Demenz

F 04 organisches amnestisches Syndrom

F 05 Delir, nicht durch Alkohol- oder sonstige psychotrope Substanzen bedingt
    F 05.0 ohne Demenz
    F 05.1 bei Demenz

F 06 sonstige psychische Störungen aufgrund einer Schädigung oder Funktionsstörung des Gehirns oder einer körperlichen Krankheit
    F 06.0 organische Halluzinose
    F 06.1 organische katatone Störung
    F 06.2 organische wahnhafte (schizophreniforme) Störung
    F 06.3 organische affektive Störung

F 06.4 organische Angststörung
F 06.5 organische dissoziative Störung
F 06.6 organische emotional labile (asthenische) Störung
F 06.7 leichte kognitive Störung

F 07 Persönlichkeits- und Verhaltensstörungen aufgrund einer Krankheit, Schädigung oder Funktionsstörung des Gehirns
F 07.0 organische Persönlichkeitsstörung
F 07.1 postenzephalitisches Syndrom
F 07.2 organisches Psychosyndrom nach Schädelhirntrauma

F 1 Psychische und Verhaltensstörungen durch psychotrope Substanzen

F 10 Störungen durch Alkohol

F 11 Störungen durch Opioide

F 12 Störungen durch Cannabinoide

F 13 Störungen durch Sedativa oder Hypnotika

F 14 Störungen durch Kokain

F 15 Störungen durch sonstige Stimulantien einschließlich Koffein

F 16 Störungen durch Halluzinogene

F 17 Störungen durch Tabak

F 18 Störungen durch flüchtige Lösungsmittel

F 19 Störungen durch multiplen Substanzgebrauch und Konsum sonstiger psychotroper Substanzen

Mit der vierten (und fünften) Stelle können die klinischen Zustandsbilder näher bezeichnet werden:
F 1x.0 akute Intoxikation
F 1x.1 schädlicher Gebrauch
F 1x.2 Abhängigkeitssyndrom
F 1x.3 Entzugssyndrom
F 1x.4 Entzugssyndrom mit Delir
F 1x.5 psychotische Störung
F 1x.6 amnestisches Syndrom
F 1x.7 Restzustand und verzögert auftretende psychotische Störung

F 2 Schizophrene, schizotype und wahnhafte Störungen

F 20 Schizophrenie
- F 20.0 paranoide Schizophrenie
- F 20.1 hebephrene Schizophrenie
- F 20.2 katatone Schizophrenie
- F 20.3 undifferenzierte Depression
- F 20.4 postschizophrene Depression
- F 20.5 schizophrenes Residuum
- F 20.6 Schizophrenia simplex

F 21 schizotype Störung

F 22 anhaltende wahnhafte Störungen

F 23 akute vorübergehende psychotische Störungen
- F 23.0 polymorphe psychotische Störung ohne Symptome einer Schizophrenie
- F 23.1 polymorphe psychotische Störung mit Symptomen einer Schizophrenie
- F 23.2 schizophreniforme psychotische Störung
- F 23.3 sonstige vorwiegend wahnhafte psychotische Störung

F 24 induzierte wahnhafte Störung

F 25 schizoaffektive Störungen

F 3 Affektive Störungen

F 30 manische Episode
- F 30.0 Hypomanie
- F 30.1 Manie ohne psychotische Symptome
- F 30.2 Manie mit psychotischen Symptomen

F 31 bipolare affektive Störung
- F 31.0 hypomanische Episode
- F 31.1 manische Episode, ohne psychotische Symptome
- F 31.2 manische Episode, mit psychotischen Symptomen
- F 31.3 leichte oder mittelgradige depressive Episode
- F 31.4 schwere depressive Episode, ohne psychotische Symptome
- F 31.5 schwere depressive Episode mit psychotischen Symptomen
- F 31.6 gemischte Episode
- F 31.7 remittiert

F 32 depressive Episode
    F 32.0 leichte depressive Episode
    F 32.1 mittelgradige depressive Episode
    F 32.2 schwere depressive Episode ohne psychotische Symptome
    F 32.3 schwere depressive Episode mit psychotischen Symptomen

F 33 rezidivierende depressive Störungen
    F 33.0 leichte Episode
    F 33.1 mittelgradige Episode
    F 33.2 schwere Episode ohne psychotische Symptome
    F 33.3 schwere Episode mit psychotischen Symptomen
    F 33.4 remittiert

F 34 anhaltende affektive Störungen
    F 34.0 Zyklothymia
    F 34.1 Dysthymia

F 38 sonstige affektive Störungen
    F 38.0 sonstige einzelne affektive Störungenz
        .00 gemischte affektive Episode
    F 38.1 sonstige rezidivierende affektive Störungen
        .10 rezidivierende kurze depressive Störung
    F 38.8 sonstige näher bezeichnete affektive Störungen

F 4 Neurotische-, Belastungs- und somatoforme Störungen

F 40 phobische Störung
    F 40.0 Agoraphobie
    F 40.1 soziale Phobien
    F 40.2 spezifische (isolierte) Phobien

F 41 sonstige Angststörungen
    F 41.0 Panikstörung (episodisch paroxysmale Angst)
    F 41.1 generalisierte Angststörung
    F 41.2 Angst und depressive Störung, gemischt
    F 41.3 sonstige gemischte Angststörungen

F 42 Zwangsstörung
    F 42.0 vorwiegend Zwangsgedanken oder Grübelzwang
    F 42.1 vorwiegend Zwangshandlungen (Zwangsrituale)
    F 42.2 Zwangsgedanken und -handlungen, gemischt

F 43 Reaktionen auf schwere Belastungen und Anpassungsstörungen
    F 43.0 akute Belastungsreaktion
    F 43.1 posttraumatische Belastungsstörung
    F 43.2 Anpassungsstörungen

F 44 dissoziative Störungen (Konversionsstörungen)
    F 44.0 dissoziative Amnesie
    F 44.1 dissoziative Fugue
    F 44.2 dissoziativer Stupor
    F 44.3 Trance und Besessenheitszustände
    F 44.4 dissoziative Bewegungsstörungen
    F 44.5 dissoziative Krampfanfälle
    F 44.6 dissoziative Sensibilitäts- und Empfindungsstörungen
    F 44.7 dissoziative Störungen (Konversionsstörungen), gemischt
    F 44.8 sonstige dissoziative Störungen (Konversionsstörungen)
        .80 Ganser Syndrom
        .81 Multiple Persönlichkeitsstörung
        .82 vorübergehende dissoziative Störungen (Konversionsstörungen) des Kindes- und Jugendalters

F 45 somatoforme Störungen
    F 45.0 Somatisierungsstörung
    F 45.1 undifferenzierte Somatisierungsstörung
    F 45.2 hypochondrische Störung
    F 45.3 somatoforme autonome Funktionsstörung
    F 45.4 anhaltende somatoforme Schmerzstörung

F 48 sonstige neurotische Störungen
    F 48.0 Neurasthenie
    F 48.1 Depersonalisations-, Derealisationssyndrom

F 5 Verhaltensauffälligkeiten in Verbindung mit körperlichen Störungen und Faktoren

F 50 Eßstörungen
    F 50.0 Anorexia nervosa
    F 50.2 Bulimia nervosa
    F 50.4 Eßattacken bei sonstigen psychischen Störungen
    F 50.5 Erbrechen bei psychischen Störungen

F 51 nichtorganische Schlafstörungen
    F 51.0 Insomnie
    F 51.1 Hypersomnie

F 51.2 Störung des Schlaf-Wach-Rhythmus
F 51.3 Schlafwandeln (Somnambulismus)
F 51.4 Pavor nocturnus
F 51.5 Alpträume

F 52 sexuelle Funktionsstörungen,
nicht bedingt durch eine organische Störung oder Krankheit
    F 52.0 Mangel oder Verlust von sexuellem Verlangen
    F 52.1 sexuelle Aversion und mangelnde sexuelle Befriedigung
    F 52.2 Versagen genitaler Reaktionen
    F 52.3 Orgasmusstörung
    F 52.4 Ejaculatio praecox
    F 52.5 nichtorganischer Vaginismus
    F 52.6 nichtorganische Dypspareunie
    F 52.7 gesteigertes sexuelles Verlangen

F 53 psychische und Verhaltensstörungen im Wochenbett,
nicht andernorts klassifizierbar

F 54 psychische Faktoren und Verhaltenseinflüsse
bei andernorts klassifizierten Krankheiten

F 55 Mißbrauch von nicht abhängigkeitserzeugenden Substanzen

F 6 Persönlichkeits- und Verhaltensstörungen

F 60 Persönlichkeitsstörungen
    F 60.0 paranoide
    F 60.1 schizoide
    F 60.2 dissoziale
    F 60.3 emotional instabile
        .30 impulsiver Typ
        .31 Borderline-Typ
    F 60.4 histrionische
    F 60.5 anankastische
    F 60.6 ängstliche (vermeidende)
    F 60.7 abhängige

F 61 kombinierte und sonstige Persönlichkeitsstörungen

F 62 andauernde Persönlichkeitsänderungen,
nicht Folge einer Schädigung oder Krankheit des Gehirns
    F 62.0 nach Extrembelastung
    F 62.1 nach psychischer Krankheit

F 63 abnorme Gewohnheiten und Störungen der Impulskontrolle
    F 63.0 pathologisches Spielen
    F 63.1 pathologische Brandstiftung (Pyromanie)
    F 63.2 pathologisches Stehlen (Kleptomanie)
    F 63.3 Trichotillomanie

F 64 Störungen der Geschlechtsidentität
    F 64.0 Transsexualismus
    F 64.1 Transvestitismus unter Beibehaltung beider Geschlechtsrollen
    F 64.2 Störung der Geschlechtsidentität des Kindsalters

F 65 Störungen der Sexualpräferenz
    F 65.0 Fetischismus
    F 65.1 fetischistischer Transvestitismus
    F 65.2 Exhibitionismus
    F 65.3 Voyeurismus
    F 65.4 Pädophilie
    F 65.5 Sadomasochismus
    F 65.6 multiple Störungen der Sexualpräferenz

F 66 psychische und Verhaltensprobleme
in Verbindung mit der sexuellen Entwicklung und Orientierung
    F 66.0 sexuelle Reifungskrise
    F 66.1 ichdystone Sexualorientierung
    F 66.2 sexuelle Beziehungsstörung

F 68 sonstige Persönlichkeits- und Verhaltensstörungen
    F 68.0 Entwicklung körperlicher Symptome aus psychischen Gründen
    F 68.1 artifizielle Störung
        (absichtliches Erzeugen oder Vortäuschen von körperlichen oder psychischen Symptomen oder Behinderungen)

F 7 Intelligenzminderung

F 70 leichte

F 71 mittelgradige

F 72 schwere

F 73 schwerste

F 8 Entwicklungsstörungen

F 80 umschriebene Entwicklungsstörungen des Sprechens und der Sprache
- F 80.0 Artikulationsstörung
- F 80.1 expressive Sprachstörung
- F 80.2 rezeptive Sprachstörung
- F 80.3 erworbene Aphasie mit Epilepsie (Landau-Kleffner-Syndrom)

F 81 umschriebene Entwicklungsstörungen schulischer Fertigkeiten
- F 81.0 Lese- und Rechtschreibstörung
- F 81.1 isolierte Rechtschreibstörung
- F 81.2 Rechenstörung
- F 81.3 kombinierte Störung schulischer Fertigkeiten

F 82 umschriebene Entwicklungsstörung der motorischen Funktionen

F 83 kombinierte umschriebene Entwicklungsstörungen

F 84 tiefgreifende Entwicklungsstörungen
- F 84.0 frühkindlicher Autismus
- F 84.1 atypischer Autismus
- F 84.2 Rett-Syndrom
- F 84.3 sonstige desintegrative Störung des Kindesalters
- F 84.4 überaktive Störung mit Intelligenzminderung und Bewegungsstereotypien
- F 84.5 Asperger-Syndrom

F 9 Verhaltens- und emotionale Störungen mit Beginn in der Kindheit und Jugend

F 90 hyperkinetische Störungen
- F 90.0 einfache Aktivitäts- und Aufmerksamkeitsstörung
- F 90.1 hyperkinetische Störung des Sozialverhaltens

F 91 Störung des Sozialverhaltens
- F 91.0 auf den familiären Rahmen beschränkt
- F 91.1 bei fehlenden sozialen Bindungen
- F 91.2 bei vorhandenen sozialen Bindungen
- F 91.3 mit oppositionellem, aufsässigen Verhalten

F 92 kombinierte Störung des Sozialverhaltens und der Emotionen

F 93 emotionale Störungen des Kindesalters
- F 93.0 emotionale Störung mit Trennungsangst des Kindesalters
- F 93.1 phobische Störung des Kindesalters

- F 93.2 Störung mit sozialer Ängstlichkeit des Kindesalters
- F 93.3 emotionale Störung mit Geschwisterrivalität

F 94 Störungen sozialer Funktionen mit Beginn in der Kindheit und Jugend
- F 94.0 elektiver Mutismus
- F 94.1 reaktive Bindungsstörung des Kindesalters
- F 94.2 Bindungsstörung des Kindesalters mit Enthemmung

F 95 Ticstörungen
- F 95.0 vorübergehende Ticstörung
- F 95.1 chronische motorische oder vokale Ticstörung
- F 95.2 kombinierte, vokale und multiple motorische Tics (Tourette-Syndrom)

F 98 sonstige Verhaltens- und emotionale Störungen mit Beginn in der Kindheit und Jugend
- F 98.0 Enuresis
- F 98.1 Enkopresis
- F 98.2 Fütterstörung im frühen Kindesalter
- F 98.3 Pica im Kindesalter
- F 98.4 stereotype Bewegungsstörung
- F 98.5 Stottern (Stammeln)
- F 98.6 Poltern

F 99 Nicht näher bezeichnete psychische Störung

B Anhang B: Auswahl Psychologischer Testverfahren[*]

Die hier vorgenommene Auswahl umfaßt gängige Testverfahren, die auch oder besonders in den Bereichen Psychiatrie und Psychotherapie zur Anwendung kommen können; Einzelheiten sind einschlägigen Fachbücherû[1] zu entnehmen

1. Tests zur Erfassung der allgemeinen Leistungsfähigkeit

HAWIE (Hamburg-Wechsler-Intelligenztest für Erwachsene) bzw. HAWIE-R (Revision, 1991): Dieser Intelligenztest setzt sich aus 11 Untertests zusammen (Definition der Intelligenz nach Wechsler: „Intelligenz ist die zusammengesetzte oder globale Fähigkeit des Individuums, zweckvoll zu handeln, vernünftig zu denken und sich mit seiner Umgebung wirkungsvoll auseinanderzusetzen")

Der Test mißt u. a. sprachliche Intelligenzleistungen wie Wortschatz, allgemeines Wissen und Verständnis, außerdem Rechenfähigkeit, Merkfähigkeit, Abstraktion, psychomotorische Geschwindigkeit sowie synthetische und analytische Fähigkeiten. Er ist zur Anwendung geeignet für normale und für klinische Probanden im Altersbereich zwischen 16 und 74 Jahren. – Messung des Intelligenzquotienten (IQ): Verhältnis der Intelligenzleistungen eines Individuums zum statistischen Mittelwert der Altersgruppe. Durchschnittliche Intelligenz entspricht einem IQ von 100; bessere Leistungen liegen höher, schlechtere niedriger.

Literatur: Bondy C (1956) HAWIE (Hamburg-Wechsler-Intelligenztest für Erwachsene). Huber, Bern
Tewes U (Hrsg) (1991) Hamburg – Wechsler-Intelligenztest für Erwachsene – Revision 1991. Huber, Bern

IST-70 (Intelligenz-Struktur-Test): Intelligenztest, der sich aus 9 Untertests zusammensetzt. Das Verfahren zielt ab auf die Erfassung der intellektuellen Struktur. Als Strukturschwerpunkte werden die sprachliche und rechnerische Intelligenz, die räumliche Vorstellung und die Merkfähigkeit erfaßt.

---

[*] Für Beratung bei der Auswahl psychologischer Testverfahren danken wir Frau Dipl.-Psych. Dr. U. Pauli-Pott, Abteilung Medizinische Psychologie im Zentrum für Psychosomatische Medizin der Justus-Liebig-Universität Gießen

[1] Brickenkamp R (Hg) (1997) Handbuch psychologischer und pädagogischer Tests. Hogrefe, Göttingen

Besonders geeignet für Berufsberatung, Bildungsberatung und Eignungsdiagnostik. Altersbereich: 12 bis 60 Jahre

Literatur: Amthauer R (1973) IST-70 Intelligenz-Struktur-Test. Hogrefe, Göttingen

2. Tests zur Erfassung von Leistungsausfällen bei Gehirnschädigungen (neuropsychologische Untersuchungsverfahren)

DCS (Diagnosticum für Cerebralschädigung): Dieser klinische Test kann bei der Klärung helfen, ob eine Hirnschädigung als mögliche Ursache von Störungen im Persönlichkeits- oder im Leistungsbereich in Frage kommt. Hauptfunktionen: Gestaltwahrnehmung, Gestaltspeicherung (Gedächtnis, Merkfähigkeit), Gestaltreproduktion und Aufmerksamkeit/Konzentration. Geeignet im Altersbereich von 8 bis 60 Jahren, nicht anwendbar für Personen mit geringer Intelligenz

Literatur: Hillers F (1972) DCS (Diagnosticum für Cerebralschädigung). Huber, Bern (Bearb. v. Weidlich S)

Benton-Test: Klinischer Test, der Störungen in der Leistungsfähigkeit der visuellen Merkfähigkeit mißt. Aus dem Gedächtnis geometrische Figuren nachzeichnen! Mit ihm sind Hinweise auf Hirnverletzungen oder Hirnerkrankungen möglich. Durchführung ab 7 Jahren möglich.

Literatur: Benton AL (1990) Der Benton-Test. 6. Aufl. Huber, Bern

TÜLUC (Tübinger-Luria-Christensen-Neuropsychologische Untersuchungsreihe): Klinischer Test zur Differentialdiagnose neuropsychischer Störungen.
Weitere Anwendungsgebiete: Therapieindikationen und Therapiekontrollen. Indiziert bei Patienten mit neuropsychischen Störungen ohne definierten Altersbereich. Zeitlich aufwendiges Testverfahren.

Literatur: Hamster W, Langner W, Mayer K (1980) TÜLUC – Tübinger-Luria-Christensen-Neuropsychologische Untersuchungsreihe. Beltz, Weinheim

Aachener Aphasietest (AAT): Standardisierter Aphasietest für eine deutschsprachige Population; Differenzierung von aphasischen Störungen; Untersuchungsdauer 60–90 Minuten.

Literatur: Huber W, Poeck K, Weniger D, Willmes K (1982) Der Aachener Aphasietest. Hogrefe, Göttingen
Poeck K (1982) Klinische Neuropsychologie. Thieme, Stuttgart

3. Tests zur Erfassung eng umschriebener Aspekte der geistigen Leistungsfähigkeit

KLT (Konzentrations-Leistungs-Test): Allgemeiner Leistungstest, insbesondere zur Messung der Konzentration, anwendbar ab dem 4. Schuljahr. Durchführbar im Einzel- und Gruppenversuch.

Literatur: Düker H (Hrsg Lienert GA) (1965) KLT – Konzentrations-Leistungs-Test. Hogrefe, Göttingen

d 2 (Aufmerksamkeits-Belastungs-Test): Allgemeiner Leistungstest mit Schwerpunkt auf Messung von Aufmerksamkeit und Konzentration. Gemessen wird die Schnelligkeit und Genauigkeit der Unterscheidung ähnlicher visueller Reize. Anwendungsbereich u. a. in der Klinischen Psychologie, der Schulpsychologie und der Psychopharmakologie. Altersbereich 9 bis 59 Jahre.

Literatur: Brickenkamp R (1994) Test d2 Aufmerksamkeits-Belastungs-Test, 8. Aufl. Hogrefe, Göttingen

4. Allgemeine Persönlichkeitsinventare

BIV (Biographisches Inventar zur Diagnose von Verhaltensstörungen): Klinischer Test, der objektive und standardisierte Informationen über die Biographie, Umweltsituation und den psychischen Ist-Zustand eines Probanden ermittelt. Der Test besteht aus 8 Subskalen. Anwendungsbereich: Klinik, Eheberatung, Rehabilitation. Altersbereich: Erwachsene (ab 18 Jahren).

Literatur: Jaeger S, Lischer B, Münster B, Ritz B (1976) BIV – Biographisches Inventar zur Diagnose von Verhaltensstörungen. Hogrefe, Göttingen

GT (Gießen-Test): Verfahren zur Erfassung von Selbst-, Fremd- und Idealbildern. Der GT erfaßt, welche Merkmale eine Person sich selbst (Selbstbild) oder einer anderen Person (Fremdbild) zuschreibt, d. h. interne und externe Attributionen. Hierdurch ergibt sich einerseits ein Bezug zu Rollen- und andererseits zu Selbstkonzepttheorien, zumal reales und ideales Selbstbild verglichen werden können. Die Items des Fragebogens sind zu den folgenden sechs Skalen zusammengefaßt: Soziale Resonanz, Dominanz, Kontrolle, Grundstimmung, Durchlässigkeit, soziale Potenz. Der GT weicht von üblichen Persönlichkeitsfragebögen ab, da vom Ansatz her psychoanalytische und sozialpsychologische Gesichtspunkte eingegangen sind. Altersbereich: ab 18 Jahren.

Literatur: Beckmann D, Brähler E, Richter HE (1991) Gießen-Test. Huber, Bern

Rorschach-Test: Form-Deuteverfahren, bestehend aus zehn Untertests, d. h. aus zehn Bildvorlagen mit zufällig entstandenen, nach bestimmten Kriterien sorgfältig ausgesuchten symmetrischen Klecksgebilden, deren Sinn unbestimmt und vieldeutig ist. Aus der Deutung der vorgegebenen Klecksgebilde sind Rückschlüsse auf die Persönlichkeitsstruktur und -dynamik eines Menschen möglich. Es handelt sich somit beim Rorschach-Test um eine projektive Technik, d. h. eigene Gedanken und Emotionen werden in das Anreizmaterial projiziert. Der Test ist ein sehr bekanntes psychologisches Verfahren und findet besondere Anwendung bei klinischen Fragestellungen. Altersbereich: keine genauen Angaben.

Literatur: Rorschach H (1962) Rorschach-Test. Huber, Bern

FPI (Freiburger Persönlichkeitsinventar); FPI-R (Revision): Persönlichkeits-Struktur-Test mittels standardisiertem Fragebogen zur Selbstbeurteilung der Persönlichkeit. Die revidierte Form (FPI-R) erfaßt einige zusätzliche Facetten und wurde im Vergleich mit der ursprünglichen Version weitgehend umgestaltet. Skalen messen folgende Persönlichkeitsdimensionen: Lebenszufriedenheit, soziale Orientierung, Leistungsorientierung, Gehemmtheit, Erregbarkeit, Aggressivität, Beanspruchung, körperliche Beschwerden, Gesundheitssorgen, Offenheit. Anwendungsbereich: vergleichende Beschreibung von Individuen und Kollektiven im normalgesunden und klinischen Bereich. Altersbereich: ab 16 Jahre.

Literatur: Fahrenberg J, Hampel R, Selg H, (1989) Das Freiburger Persönlichkeitsinventar. Hogrefe, Göttingen

MMPI (Minnesota Multiphasic Personality Inventory): Klinischer Test mittels Fragebogen zur Persönlichkeitsdiagnostik bzw. zur Erfassung psychischer Auffälligkeiten. Die 566 Items beziehen sich auf psychopathologische, psychosomatische und sozialpsychologische Inhalte. Mit Hilfe des MMPI sollen alle wesentlichen Persönlichkeitsbereiche eines Probanden erfaßt werden. Eine Kurzform mit 221 Items liegt vor. Altersbereich: ab 16 Jahren.

Literatur: MMPI-Saarbrücken, dt. Version Spreen O (1963) Huber, Bern MMPI, dt. Kurzform für Handauswertung, Gehring A, Blaser P (1982) Huber, Bern

TAT (Thematischer Apperzeptionstest): Verbal thematisches Verfahren, bestehend aus 31 Tafeln. Die Bildtafeln sind mehrdeutig und enthalten größtenteils menschliche Figuren in verschiedenen Situationen. Da die Bilder mehrdeutig sind, ist der Deutungsprozeß in Abhängigkeit von der Persönlichkeit des Probanden, seinen bisherigen Erlebnissen und seinen Wünschen zu sehen; die Deutungen können aber auch von der Persönlichkeit des Interpreten mitbeeinflußt sein. Der TAT kann somit als Explorationsmittel dienen, um die innere Problematik eines Probanden zu erhellen. Als ein Verfahren der psychologischen Persönlichkeitsdiagnostik dient der TAT der Erfassung entscheidender Züge der dynamischen Persönlichkeitsstruktur. Anwendungsbereiche: klinische Psychologie, Psychotherapie, psychologische Beratung. Altersbereich: Kinder (CAT: Form für Kinder) und Erwachsene.

Literatur: Revers WS (1973) Der thematische Apperzeptionstest. Huber, Bern
Murray HA (1991) Thematischer Apperzeptionstest (TAT), 3. Aufl. Havard Univ. Press, Cambridge Mass.

5. Tests zur Erfassung spezieller Persönlichkeitsbereiche

PFT (Rosenzweig Picture Frustration Test): Projektives Verfahren mit dem Ziel, Verhalten in belastenden Alltagssituationen zu erkunden. Die Testhefte enthalten Zeichnungen, bei denen es hauptsächlich um zwei Personen in vereitelnden Situationen geht. Das Verfahren geht dabei von der Annahme einer Identifikation des Probanden mit der jeweils frustrierten Person aus. Angenommen wird, daß es sich bei den Antworten des Probanden um Projektionen eigener Einstellungen und Haltungen handelt. Die Antworten liefern Aufschluß über die Reaktionsart und über die Richtung der durch die Frustration bedingten Aggressionen. Altersbereich: 7 bis 14 Jahre (Form für Kinder), 14–85 Jahre (Form für Erwachsene).

Literatur: Rauchfleisch U (1979) Handbuch zum Rosenzweig Picture Frustration Test (PFT), Bd 1, Huber, Bern
Rauchfleisch U (1993) Handbuch zum Rosenzweig Picture Frustration Test (PFT), Bd 2, Huber, Bern.

HAMD (Hamilton-Depression-Scale): Fremdbeurteilungsskalen zur Erfassung depressiver Symptomatik.

Literatur: Hamilton M (1967) Development of a Rating Scale for Primary Depressive Illness. Br J Soc Clin Psychol 6: 278–269
CIPS (Collegium Internationale Psychiatriae Scalarum) (Hg) (1981) Internationale Skalen für Psychiatrie, Beltz, Weinheim.

BDI (Becks Depression Inventory): Fragebogen zur Selbstbeurteilung des Schweregrades depressiver Symptomatik in 21 Bereichen. Der Test wurde ursprünglich entwickelt für die klinische Anwendung bei psychiatrischen Patienten. Anwendungen sind aber auch in medizinischen und sozialpsychologischen Bereichen möglich. Altersbereich: ab 16 Jahre.

Literatur: Hautzinger M, Bailer M, Worall H, Keller F (1993) Das Beck Depressions-Inventar (BDI), Huber, Bern.

STAI (State-Trait-Angstinventar): Der STAI besteht aus 2 Skalen, die Ängstlichkeit als relativ überdauerndes Persönlichkeitsmerkmal und Angst als vorübergehenden emotionalen Zustand getrennt erfassen sollen. Bei wiederholter Anwendung der Zustandsskala können situativ oder zeitlich bedingte Zustandsänderungen in bezug auf Angst kontrolliert werden. Eignung für klinische aber auch nichtklinische Gruppen. Altersbereich: ab 15 Jahre.

Literatur: Laux L, Glanzmann P, Schaffer P, Spielberger CD (1981) Das State-Trait-Angstinventar (STAI). Beltz, Weinheim

PD-S (Paranoid-Depressivitäts-Skala): Klinischer Test zur Erfassung des Ausmaßes subjektiver Beeinträchtigung durch emotionelle Reduktion vom Typ ängstlich-depressiver Gestimmtheit. Mit der Skala werden psychisch erlebte Störungen erfaßt, wie sie insbesondere bei psychiatrisch Kranken einschließlich der Psychotiker vorkommen. Altersbereich: 20 bis 64 Jahre.

Literatur: Zerssen D v (1976) Paranoid-Depressivitäts-Skala und Depressivitätsskala (PD-S, D-S). Beltz, Weinheim

6. Tests zur Erfassung von Befindlichkeit und Stimmung

Bf-S (Befindlichkeits-Skala): Klinischer Test, bestehend aus 2 parallelen Formen. Jede enthält 28 Gegensatzpaare. Der Test ist ein Teil der klinischen Selbstbeurteilungsskalen. Er soll dazu dienen, die momentane subjektive Befindlichkeit des Probanden zu erfassen. Den Hauptanwendungsbereich bilden psychopathologische Fragestellungen, aber auch Fragestellungen, die die Veränderung der Befindlichkeit unter verschiedenen Bedingungen (z. B. Psychotherapie) betreffen. Altersbereich: 20 bis 64 Jahre.

Literatur: Zerssen D v, Koeller DM (1976) Klinische Selbstbeurteilungsskalen (KSb-S) aus dem Münchener psychiatrischen Informationssystem (PSYCHIS München). Beltz, Weinheim

EWL (Eigenschaftswörterliste): Persönlichkeits-Struktur-Test, bestehend aus 162 bzw. 124 Items, die sich in 6 Bereiche und 15 Subskalen aufgliedern. Die EWL ist ein mehrdimensionales Verfahren zur quantitativen Beschreibung des momentanen (aktuellen) Befindens („Befindlichkeit"). Die Probanden sollen Selbstbeschreibungen ihres augenblicklichen Zustands geben, indem sie die in der Liste zusammengestellten Eigenschaftsbegriffe daraufhin beurteilen, ob sie auf ihre gegenwärtige Stimmungslage zutreffen oder nicht zutreffen. Anwendung: Forschung, Therapiekontrolle, Verlaufsanalysen. Altersbereich: ab ca. 16 Jahre

Literatur: Janke W, Debus G (1978) Die Eigenschaftswörterliste (EWL). Hogrefe, Göttingen

KUSTA (Kurzskala Stimmung/Aktivierung): Klinischer Test mit 31 Selbstbeurteilungsbögen. Die KUSTA ist ein Befindlichkeitstest für depressive Patienten, bestehend aus 10 Fragen, die an jedem Abend beantwortet werden sollen, sowie Angaben zur Person. Besondere Merkmale der KUSTA: Möglichkeit zur klinischen Überprüfung der Wirkung von Antidepressiva, Überprüfung psychotherapeutischer Interventionen, Möglichkeiten zur Erfassung chronobiologischer Phänomene, Indikator für die Suizidgefährdung. Altersbereich: keine Angaben.

Die KUSTA ist aufgrund ihrer leichten Verständlichkeit für einen weiten Probandenkreis geeignet (auch für Patienten mit niedrigem IQ und/oder motorischer Hemmung).

Literatur: Binz U, Wendt G (1986) Kurz-Skala Stimmung/Aktivierung (KUSTA), 2. Aufl. Weinheim, Beltz

7. Beschwerden-Listen

B-L (Beschwerden-Liste): Die B-L dient zur quantitativen Abschätzung subjektiv empfundener Beeinträchtigungen durch körperliche und allgemeine Beschwerden. Sie ist anwendbar in Längs- und Querschnittsuntersuchungen bei einzelnen Probanden und Gruppen. Altersbereich: 20 bis 64 Jahre.

Literatur: Zerssen D von (1976) Klinische Selbstbeurteilungsskalen (KSb-S) aus dem Münchener Psychiatrischen Informationssystem (PSYCHIS München). Die Beschwerden-Liste. Beltz, Weinheim

GBB (Gießener Beschwerdebogen): Beschwerdebogen zur Erfassung subjektiver Körperbeschwerden, differenziert nach verschiedenen Beschwerdebereichen (z. B. Magen/Darm, Herz/Kreislauf). Selbstbeurteilungsbogen mit 4 Skalen. Altersbereich: ab 16 Jahren.

Literatur: Brähler E, Scheer JW (1993) Der Gießener Beschwerdebogen (GBB) 2. Aufl. Huber, Bern

8. Diagnostik von Interaktionen und Beziehungen

SOZU-K-22 (Fragebogen zur Sozialen Unterstützung, Kurzform): Fragebogen zur Erhebung des sozialen Netzwerkes und der sozialen Unterstützung. Skaleninhalte: wahrgenommene emotionale und instrumentelle Unterstützung, soziale Integration, Bewertung (benötigtes Ausmaß an Unterstützung, Zufriedenheit).

Literatur: Fydrich Th, Sommer G, Menzel U, Höll B (1987) Fragebogen zur Sozialen Unterstützung (Kurzfrom; SOZU-K-22) Zeitschr Klin Psychol 16: 434–436

SONET (Standardisiertes Interview zum Sozialen Netzwerk und zur Sozialen Unterstützung): Standardisiertes Interview zur Selbstbeurteilung. Die Fragen werden vom Probanden zusammen mit dem Interviewer bearbeitet. Gemessen werden soziale Beziehungen eines Menschen, das soziale Netzwerk, die wahrgenommene soziale Unterstützung, die vorhandenen Ressourcen im sozialen Stützsystem. Die Skalen erfassen: Kontaktbereich, Bereich emotional wichtiger Bezugspersonen, Bereich problematischer Bezugspersonen, Bereich zusätzlicher Beziehungen, soziale Integration, wahrgenommene soziale Unterstützung, Merkmale der Interaktionsstruktur, Bewertung.

Literatur: Baumann U, Laireiter A, Pfingstmann G, Schwarzenbacher K (1987) Fragebogen zum Sozialen Netzwerk und zur Sozialen Unterstützung (SONET) Zeitschr Klin Psychol 16: 429–431

Reisenzein E, Baumann U, Laireiter A, Pfingstmann G, Schwarzenbacher K (1989) Interviewleitfaden „SONET" zur Erfassung von sozialem Netzwerk und sozialer Unterstützung. In: D. Rüdiger, W. Nöldner, D. Haug, E. Kopp (Hg) Gesundheitspsychologie, S. Roderer, Regensburg, S. 225–232

GT für Paare (Gießen-Test für Paare): Anwendung des Gießen-Tests auf Paare. Erfaßt werden Beziehungsstrukturen und deren Störungen von Paaren, wobei Selbst- und Partnerbeurteilung jeweils in Beziehung gesetzt werden.

Literatur: Beckmann D, Maack N (1978) Zum Problem der Personenwahrnehmung – Interaktionsdiagnostik bei Ehepaaren mit dem Gießen-Test. Med Psychol 4: 114–129

Beckmann D (1993) Eine Landkarte der Paarbeziehungen im Gießen-Test. In: Psychother Psychosom med Psychol 43/9/10: 364–369

Beckmann D (1994) Macht, Status und Valenz bei gesunden und kranken Partnern. In: Psychother Psychosom med Psychol 44/8: 253–259

9. Spezielle klinische Tests

MALT (Münchner Alkoholismustest): Kombinierter Selbst- und Fremdbeurteilungs-Fragebogen zur Ermittlung von Alkoholismussymptomen auf Verhaltens- und physiologischer Ebene, die möglicherweise auf chronischen Alkoholkonsum zurückzuführen sind.

Keine spezifischen Altersangaben.

Literatur: Feuerlein W, Ringer C, Küfner H, Antons K (1979) Münchner Alkoholismustest MALT. Beltz, Weinheim (s. 2. Auflage, S. 350)

Anhang C: Weiterführende Literatur

In der folgenden Liste psychiatrischer Fachliteratur ist aus der Vielfalt des Angebots eine Auswahl getroffen. Damit soll das weite Feld der theoretischen und praktischen Psychiatrie erfaßt werden, um dem Studenten Hinweise und dem in Weiterbildung Befindlichen eine Anleitung zu geben.

Einerseits können aus der angeführten Literatur die erforderlichen theoretischen Kenntnisse erworben werden; andererseits bietet die Liste die Möglichkeit, das Wissen aus der praktischen Arbeit zu vertiefen und bei weiterführenden Fragestellungen auch speziellere Literatur zu finden. Will man sich über einen besonderen Bereich orientieren, so lohnt es sich, im Handbuch „Psychiatrie der Gegenwart" nachzusehen. Fast zu allen Gebieten findet man hier Übersichten; so sind beispielsweise die entsprechenden Artikel zu den Bereichen der körperlich begründbaren psychischen Störungen oder zur Gerontopsychiatrie hier nicht noch einmal gesondert aufgeführt. Wir haben darauf geachtet, möglichst nur Bücher zu nennen, die gegenwärtig über Buchhandlungen bezogen werden können.

Die Erwähnung von Zeitschriften zum Schluß dieser Literaturhinweise soll ebenfalls nur einer ersten Orientierung dienen; weder Vollständigkeit noch Erwähnung aller wichtigen Publikationsorgane ist angestrebt.

Lehrbücher

Bleuler E (1983) Lehrbuch der Psychiatrie, 15. Aufl. Springer, Berlin Heidelberg New York Tokyo

Dörner K, Plog U (1996) Irren ist menschlich, 5. Aufl. Psychiatrie-Verlag, Rehburg-Loccum

Ebert D (1995) Psychiatrie systematisch, 1. Aufl. UNI-MED, Lorch

Faust V (1995) Psychiatrie: ein Lehrbuch für Klinik, Praxis und Beratung. Fischer, Stuttgart

Freyberger H, Stieglitz RD (1996) Kompendium der Psychiatrie und Psychotherapie, 10. Aufl. Karger, Basel

Huber G (1994) Psychiatrie, 5. Aufl. Schattauer, Stuttgart

Kisker KP, Freyberger H, Rose HK, Wulff E (1991) Psychiatrie, Psychosomatik, Psychotherapie, 5. Aufl. Thieme, Stuttgart

Tölle R (1996) Psychiatrie, 11. Aufl. Springer, Berlin Heidelberg New York Tokyo

Handbücher

Freedman AM, Kaplan HI, Sadock B, Peters UH (1994) Psychiatrie in Praxis und Klinik. In 7 Bänden, Thieme, Stuttgart

Kisker KP, Lauter H, Meyer J-E, Müller C, Strömgren E (1986–1989) Psychiatrie der Gegenwart, 3. Aufl. Springer, Berlin Heidelberg New York Tokyo

Wörterbücher

Müller C (1986) Lexikon der Psychiatrie, 2. Aufl. Springer, Berlin Heidelberg New York Tokyo

Peters UH (1990) Wörterbuch der Psychiatrie und medizinischen Psychologie, 4. Aufl. Urban & Schwarzenberg, München

Grundlagen und Methoden, Untersuchungstechnik, Diagnostik

Argelander H (1983) Das Erstinterview in der Psychotherapie, 2. Aufl. Wissenschaftliche Buchgesellschaft, Darmstadt

Balint M (1991) Der Arzt, sein Patient und die Krankheit. Fischer, Frankfurt

Dilling H (1986) Das Psychiatrische Anamnesenmosaik. Nervenarzt 57: 374–377

Dilling H, Mombour W, Schmidt MH (Hrsg) (1993) Weltgesundheitsorganisation. Internationale Klassifikation psychischer Störungen. ICD-10 Kapitel V (F), Klinisch-diagnostische Leitlinien, 2. Aufl. Huber, Bern

Dilling H, Mombour W, Schmidt MH (Hrsg) (1994) Weltgesundheitsorganisation. Internationale Klassifikation psychischer Störungen. ICD-10 Kapitel V (F), Forschungskriterien. Huber, Bern

Dührssen A (1990) Die biographische Anamnese unter tiefenpsychologischem Aspekt, 3. Aufl. Vandenhoeck & Ruprecht, Göttingen

Freyberger HJ, Dilling H (1993) Fallbuch Psychiatrie. Kasuistiken zum Kapitel V (F) der ICD-10. Huber, Bern

Kendell RE (1978) Die Diagnose in der Psychiatrie. Enke, Stuttgart

Kind H (1990) Psychiatrische Untersuchung, 4. Aufl. Springer, Berlin Heidelberg New York Tokyo

Reimer C (1994) Ärztliche Gesprächsführung, 2. Aufl. Springer, Berlin Heidelberg New York Tokyo

Remschmidt H, Schmidt MH (Hrsg) (1994) Multiaxiales Klassifikationsschema für psychiatrische Erkrankungen im Kindes- und Jugendalter nach Rutter, Shaffer und Sturge. 3. Aufl. Huber, Bern

Sass H, Wittchen HU, Zaudig M (Hrsg) (1996) Diagnostisches und statistisches Manual psychischer Störungen (DSM-IV). Hogrefe, Göttingen Bern

World Health Organization (1994) Internationale statistische Klassifikation der Krankheiten und verwandter Gesundheitsprobleme (10. Revision) Band I – Systematisches Verzeichnis. Springer, Berlin Heidelberg New York Tokyo

Psychopathologie

Arbeitsgemeinschaft für Methodik und Dokumentation in der Psychiatrie (Hrsg) (1995) Das AMDP-System, 5. Aufl. Springer, Berlin Heidelberg New York Tokyo
Jaspers K (1973) Allgemeine Psychopathologie, 9. Aufl. Springer, Berlin Heidelberg New York
Scharfetter C (1991) Allgemeine Psychopathologie, 3. Aufl. Thieme, Stuttgart
Schneider K (1992) Klinische Psychopathologie, 13. Aufl. Thieme, Stuttgart

Psychologie/Neuropsychologie

Arnold W, Eysenck HJ, Meili R (1991) Lexikon der Psychologie, 8. Aufl. Herder, Freiburg
Beckmann D, Davies-Osterkamp S, Scheer JW (Hrsg) (1982) Medizinische Psychologie. Springer, Berlin Heidelberg New York
Hautzinger M, Davison GC, Neale JM (Hrsg) (1996) Klinische Psychologie. Ein Lehrbuch. 4. Aufl. Psychologie Verlags Union, München
Kindlers „Psychologie des 20. Jahrhunderts" (1984). Beltz, Weinheim
Kolb B, Whishaw IQ (1993) Neuropsychologie. Spectrum, Heidelberg
Poeck K (Hrsg) (1989) Klinische Neuropsychologie, 2. Aufl. Thieme, Stuttgart
Schmielau F, Schmielau-Lugmayr M (1990) Lehrbuch der Medizinischen Psychologie. Hogrefe, Göttingen
Zimbardo PG (1995) Psychologie, 6. Aufl. Springer, Berlin Heidelberg New York Tokyo

Sozialpsychiatrie, Psychiatrische Epidemiologie, Verlaufsforschung

Bericht über die Lage der Psychiatrie in der Bundesrepublik Deutschland (1975) Bundestagsdrucksache 7/4200 1975. Bonn
Böker W, Häfner H (1973) Gewalttaten Geistesgestörter. Eine psychiatrisch-epidemiologische Untersuchung in der Bundesrepublik Deutschland. Springer, Berlin Heidelberg New York
Cooper B, Morgan HG (1977) Epidemiologische Psychiatrie. Urban & Schwarzenberg, München
Dilling H, Weyerer S, Castell R (1984) Psychische Erkrankungen in der Bevölkerung. Enke, Stuttgart
Fichter M (1990) Verlauf psychischer Erkrankungen in der Bevölkerung. Springer, Berlin Heidelberg New York Tokyo

Schepank H (1987) Psychogene Erkrankungen der Stadtbevölkerung. Eine epidemiologisch-tiefenpsychologische Feldstudie in Mannheim. Springer, Berlin Heidelberg New York Tokyo

Wing JK (1982) Sozialpsychiatrie. Springer, Berlin Heidelberg New York

Psychotherapie, Psychoanalyse, Psychodynamik

Beck AT (1979) Wahrnehmung der Wirklichkeit und Neurose. Kognitive Psychotherapie emotionaler Störungen. Pfeiffer, München

Bowlby J (1991) Verlust, Trauer und Depression. 3. Aufl. Fischer, Frankfurt

Elhardt S (1991) Tiefenpsychologie. Eine Einführung, 12. Aufl. Kohlhammer, Stuttgart

Ermann M (1995) Psychotherapeutische und psychosomatische Medizin. Kohlhammer, Stuttgart

Fiedler P (1994) Persönlichkeitsstörungen. Beltz, Weinheim

Fliegel S et al (1989) Verhaltenstherapeutische Standardmethoden. 2. Aufl. Urban & Schwarzenberg, München

Grawe K, Donati R, Bernauer F (1994) Psychotherapie im Wandel. Von der Konfession zur Profession. Hogrefe, Göttingen Bern Toronto

Hoffmann N (1979) Grundlagen kognitiver Therapie. Huber, Bern

Mentzos S (1992) Neurotische Konfliktverarbeitung, 10. Aufl. Fischer, Frankfurt

Mertens W (1990–1992) Einführung in die psychoanalytische Therapie (3 Bände). Kohlhammer, Stuttgart Berlin Köln

Reimer C, Eckert J, Hautzinger M, Wilke E (1996) Psychotherapie – Ein Lehrbuch für Ärzte und Psychologen. Springer, Berlin Heidelberg New York Tokyo

Revenstorf D (1982/1983) Psychotherapeutische Verfahren. Bd. I: Tiefenpsychologische Therapie, Bd. II: Verhaltenstherapie, Bd. III: Humanistische Therapien, Bd. IV: Gruppen-, Paar- und Familientherapie. Kohlhammer, Stuttgart

Riemann F (1935) Grundformen der Angst. Reinhard, München Basel

Sulz SKD (1987) Psychotherapie in der klinischen Psychiatrie. Thieme, Stuttgart

Schultz JH (1988) Das autogene Training, 18. Aufl. Thieme, Stuttgart

Strupp H, Binder JL (1991) Kurzpsychotherapie. Klett-Cotta, Stuttgart

Thomä H, Kächele H (1996) Lehrbuch der psychoanalytischen Therapie (2 Bände). 2. Aufl. Springer, Berlin Heidelberg New York Tokyo

Biologische Psychiatrie, Pharmakotherapie

Benkert O, Hippius H (1996) Psychiatrische Pharmakotherapie, 6. Aufl. Springer, Berlin Heidelberg New York Tokyo

Müller-Oerlinghausen B, Greil W (Hrsg) (1986) Die Lithium-Therapie. Springer, Berlin Heidelberg New York Tokyo

Schou M (1996) Lithium-Behandlung der manisch-depressiven Krankheit. 4. Aufl. Thieme, Stuttgart

Forensische Psychiatrie

Baeyer v W, Häfner H, Kisker KP (1964) Psychiatrie der Verfolgten. Springer, Berlin Göttingen Heidelberg New York

Göppinger H, Witter H (Hrsg) (1972) Handbuch der Forensischen Psychiatrie. Springer, Berlin Heidelberg New York

Langelüdekke A, Bresser PH (1976) Gerichtliche Psychiatrie, 4. Aufl. De Gruyter Berlin

Rasch W (1986) Forensische Psychiatrie. Kohlhammer, Stuttgart

Kinder- und Jugendpsychiatrie

Flavell JH (1979) Kognitive Entwicklung. Klett-Cotta, Stuttgart

Knölker U, Mattejat F, Schulte-Markwort M (1997) Kinder- und Jugendpsychiatrie systematisch. 1. Aufl. UNI-MED, Bremen Lorch

Oerter R, Montada L (1987) Entwicklungspsychologie. 2. Aufl. Urban & Schwarzenberg, München

Remschmidt H, Schmidt MH (1987) Kinder- und Jugendpsychiatrie in Klinik und Praxis (3 Bände). 2. Aufl. Thieme, Stuttgart

Steinhausen H-C (1988) Psychische Störungen bei Kindern und Jugendlichen. Urban & Schwarzenberg, München

Geschichte der Psychiatrie, Psychiatrische Ethik

Ackerknecht EH (1985) Kurze Geschichte der Psychiatrie, 3. Aufl. Enke, Stuttgart

Dilling H (1989) Ethische Überlegungen in der Psychiatrie. In: v. Engelhardt D (Hrsg) Ethik im Alltag der Medizin. Springer, Berlin Heidelberg New York

Helmchen H (1986) Ethische Fragen in der Psychiatrie. In: Kisker KP, Lauter H, Meyer J-E (Hrsg) Psychiatrie der Gegenwart, 2. Aufl., S 309–368. Springer, Berlin Heidelberg New York Tokyo

Pauleikoff B (1983) Das Menschenbild im Wandel der Zeit (2 Bände). Pressler, Hürtgenwald

Reimer C (1991) Ethik der Psychotherapie. In: Pöldinger E, Wagner W (Hrsg) Ethik in der Psychiatrie. Springer, Berlin Heidelberg New York

Spezielle Krankheitslehre, Neurosen, Persönlichkeitsstörungen

Bräutigam W (1994) Reaktionen, Neurosen, Abnorme Persönlichkeiten, 6. Aufl. Thieme, Stuttgart

Hoffmann SO, Hochapfel G (1995) Einführung in die Neurosenlehre und Psychosomatische Medizin, 5. Aufl. Schattauer, Stuttgart

Kernberg OF (1983) Borderline-Störungen und pathologischer Narzißmus. Suhrkamp, Frankfurt

Kernberg OF (1991) Schwere Persönlichkeitsstörungen. Theorie, Diagnose, Behandlungsstrategien, 3. Aufl. Klett-Cotta, Stuttgart

Klußmann R (1988) Psychoanalytische Entwicklungspsychologie – Neurosenlehre – Psychotherapie. Springer, Berlin Heidelberg New York

Rohde-Dachser C (1995) Das Borderline-Syndrom, 5. Aufl. Huber, Bern

Psychosomatik

Bräutigam W, Christian P, v Rad M (1992) Psychosomatische Medizin. Ein kurzgefaßtes Lehrbuch, 5. Aufl. Thieme, Stuttgart

Klußmann R (1996) Psychosomatische Medizin. Eine Übersicht, 3. Aufl. Springer, Berlin Heidelberg New York

Uexküll T von (Hrsg) (1996) Lehrbuch der Psychosomatischen Medizin, 5. Aufl. Urban & Schwarzenberg, München

Sucht

Edwards G (1986) Arbeit mit Alkoholkranken. Ein praktischer Leitfaden für die helfenden Berufe. Beltz, Weinheim

Feuerlein W (1989) Alkoholismus. Mißbrauch und Abhängigkeit, 4. Aufl. Thieme, Stuttgart

Schlüter-Dupont L (1990) Alkoholismus-Therapie. Pathogenetische, psychodynamische, klinische und therapeutische Grundlagen. Schattauer, Stuttgart New York

Wanke K, Täschner KL (1985) Rauschmittel. Drogen-Medikamente-Alkohol. Enke, Stuttgart

Sexualstörungen

Arentewicz G, Schmidt G (1986) Sexuell gestörte Beziehungen, 2. Aufl. Springer, Berlin Heidelberg New York Tokyo

Bräutigam W (1989) Sexualmedizin im Grundriß, 3. Aufl. Thieme, Stuttgart

Kockott G (Hrsg) (1977) Sexuelle Störungen. Urban & Schwarzenberg, München

Sigusch V (Hrsg) (1996) Sexuelle Störungen und ihre Behandlung. Thieme, Stuttgart

Suizid

Henseler H, Reimer C (1981) Selbstmordgefährdung. Frommann-Holzboog, Stuttgart

Reimer C (1986) Prävention und Therapie der Suizidalität. In: Kisker KP, Lauter H, Meyer JE, Müller C, Strömgren E (Hg) Psychiatrie der Gegenwart, Bd. 2. Springer, Berlin Heidelberg New York Tokyo, S. 133–173

Reimer C, Arentewicz G (1993) Kurzpsychotherapie nach Suizidversuch. Ein Leitfaden für die Praxis. Springer, Berlin Heidelberg New York

Affektive Störungen

Arieti S, Bemporad J (1983) Depression. Klett-Cotta, Stuttgart

Pöldinger W, Reimer C (Hrsg) (1993) Depressionen – Therapiekonzepte im Vergleich. Springer, Berlin Heidelberg New York Tokyo

Tellenbach H (1983) Melancholie, 4. Aufl. Springer, Berlin Heidelberg New York Tokyo

Schizophrenien, Wahnerkrankungen

Arieti S (1990) Schizophrenie. Ursachen, Verlauf, Therapie, 2. Aufl. Piper, München

Benedetti G (1991) Todeslandschaften der Seele. Psychopathologie, Psychodynamik und Psychotherapie der Schizophrenie, 3. Aufl. Vandenhoeck & Ruprecht, Göttingen

Ciompi L (1992) Affektlogik, 3. Aufl. Klett-Cotta, Stuttgart

Conrad K (1992) Die beginnende Schizophrenie, 6. Aufl. Thieme, Stuttgart

Katschnig H (Hrsg) (1989) Die andere Seite der Schizophrenie, 3. Aufl. Urban & Schwarzenberg, München

Kretschmer E (1986) Der sensitive Beziehungswahn, 4. Aufl. Springer, Berlin Heidelberg New York Tokyo

Süllwold L (1986) Schizophrenie, 2. Aufl. Kohlhammer, Stuttgart

Zeitschriften

Abhängigkeiten
Acta Psychiatrica Scandinavica
American Journal of Psychiatry
Archives of General Psychiatry
Biological Psychiatry
British Journal of Psychiatry
Fortschritte der Neurologie und Psychiatrie
Forum der Psychoanalyse
Fundamenta Psychiatrica
Krankenhauspsychiatrie
Nervenarzt
Nervenheilkunde
Pharmacopsychiatry
Psyche
Psychiatrische Praxis
Psycho
Psychotherapeut
Psychotherapie, Psychosomatik, medizinische Psychologie
Psychological Medicine
Recht & Psychiatrie
Social Psychiatry and Psychiatric Epidemiology
Soziale Psychiatrie
Sozialpsychiatrische Informationen
Sucht
TW Neurologie, Psychiatrie
Verhaltenstherapie
Zeitschrift für psychosomatische Medizin und Psychoanalyse

Publikationsorgane der Deutschen Gesellschaft für Psychiatrie, Psychotherapie und Nervenheilkunde (DGPPN) sind „Der Nervenarzt" sowie ein Mitteilungsblatt, das „Spektrum der Psychiatrie und Nervenheilkunde"

Sachverzeichnis

Die halbfett gedruckten Seitenzahlen verweisen auf die Textstellen, in denen näher auf die Begriffe eingegangen wird. Die Seitenzahlen, denen ein „F" vorangestellt ist, verweisen auf Fallbeispiele zum Begriff.

Aachener Aphasie-Test 52, 321
Abhängigkeit 72, 73, 74, 222
– physisch 78
– psychisch 78
Abhängigkeits-Autonomie-Problem 137
Abhängigkeitserkrankung 18, 246
Ablenkbarkeit 36
Abstraktionsfähigkeit 35, 51
Abulie 54
Abwehrbewegung 26
Abwehrmechanismen 139
Acetylcholin 55
Achtmonatsangst 201
Adoleszenz 202
adynames Syndrom 86
Affekt 33, 37, 39
Affektdruck 27
Affektillusion 33
Affektinkontinenz 39, 52, 56, 60
Affektivität 16, 25, 36, **39**, 48, 55, 116, 120, 151
Affektlabilität 39, 52, 56, 58, 77, 84
Affektstörung **39**, 100, 152, 195f
Affektverflachung 40, 104
Aggressivität 81
Agnosie 55
Agoraphobie 38, 142, F 146
AIDS 62
Akathisie 211
Akinese 42, 58, 59
Akinetisches Syndrom 20
Akkomodationsstörung 216
Akoasmen 33, 80

akzessorische Symptome 100
Algopareunie 173
Alibidimie 173, 211
Alkohol 73
Alkoholabhängigkeit 50, F 279, F 292
Alkoholepilepsie 82
Alkoholhalluzinose 33, **80**, F 93
Alkoholintoxikation 63
Alkoholismus 20, 37, 53, **74**, 92, F 291
Alpträume 169
Altgedächtnis 53
Ambivalenz 40, 100
Ambulanz 256
amentielles Syndrom 50
Amnesie 26, 27, 29, 30, 48, 50, 77, 79, 144
– anterograde 29, 63
– retrograde 29, 63
– totale 29
– transitorische globale 30
amnestisches Syndrom 20, 53, 56, 60, 74
Amphetamin 50, 73
Amyloidvorläuferprotein 54
anaklitische Depression 198
anale Phase 137
Analgetika 90
Anamnese 8, **9**, 22
– psychiatrische 15
– psychosomatische 15
– psychotherapeutische 15
– somatisch 15
– tiefenpsychologische 233f
Anamneseerhebung 9
Anamnesenmosaik 9, **10f**
Anfälle, symptomatische 73
Anfallsleiden 50, 52, **64**, 73
Angehörigenarbeit 109
Angst 19, 33, 40, 48, 73, 74, 76, 80, 81, 85, 88, 90, 138, 151, 170, 201

Angst-Glücks-Psychose 126
Angstbewältigungstraining 239
Angstneurose 53, 141 f, F 146
Anorexia nervosa 164 f
Anosognosie 52
Anpassungsstörung 150 ff, F 153, F 154, F 279
Antabus 83
Anti-Parkinson-Mittel 50, 79
Antidepressiva 50, 75, 79, 119, 126, **212 ff**
- Dosierung 216
- Intoxikation 217
- MAO-Hemmer 218 f
- Serotoninwiederaufnahmehemmer 217 f
- trizyklische 212 f, 218

Antike 303
Antrieb 17, 19, 20, 25, 37, **40**, 53, 116 f, 120 f
Antriebsmangel 20, 41, 52, 53, 54, 58, 59, 60, 62, 104, 116
Antriebssteigerung 41, 117, 120, 125
Antriebstörung 17, 25, **41**, 47, 48
APA 21
Apathie 40, 55, 56, 57, 59, 64, 85
Aphasie 29, 52, 55, 191
Apokalyptik 105
Apophänie 105
Apraxie 52, 55
Arbeitsbündnis 17
Arbeitsgedächtnis 30
Arbeitstherapie 252 f
Arbeitsunfähigkeit 291
arc de cercle 143
Argyll-Robertson-Phänomen 61
Arzt-Patient-Beziehung 6, 299
Assoziation 34, 36
Ataxie 60, 61, 77, 82, 85
Athetose 58
Ätiologie 24, 26
atypische Neuroleptika 107
Audimutitas 190
Auffassung 28
Auffassungsstörung 24, 26, **29**, 31, 32, 49, 51, 53, 80–82
Aufklärung 299, 304
Aufmerksamkeit 16, 24, 25, 27, **28**, 47

Aufmerksamkeitsstörung 24, 28, 32, 48, 49, 80, 150
Augenmuskellähmung 82
Aura 33
Ausdrucksvermögen 16
Auslösesituation 15
Außenreiz 27
äußeres Erscheinungsbild 16
Autismus 17, 29, 42, 100
- Asperger 197
- Kanner 196 f, F 205
Autoaggression 267
autoerotische Betätigung 200
autogenes Training 241, 245, F 249

Balintgruppe 248
Barbiturat 75, **89**
Basisdokumentation 22
BDI 324
Bearbeitungsphase 270
Bedeutungsbewußtsein 37
Beeinflussungserleben 42
Befehlsautomatie 100
Befund 8, **16**, 24
- psychischer 16
- psychopathologischer 18
- somatischer 17
Befunddokumentation 6 ff
Begriffsverschiebung 35
Begriffszerfall 35, 100
Behandlungsplan 22
Behandlungsziel 245
Behinderung 258
Belastungsreaktion, akute 150
Benommenheit 26, 27
Benton-Test 52, 321
Benzamide 215
Benzodiazepine 223
Benzodiazepinentzug 50
Beriberi 49
Berufsunfähigkeit 55, **290**
Beschaffungskriminalität 72, 85
Beschäftigungstherapie 55, 57, 252
Beschwerden-Liste 326
Betäubung 26
Betreuung 55, 282, **288 f**
Beurteilung 18
Bewegungsstörung 57, 73

Bewußtlosigkeit 26, 63, 85
Bewußtsein 16, 18, 19, 20, 24, **25**, 47
- zerstückeltes 27
Bewußtseinseinengung **27**, 150
Bewußtseinserweiterung 27
Bewußtseinsfeld 27
Bewußtseinsinhalt 25
Bewußtseinsminderung 26
Bewußtseinsstörung 77
- qualitativ 24, 25, **26**, 36
- quantitativ 24, 25, **26**
Bewußtseinstrübung **26 f**, 48, 49, 51, 56, 79, 80
Bewußtseinsverschiebung 27
Beziehungswahn, sensitiver 128
Bezugsperson 15
Bf-S 325
Biographie
- äußere 10
- innere 10
Biographische Leiter 9, **12 f**
Biperiden 212
bipolar 114
bipolare affektive Störung 122, F 123
BIV 322
Bleuler 51, 99
Blickrichtungsnystagmus 77, 82
Blutung 56
Borderline-Syndrom 196
Bulimia nervosa 165
bürgerliches Recht 282, 286 ff
Butyrophenone 107, 213

Cannabinoide 73
Capgras Syndrom 33
Carbamazepin 221
Carbamazepin 80
Charakterneurose 145
Chorea gravidarum 58
Chorea Huntington 53, 57, F 68
Chorea minor 58
chronische Phase 76
CIDI 21
Claustrum 58
Clomethiazol 80
CO-Vergiftung 20, 53
Coeruloplasminmangel 60
Commotio cerebri 63

Compliance 17
Contusio cerebri 63
Corpus striatum 58
Cotard-Syndrom 117
Craving 83
Cri-du-chat-Syndrom 185
Cushing-Syndrom 49

d 2 322
Dämmerzustand 20, 27, **50**, 64
- hysterischer 27, 144
Datenschutz 23
DCS 321
Debilität 43, 184
Déjà-vu 30
Delinquenz 203
Delir 20, 27, 32, 33, 34, **49**, 56, 59, 73, 80, 82, 88, 90, F 91
Delirium tremens 79
Dementia praecox 97, 106
dementielle Entwicklung 50
Demenz 32, 44, 51, 53, 54, 57, 58, 60–62, 64
- präsenile 52, **54**, F 65
- senile 52, **54**, F 65, F 296
- vaskuläre 52, **56**, F 65
Denkeinengung 27, 35
Denken 16, 18, 19, 20, 24, 25, 28, **34**, 47
Denkhemmung 35, 117
Denksperrung 35
Denkstörung 51, 86
- formale 16, 24, **34 ff**, 100, 102, 105, 117, 121
- inhaltliche 16, 24, **36 ff**, 50, 102, 117, 121
Denkumständlichkeit 35
Denkverlangsamung 26, 35
Denkziel 34
Depersonalisation 42, 100, 146
Depersonalisationssyndrom, neurotisches 146
Depravation 85
Depression 16, 20, 36, 41, 42, 44, 47, 52, 59, 60, 62, 73, 77, 88, 90, 114, F 122, 170, 200, 241
- anaklitische 198
- endogen **116 ff**, F 122, F 275
- larvierte 118, 159

- neurotische 118, 140, F 147
- postpartale 118
- reaktive 118, 151, **152**
depressiv 15, 145
depressives Syndrom 19, **51**
Depressivität 39, 48
Deprivation 198
Derealisation 42, 100, 146
Dermatozoenwahn 34, 50, 88, 129
Desensibilisierung, systematische 239
desintegrative Störung 198
Desorientierung 27, 49, 150
DGPPN 23
Diagnose 18
Diagnosensystem 21
dialogisch 33, 80
Diphenylbutylpiperidine 215
Dissimulation 17
Dissozialität 203
dissoziative Störung 53, **143 f**, F 148, 201
dissoziiertes Denken 35
Distanz 6
Distanzlosigkeit 125
Distraneurin 80
Dokumentation 8, 21
Don-Juanismus 175
Dopaminhypothese 98
Dopaminmangel 59
Dopaminrezeptorblockade 210
Dopaminüberschuß 58
doppelte Persönlichkeit 43
double bind 99
Down-Syndrom 185
Drang 41
Drittelregel 156
Drogenabhängigkeit 84
Drusen 55
DSM 21
Dysarthrie 77, 191
Dysästhesie 34
Dysgrammatismus 190
Dyskalkulie 192 f
Dyskinesie 16, 55
- tardive 211 f
Dyslalie 190
Dysmorphophobie 40, 128 f

Dyspareunie 173, 174, F 180
Dysphorie 40
Dysthymia 140
Dystonie 58

Ecstasy 51, 73
EEG 17
Ehe 15
EheG 287
Eifersuchtswahn 81
Eigenbeziehung 36
Eigengeruchsparanoia 128
Ejakulationsstörung 173
EKG 17
Ekmnesie 30
Ekstase 28
Elektrokrampftherapie 108, 119, 126, **227 f**, 307
Elementarfunktion **25**, 28
Emotionalität 39
Empfindung 16
endokrine Störung 51
Enkopresis 199, F 207
Enquête-Kommission 307
Entdifferenzierung 52, 53
Entfremdungserlebnis 17, 42
Enthemmung 54, 56, 57, 60, 87
Entlassung 22
Entwicklung, sexuelle 15
Entwicklungsbedingung 155
Entwicklungshomosexualität 175
Entwöhnung 83
Entzug 83
Entzugsdelir 79
Entzugssyndrom 72, **73**, 79
Enuresis 138, 199, F 206
Enzephalitis 27, 54, **62**
epidurales Hämatom 63
Epilepsie 20, 27, 50, 61, F 67, 75
Erbkrankheit 13
Erektionsstörung 173
Erethismus 55
Ergotherapie 109, 252
Erinnerung 25
Erinnerungsfähigkeit 29
Erinnerungslosigkeit 29
Erinnerungslücke 20
Erinnerungstäuschung 30

Erklärungswahn 33
Erleben 25, 27
Ermüdbarkeit 52
Erregung 20, 50, 57, 73
Erregungsphase 172
Erregungszustand 19
Erscheinungsbild 24
Erschöpfbarkeit 52
Erschöpfung 26
Erstinterview 233
Erwerbsunfähigkeit 290
Erwerbsunfähigkeit 55
Es 138
Esquirol 304
Eßstörung 164 ff
Ethik 297 ff
Euphorie 16, 40, 52–54, 57, 58, 61, 77, 81, 86, 87, 120, 125
EWL 325
Exhibitionismus 177
exogene Psychose 18
expansiv-maniformes Syndrom 51
Exposition 240
extrapyramidal-motorische Symptome 55, 57, 59, 60, **211** f

Facharztweiterbildung 247
Familienanamnese 10, **13**
Familiendynamik 14
Familientherapie 109
febrile Katatonie 103
Fehlbeurteilung 36
Fehldeutung 29
Fetischismus 178
Fibrillen 55
Fixierung 298
flashback 74, 86
Fleckfieber 51
Fokus 237
Folie-à-deux 38, 129
Forensik 280 ff
Forschung 301
FPI 323
Frauenalkoholismus 75
Fremdanamnese 22
Freßanfälle 166
Frontalhirn 57, 58
Frotteurismus 178

Frühdyskinesie 211
frühkindliche Entwicklung 15
frühkindlicher Hirnschaden 186 ff
Frustrationstoleranz 75
Fugue 41
funktionelle Entspannung 243
funktionelle Störung 15

GABA-Mangel 58
Galaktorrhoe 211
Gangstörung 58
Ganser-Syndrom 44, 144
GBB 326
Gedächtnis 16, 18, 19, 25, **28**, 29
Gedächtnisillusion 30
Gedächtnisinhalt 34
Gedächtnisstörung 24, **29**, 30, 47, 48, 51, 52, 55, 57–59, 61–63, 74, 76, 80, 81
Gedankenabreißen 35
Gedankenausbreitung 17, 42, 125
Gedankendrängen 36
Gedankeneingebung 33, 42, 101
Gedankenentzug 17, 42, 101
Gedankenlautwerden 33
Gefäßhyalinose 56
Gefühl 39
Gefühl der Gefühllosigkeit 40
geistige Behinderung 183
Gemachtes 34, 43
Gemeinschaft, therapeutische 251
Generikum 22
genitale Phase 138
gepreßte Sprache 16
Gereiztheit 55
Gerontopsychiatrie 246, 257
Geschäftsunfähigkeit 55, 286
Geschlechtsidentität 137
Geschlechtsrolle 15, 165
Geschwisterstellung 14
Gespräch 6
– ärztliches 232, 247
Gesprächspsychotherapie 238
Gestik 16
Gießen-Test 322, 327
Gilles de la Tourette-Syndrom F 204
Gleichgültigkeit 41
Grad der Behinderung 291
Grenzpsychose 196

Griesinger 305
Größenwahn 51
Grundhaltung, psychotherapeutische 231
Grundsymptome der Schizophrenie 100
Guam-Parkinson-Demenz-Komplex 59
Gutachten 55, 280 f, 286, 301 f

Haften 35
Haftreaktion 20
Haftstupor 20
Halluzination 16, 27, 33, 47, 79, 80, 86–88, 100
- akustische 33, 49, 50, 80, 101, 103, 125
- haptische 34, 49, 50
- hypnagoge 33
- kinästhetische 33
- koenästhetische 34, 101, 104
- Leib- 34, 101
- olfaktorische 33, 101
- optische 20, 33, 49, 50, 101
- szenische 33, 49
Halluzinogen 28, 50, 73, 87
Halluzinose 50, 74, F 92
HAMD 324
Hämorrhagie 56
Handlungsfähigkeit 27
Haschisch 73
HAWIE 43, 52, 320
HAWIK 183
Hebephrenie 40, **102**, F 112
Heller-Syndrom 198
Helligkeitssteigerung 28
Hemmungshomosexualität 175
Hepatitis 85
Heranwachsende 285
Herkunftsfamilie 14
Hermaphroditismus 176
Herzerkrankungen 49
Hexe 304
Hilfesuchverhalten 17
Hippocampus 54
Hirnabszeß 49
Hirnatrophie 54, 55
Hirnerkrankung 20
hirnorganische Störung 26

Hirnschaden 155
Hirntumor 49, 54
Hirnverletzung 20, 49
Historisches 303 ff
histrionisch 15
HIV 85
Hobby 15
Homosexualität 174 f
Horrortrip 87
Hörstummheit 190
Hyalinablagerung 56
Hypakusis 34
Hyperkinese 41
Hyperkinesie 58
hyperkinetisches Syndrom 19, 188, F 203
Hypermnesie 29
Hypersexualismus 175
Hypersomnie 167 f
Hypertonus 56
Hypnose 43, 50, 144, **241 f**
Hypnotika 73, 224 ff
hypochondrisch 15
Hypokinese 42
Hypomanie 40
Hypomnesie 29
Hypothyreose 49, 51
Hysterie 50, 201
hysterisch 15, 145
hysterische Neurose 143 f

ICD 21, 102, 135, **311 ff**
Ich 25, 27, 138
Ich-Entwicklungsdefizit 99
Ich-Erleben 17, 25, **42**
Ich-fremd 38
Ich-Funktion 3
Ich-Psychologie 139
Ich-Schwäche 99
Ich-Störung 17, 25, 33, **42 f**, 100, 101, 103, 125
Ich-Umwelt-Grenze 42
Ideenflucht 36, 61, 121
Identifikation 139
Idiotie 43, 184
Illusion 16, **33**
illusionäre Verkennung 27, 87
Imbezillität 43, 184

Immediatgedächtnis 29, **30**, 49, 53, 55
imperativ 33
Impotenz 81, 88, 173, 211
Impulshandlung 41
Infektion 52
Infektionskrankheiten 50
inkohärentes Denken 51
Inkohärenz 27, 36, 49
Insomnie 167
Instanzenlehre, psychoanalytische 138 ff
Insuffizienzgefühl 39
Insulinbehandlung 228, 307
Intelligenz 17, 25, **43**
Intelligenzminderung 18, 40, 182, F 292
– angeborene 17, 25, **43**
– erworbene 17, 25, **44**
Intelligenzquotient 43
Intensitätssteigerung 28
Interesseneinengung 76
Interview 6
Intoxikation 26, 27, 28, 50, **73**
Involutionsdepression 118
Inzest 177
IPDE 21
ischämischer Insult 56
Isolierung 139
IST-70 320

Jahrhundert
– 17. 304
– 18. 304
– 19. 304
– 20. 306 f
Jamais-vu 30
Jellinek **76**, 78
Jugendgerichtsgesetz 285

Katalepsie 42, 100
Katathymes Bilderleben 237
katatone Erregung 103
Katatone Schizophrenie 103, F 112
Katatones Syndrom 50
Katatonie 100, F 112
Kayser-Fleischer-Kornealring 60
Kernspintomographie 17
Khat 88

Kinder- und Jugendpsychiatrie 257
Kindesmißhandlung 201
Klassifikationssystem 21
Klaustrophobie 38
Kleinhirnatrophie 82
Kleptomanie 41, 178
klientenzentrierte Therapie 238
Klinefelter-Syndrom 185
Klinifizierung 305
KLT 322
Koenästhesie 34
koenästhetische Schizophrenie 104
Koffein 73, 212
kognitive Therapie 240 f
Kokain 73, **87**
Koma 26, 27, 63, 73
kommentierend 33, 80
Komorbidität 18
Konfabulation 20, 29, 48, 51, 53, 74, 80, 81
Konkretismus 35, 100
Konsiliarpsychiatrie 276, F 277, F 278, F 279
Konsolidierung 105
Kontaktaufnahme 17
Kontaktmangelparanoid 129
Kontaktstörung 102
Kontamination 35, 100
Kontinuitätsdelir 79
Kontrollverlust 72, 76
Kontrollzwang 38
Konversionsreaktion **143 f**, F 148
Konzentration 16, 25, 28
Konzentrationsstörung 24, 28, 32, 51, 52, 62, 77, 125
konzentrative Bewegungstherapie 242, F 250
Koordination 28
Koordinationsstörung 192
Körperbehinderung 183
körperlich begründbare psychische Störung 18, 32, **47**, 51
Körperorientierte Verfahren 242 f
Körperpflege 16
Körpertherapie 235
Korsakow-Syndrom 20, 53, 74, **81**, 82
Kortex 54, 55

Kraepelin 306
Krankengeschichte 8, 21, 22
Krankengymnastik 253
Krankheitseinsicht 17
Krankheitsgefühl 17
Krankheitsverlauf 18
Kriminalität 13, 52
Krise 269
Krisenintervention 151, 152, **269 ff**
Kritiklosigkeit 52, 53
kritische Phase 76
Kurzcharakteristik 9
Kurzdokumentation 22
Kurzzeitgedächtnis 29, 30
Kurzzykler 122
KUSTA 326

L-Dopa 49, 59
L-Tryptophan 226
Laboranalyse 24
Laborbefund 17
Langzeitgedächtnis 30
läppisch 102
Latenzphase 137f
Lebensereignis 99, 151
Lebensgeschichte 14
– äußere 14
– innere 15
Leberzirrhose 49
Legasthenie 192
Leibgefühlstörung 34
Leistungsknick 102
Lernbehinderung 183
Lerntheorie 239
Liaisonpsychiatrie 276
Lichttherapie 120
life event 99
limbisches System 98
Lissauersche Paralyse 61
Lithiumsalze 219 ff
Locus coeruleus 55
Logopädie 191
Low-dose-dependency 90, 222
LSD 49, 50, 73, 227
Lues 60

Machtmißbrauch 299
Makropsie 34

malignes neuroleptisches Syndrom 104, 211
MALT 327
Manie 37, 40, 41, 114, **120 ff**, 159
manirierte Sprechweise 16
Manirismen 102
manisches Syndrom 19
MAO-Hemmer 119
Marasmus 55
Marchiafava-Bignami-Syndrom 82
Marihuana 73
Marker-X-Syndrom 185
Masochismus 178
Maßregelvollzug 284
MDMA 89
Medikamentenabhängigkeit 50
Medikamentenintoxikation 50
Medikation 15, 22, 28
Mehrfachdiagnose 18
Meinhaftigkeit 42
Meningoenzephalitis 49
Merkfähigkeit 16, 28, 29, 52–55, 63, 74, 77, 81
Merkfähigkeitsstörung 24, 25, 27, **29**, 30, 31, 48, 51
Merkmal 21
Merkschwäche 20
Metamorphopsie 34
Methadon 86
Mikroangiopathie 56
Mikrographie 59
Mikropsie 34
Milieutherapie 252
Mimik 16
Minderung der Erwerbsfähigkeit 291, F 294, F 295
Minussymptomatik 47, 51, 52, 104
Mißbrauch 72, 74
– sexueller 300
Mißempfindung 16
Mißtrauen 36
Mittelalter 303
MMPI 323
mnestische Störung 50
Modellernen 240
monophasisch 114
monopolar 114
Morbus Addison 49

Morbus Alzheimer 52, 53, **54**, 56, 57, F 65, F 274, F 296
Morbus Binswanger 56
Morbus Creutzfeldt-Jakob 60
Morbus Parkinson 51, **59**
Morbus Pick 53, 54, **57**
Morbus Wilson 50, **59**, 186
Morgentief 118
Motilitätspsychose 126
Müdigkeit 28, 216
Multiinfarktdemenz 52, 56
multiple Persönlichkeit 43
multiple Sklerose F 70
Mundtrockenheit 213
Musiktherapie 109, 253
Muskelentspannung, progressive 241
Muskelfibrillation 60
Mutismus 41, 42, 55, 100, 189f
Myoklonie 60

Nachtklinik 255
Nägelkauen 200
Nähe-Distanz-Problem 137
Nationalsozialismus 307
Negativismus 100
Neigungshomosexualität 175
Nekrophilie 177
Neologismus 35
Nervenarzt 256
Neuorientierungsphase 270
Neuroleptika 50, 58, 75, 79, 80, 98, 107, 121, 126, **210 ff**
– hochpotente 211
– Komplikationen 214
– mittelpotente 211
– schwachpotente 210
Neurose 34, 74, **135 ff**, 156, 245, F 273
– hypochondrische **144**, 170
Neurosenentwicklung 136 ff
neurotische Depression **140**, 159
Neurotransmitter 55
Neurotransmitterrezeptorblockade 210
Niedergeschlagenheit 40
Nikotinabhängigkeit 90
Non-restraint-Bewegung 305
Noradrenalinhypothese 115

Nucleus caudatus 58
Nymphomanie 175

Obstipation 200
ödipale Phase 137
Oligophrenie 43, 53, 182, **183 ff**
Oneiroid 27
operante Methoden 240
operationalisierte/operationale Diagnostik 21
Opioide 73, **84**
orale Phase 136 f
Orbitalhirnsyndrom 54
Orgasmusphase 172
Orgasmusstörung 174
Orientierung 16, 18, 19, 20, 24, **31**, 52
Orientierungsstörung 24, **31**, 48, 52, 53, 63, 74, 77, 79, 81, 82
– örtlich 31
– situativ 31
– zeitlich 31
– zur Person 32

Pachymeningeosis hämorrhagica 61, 82
Päderastie 177
Pädophilie 177
Palimpsest 76
Panik 27, 40
Panikstörung **142**, F 180, 241
Paramnesie 29
Paranoia 128, F 133
paranoid-halluzinatorisches Syndrom 19, **50**
paranoides Syndrom 50
Parathymie 40, 100
Pareidolie 34
Parese 56
Parkinsonismus 211
Partnerschaft 15
Partnertherapie 81
Passivität 53
Pathogenese 24
Pavor nocturnus 168 f
pedantisch 15
perinatale Schädigung 186
periorales Beben 61
Perseveration 35, 51

personale Identität 42
Personenverkennung 33
Persönlichkeit
- doppelte 43
- multiple 43, 144
- prämorbide 28
Persönlichkeitseigenschaften 15, 121
Persönlichkeitsstörung 18, 47, 145, 155 ff, F 162, 165
- anankastische 158 f
- asthenische 159
- Borderline 157, 158
- depressive 159
- dissoziale 157, F 291
- emotional instabile 157 f, F 161
- hyperthyme 159
- hysterische 158
- paranoide 157, F 160
- schizoide 157
- sensitive 159
Persönlichkeitsstruktur 15
Persönlichkeitsveränderung 57, 62, F 294, F 295
Perversion 176 ff
PET 17
PFT 324
phallische Phase 137
phänomenologische Psychiatrie 306
Phasenmodell, psychoanalytisches 136 ff
Phasenprophylaxe 126, 219 ff
Phenothiazine 107, 212
Phenylketonurie 186
Phobie 38, 40, 137, **142 f**, 201
Physiotherapie 55, 57, 253
Pica 200
Pinel 304
Plaques, senile 55
Plateauphase 172
Plussymptom 47
Poikilotonie 58
Poliklinik 256
Polioenzephalitis 61
Poltern 16, 189
polyphasisch 114
Polytoxikomanie 72, F 94, F 95
Poriomanie 41
Porphyrie 49

postnatale Schädigung 186
posttraumatische Belastungsstörung 151, 160
präalkoholische Phase 76
präfinal 26
prämorbid 15
pränatale Schädigung 186
präsuizidales Syndrom 267
Prävention 259 ff
Primärpersönlichkeit 15
Primärprävention 259
Primordialsymptome 15
Prion 60
Problemlösetraining 240
Prodromalphase 76
Prognoseregel 136
progressive Muskelentspannung 241
progressive Paralyse 51, 52, **60**, F 71
Projektion 139
Prostitution 85
Pseudodebilität 44
Pseudodemenz 44
Pseudohalluzination 34
Pseudohomosexualität 175
pseudoneurasthenisches Syndrom 52, **60**, 62, 63
pseudoneurotische Entwicklung F 70
Psilocybin 49, 73
psychische Störung
- organisch 47
- symptomatisch 47
Psychoanalyse 75, 144, 166, 174, **236 f**, 306
Psychochirurgie 228, 307
Psychodrama 253
psychodynamische Therapie 109, **234**
psychogene Anfälle 64
psychogene Störung 18, 50
psychomotorische Störung 17, **41**, 48, 49, 52, 73, 80, 188 f
psychomotorischer Entwicklungsrückstand 188
Psychopathologie 24 f
Psychopharmaka **209 ff**, 307
psychoreaktive Störung 201 f
Psychose 41, 47, 76, 156, 246
- affektive 18, 37, **114 ff**, 125
- endogene 18, 28

- exogene 18, 29, 36, 47, **48**, 51, 60, 73, 194
- organische 27, 48, **51**, 74
- paranoid-halluzinatorische 27, F 66, 74, 80, F 94, F 278
- schizoaffektive **125 ff**, F 129 ff
- symptomatische 20, 48, F 70, 85, F 93

psychosomatische Störung 164 ff
psychosoziale Abwehr 140
Psychostimulantien 28
Psychosyndrom
- hirnlokales 53
- organisches 18, 28, 47, 48, **51**, 52, 62, 64, F 67, 77, 186 ff, F 278

Psychotherapie 57, 83, 86, 108, 120, 121, 126, 140–143, 145, 166, **231 ff**
- Einzel- 244
- Gesprächs- 238 f
- Gruppen- 244
- Indikation 233
- Indikation 245 f
- interpersonelle 244
- katathym-imaginative 237
- konfliktzentrierte 151, 152
- Kontraindikation 233 f
- Kurz- 237, 244, F 248
- Notfall- 238
- supportive 144, 152, 232, 245
- tiefenpsychologisch fundiert 237, 245

Psychotomimetika 227
Pubertätskrise 202
Putamen 58
Pyromanie 41, 178, F 292

Querulantenwahn 128

rapid cycler 122
Raptus 42
Rationalisierung 139
Ratlosigkeit 36, 51
Rausch 74
- einfacher 77, F 291
- komplizierter 79
- pathologischer 20, 27, 50, 79
Reaktion 150 ff
- depressive F 67, 118, F 153, F 279
- psychogene 20, 53

Reaktionsbildung 139
Reaktionsfähigkeit 17
Reaktionsphase 270
Reaktionszeit 28
Realitätserleben 32
Realitätsgewißheit 33
Realitätsurteil 33, 34, 36
Rechenschwäche 192 f
Rechtsbrecher, psychisch kranke 257
reflektierendes Bewußtsein 25
Reflexverhalten 26
Regression 55, 139
Rehabilitation 109 f, 258
Rehabilitationsmaßnahme 22
Reizbarkeit 52, 58
Reizkonfrontation 240
Religion 15
Renaissance 303
Rentenversicherung 290
Residualwahn 36
Residuum, schizophrenes 104, 105, 106, F 111
Rett-Syndrom 197
Rhythmusforschung 115
Rigor 58, 59
Rollenspiele 240
Röntgen 17
Rorschach-Test 322 f
Rückbildungsphase 172

Sachverständiger 280, 286
Sadismus 178
Satisfaktionsstörung 173
Satyriasis 175
SCAN 21
Schädel-Hirn-Trauma 26, 27, 52, 53, **63**
Schichtenregel 18
schizoaffektive Psychose **125 ff**, F 129 ff
schizoid 15, 145
Schizophrenia simplex 104
Schizophrenie 18, 20, 33, 37, 50, 80, F 94, **97 ff**, 121, 125, 157, 194 f
- koenästhetische 34
- paranoid-halluzinatorische **103**, F 110, F 275
schizophreniforme Psychose 60
Schlaf-Wach-Rhythmus 168

Schlaf-Wach-Schaltung 25
Schlafentzug 119, **228**
Schlaflosigkeit 85
Schläfrigkeit 26
Schlafstörung 49, 118, 121, 125, 152, **167 ff**
Schlafwandeln 168, 200
Schlaganfall 51, 56
Schmerzreiz 26
Schneider, Kurt 100
Schnüffelstoffe 89
Schock 27
Schockphase 270
Schulangst 193
Schuldunfähigkeit 282 f, F 291
Schuleschwänzen 193
Schulphobie 193
Schweigepflicht, ärztliche 299
Schwerbehindertenrecht 291
Schwerbesinnlichkeit 29
Schwindel 52
Schwingungsfähigkeit 40
Sedativa 73
Sedierung 73
Sekundärprävention 261
Selbstbeschädung 17
Selbsterhöhung 37
Selbstkontrolle 240
Selbstmordversuch 74
Selbstsicherheitstraining 240
Selbstüberschätzung 37
Selbstwertproblematik 137
Serotoninhypothese 115
Serotoninwiederaufnahmehemmer 217 f
Sexualanamnese 171
Sexualangst 144
Sexualberatung 174
Sexualität 15
Sexualstörung 171 ff
Sexualtherapie 174
Sexualverhalten 172
Sexuelle Entwicklung 10, 15
Sicherungsverwahrung 285
Simulation 17
Sinnestäuschung 20, 27
Sinneswahrnehmung 36
Sodomie 177

somatische Anamnese 15
Somatisierungsstörung 169 f
Somnambulismus 168, 200
Somnolenz 26
SONET 327
Sopor 26
Sozialarbeit 253
soziale Phobie 142
Sozialgeschichte 14
Sozialkontakt 15
Sozialpsychiatrie 305
sozialpsychiatrischer Dienst 257
Sozialrecht 282, 290 f
Sozialtherapie 109 f
Sozialverhalten 152
Sozialverhalten, Störung des 202 f, F 207
Soziodemographie 22
Soziopathie 156
Soziotherapie 86, **251 ff**
SOZU-K-22 326
spastische Lähmung 61
Spätdyskinesie 211 f
Sperrung 20
Spielsucht 72, F 95
Spontanäußerung 26
Sprachabbausyndrom 191
Sprache **16**, 34
Sprachentwicklungsstörung 190
Sprachstörung 57
Sprechstörung 16, 58, 189 f
Sprechverhalten 16
Sprichwörter 35, 52
STAI 324
PD-S 325
Stammbaum 14
Stammeln 16
Stammganglien 59, 61
Stereotypie 42, 57
Stimmenhören 33, 80
Stimmklang 16
Stimmodulation 16
Stimmung 18, 19, 20, 39, 53
Stimmungslabilität 39
Stimulantien 73, **88**, 226
Stirnkonvexitätssyndrom 54
Stoffwechselstörung 26, 49
Störung
– affektive 25, 38

- funktionelle 15
- psychomotorische 41

Störung der Elementarfunktion 28
Stottern 189
Strafmündigkeit 285
Strafrecht 281 ff
Stupor 20, 42, 50, 55, 100, 103
subdurales Hämatom 63
Sublimierung 139
Substantia innominata 54
Substantia nigra 59
Sucht 72, 74, 157
Suchtkrankheit 13
Suggestibilität 80
Suizid 13, 37, 116, F 275
suizidale Entwicklung 267
Suizidalität 17, 125, 138, 140, 151, **265 ff**, 272, 298
- Therapieprinzipien 269

Suizidanamnese 268
Suizidgedanken 266
Suizidgefährdung 265
Suizidhandlung 265
Suizidprophylaxe 298f
Suizidversuch 23, 85, 265, F 273, F 274, F 277
Symboldenken 35
Symbolismus 100
Symptom 24
Symptome 1. und 2. Ranges 100
Symptomenkomplex 18, **19 f**
Syndrom
- akinetisches 20
- amnestisches 20
- delirantes 20
- depressives 19
- hyperkinetisches 19
- manisches 19
- paranoid-halluzinatorisches 19
- psychiatrisches 18, **19 f**

Synthymie 37, 39
Syphilis 61

Tabak 73
Tabes dorsalis 60, 61
Tagesklinik 255
Tagesschwankung 118
TAT 323

Teilleistungsschwäche 182, 191 ff
Temporallappen 54, 57
terminales Stadium 105
Terminalschlaf 79
Testierfähigkeit 55, 287, F 296
Testverfahren -psychologische 17
Therapieziel 245
Thioxanthene 214
Tic 16
Toleranzentwicklung 72, 76
Toleranzsteigerung 84
Torpidität 40
Toxoplasmose 62
Trance 27, 144
Tranquilizer 75, **90, 222 ff**
Transitivismus 43
transitorisch-ischämische Attacke 56
transkulturelle Psychiatrie 308
Transsexualismus 175 f, F 178
Transvestitismus 178
Trauer 152
Trauma 151
traumhafte Verworrenheit 27
Trema 105
Tremor 49, 55, 59, 61
Treponema 61
triadisches System 18
Trichotillomanie 200
Trieb 41
Triebhaftigkeit 57
Triebhandlung 41
Trugerinnerung 30
Trugwahrnehmung 33
TÜLUC 321
Turner-Syndrom 185
Typhus abdominalis 49
Typus melancholicus 115

Über-ich 138
Überforderung 34
Übertragung 234
Überwertige Idee 38
Ultrakurzzeitgedächtnis 30
Umstellungserschwerung 52
Umwelt 27
Ungeschehenmachen 139
Unheimlichkeit 36
Universitätspsychiatrie 305

Unruhe 28, 48, 55, 73, 80
Unspezifität, Gesetz der 48
Unterbringungsrecht 282, **289 f**, 298
Untersuchung 6 ff
Urämie 50
Urteilen 34
Urteilsschwäche 52

Vaginismus 174
vegetative Störung 40, 49, 59, 63, 73, 77, 80, 84, 86, 87, 101, 117, 142, 151
vegetative Symptome 211
Verbigeration 35
Verdrängung 139
Vergiftung 20
Verhaltensstörung 47
Verhaltenstherapie 108, 141, 142, 143, 166, 235, **239 ff**, 245, 306
Verkennung 33
Verlangsamung 27
Verlaufskriterium 21
Verlegenheitsgeste 16
Verleugnung 139
Vermeidungsverhalten 38, 40
verminderte Schuldfähigkeit 283, F 291, F 292
Verschiebung 139
Versorgung 253 ff
- integrierte 257
- komplementäre 256
- stationäre 254
- Suchtkranken 257
- teilstationäre 255 f
Versorgungsleistung 23
Verwahrlosung 58, 203
Verwirrtheit 26, 27, 56, 80
Verwirrtheitspsychose 126
Vigilanz 16, 24, **25**, 26, 31
Vigilanzstörung **26**, 48, 56, 63, 82, 85
Vitalgefühl 39, 40, 117, 121
Vitamin-B-Mangel 49, 80, 81
Vorbeireden 35
Vorstellen 16, 25, 28, 34
Vorurteil 302
Voyeurismus 177

Wachheit 25, 28
Wachtherapie 119, **228**

Wahn 32, 34, **36**, 47, 50, 55, 58, 73, 81, 88, 100, 101
- Beeinträchtigungs- 37, 129, F 132
- Beziehungs- 37, 103
- Eifersuchts- 37
- Größen- 37, 39, 61, 121, 125
- hypochondrischer 37, 117
- inkongruenter 37
- Kontroll- 37
- nihilistischer 117
- parathymer 37, 125
- Querulanten- 37, 157
- religiöser 37
- Schuld- 36, 37, 39, 117
- symbiontischer- 38, 129
- synthymer 36
- systematisierter 103
- Verarmungs- 36, 37, 39, 117
- Verfolgungs- 37, 50, 88, 103
- Vergiftungs- 50
- Versündigungs- 117
Wahnarbeit 36
Wahndynamik 37
Wahnentwicklung 127 ff
Wahngedanke 36
Wahngewißheit 36
wahnhafte Störung 32
Wahnidee 20, 36
Wahnstimmung 36
Wahnsystem 36
Wahnvorstellung 16, 36
Wahnwahrnehmung 33, 36, 101, 103
Wahrnehmung 16, 18, 19, 20, 22, 24, 28, **32**, 33, 34, 47, 73, 79, 86
Wahrnehmungserleben 32
Wahrnehmungsfähigkeit 28
Wahrnehmungsstörung
- qualitative 24, 32
- quantitative 24, 32
- sonstige 34, 192
Waschzwang 38
Weckamin 51
weitschweifig 35
Weltanschauung 15
Wendung gegen das Selbst 139
Wernicke-Enzephalopathie 49, 53, 81, **82**
Wesensänderung 52, 53, 64, 77, 86, 88

WHO 21
Wortfindungsstörung 52, 191
Wortneubildung 35
Wortsalat 35

xyy-Syndrom 185

Zeitgitterstörung 29, 51
Zeitkriterium 21
zentrale pontine Myelinolyse 82
zerebrovaskuläre Erkrankung 27, 32
Zerfahrenheit 35
Zitat 22
Zivilrecht 286 ff

Zwang 34, **38**
zwanghaft 15, 145
Zwangseinweisung 297
Zwangsgedanken 38, 117, 141
Zwangshandlungen 38, 141
Zwangsimpulse 38, 141
Zwangsmedikation 298
Zwangsneurose 137, **140 f**, F 147, 158, 201
Zwangsrituale 38
Zwangsvorstellung 16
Zykloide Psychose **126**, F 131
Zyklothymie 114

Beirat

Michael Schündeln, geboren am 29. Mai 1972 in Kleve, 1991–1992 Zivildienst in Wesel und Uedem, seit Oktober 1992 Studium der Humanmedizin in Essen, 1996 experimentelle Doktorarbeit.

Petra Kundmüller, geboren am 18. August 1970 in Düsseldorf, abgeschlossenes Medizinstudium an der Universität Köln, abgeschlossenes Grundstudium in Anglistik und Romanistik, z. Z. Arbeit an einer Dissertation.

Stephan Kersting, geboren am 7. Oktober 1973 in Mannheim, Studium der Humanmedizin bis zum Physikum in Freiburg, seitdem in München, 1996 First Step des USMLE, z. Z. Arbeit an der Dissertation und Vorbereitung auf das 2. Staatsexamen.

R. Tölle

Psychiatrie

einschließlich Psychotherapie

Kinder- und jugendpsychiatrische Bearbeitung von **Reinhart Lempp**

11., überarb. u. erg. Aufl. 1996. XV, 426 S. 26 Abb., 15 in Farbe, 10 Tab. Brosch. **DM 68,-**; öS 496,40; sFr 60,-
ISBN 3-540-61252-1

Das einfühlsam geschriebene und sprachlich gut lesbare Buch ist für Studierende der Medizin und Psychologie ebenso geeignet wie für den Arzt und alle, die in der Psychiatrie arbeiten.

„Der Psychiatrie-Ordinarius aus Münster hat mit diesem aus langjähriger Berufs- und Autoren-Erfahrung heraus geschaffenen Standardwerk nicht nur dem Medizinstudenten, sondern allen in der Psychiatrie tätigen Berufsgruppen einen wertvollen Leitfaden an die Hand gegeben."
Praxis der Kinderpsychologie und Kinderpsychiatrie

Preisänderungen vorbehalten.

P. Berlit

Neurologie

Mit Zeichnungen von W. Seeger

Zeichnungen von **W. Seeger**

2., vollst. überarb. u. korr. Aufl. 1996. XX, 472 S. 249 zweifarbige Abb. in 342 Einzeldarstellungen, 11 Tab. Brosch.
DM 38,-;öS 277,40; sFr 34,-
ISBN 3-540-59333-0

Wer mit dem „Berlit" lernt, braucht keine starken Nerven, denn bei vertretbarem Leseaufwand wird hier ein Optimum an Informationen geboten, die Ihnen anschaulich und fast mühelos den Zugang zum prüfungsrelevanten Wissen verschaffen. Unterstützt durch eine Fülle von anatomisch-pathologischen Zeichnungen werden knapp die wichtigsten neurologischen Krankheiten und ihre Leitsymptome beschrieben.

Preisänderungen vorbehalten.